普通高中特色发展调研报告

王小飞 等 著

教育科学出版社
·北京·

丛书编委会

（按姓氏笔画为序）

丛书总序

为打造具有国家水准、国际视野的教育科研成果，更好地服务于办好人民满意的教育，服务于全面建成小康社会，在中央级公益性科研院所基本科研业务费专项基金的支持下，我院系统开展了对国内国际重大教育理论与实践问题的研究，形成了“国情、国视、国菁、国际”四大书系。

“国情”书系以年度发展报告的形式，全面反映我国各级各类教育的成就、经验和挑战，对全国各省、自治区、直辖市教育发展和政策进行区域比较，对我国各级各类教育的发展水平进行国际比较，力求对我国教育的数量、规模、结构、效益和质量做出科学判断。

“国视”书系着眼于社会关注的教育热点问题，着眼于基础性、前瞻性问题，以了解事实、回应关切、提供政策建议为主要目的，探索教育发展规律。

“国菁”书系专门研究大中小学生的生活状态，涉及学校生活、家庭生活、社会生活、网络生活等，通过调查研究，了解当代学生的行为特点和思想情感，为研究如何促进学生的全面发展提供科学依据。

“国际”书系分为著作和译作两类，主要反映国际教育改革发展动态，回顾国际教育的历史进程，跟踪国际教育的改革动态，把握国际教育的发展趋势。

四大书系既各自独立又相互联系，在保持各书系特点的同时，力求做到：

一、“用数据说话”。数据是研究和决策的基础。四大书系力图建立在数据和事实的基础之上，通过对数据的搜集、提炼、整合、分析，发现问题，探索规律。

二、“通过比较说话”。没有比较就没有鉴别。书系力求通过国别比较、区域比较、类型比较、结构比较，发现真知，提供卓见。

三、“协同创新”。协同创新是提高创新效率和创新水平的战略要求。书系研究调动院内外、系统内外、国内外资源，注重人员交叉、学科交叉、方法交叉，力求有所创新、有所突破。

四大书系的编辑出版是我院全面提高教育科研水平的一项整体努力，也是建设国家一流教育智库的客观要求。在研究和写作过程中，书系得到了相关机构和同仁的大力支持，特别是得到了教育部相关司局及有关部委的大力支持，在此一并致谢！我们将以此为起点，不懈努力，为推动中国教育事业在新的历史起点上向前发展发挥不可替代的作用。

中国教育科学研究院
2012 年 12 月

目 录

CONTENTS

前 言

当前，我国普通高中教育发展的总体情况如规模、结构、水平等的变化，客观要求高中学校的多样化、特色化发展。[①] 此外，国家对于普通高中特色发展的政策推动、科研院所对于"特色高中"[②] 的理论研究和实验[③]驱动、地方或区域对于普通高中多样化发展试点的实践热情等发展实际，都为特色发展提供了改革发展及政策调整的基础，并提出了许多新的课题与挑战。推进普通高中学校的特色发展，必须进一步加快和推进包括普通高中课程在内的综合改革，提高高中教育的国际化水平，改变普通高中"千校一面"的发展问题与现状。

普通高中特色发展调查表明，大部分普通高中的硬件、软件发展仍然未达到特色发展的基本要求，学校师生、社会对"特色"的理解仍然缺乏必要的共识，高中特色发展的类型或模式仍有待理论提炼和实践检验，多样化发展面临诸多现实的制约与障碍，同时高中学校也缺乏开展综合素质

---

① 在本书中，按照课题组的假设，"多样化"指高中学校群体的发展形态，共性的特征多一些；"特色化"指单一高中学校的发展内容，多偏向学校发展的个性特征描述。

② 普通高中特色发展的理想学校形态概括。2009 年 7 月，中央教育科学研究所及全国教育科学规划领导小组办公室在"十一五"规划课题中设立"普通高中特色学校研究项目"，最终在全国确定了 306 所普通高中成为专项课题项目校。项目设立重新引发了学界与实践领域对"特色高中"这一概念的关注。

③ 本书"实验"指代教育科研系统科研项目实验及各省普通高中多样化、特色化实验或学校探索性实践项目等。

教育活动与特色发展的应有基础。这些因素都严重制约着高中教育实现多样化、特色化甚至优质化发展目标的进程。

一、调研的基本思路与主要假设

（一）调研的基本思路

课题组以影响学校特色形成过程中的相关要素为核心设计指标体系，以模式梳理为目标，重点抓住特色形成与发展过程中的基本经验与关键性问题，展开系统性调查与分析。课题组试图通过不同路径发展模式的调查，找出我国现阶段普通高中特色发展的问题、策略与努力方向（见图0－1）。

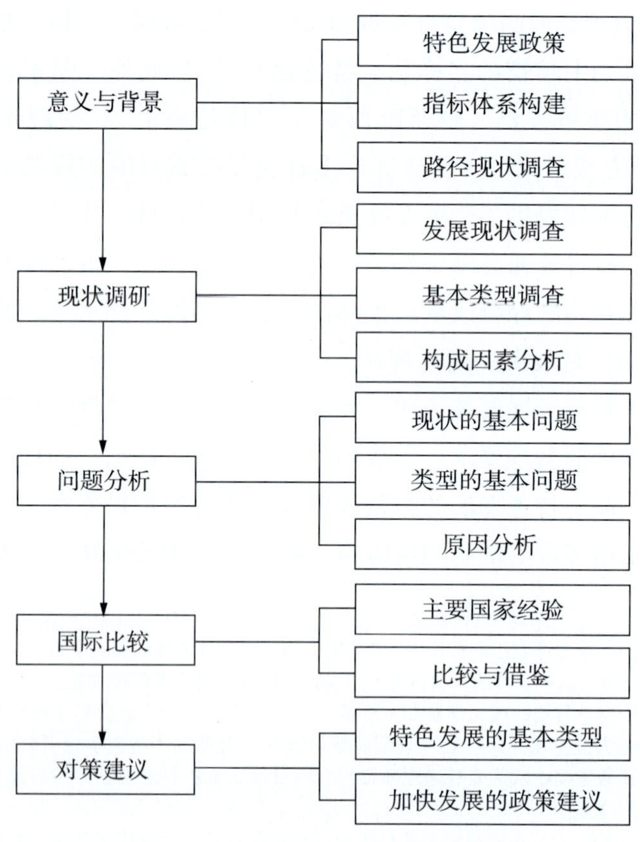

图0－1　普通高中特色发展调研思路

1. 系统调查普通高中特色发展的新进展、新经验、新问题

课题组主要通过调查研究的方式，以 306 所全国“特色高中”项目实验推进为基础，系统梳理和总结我国推进普通高中学校特色发展的最新进展和经验，考察高中特色发展的政策、内容、模式、路径、评价标准及典型案例等方面的进展情况，深入探讨发展过程中存在的问题，分析个案成功经验并提出相应对策建议。

2. 提炼梳理普通高中特色发展类型

依据不同的办学理念或学生发展认知，高中特色发展的类型存在多种形态，但缺乏有说服力的论据支撑或实证检验。从长期的实践及当前各地的改革试点来看，“特色项目—学校特色—特色学校”是模式形成的基本路径，涌现出了诸如创新拔尖人才培养、文化历史传承、德育/心理发展、科技素养培养、艺术体育素养培养以及学科创新（校本课程改革）、普职融合等各种各样的特色发展模式。学校通过不同路径的特色发展，为自身发展增添了活力，一定程度上改善了学校的管理理念和发展方式，学生、家长、教师等的满意度逐步提高，凝聚了共识，产生了较好的社会影响。

3. 为政府决策提供实证依据与参考

普通高中特色发展项目实验是贯彻落实《国家中长期教育改革和发展规划纲要（2010—2020 年)》（以下简称《教育规划纲要》）提出的普通高中多样化、特色化发展要求的行动研究。推进调研有助于实证梳理 306 所实验校三年来的研究及实践成果，总结经验、发现问题、提炼模式，为国家、区域、学校等不同层面提供特色发展的决策咨询参考、理论依据及实践样例。

（二）调研的主要假设

指标体系是调查研究的“骨架”，但这一“骨架”的前提是调查或研究的假设。构建开放、多样、灵活且有特色的普通高中教育体系，一直是中国高中教育理论与实践工作者的梦想。改革开放以来，中国高中教育迅速经历了从精英到大众化发展的阶段。这种变化，一方面取决于中国改革开放以来高速发展的经济，另一方面则是由经济而生的中国特色的社会文化的多元变迁与转型所致。大众化乃至普及化阶段的中国普通高中教育该

何去何从？参照教育发展由数量向质量发展的一般性规律，加快普及化发展及进一步提高质量，无疑成为下阶段普通高中发展的重点。但如何加快普及发展及提高质量，以不断满足多元化时代学生日益增长的多样化学习需求，是课题组在调研之初最主要的困惑。寻找解决这一问题的途径既是普通高中特色发展调研的出发点，同时也是确立以下几点假设的依据。

1. 多样化、特色化是普通高中改变“千校一面”的最终发展目标

多样化、特色化既体现了普通高中“面”上发展目标的实现，也是学校个体“点”的发展目标的内在要求。按照国家《教育规划纲要》的要求，当前普通高中发展的首要任务是继续巩固基础并加快普及，在学生规模持续扩大的基础之上，进一步推进学校办学的多样化、特色化发展，这就需要在内涵发展上下功夫，“点”“面”结合，重点在普通高中体制机制创新、学校课程改革和建设、教学方式及人才培养模式变革等方面，创造富有特色的经验，给学生更多的选择和个性发展的机会，为创新人才的培养奠基。

2. 普通高中特色发展以提高学生的基础学力为基础

基础学力的内容包括学生在德、智、体、美等诸方面的全面发展，学生的全面发展是学校绩效与发展影响力、辐射力的最终衡量依据，同时也是家长与社会对学校满意与否的重要评价指数。基础学力的培养与学生个性发展及能力培养并不矛盾，而是相互支持。基础学力为个性发展和能力培养提供了前提和基础，同时，在基础学力的培养中渗透着个性发展和能力的培养。如果说个性发展是核心，那么基础学力就是个性发展的基础或必要前提。

3. 普通高中特色化发展面向全体学生

普通高中学校的特色发展不是为了少部分学生的全面发展，而是服务于全体学生的全面发展。这些服务要素涵盖学校的管理、教学、教师、学生及发展保障等方方面面。这一假设牵涉个别学生与全体学生的关系：根据学校自身特长、重点，选择特定领域打造学校特色的做法本无可厚非，但决不能以偏概全，削弱了其他学生群体的发展，要让每位学生都得到全面发展。高中阶段是人生当中最为重要的一个阶段，也是个性差异表现非常突出的一个阶段，因此要鼓励学校根据学生特长去因材施教，让每一位

学生（同样是“全体”）都获得发展。

4. 普通高中特色发展以学生全面发展为核心

（1）学校的特色发展以全体学生的全面发展为核心

普通高中学校的特色发展以学生发展为中心、面向全体学生，需同时具备三个条件：基础学力、能力培养和全面发展。“学生中心”是联合国教科文组织提出的学校教育质量标准的核心评价指标，同时也是我国普通高中教育发展的核心指标或发展目标。学生的基础学力、能力培养和全面发展构成学生个性发展的基础，学生的个性发展是目标也是“顶角”，四个条件互为支撑和依托，构成了普通高中学校特色发展要达成的学生全面发展的“立体三角形理论模型”①（见图0－2）。

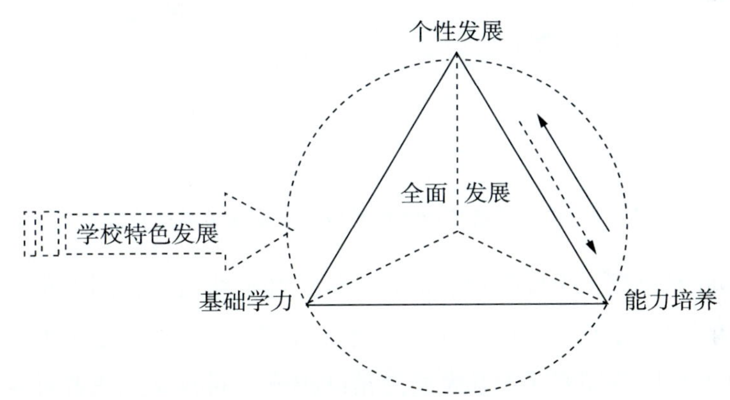

图0－2 特色学校学生发展的理论模型

（2）“学生中心”是学校特色发展过程中各项工作的基本准则

“高中特色”绝非“特色项目”、“项目特色”高中或“特长”高中。学生的个性发展既是适合个体学生健康成长的某一特长或专项的发展，同时也自然包含了全体学生丰富多样、形式各异的特色专项发展。学生的个性发展要求学校和教师针对每位学生，特别是潜质不同的学生，设立适合于他们的不同的教育，促进每一位学生个性特长的不同发展。围绕这一目

① 本模型最初设想来自袁振国教授在2012年8月中国教科院基本科研业务费专项课题《普通高中特色发展调研报告》开题论证会上的评议。

标的实现，影响学校特色发展的各种要素之间同样存在着一定的相关性（见图0－3）。

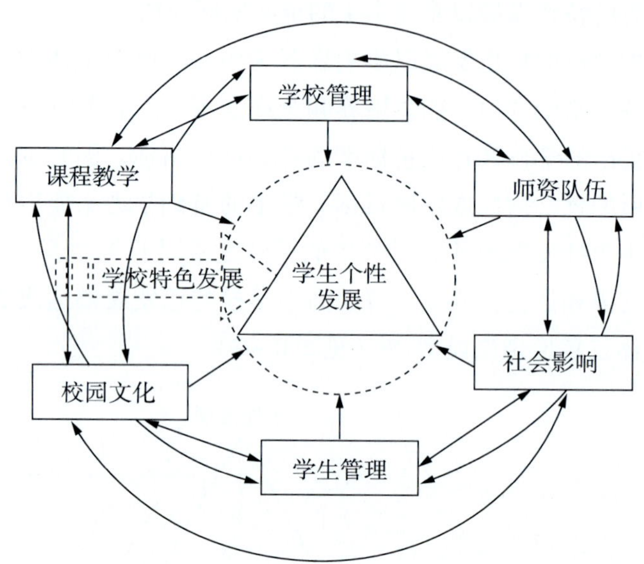

图0－3　影响普通高中特色发展各要素间关系理论模型

这些要素包括：学校管理、课程教学、师资队伍、校园文化、学生管理、社会影响（家长与社区、社会环境等要素）。调研问卷的所有指标设计均以此假设中各要素间关系模型为基础构成，问卷要点或者对应于这些要素，或者服务于核心点。从理论上拟合的“理想”结构模型（验证结果参见下文）来看，学生个性发展是内生变量，影响因素为外生变量或潜变量（单箭头表示由外向内回归，双箭头表示存在相关性）。潜变量表示为综合变量（存在可测量特性，也存在不易测量特性）。

5. 以学科为主形成特色是国际与本土实践经验的“交集”

打破我国普通高中“千校一面”发展困境的根本途径，在于寻找和探索普通高中发展的多样化、特色化类型或模式。从国际普通高中特色发展现状来看，各国在实践中普遍存在各种类型的特色发展方式、形成路径或模式。如英美根据学科或课程内容划分的科技或理工类、艺术类、经济或创业类、工程类、人文类、语言类、数学与计算机类、音乐类、体育类以及科学或技术类等特色类型。[①] 这表明学科与课程在普通高中特色形成过程中的关键影响与作用。对照国际经验，我国实践中也大多涌现出学科性质或方向的特色类型构建案例。在调查或“验证”实践过程中，我国各学校所选择的特色路径构建方式或类型，是课题组调研分析的主要对象和内容。课题组依据现有理论研究和实践经验，提出了当前我国普通高中特色发展的基本类型假设包括：学术型高中、人文型高中、科技型高中、外语型高中、艺术体育型高中（以下简称“艺体型”）、普职融合高中及其他类别等。

二、调研的主要方法与工具

（一）研究与抽样的主要方法

1. 研究的主要方法

本调查研究主要采用问卷调查、实地座谈、访谈、案例研究等方法，调查框架及指标体系采用德尔菲法确定，采用 Excel、SPSS 16.0、Smart-PLS 及 Tableau 8.0 等软件作为数据处理和统计分析的相关工具。此外，比较法也是本项目在进行实证对比分析、类型校之间对比、主要国家发展经验之间对比时使用的主要方法之一。

2. 抽样的主要方法

采取抽样调查和典型调查为主的方式。抽样首先以全国各省、自治区、直辖市为基础，从中国教科院 306 所改革试点区域和实验校中随机分层抽样。其次，选择和确定 12 个具有区域代表性的重点省、市、区及特色学校模式（根据类型情况，个别抽样学校并非项目校），最后对模式案例学校再按特定年级整班抽样。

从 2012 年 11 月份开展调研，历时将近一年，调查涵盖东中西部共 14 个省、市、区（见表 0－1）。其中东部 5 省市（北京、江苏、浙江、上海、辽宁），中部 4 省（黑龙江、湖北、湖南、河南），西部 5 省市（重庆、甘肃、广西、四川、云南）。

---

① 具体参见本书第五章。

表 0－1　14 个省、直辖市、自治区特色发展调查样本校抽样情况

省　市	项目校数量	样本校（★）	分布区域	学校数量	班级数量
江苏	57	★	东部	6	24
上海	33	★	东部	1	4
广东	32	★	东部	1	4
辽宁	27	★	东部	3	12
北京	21	★	东部	3	12
湖南	16	★	中部	1	4
浙江	16	★	东部	3	12
山东	14				
河北	13				
广西	11	★	西部	1	4
四川	11	★	西部	3	12
甘肃	8	★	西部	1	4
黑龙江	8	★	中部	2	8
安徽	6				
天津	5				
内蒙古	4				
陕西	4				
海南	3				
河南	3	★	中部	2	8
吉林	3				
湖北	2	★	中部	2	8
江西	2				
西藏	2				
云南	2		西部		
宁夏	1				
山西	1				
新疆	1				
重庆	1	★	西部	3	12
合计	307			32	128

（二）调研的主要方法

各类问卷根据调查对象的特点进行分类调研。具体方法为：发展模式问卷（形成路径篇，以下简称“路径卷”）1份，由熟悉学校工作或主持全面工作的相关职能部门负责人填写；校长问卷（校级领导篇）1份，由校长本人填写；教师问卷抽取高中不同年级、不同学科、老中青年龄段的教师代表填写。学生问卷和家长问卷配套使用，拿到学生问卷的学生，其家长负责填写家长问卷。学生问卷和家长问卷发放对象是高二年级为主的某个班的部分学生，或是各班分别抽取的若干人。

（三）调研的主要工具设计

学校调查的指标框架，既是开发各类问卷、访谈等调查工具的基础，也是各变量具体问题数量、问题权重确立、调查研究方法选择的理论依据与主要参考（见表0－2）。调查工具根据指标框架设计，每个调查点或问题设计都必须围绕这六个变量或维度展开。调研针对不同人群和调查对象设计了各种不同工具，主要包括：

表0－2　普通高中特色发展调查工具类型

工具类型	路　径	校　长	教　师	学　生	家　长
问卷	★	★	★	★	★
访谈		★	★	★	
学校自报材料	★	★			
学校观察	★			★	
小型座谈会		★	★	★	

（1）问卷类：路径问卷、校长问卷、教师问卷、学生问卷、家长问卷；

（2）访谈类：校长访谈提纲、教师访谈提纲、学生访谈提纲；

（3）学校情况自报类：形成路径开放题及部分典型经验材料；

（4）实地观察类：结合学校自报材料、实地观察，现场校园环境、学生活动观察；

（5）实地座谈类：结合问卷与访谈，举行小型的校长、教师与学生访谈会。

（四）调查工具的信效度

课题组根据调查的对象特征和主要问题，通过相关方法确立了学校管理、课程教学、师资队伍、校园文化、学生管理、社会影响等6个一级指标、23个二级指标等体系。教师、学生、校长与家长等系列调查问卷的调查点，均围绕普通高中特色发展调查的指标体系设立。问卷不同，问题的侧重点也有所不同（见表0－3）。

表0－3　问卷相关维度重测相关度检验结果（$n=39$）

各维度	重测相关度
学校管理	0. 139
课程教学	0. 797
师资队伍	0. 962
校园文化	0. 368
学生管理	0. 608
社会影响	0. 414

1. 调查工具的信度分析

本问卷信度分析主要通过重测信度的方法获得，即试调查同一地区同一年级的两组受调查者（同一个地区特色发展程度类似学校的受调查者），如果调查结果大致相同（相关程度高），就说明这份调查问卷的可信程度高。采用SPSS 16.0软件进行统计分析，用相关度与Pearson相关系数法（r值均为正，表明正相关，数值越大，关系越强）检验问卷各维度间的重测相关度与信度系数等（见表0－4）。

表0－4　问卷相关维度重测Pearson系数检验结果（r）（$n=39$）

各维度	Pearson系数检验
学校管理	0. 241
课程教学	0. 323*
师资队伍	0. 008
校园文化	0. 150
学生管理	0. 085
社会影响	0. 135

注：*表示该维度呈正相关且较为显著

重测相关系数显示（见表0－3），师资队伍、课程教学、学生管理是第一层次因子；社会影响、校园文化、学校管理是第二层次因子。在Pearson相关系数检验结果中（见表0－4），因子间关系的第一层次是课程教学、学校管理、校园文化，第二层次是社会影响、学生管理、师资队伍。综合两表来看，其中，课程教学、学生管理、校园文化、师资队伍等较为显著。这意味着，课程教学、学生管理、校园文化等的特色越鲜明，学生的个性发展及学校特色发展的程度越高。同时，各因素经检验后均呈正相关，说明指标选择较为合理，问卷可信度尚可。

2. 调查工具的结构效度

调查问卷的结构效度通过SPSS 16.0软件，以各维度间相关系数矩阵来检验。从表0－5可以看出，本问卷的各维度既有一定的独立性，又反映了问卷所要调查的内容。符合合格的问卷工具结构的要求（各维度之间相关系数大多在0.10—0.50之间）。在维度相关系数方面，校园文化、学生管理、资源影响等指标表现较为显著。

表0－5　问卷结构效度检验结果

	学校管理	课程教学	专业师资	校园文化	学生管理	社会影响
学校管理	1.00					
课程教学	0.315	1.00				
师资队伍	0.292	0.362*	1.00			
校园文化	0.445**	0.321*	0.482**	1.00		
学生管理	0.114	0.230	0.176	0.361*	1.00	
社会影响	0.253	0.307	0.332*	0.194	0.253	1.00

注：*表示相关度较高

3. 调查工具模型结构检验

目前，由于理论界对“特色高中”或“特色发展”尚无明确一致的结论，调查数据还无法完成对发展现状的直接测量或准确评价。很多调查指标本身由于综合性强，因而规范性和验证性较差，调查结果不易测量分析。如果要做进一步的严格分析，需要转化为外显指标进行间接测量，但这样难免会产生误差。传统的统计方法不允许存在这些误差，但结构方程模型（SEM）可以将这些误差纳入模型，能够加强模型对实际问题的解释性。结构方程模型是路径分析和因子分析的有机结合，因此比传统回归更具有优越性。

结构方程模型允许将因素测量和因素之间的结构关系纳入同一模型中同时进行拟合，这不仅可以检验因素测量的信度和效度，还可以将测量信度的概念整合到路径分析等统计推论中。

结构方程公式为：

$$\eta = B\eta + \Gamma\xi + \zeta \qquad (0-1)$$

其中，B 是 $m \times m$ 系数矩阵，描述了内生潜变量 η 之间的彼此影响；Γ 是 $m \times n$ 系数矩阵，描述了外源潜变量 ξ 对内生潜变量 η 的影响；ζ 是 $m \times 1$ 残差向量。

课题组利用德国汉堡大学开发的结构方程软件 SmartPLS 制作并检验了本套问卷的结构方程模型图（见图 0-4）。SmartPLS 软件较适合于小样本检验，也适合于样本回收不符合常态分布的问卷调查，其不仅可以做传统的和较为严格的验证性检验，也可以做形成性分析、回归分析及结构方程分析等。由于本问卷调查获得的大多属于不可直接测量的数据，因此课题组首先需要对样本问卷数据进行相应的测量值转化，转化后输入结构方程

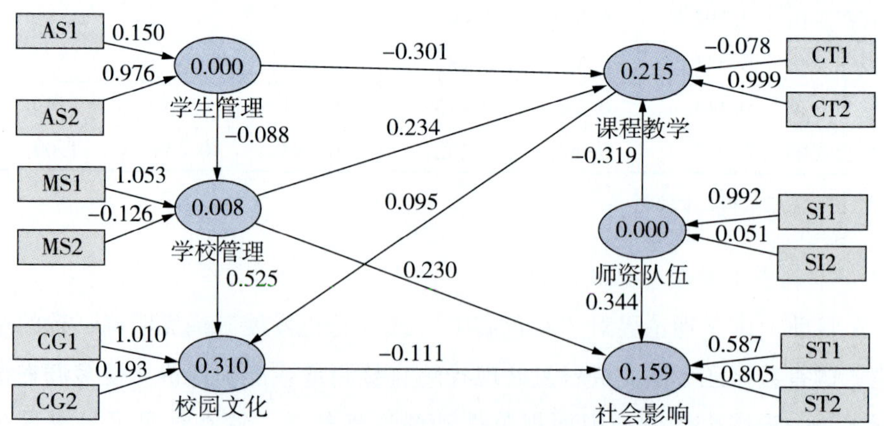

图 0-4　高中特色调查问卷结构方程模型

SmartPLS 软件后，获得结构方程模型图。

结构图显示，各变量因子负荷值（cross-loading）、路径系数、残差值等处于可接受范围，各指标 R-square 检验值略低，回归方程拟合数据未达到理想状态，这并非是试测数据不可靠，也并不意味着通过专家法获得的指标不理想，一方面证实调查数据本身并非严格的测试数据，另一方面也说明问卷结构后期还有很大的调整空间，验证了普通高中特色发展尚处于发展之中的现实。此外，路径相关系数也显示，学生管理对学校管理、校园文化对社会影响等要素影响较弱，两者之间呈弱相关，也较符合课题组假设与预期。通过 SmartPLS 结构方程软件检验，初步解释和验证了课题组所假设的“理想理论结构方程模型”，但该模型还需要在今后研究中不断完善。

利用 SmartPLS 的 Bootstrapping 对选择的变量值进行运算，获得问卷结构相关变量间的系列参数。这些相关参数再次表明，变量之间拟合程度基本符合要求，调查中还应对相关指标作进一步调整。从表 0－6 中可以看出，师资队伍与社会影响、学校管理与校园文化、学校管理与社会影响、学校管理与课程教学等存在密切关联，学生管理与学校管理之间关系较弱。

表 0－6　问卷结构变量路径及拟合相关系数检验

变量拟合	样本值（O）	均值（M）	标准差（SV）	标准误（S）	T 值（|O/STERR|）
学校管理→校园文化	0. 5248	0. 4367	0. 2214	0. 2214	2. 3706
学校管理→社会影响	0. 2304	0. 2014	0. 2074	0. 2074	1. 1109
学校管理→课程教学	0. 2321	0. 226	0. 2398	0. 2398	0. 9678
学生管理→学校管理	－0. 085	－0. 069	0. 0939	0. 0939	0. 9059
学生管理→课程教学	－0. 3023	－0. 2357	0. 1989	0. 1989	1. 5201
师资队伍→学校管理	0. 0149	0. 0377	0. 112	0. 112	0. 1333
师资队伍→社会影响	0. 3434	0. 2569	0. 1641	0. 1641	2. 0926
师资队伍→课程教学	－0. 3212	－0. 16	0. 247	0. 247	1. 3005
校园文化→社会影响	－0. 1132	－0. 1195	0. 3285	0. 3285	0. 3445
课程教学→校园文化	0. 0964	0. 1005	0. 217	0. 217	0. 4443

（五）调查问卷统计情况

1. 问卷回收与校长访谈情况

（1）问卷回收情况

调查问卷部分已完成5类6434份各类问卷调查：①特色路径调查32份，回收28份，回收率87.5%；②校长问卷32份，回收28份，回收率87.5%；③教师16所学校问卷800份，回收767份，其中有效问卷761份，回收率96%；④学生问卷发放2787份，回收2631份，回收率94%；⑤家长问卷2787份，回收2774份，回收率99%。总体发放问卷6434份，回收6228份，总回收率平均93%。各部分有效问卷及其数据录入完成度也大都占到了85%以上（见表0－7、图0－5）。

表0－7　调查工具回收总体情况

问卷类型	路　径	校　长	教　师	学　生	家　长	总　计
发放数量	32	32	800	2787	2787	6434
回收数量	28	28	767	2631	2774	6228
回收情况	87.5%	87.5%	96%	94%	99%	93%

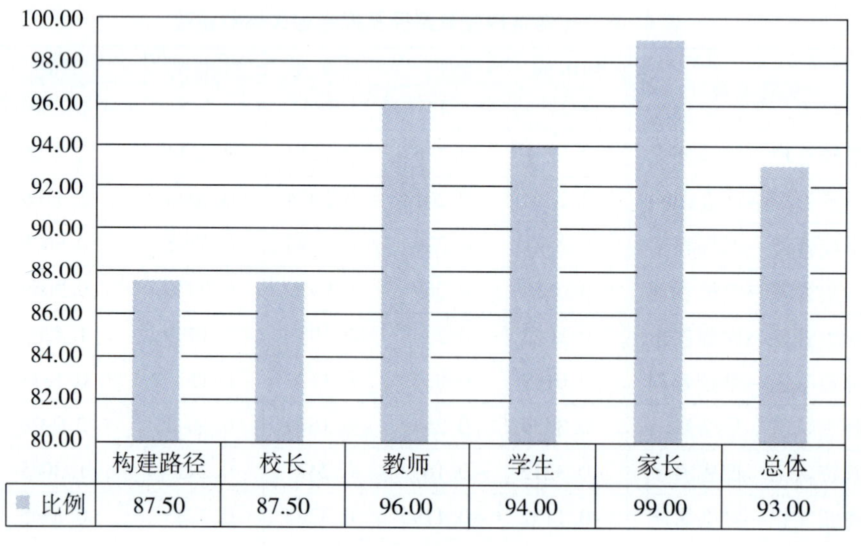

图0－5　各类问卷回收比例（%）

（2）校长调研访谈情况

调研访谈校长30位（目标30位校长），访谈完成率达到100%。访谈校长来自14个省、自治区、直辖市。在访谈学校中，北京、江苏、浙江、河南、湖北、重庆等6个省市14所学校属于现场访谈或召开座谈会，其余省市17所学校属于书面或电子邮件访谈。

2. 学校特色发展典型经验收集

经过对百所项目实验学校类型结构的深入分析，各学校的特色发展类型主要分为六大类（另有一些学校因以特色项目打造为主尚无法归入此六类），如人文（德育、文化等）类占比23%，占总项目校数量比最高；学术（拔尖创新型人才培养，含综合）类占比20%；艺体类占比17%；科技（理工等）类占比13%；外语类占比10%；普职（融合）类占比3%，其他等类别（无法归入前六类的类型）占比14%（见图0－6）。

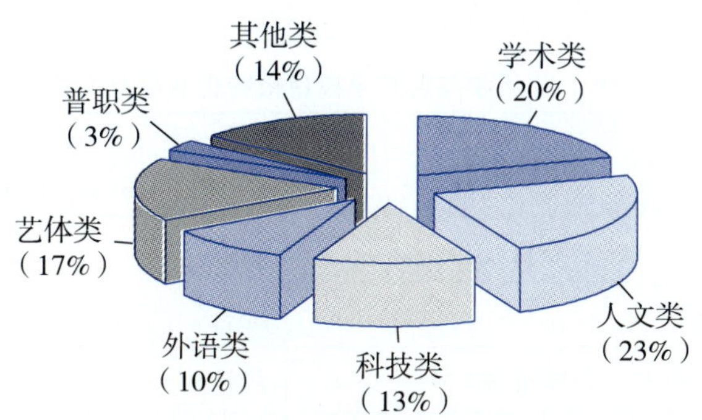

图0－6　百所项目校类型分布

从各校类型所占比例来看，人文类、学术类占比较高，艺体类、科技类、外语类次之，普职类最少。这种分类格局，基本反映了我国普通高中的基本布局及其“应试取向”特征，例如高考升学率位于中下层次学校选择“艺体类”取向就是一个典型案例。其他类别也占有相当规模，这可能主要缘于很多学校根据自身科研优势，自创的各类特色发展类型，其中很多类型以校长办学理念为引领或骨干教师的课堂教学方法创新为主要发展方式。

对于典型案例调查研究，课题组首先向百所项目学校发送学校典型经验研究报告征集通告，经收集后筛选，再根据学校自报类型确立6种学校类型相对应的案例校，最终确立了32所学校报告（典型经验材料）进入“质性”调查研究样本（访谈学校提交的自述报告等）。

3. 调查学校特色发展类型分类

结合参与调查学校自报类型的情况，32所受调查学校的类型结构的大致分布，符合百所实验学校发展实践的基本特征（见表0－8）。从表中可以看出，有些学校自报类型不同于课题组的类型名称（假设），由于实践经验处于不断发展和变化中，因此有些学校自报的特色发展经验类型不同于几年前课题申报时确定的上述六大类型，有些学校甚至自报了第二、第三或更多类型特征。经课题组对自报材料认真分析后发现，这些类型或者因为事业发展，或者因为校长更换等出现少量更改或不确定外，总体上符合前述相关统计和假设范畴，如“综合类”一般对应的是“学术类”、社团建设对应的是“人文类”等。

表0－8　32所参与调查学校自报特色发展类型统计

序　号	学校代码	申报类型 （*未报或不确定）
1	北京A（非项目校）	综合*
2	北京B	综合*
3	北京C（非项目校）	科技
4	上海A	艺术
5	上海B	其他（信息化）
6	上海C	人文
7	辽宁A	科技
8	江苏A	外语
9	江苏B	人文
10	江苏C	人文*
11	江苏D	普职融合*

续表

序　号	学校代码	申报类型 （＊未报或不确定）
12	江苏 E	科技
13	江苏 F	其他
14	浙江 A	人文（精神教育）
15	浙江 B	其他（社团建设）
16	浙江 C	科技、普职融合
17	黑龙江 A	学术
18	黑龙江 B	学术
19	吉林 A	多元培养
20	湖北 A	学术
21	湖北 B	科技
22	湖南 A	艺术
23	河南 A（非项目校）	人文、外语、学术等
24	河南 B（非项目校）	外语
25	甘肃 A	综合
26	四川 A	综合
27	四川 B	普通中学
28	四川 C	人文
29	广西 A	艺术
30	重庆 A	科技
31	重庆 B（非项目校）	学术等＊
32	重庆 C（非项目校）	人文＊

三、调研的主要发现与问题

普通高中特色发展现状综合调研定位于普通高中的多样化、特色化发展，主要涵盖发展过程中的从学科特色、学校特色，到特色学校形成等不同阶段的基本情况与特征。调查基于306所项目校抽样（东中西部32所学校128个班级），采用问卷、访谈、学校情况自报、实地观察、实地座谈会等多种方式。其中，调查问卷部分回收5类近万份，回收率均达到85%以上；访谈30位校长，获得访谈脚本13万多字。调查工具信效度较高，调查达到了预期的效果。

调查的具体内容包含影响普通高中特色形成的各种因素：历史传统、办学、育人目标、管理、课程或教学、校长、教师、学生、校园文化、家庭社会学校联系等。通过关键性因素的实证对比和分析，调查发现：自2009年以来，随着我国普通高中“普及化”时代的跨越式发展，高中教育发展处于从“量变”向“质变”转换的“临界点”，在国家政策尤其是《教育规划纲要》的引领下，我国普通高中特色发展科研实验先行一步，国家试点与区域实践顺利开展，各高中学校的发展状况也大多呈现处于探索实验与健康发展两方面的阶段性特征。调查表明，普通高中特色发展面临的问题与挑战仍然很多，但特色发展或构建已初具形态。

（一）普通高中教育跨越式发展现状客观要求多样特色发展

近年来，我国普通高中教育发展进入了快速发展阶段。发展的总体情况如普及水平、发展速度等的变化实际，客观要求高中教育多样化、特色化发展。

1. 高中阶段校舍面积在各级各类教育中处于增长序列

2010年普通高中共有校舍建筑面积39821.83万平方米。普通高中设施设备配备达标学校的比例比上年有所提高，其中：体育运动场馆面积达标学校的比例为80.61%，体育器材配备达标学校的比例为81.14%，音乐器材配备达标学校的比例为76.95%，美术器材配备达标学校的比例为77.83%，理科实验仪器达标学校的比例为84.63%，建立校园网的学校的比例为76.74%。2011年，全国各级各类学校拥有校舍建筑面积总量在2011年的基础上，达到了26.3亿平方米，比上年增加了2.9%。普通高中是与普通高校和初中一样同处于增长序列（见图0－7）。

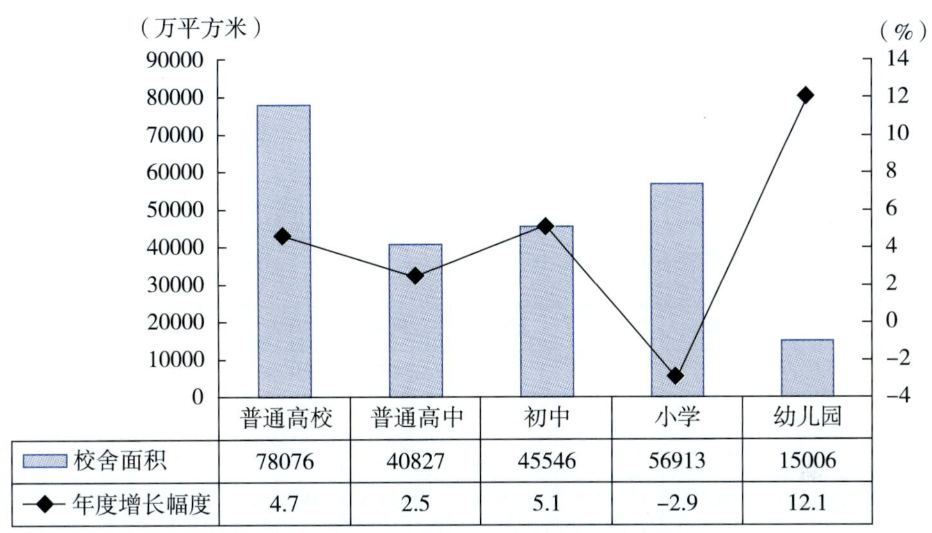

	普通高校	普通高中	初中	小学	幼儿园
校舍面积	78076	40827	45546	56913	15006
年度增长幅度	4.7	2.5	5.1	-2.9	12.1

图 0－7　2011 年各级各类学校校舍面积情况

【数据来源】教育部发展规划司. 2011 全国教育事业发展简明统计分析（内部资料）[R]. 2012.

2. 初中后在校生规模在各级各类教育中处于明显扩大态势

截至 2011 年，我国高中阶段在校生规模为 4686.6 万人，比 2015 年规划目标多 186.6 万人。中等职业教育在校生 2205.3 万人，占高中阶段教育在校生总数的 47.1%。高中阶段普职规模大体相当。我国各级各类教育发展规模不断扩大，其中高中阶段教育规模扩大趋势明显。2005—2011 年各级各类学历教育规模数据表明，我国小学与初中阶段教育规模均呈现下降和缩小趋势，这主要是受到我国当前学龄人口不断下降趋势的影响。但与之相反的情况则是，由于之前几年人口高峰的影响仍在，因而高中阶段教育及高等教育规模仍然处于扩张和提高状态，且高中阶段教育规模一直处于与初中阶段教育规模差距接近或缩小的状态。2011 年，我国学前教育占全国各级各类在校生总数的 12.9%，小学与初中阶段教育占 56.5%，高中教育则占到 17.7%，高等教育占到 11.9%。2011 年的高中阶段教育规模已接近初中阶段规模（见图 0－8）。

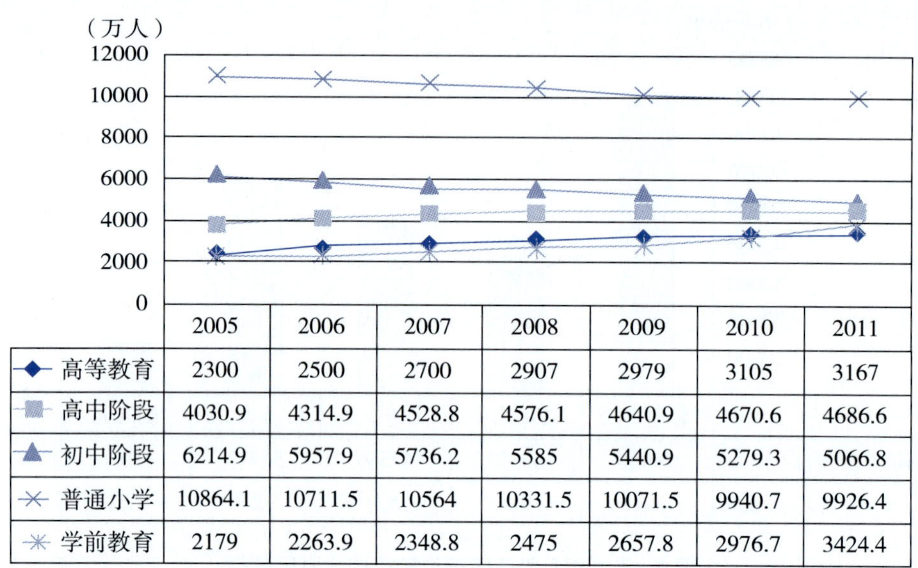

	2005	2006	2007	2008	2009	2010	2011
高等教育	2300	2500	2700	2907	2979	3105	3167
高中阶段	4030.9	4314.9	4528.8	4576.1	4640.9	4670.6	4686.6
初中阶段	6214.9	5957.9	5736.2	5585	5440.9	5279.3	5066.8
普通小学	10864.1	10711.5	10564	10331.5	10071.5	9940.7	9926.4
学前教育	2179	2263.9	2348.8	2475	2657.8	2976.7	3424.4

图 0－8　2005—2011 年普通高中与各级各类学校在校生规模对比

【数据来源】教育部发展规划司. 2011 全国教育事业发展简明统计分析（内部资料）[R]. 2012.

3. 高中前各阶段教育普及水平在各级各类教育中增速最快

近年来，我国普通高中阶段教育的普及水平实际上已经达到了一个比较高的阶段。《教育规划纲要》提出要加快普及高中阶段教育。到 2020 年，普及高中阶段教育，满足初中毕业生继续接受高中阶段教育需求。2011 年，我国普通高中阶段教育毛入学率达 84%，距离 2015 年 87% 的规划目标也仅差 3 个百分点，距离 2020 年规划的 90% 的目标也仅差 6 个百分点。①“普及化”的高中教育时代早已悄然来到②，普及化阶段的高中教育显然不同于大众化时代之前的发展要求。普及化阶段，高中阶段教育发展量的增长与质的变化存在不同的相关性，多样化、特色化需求成为主流。

① 教育部发展规划司. 2011 全国教育事业发展简明统计分析（内部资料）[R]. 2012: 6.

② 阶段划分参照马丁·特罗的高等教育发展理论，毛入学率低于 15% 的属精英教育阶段，毛入学率大于 15% 小于 50% 为大众化阶段，毛入学率大于 50% 的为普及化阶段。

从高中阶段与各级各类教育阶段毛入学率对比来看，2005—2011 年期间，我国高中教育与学前阶段教育毛入学率增长最快，高中阶段教育入学率从 52.7% 增长到 84%，增长幅度超过 30 多个百分点。2005—2009 年期间是高中入学率增长最快的时段，年均增长近 7 个百分点。同一时期，小学、初中以及高等教育阶段的毛入学率基本保持稳定增长阶段。这一方面是由于义务教育阶段本身的普及水平已经很高，2011 年小学学龄儿童净入学率已达到 99.79%，初中阶段毛入学率也已达到 100.1%（见图 0－9）。①

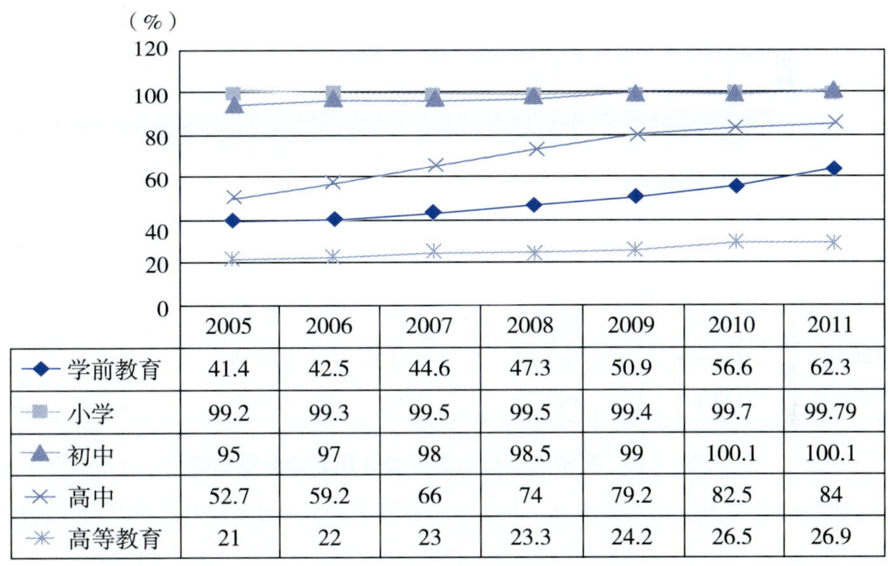

	2005	2006	2007	2008	2009	2010	2011
学前教育	41.4	42.5	44.6	47.3	50.9	56.6	62.3
小学	99.2	99.3	99.5	99.5	99.4	99.7	99.79
初中	95	97	98	98.5	99	100.1	100.1
高中	52.7	59.2	66	74	79.2	82.5	84
高等教育	21	22	23	23.3	24.2	26.5	26.9

图 0－9　高中与各级各类教育毛入学率对比

【数据来源】教育部发展规划司. 2011 全国教育事业发展简明统计分析（内部资料）[R]. 2012.

4. 高中阶段专任教师数量在各级各类教育中增长势头明显

2011 年全国各级各类学校专任教师数为 1440.7 万人，比上年增加 26.4 万人。其中，学前教育、高等教育以及高中阶段教育专任教师都处于

① 教育部发展规划司. 2011 全国教育事业发展简明统计分析（内部资料）[R]. 2012：6.

增长阶段，其中学前教育增长最快，年度增长15%，高等教育增长3.2%。普通高中专任教师人数为155.7万人，比上年增加3.9万人，增长2.5%。随着在校生规模、入学率以及人口出生曲线的逐年下降，小学与初中阶段的专任教师数量也出现了适当的回落。这些都为普通高中的发展变革创造了较好的师资储备（见图0-10）。

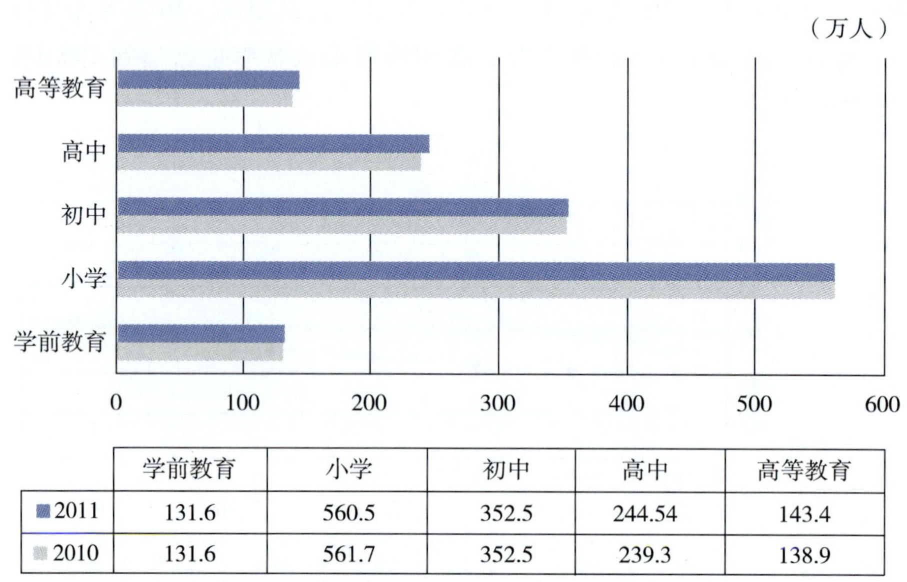

	学前教育	小学	初中	高中	高等教育
2011	131.6	560.5	352.5	244.54	143.4
2010	131.6	561.7	352.5	239.3	138.9

图0-10　高中与各级各类学校专任教师数量比较

【数据来源】教育部发展规划司．2011全国教育事业发展简明统计分析（内部资料）[R]．2012.

近年来，我国高中学校数量的增长已无法满足学校向内涵发展的转型，也无法满足人民群众日益增长的对特色优质高中教育资源的需要。这一状况在2011年得到了很大改善，当年专任教师不仅数量上获得了很大提升，生师比也从上年的16.30∶1下降为15.99∶1，专任教师学历合格率为94.81%，比上年提高1.2个百分点。普通高中阶段2011年高校毕业生录用50374人，录用人数比上年增加16.6%，占全国各级各类学校毕业生录用总数的15%。

最近两年，随着国家教育财政投入4%的逐步到位，高中教育条件进一步得到改善。各地高中教育经费投入、硬件资源的配置水平的提高，办学条件进一步得到改善，中等教育特别是高中学校专任教师数量、校舍面积、教学科研仪器设备资产等条件水平都获得了较大的提升。从近年来各级各类专任教师数、校舍面积、教学仪器设备值等统计指标数据来看，我国普通高中教育发展拥有较高层次“质变”的硬件基础与诉求。

（二）过半学校特色发展现状认知度、满意度高于预期，但综合判断实际应处于特色形成阶段

过半学校对学校特色发展阶段的认知高于调查预期。课题组将学校特色发展过程，划分为特色规划、特色项目研究与实施、特色总结与提炼、摸索打造特色学校模式、形成品牌等各个阶段，并得到师生和家长及社会认同。同时，课题组还提供特色规划与管理、学校创建工作了解程度等具体发展情况选项，供各类调查对象选择和做出判断。

校长调查结果显示，有将近30%的校长认为本校还处在特色总结和提炼阶段，40%以上的校长认为本校处在形成学校特色模式的学校特色发展的高级阶段，14%的校长认为本校已处在形成品牌的最高阶段。调查数据综合说明，50%以上的校长认为本校特色发展已处在高级阶段，形成了较为鲜明的特色。对教师的调查结果也显示，半数教师对自己所在学校评价为“好”；半数教师认为自己了解学校的特色办学目标及规划。对学生的调查研究发现，在对特色学校规划与管理认知方面，30%的学生对学校特色创建工作非常认可，学校特色发展模式对学生产生了较好影响。

考虑到306所学校总体上均为区域内发展水平比较高的学校，而且至少从2009年项目申报、启动开始，各校均已进入有目的、有计划、有行动的全国普通高中特色发展研究项目实验推进中。因此，抽样调查得到的这一较高的认知度，客观反映了科研引领学校特色发展的实际成效。同时，考虑到个别样本的代笔比例和开放性访谈的资料，同时结合国内普通高中发展的客观实际，我们又不得不主动得出或“下调”国内高中特色发展的实际水平一个“档次”，即各校大多应处于特色模式形成之前的阶段，或从初级向中级发展阶段。出现较高期待的结果的主要原因，可能在于校长、教师及学生等群体将愿景部分移为现实，将规划部分移为落实。虽然因此调查可能部分失真，但也从某种角度反映了调查对象对高中特色发展的愿望、信心和期待。

（三）特色课程开设及选修状况欠佳，家长与学生期待较多

课程教学方面的相关调查发现，课程与教学是影响普通高中特色发展的关键性因素。这一点无论是从指标的敏感度、相关度来看，或是从调查或实地座谈情况来看，校长、教师和学生对课程教学的作用均具有较高的共识。但调查结果也表明目前特色课程开展和建设的情况不佳，多数学校并未充分开发或挖掘特色课程资源，教师特色专业发展不充分，学生参与课程的机遇也未达到期望。

针对14所学校766份教师问卷、15所学校2631份学生问卷和2774份家长问卷中有关课程教学的部分调查结果显示：第一，在对特色课程与教学的认知与满意度方面，教师认为，特色课程或国家课程校本化教学过程中最突出的矛盾和问题，首先是教师对教学不够重视，其次是教师数量无法满足需求；学校各级各类课程体系建设存在的主要问题在于特色方向定位不当，结构布局不合理；教师对学校课程设置的合理性和科学性评价较高，但对自己所任教课程的教学方法的满意度不够高，只有三分之二的教师对自己持肯定态度；就学生而言，只有两成学生认为校本教材非常适合自己的发展；不到六成的学生对特色课程教师的教学方法满意或者很满意。第二，在特色课程设置与选修方面，广大师生对于校本课程开发与选修的积极性与参与度不够；学校选课系统的设计不够科学，并缺乏选课指导制度。第三，在特色选修课程资源的开发和利用方面，教师很少有机会参与校本教材的开发和编写工作；大部分学生对本校教师参与开发和编写的特色课程校本教材缺乏兴趣；学校现有的课程资源很短缺，且没有很好地利用图书馆、校园网、社区等资源为学生提供特色发展服务。第四，在特色选修课程的教与学方面，校外实践是学生最喜欢的特色选修课程学习方式，紧随其后的是以兴趣小组方式开展的合作学习；师生在特色课程学习过程中的着重点一致：关注综合素质的培养和提升，关注学习方法的掌

握，学习成绩均被师生排在末位等。第五，在特色选修课程考试与评价方面，师生在特色选修课程的考试形式上看法不一致，学生更强调笔试的重要性，教师则把成果放在了第一位。

而就家长在课程教学方面的态度而言，多数家长对特色课程颇有期待，认为应该通过各类兴趣小组或课外实践活动等“特殊”课程，来提高孩子的综合素质或发展某种特长，并且认为不会因此导致孩子的考试成绩下滑。

（四）学校对学生全面发展重视程度不够，办学水平较高的学校和年级越低的学生对个性发展现状较满意

对 15 所学校 2631 份学生问卷的调查表明，学校对学生全面发展重视程度不够，办学水平较高的学校和年级越低的学生对个性发展现状较满意。对学校特色发展与学生个性发展之间关系的调查显示，仅约两成的学生认为学校特色发展对个体有正向作用。例如，学校特色发展促进学生全面参与的比例为 20.2%，在所构建的特色领域，全校学生基本上人人都会的比例仅为 21.3%；量身定做，大多数学生都获得个性发展的比例为 36.4%。当然，学校特色发展总体上促进了学生的发展，如调查显示认为特色发展对学生产生负面影响的比例仅为 1.7%。

学生对学校在本地区普通高中所处程度的高低，决定了学校特色创建工作满意度的高下。调查显示：认为学校在本地区是最好高中的学生，对学校特色创建工作非常满意的达到 68.5%，一般的占 30.3%，不满意的占 1.2%；认为学校是比较好的高中的学生，对学校特色创建工作非常满意的占 40%，一般的占 56.6%，不满意的占 3.4%；认为学校一般的学生，对学校特色创建工作非常满意的占 17.8%，一般的占 74.3%，不满意的占 7.9%；认为学校比较差的学生，对学校特色创建工作非常满意的占 7.3%，一般的占 72.6%，不满意的占 20.1%；认为学校最差的学生，对特色创建工作非常满意的仅占 5.1%，一般的占 69.5%，不满意的占 25.4%。

关于学生对特色课程教学的调查方面显示：仅有 20% 的学生认为校本教材非常适合自己发展，超过 30% 的学生认为学校课程资源能满足需求，

30%的学生认为学校能很好利用相关资源为学生提供特色服务。在对特色师资队伍的满意度方面：学生对特色教师数量满意度较高，近半数学生认为担任特色选修课程教师整体教学水平较高，近80%的学生认为学校特色教师是专职教师，近30%的学生认为本校教师对学校特色发展产生非常大的影响。在对校园文化的认同与期望方面：超过半数学生认为学校建筑风格贴合学校特色发展，30%的学生认为学校充分地挖掘了学校传统元素并形成校园文化，学生校服是学校特色发展最需调整的文化标识，多媒体演播室等是学校特色发展最需推进的校园文化建设，校外实践活动是学校最需加强的特色实践活动。

（五）半数家长认为孩子目前在主打特色发展的学校中的学习负担较重，但多数家长对孩子的整体素质较满意

针对家长的调查结果显示：首先，45.2%的家长对孩子所在“特色高中”的区域形象比较满意，持肯定态度。家长较为满意方面是教师教育教学水平（31.04%）和“校园环境”（30.1%），28.59%的家长最不满意的方面是学校的教学场地、仪器、图书、网络设备等硬件设施。其次，在孩子学习负担及整体发展方面，半数家长认为孩子目前在学校的学习负担重（认为“过重”的比例为8.62%，“较重”的比例为48.27%），但多数家长对孩子的整体素质持满意观点。第三，在办学发展和期望方面，51.29%的家长期望学校将提高学生综合素质作为首要办学目标，39.26%的家长认为影响学校发展最主要的因素是师资力量。此外，家长期望学校能为孩子设置或加强的特色或活动类课程领域主要包括外语类（30.82%）、科技类（27.14%）和艺术类（26.39%）等。

高达76.82%的家长期盼学生能够全面发展，综合素质得到提高。这显然与传统认知中高中学生家长最关注考试成绩（选择频次仅为47.01%）的固有观念截然不同，尽管造成这种现状的原因复杂（如样本学校均属于办学水平较高学校），但部分学校的调查也表明，高中特色发展初步具备较为宽松而有利的社会舆论氛围。学校应该充分利用并抓住发展机遇，更为积极主动地推动特色创建的进程。

（六）普通高中特色发展类型较为清晰，但复合型（兼具两种以上类型）发展路径更受青睐

基于国内特别是中国教科院306所普通高中特色发展的基本类型调查与分析，课题组提出六种发展类型或特色形成路径的假设，即学术类（含综合、拔尖创新人才培养）、人文类（含德育、文化类）、科技类（含理工类）、外语类（含语言或文学）、艺体类（含声乐、美术、传媒、体育等类）、普职融合类（含职业课程、项目类等）。

对28位校长的调查与访谈显示，36%的校长选择一种特色类型，64%的学校对复合型特色（即包含两种以上的特色）倾向性较高，综合有78%的校长对本校特色发展的类型归类比较清晰。“人文类”是校长选择最多的特色类型，其次是“艺体、科技、学术”类，较少的是“外语和普职”类。省重点学校的校长更倾向于选择单一类型特色。调查结果说明，70%以上的校长对本校特色发展归类或形成路径比较清晰，60%以上的校长更为青睐复合型特色（即包含两种以上的特色）。

关于学校发展类型调查“验证”的具体结论如下。

1. 学术型高中：创新人才培养的精英“排头兵”

学术型高中指以培养拔尖创新人才为目的的高中，具体指面向全体学生，通过设立丰富课程给学生提供各种资源、机会、鼓励和支撑，为各方面有潜质的学生成才搭建平台。国内一批综合实力较强的学校都致力于建设学术型类型的精英高中。从14所被调查学校的数据及与全国项目校的对比分析中发现，学术类高中在师资水平、课程设置、特色发展的学生满意度和社会评价方面，确实处在普通高中发展的“排头兵”行列且特色鲜明。由于受到精英教育观念的影响，即便是在选择两种以上特色类型的学校中，多数学校和家长也愿将学校定位在拔尖创新人才早期培养方面，或愿为各方面有潜质的学生全面而有个性的发展提供优质、多元的教育契机。由此，学术型高中的确承载了社会拔尖创新人才培养的未来期待。虽然认可度较高，但调查结果也反映出此类学校特色规划与模式定位不清晰、校本教材开发欠缺、教师特色培训无法满足需求等问题。

2. 人文型高中：现实教育环境中“不约而同”的主要选择

人文型高中在特色发展中较为重视学校历史文化传统、区域文化资源的开发与利用，实际工作中以德育或校园文化建设作为重点，努力凝练和提炼学校的人文品质与特性，并将之转化为激励学校发展的动力与抓手。受“人文大国”历史传统和办学理念的影响，特色发展现状以人文类型居多。在调查的学校抽样中，人文类型的选择最多。在很多有两种以上特色发展选项的学校中，人文类型一般是被作为第一选项。在各类调查对象中，70%以上的校长选择人文类特色；教师、学生对所在学校特色类型的判断，也一般集中于艺术、人文这一方面。调查表明，在校长的主导影响下，人文型学校的特色理念和规划较为容易提出并获得共识，且“出彩”速度较快、工作成效较易凸显，但学校切实需要加强特色选修课程建设以及特色校本教材的开发与使用力度，努力化解特色课程或国家课程校本化教学过程中的矛盾和问题。由于受到现有课程体系及考试评价体制的限制，“不约而同”的选择有时也透露着现实的“无奈”。

3. 科技型高中：认可程度、满意程度最高的发展方向

调查显示，科技型高中在实践中占有相当比例，五成到七成以上的各类调查对象都较为认可科技类特色发展，但对其定位目前尚未有统一定论。对调查结果的分析表明，理想的科技类型高中至少应体现如下几个方面：一是科技教育理念及内涵渗透或明确体现在学校办学理念之中；二是与其他类别的课程相比，显性与隐性科技类课程建设与开发明显；三是科技类教师与校外科技人才达到一定比例；四是有专门的科技教育管理机构；五是拥有一定规模的校内科技教育场馆设施与一定数量的校外科技实践基地；六是科技教育面向全体学生，所有学生都能在科技知识、能力及实践方面获得不同程度的发展。

4. 外语型高中：区域社会声誉比肩学术类型高中

外语类普通高中缘起于新中国成立初期设立的外国语学校，发展该类型学校是我国为了培养外语类应用型人才所采取的重要举措，也是外国语大学的重要生源地，属于体制内“建制”。调查显示，外语类高中区域社会声誉普遍较高，甚至比肩学术类高中。基于外语型学校的统计分析，得

出如下基本结论。在学校管理方面：第一，外语类特色学校的区域内影响力比较大，认可度比较高；第二，在外语类特色办学管理中，教师熟悉特色建构和校长个人智慧发挥了重要作用；第三，外语类特色学校的模式一旦形成，其理念和个性特征比较鲜明。但另一方面，外语类学校课程的选择性不够灵活，课程教学专业评价体系还不健全，特色课程资源不足导致学生想选的课程选不上，外语类特色学校的教师整体素质较高但其特色科研能力相对较弱，同时外语类特色学校的教师整体数量不足，学校绩效评价对特色学校的建构影响较弱。

5. 艺体型高中：学生自主能力与办学绩效同步上升

艺体型学校与外语型学校类似，同样源自新中国成立初期体制内设立的艺校、体校或师范学校转型。艺体型高中是指以开展对以艺术和体育为特色的普通高中学校。调查结果显示：首先，艺体科研引领提升学校特色发展作用明显；第二，艺体课程资源建设中选修课程、校本教材、自主选修等最为“出彩”；第三，艺体类学校教师的特色认知度、满意度较高、教师特色专业发展机遇较多；第四，艺体类型高中学校办学绩效改善明显、学生升学比例稳中有升、学生自主发展能力突出等。但调查也发现，艺体类高中学校校园文化建设（建筑风格、文化标识不匹配）、班际交流与特色实践活动尚有待进一步加强。

6. 普职融合高中：高中特色发展值得期待的重要方向

普职融合高中作为普通高中特色发展的一个重要方向，能够较好地结合普通高中升学预备教育与就业基本技能教育，是培养学生全面发展、接受最适合的教育的重要体现。普职融合类高中仍然是“普通高中”，我们不能简单地将普职融合教育等同于在普通学校中开展职业教育。调查案例学校通过开设与职业技术相关的课程，或者专门的职业班，仅仅是探索普职融合特色教育的第一步。参与调查的普职融合类学校较少，但调查结果表明，这些学校发展绩效显著，它们都较好地与普通高校特定学科或高职院校建立了有效的联系机制，学生“做中学”，学术与特色能力齐头并进，发展前景值得期待。

（七）学科创新构建特色模式是国际高中特色发展的核心经验

主要发达国家政府均高度重视普通高中特色发展，重视以学科为基础构建特色发展模式。首先，重视通过建立特色的导向性与鼓励性的制度政策、经费拨款方式、评估验收体系等多种途径，引导普通高中特色发展方向。英国政府在特色学校发展过程中发挥了主体作用，从鼓励性政策的出台、项目实施、经费划拨，到年度评估、跟踪反馈、招生考试等环节，全程参与、全程监控。其次，以课程为核心规划和促进多样特色模式发展。如英国按照学科和专业，对 3068 所特色学校进行了类型或模式划分，并向全社会公布，使其向理科高中、艺术高中、人文高中等多样化、多类型的方向特色发展。日本的超级科学高中则以数学和理科教育为重点，旨在培养面向未来的国际型高科技人才；超级外语高中则以英语教育为重点学科，进行以英语为主的课程开发、大学与高中顺利对接的有效途径的研究等推进项目。美国的磁石学校同样也借助课程开发和学科建设来得到特色发展，例如建有科技高中、生物高中等。第二，各国重视根据不同特色学校计划的特定目标，设置一系列量化的指标和评价标准，采用多样化的评价方法对学校发展实施综合性绩效评价。第三，强化学校和家长、社区、企业单位、高校、研究机构等社会团体之间的联盟关系等。①

（八）普通高中特色发展存在需要破解的几个关键性问题

尽管调查问卷尚待完善，但调查结果还是发现了发展过程中存在的很多需要解决的问题。第一，关于特色发展模式或类型的政策定位问题。在许多重要方面，校长、教师、学生和家长等相关利益方对学校特色的认知和认可，均存在较大分歧和差异。如特色发展的路径、类型、模式、政策选择等。第二，关于特色课程与教学的问题。调查显示，特色课程建设总体状况不令人满意，尤其表现在选修课程和校本课程方面。特色课程建设还需要聚集力量，深化改革，加大特色课程的开发力度，构建较为完备的特色课程体系，推进学校特色发展。第三，关于特色师资问题。调查表

① 具体参见本书第五章第二节、第三节、第四节内容。

明，关于学校特色发展中的诸多问题中，最突出的问题集中在特色师资数量与专业发展方面，如教师参与培训与科研的状况总体欠佳，绩效工资改革未与特色师资发展有效对接，特色培训内容与形式单一，时间、经费不能保障等。第四，特色发展的整体社会环境需要进一步营造。调查显示，学校特色发展，其内部存在许多结构性问题，许多结构性要素需要补缺或增强；其外部支持学校特色发展的政策环境、社会环境尚不健全。

第一章

普通高中特色发展调研背景

普通高中特色发展现状调研定位于普通高中的多样化、特色化发展，主要指向特色发展过程中的从学科特色、学校特色，到特色学校形成等不同阶段的基本情况与特征。调研的具体内容包括影响普通高中特色形成的各种因素：历史传统、办学、育人、管理、课程或教学、校长、教师、学生、校园文化、家庭社会学校联系等。通过关键性因素的实证调查、对比和分析，总结梳理现阶段普通高中特色发展模式现状，为我国普通高中的特色发展及普通高中的进一步系统改革，提供政策、内容、路径、评价等方面的决策咨询与建议。

第一节　普通高中特色发展的政策背景

近20年来，我国普通高中走过了一条快速发展的道路。普通高中发展的过程，就是一个不断改革的过程，同时也是处于不断的政策调整过程之中。“以改革推进发展”是普通高中改革政策的一个基本特征。综观国家关于普通高中的政策内容，不同阶段各有侧重，不同时期分别显现了“重点发展”、“规模扩张”、“实现普及”等重要政策目标，构成了高中阶段教育政策“调整改革”的政策主线，为我国普通高中“特色发展”政策的制定及深度变革奠定了坚实的基础。

一、实施调整改革，推进规模扩张

1993年，《中国教育改革和发展纲要实施意见》提出“普通高中可根据各地的需要和可能适量发展。到2000年普通高中在校生要达到850万人左右”的目标。从20世纪90年代开始，普通高中发展在“积极推进办学体制和办学模式改革”的同时，重点转向扩大普通高中教育规模，大城市和沿海经济发达地区努力普及高中阶段教育。这一时期的国家关于普通高中的政策方向，在兼顾办学模式多样化改革的同时，重点聚焦在“规模扩张”上。

普通高中实施调整改革政策。1995年，原国家教委召开改革开放以来全国第一次普通高中教育会议，总结交流普通高中教育改革的经验，研究新形势下普通高中教育改革和发展的方针、政策和思路①，并颁布了《关于大力办好普通高级中学的若干意见》，体现了“继续调整中等教育结构”、“适度发展事业规模”等基本思想。1996年《教育部工作要点》提出，进一步抓紧落实《中国教育改革和发展纲要》及其《实施意见》，积极部署并组织实施《全国教育事业“九五”计划和2010年发展规划》，提出了“拟订建设示范性普通高中的实施意见和推进办学模式多样化的改革”的工作目标。1997年《教育部工作要点》提出“深化高中阶段办学体制的改革”。在1999年《教育部工作要点》中，教育部又提出了“加大基础教育改革力度。启动实施‘跨世纪素质教育工程’，抓住改革课程体系、内容和考试评价制度等关键环节……推进基础教育评价制度、中考和高中毕业会考制度的改革。加快农村初中、高中课程改革，积极扩大综合高中办学模式的试点”等多项改革要求。

普通高中的改革涉及诸多方面。改革“单一的政府办学”体制，基本

---

① 朱开轩．认真贯彻《纲要》精神，大力办好普通高中教育［J］．课程·教材·教法，1995（10）．

形成多元化办学格局，提高民办教育在高中教育体系中的比例；以政府为主、多渠道筹措教育经费，进一步完善投入保障制度和教育经费管理制度，稳步提高经费使用效益；实施普通高中办学模式的改革，调动各类普通高中的办学积极性；积极推动考试制度改革，普通高中实行毕业会考制度改革措施，高考招生制度也在考试内容、技术以及资助招生方面多次实施改革措施；从2004年开始的高中课程改革，引领了普通高中教育管理与教育实践领域从课程管理、课程设置、课程实施与课程评价等具体层面的转变。另外，普通高中的收费、办学行为、建设规模等方面也一直是调整改革所重点关注的领域。

在持续改革的基础上，普通高中转而“扩大规模，实现快速发展”。1986年，国家颁布《义务教育法》及实施“普九”政策以后，我国义务教育取得了发展，巩固、发展“普九”成果和高等教育扩招政策的双重压力，对普通高中生源数量提出了直接要求，对扩大普通高中规模也提出了迫切要求。

从20世纪90年代中期开始，高中教育规模持续扩张，实现了连续的高速发展。与1995年相比，2001年普通高中招生数和在校生人数都实现了翻番，年平均增长率达到了12%。① 这一期间，是普通高中发展最快的时期，也是普通高中政策出台最多、国家对普通高中发展更加重视的一个时期。政策导向围绕着“扩大优质高中教育资源，加快高中发展与建设”②展开。普通高中客观上采取了外延发展，也就是扩大规模和数量的策略，走上了规模扩张的发展道路。国家“积极发展包括普通教育和职业教育在内的高中阶段教育”③。普通高中发展一直遵循着“要扩大高中阶段教育规模”的政策路线，④ 采取了“通过学校布局调整、高初中分离、重点学校与薄弱学校联合办学、灵活多样的授课制”等一系列形式，挖掘潜力，扩大现有普通高中的招生规模。

---

① 陈至立．在全国高中发展与建设工作经验交流会上的讲话［C］．2002.
② 李岚清．在全国高中发展与建设工作经验交流会上的讲话［C］．2002.
③ 中共中央、国务院．关于深化教育改革全面推进素质教育的决定［R］. 1999.
④ 中共中央．关于制订国民经济和社会发展第十个五年计划的建议［R］．2002.

为积极推动高中阶段教育事业的发展，1999年，《面向21世纪教育振兴行动计划》启动。同年，第三次全国教育工作会议召开。这些都对普通高中政策产生重要影响。在第三次全国教育工作会议上，朱镕基总理提出“……积极调整现有的教育体系结构，扩大高中阶段教育的规模”，并明确提出国家“扩大高中阶段教育规模”的政策导向，提出“到2010年，在全面实现‘两基’目标的基础上，城市和经济发达地区有步骤地普及高中阶段教育”的目标。

根据中共中央、国务院《关于深化教育改革全面推进素质教育的决定》和中央有关文件精神，1999年国家教委出台了《关于大力办好普通高级中学的若干意见》的专项普通高中政策。《意见》提出了重视发展高中阶段教育事业，积极发展包括普通教育和职业教育在内的高中阶段教育……城市和经济发达的地区要有步骤地普及高中阶段教育的扩大普通高中规模的目标任务，要求“挖掘潜力，扩大现有公办普通高中的招生规模”。为了加快发展，“鼓励办学条件较好、教育质量较高的公办普通高中在保证本校规模和教育质量的前提下，采取多种方式与其他学校、社会力量联合举办民办普通高中；部分公办职业学校可以在政府的指导下，进行办学体制改革的试验”。同时，要求“加强示范性高中的建设，扩大示范性高中的招生规模”。

2000年10月17日《中共中央关于制订国民经济和社会发展第十个五年计划的建议》明确指出：“要扩大高中阶段教育和高等教育规模。”高中教育的扩张，将对我国社会和经济的发展产生全面而深刻的影响。这一建议也对我国普通高中教育发展战略的制定提供了新的基础。2000年《教育部工作要点》秉承了“扩大普通高中规模”的政策导向，提出城市和经济发达的地区要加快高中阶段教育的发展……通过学校布局调整、适当分离初高中办学、办好薄弱学校、发展民办教育等多种形式，扩大包括普通高中和中等职业教育在内的高中阶段的招生规模，提高普及教育的整体水平。

2001年，国务院召开了全国基础教育工作会议，颁布了《国务院关于基础教育改革与发展的决定》。其中强调“要大力发展高中阶段教育，促进高中阶段教育协调发展”，提出了“十五”期间“高中阶段入学率达到60%”的发展目标，为这一时期的普通高中教育发展确立了政策基调。

2002年，教育部在天津召开了全国高中发展与建设工作经验交流会。会议的中心议题是“坚持教育创新，提高教育质量，加快高中发展”。会议认为，高中阶段教育已经成为整个教育发展的瓶颈，必须合理规划高中教育发展。①

发展高中阶段教育作为实施“全国教育事业第十个五年计划”的一个难点，是制约教育发展的瓶颈，需要重点发展。会议要求各地大胆进行机制创新，努力探索新的发展途径，要千方百计增加对高中的投入，扩大高中的教育资源，尤其是优质高中的规模，积极鼓励民办高中的发展。②

规模扩张政策取得了明显的效果，高中教育实现了连续的高速发展。到2001年，全国普通高中在校生人数达到1404.9万人，比1990年增加了687.6万人，增幅达到95.9%。与1995年相比，普通高中2001年招生数和在校生人数都翻了一番，分别达到558万人和1405万人，年平均增长率达到12%。“十五”期间，国家提出了不同地区普通高中教育事业发展的基本任务，占全国人口35%左右的大中城市和经济发达地区，在高水平、高质量普及九年义务教育的基础上，尽快扩大优质教育资源，较大幅度提高高中入学率，至“十五”末基本普及高中阶段教育。占全国人口50%左右的已实现“两基”的农村地区，要在巩固“两基”成果，提高“两基”水平的基础上，积极发展普通高中教育，加强优质高中教育资源建设，至“十五”末高中阶段教育入学率要达到60%左右。占全国人口15%左右的未实现“两基”的贫困地区，要在打好“两基”攻坚战的同时，有计划、有步骤地加强高中建设，努力提高高中阶段入学率。普通高中规模的大幅扩张，为普及高中阶段教育目标实现奠定了基础。

二、大力扩展优质教育资源

秉承新中国成立初期发展“重点学校”的传统，我国普通高中的发展

①② 陈至立．在全国高中发展与建设工作经验交流会上的讲话［R］．2001－12－26．

也一直遵循着“重点高中重点发展”的政策思路。改革开放后，邓小平提出“要办重点小学、重点中学、重点大学”①，国家为此颁发了一系列办好重点高中的政策。② 1978 年的全国教育工作会议上，邓小平同志进一步强调，办好重点学校是为了加速造就人才和带动整个教育水平的提高。①教育部于当年颁发了《关于办好一批重点中小学试行方案》指出，切实办好一批重点中小学，以提高中小学的质量，总结经验，推动整个中小学教育革命的发展。1980 年又出台了《关于分期分批办好重点中学的决定》，进一步阐述了办好重点中学对于提高中学教育质量，对于更好更快地培养人才，带动一般学校前进，引导教育迅速走上了规范化的道路，适应社会主义现代化建设的需要具有重要意义。1983 年教育部重申了办好重点中学的必要性，下发了《关于进一步提高普通中学教育质量的几点意见》，提出重点中学应成为模范地贯彻党的教育方针，教育质量较高，具有示范性、实验性的学校。

1994 年《国务院关于〈中国教育改革和发展纲要〉的实施意见》提出：“每个县要面向全县重点办好一两所中学。全国重点建设 1000 所左右实验性、示范性的高中。”

随后，原国家教委发出《关于评价验收 1000 所左右示范性普通高级中学的通知》后，提出要“有计划、有步骤、分期分批建设 1000 所示范性普通高中”，重点高中在政策文件中改称“示范性高中”至今。

1995 年，原国家教委发出《关于评价验收 1000 所左右示范性普通高级中学的通知》，提出根据“有计划、有步骤、分期分批”的建设的原则，分批评估验收 1000 所左右示范性高中，意在“加速人才培养，推动普通高中教育的发展”，进一步延续和强化了办好重点中学的思想，再次强调了办好重点中学的政策。

---

① 邓小平．在全国教育工作会议上的讲话［C］．1978－04－22．

② 主要有：教育部颁发的《关于办好一批重点中小学试行方案》（1978）；教育部在哈尔滨召开全国重点中学工作会议，颁发了《关于分期分批办好重点中学的决定》（1980）；1983 年 8 月，教育部在《关于进一步提高普通中学教育质量的几点意见》（1983）中，重申办好重点中学的必要性。

此后，普通高中发展政策在继续延续“规模扩张”的基础上，侧重了“多种形式扩大优质教育资源”的发展思路。2000 年《教育部工作要点》指出，高中阶段……继续办好实验性、示范性高中和骨干职业学校。2002 年《教育部工作要点》提出，扩大现有教育资源，鼓励有条件的地区和学校实行完全中学的初、高中分离，并通过布局调整、资源重组，扩大优质高中的覆盖面。同时，明确提出“完善相关政策，鼓励发展民办高中”。在 2002 年全国普通高中工作会议上，提出“抓好示范性高中建设，带动整个高中教育质量的提高”，努力拓展优质高中教育资源；发展优质教育资源，一定要坚持“积极进取、实事求是、分区规划、分类指导”的原则。

2003 年《教育部工作要点》要求，加快高中教育发展步伐，扩大优质高中办学规模，鼓励有条件的地区普及高中阶段教育，支持发展民办高中，加强县城示范性高中建设。2004 年《教育部工作要点》则明确提出，继续推动高中阶段教育快速发展，特别提出“推动中西部农村地区县中建设，多种形式地扩大优质教育资源”。2005 年《教育部工作要点》提出，着力提高普通高中教育质量，巩固普通高中教育发展成果。

“重点高中”作为普通高中的示范和“窗口”，接受了国家财政倾斜投入、优先发展的扶持政策。多年来，重点发展重点学校的政策主线一以贯之，没有改变。与总体规模扩张的政策目标相呼应，“重点高中”政策也作为基本政策目标予以坚持，致力于“扩大示范性高中的招生规模”，① 凸显了辐射扩展优质高中教育的政策期待。

三、加快普及高中阶段教育

1999 年，教育部《关于积极推进高中阶段教育事业发展的若干意见》

① 教育部．关于积极推进高中阶段教育事业发展的若干意见（1999）［R］．其他参考文献主要有：教育部（原国家教委）20 年《工作要点》（1989—2009 年）；中共中央、国务院《中国教育改革和发展纲要》（1993）；教育部《面向 21 世纪教育振兴行动计划》（1999）；教育部《关于积极推进高中阶段教育事业发展的若干意见》（1999）；国务院《关于进一步加强农村教育工作的决定》（2003）；教育部《2003—2007 年教育振兴行动计划》（2004）；教育部《关于加快发展中等职业教育的意见》（2005）；教育部《关于进一步规范普通高中建设　兴办节约型学校的通知》（2006）；国务院《批转教育部国家教育事业发展“十一五”规划纲要的通知》（2007）等。

首次明确提出了普及高中阶段教育的意义，认为对于提高国民受教育水平，缓解初中升学压力，提高民族素质等具有十分重要的作用。

2001 年，国务院颁布《关于基础教育改革与发展的决定》，提出进一步“扩大高中规模”、大力发展普通高中教育，“有步骤地在大中城市和经济发达地区普及高中阶段教育”的政策要求。

2002 年，在全国高中发展与建设工作经验交流会上，初步提出普及高中阶段教育的工作原则和基本工作任务，要求“按照‘积极进取、实事求是、分区规划、分类指导’的原则，要求在不同情况的三类地区，有计划、有步骤地加强高中建设，努力提高高中阶段入学率”。同年，党的十六大报告中首次提出了“到 2020 年，我国基本普及高中阶段教育”的目标。

随后，教育部提出了我国基本普及高中阶段教育的基本目标：“2010 年，基本普及高中阶段教育地区的人口覆盖率达到 70% 左右，2020 年达到 85% 左右，基本普及高中阶段教育。”①

2005 年，教育部发布了《关于加快发展中等职业教育的意见》，提出促进两类高中协调发展，大力推进普及高中阶段教育工作策略。② 同年，教育部进一步提出了普及高中阶段教育的目标。

2007 年，国务院《关于进一步加强农村教育工作的决定》中提出“发展农村高中阶段教育”，要求“今后五年，经济发达地区的农村要努力普及高中阶段教育，其他地区的农村要加快发展高中阶段教育”。同年，国务院批转教育部《国家教育事业发展“十一五”规划纲要》的通知，提出了在“十一五”期间，“高中阶段教育普及程度明显提高，在校生规模达到 4510 万人，毛入学率达到 80% 左右”的目标，进一步明确了“普及高中阶段教育”的战略方向。同年底，党的十七大召开，提出了“加快普及高中阶段教育”的战略任务。

2007—2009 年，“高中阶段教育普及”的目标均列入《教育部工作要

① 中华人民共和国教育部．贯彻十六大精神，努力开创教育改革发展新局面［M］．北京：人民教育出版社，2002：12.

② 教育部．关于加快发展中等职业教育的意见［R］．教职成［2005］1 号.

点》。而普及高中阶段教育的工作重点，一是继续重点发展中等职业教育，二是重点普及农村地区的高中阶段教育。

2010 年，《教育规划纲要》提出，“到 2020 年，普及高中阶段教育，使全国高中阶段教育毛入学率达到 90%，全面满足初中毕业生接受高中阶段教育的需求”。

从近年政策发展趋势进行分析，普通高中在未来一个时期内发展思路与目标逐步明朗。概括起来就是，其一，立足普及，适度规模。普通高中教育把握发展节奏，调整布局，适度规模，以适应普及高中阶段教育的总体要求。其二，内涵发展，提高质量。普通高中教育要以质量为中心，把培养学生社会责任感、创新精神和实践能力作为全面提高教育质量的重点内容。通过深化基础教育课程改革，加强实验教学、研究性学习和社会实践，改变人才培养模式，提升人才培养质量。通过制度创新与改革，走内涵发展的道路，提升管理效益和办学质量。这些都为普通高中多样化办学、特色发展政策目标的提出奠定了基础。

四、聚焦“多样化、特色化发展”

2010 年，《教育规划纲要》颁布。《教育规划纲要》是新时期教育改革与发展的蓝图，是 21 世纪我国第一个中长期教育改革和发展规划，是今后一个时期指导全国教育改革和发展的纲领性文件。在《教育规划纲要》“事业发展”部分，普通高中教育相关内容独立成章，这是国家重大政策文件首次对普通高中做出制度安排。在《教育规划纲要》全部 22 章 70 项条目中，普通高中教育占 1 章 3 项，《教育规划纲要》提出的未来十年内我国普通高中发展“提高普通高中的普及水平，提供丰富的优质教育，形成多样化、特色化发展的格局，构建完善的体制机制”等主要任务。在一系列任务目标中，延续了“提高质量、提高普及水平”的政策要求。在此基础上，提出了“多样化、特色化”发展的新目标。

新目标的精神，一是要求普通高中多样化发展，明确指出要推动普通高中多样化发展，促进办学体制多样化，扩大优质资源。推进培养模式多样化，满足不同潜质学生的发展需求，探索发展和培养创新人才的途径。

二是要求普通高中特色发展，鼓励普通高中办出特色。目标提出全面提高普通高中学生综合素质，使普通高中学生全面发展和有个性的发展的相关联的任务。

新目标明确了国家对普通高中发展的政策定位。从以往关于普通高中的政策文件看，《教育规划纲要》颁布之前，普通高中教育到目前尚没有出台专门法律法规，缺乏对普通高中的有权威的、明确的定位。近20多年来，普通高中在高中阶段教育“结构调整到瞄准普及”过程中逐步发展。以往普通高中政策重点目标始终徘徊在“结构调整”和“提升普及水平”上。[①]《教育规划纲要》则在“加快普及高中阶段教育”基础上，提出了“推动普通高中多样化发展”的新要求，其关键就是按照《教育规划纲要》要求，大力推进普通高中的多元办学、多样培养与特色发展。[②]“多样化、特色化”是《教育规划纲要》提出的新时期我国普通高中教育发展的重要新目标，是国家教育政策文件中对普通高中的发展提出的明确方向，也是关于普通高中发展的最高要求，是党中央、国务院在21世纪新阶段首次对普通高中发展方式的重大政策定向。[③]

新目标适应于我国普通高中发展的新形势。总体看，我国普通高中多样化、特色化发展的条件已经初步形成。改革开放以后，尤其是进入21世纪以来，我国普通高中普及水平大幅度提高。普通高中在校生人数由2000年的1201万人增加到2010年的2427万人，学生数量实现翻番，取得突破性进展。同时，普通高中多样化、开放性的课程体系初步建立，课程改革稳步推进，考试评价制度改革有所进展，普通高中从规模发展向内涵发展迈出了坚实的步伐。但是，总体上讲，普通高中教育质量问题依然突出，普遍存在办学模式趋同、发展模式单一、千校一面、同质化倾向严重及简单加重学生过重的课业负担等共性问题。普通高中多样化、特色化发展是提升质量的必由之路，对解决发展中的突出问题、转向内涵发展意义重

① 杨润勇，杨依菲．我国普通高中发展二十年政策回顾与分析［J］．教育理论与实践，2010（19）．

② 张志勇．大力推进普通高中多元办学［N］．中国教育报，2010－03－20（3）．

③ 张力．推动普通高中多样化发展的政策要点［J］．人民教育，2011（1）．

大。新目标的提出，是普通高中教育改革的必然要求，是普通高中内涵发展的体现，是适应教育发展新形势的必然选择。

新目标符合普通高中教育发展的基本规律。新目标的提出，符合我国经济社会对人才培养的要求。新目标是基于经济社会发展对人才需求的多样化、人的多样化要求提出来的，是普通高中教育更好地服务经济社会发展的独特作用所在。落实新目标，能促动普通高中丰富和发展教育功能，兼顾升学、育人和社会发展功能，兼顾普通教育、职业教育与综合教育等方面，新目标符合高中学生成长规律。高中阶段教育是学生个性形成、自主发展的关键时期，注重培养学生自主学习、自强自立和适应社会的能力，把培养学生社会责任感、创新精神和实践能力作为全面提高教育质量的重点内容，体现了素质教育的要求，对提高国民素质和培养创新人才具有重要意义。新目标的提出适应了教育发展的新要求。普通高中只有形成多样化、特色化发展格局，才能最终形成与义务教育、高等教育上下顺畅衔接、与职业教育互相渗透，以培养创新人才为指向的发展格局。多样化、特色化办学对于倡导“教育家办学”，按照教育规律办学，从根本上扭转办学理念、培养模式、校园文化等各方面普遍存在的同质化、趋同化倾向，有着现实指导意义。

新目标中多样化、特色化的要求相辅相成。普通高中是九年义务教育基础上进一步提高国民素质、面向大众的基础教育，是为学生发展提供多样化选择的分流准备教育。多样化、特色化发展的要求反映了二者相辅相成的辩证关系。一方面，多样化并不完全等同于特色化，二者的明显区别在于普通高中多样化表现在办学主体、办学形式等方面的多样化，同时还包括采取多种方式培育多方面人才的目标，是从外延层面提出的要求；特色化发展，指向普通高中学校内涵发展层面，是学校发展水平和质量不断提升的表现。另一方面，多样化与特色化之间关系密不可分，两者是共性与个性的关系。多样化是共性，特色化是个性。普通高中特色化发展是建立在多样化的办学模式、育人模式、课程设置、评价方式等的基础之上。没有特色化发展，就不会形成学校多样化发展格局。普通高中实现特色化发展，一定程度上说，能有效促动和实现普通高中发展的多样化。因此，普通高中多样化与特色化发展密不可分、相互促进。

总之，普通高中两者之间多样化、特色化发展的新目标、新定位，适应了普通高中改革的趋势，反映了新形势下国家对于普通高中发展的新要求，对于全面提高普通高中教育质量、转变人才培养模式具有重要意义。

第二节　普通高中特色发展的实践驱动

《教育规划纲要》是新时期教育改革与发展的蓝图，是国家主导下的我国普通高中多样化、特色化发展的总的规划和导向性政策。规划不仅适应我国普通高中发展的新趋势，符合教育发展规律，也明确了普通高中实践发展的新定位。

一、国家政策驱动区域实践

对于普通高中发展的新目标的落实，各地无论是在实施政策的制定或是具体试点实验方面均有所体现，有所谋划，但同时也存在着重点不突出、缺乏针对性等问题。普通高中特色发展政策的实践落实，是一项复杂的系统实践工程，也是一个政策执行和驱动的过程，相关政策主体应该进一步清晰政策思路，解决突出问题，完善具体推进措施。

（一）区域优质特色目标驱动

从国家关于高中多样化、特色化发展导向性政策出台以来各地落实情况来看：一是各地新目标落实的方案，多偏重于以“探索学校多样化发展新途径，开展新型综合高中、特色高中建设试验”、“鼓励和支持有条件的高中学校进行综合高中实验”等方式进行描述。二是“优质高中”的建设和作用依然受到广泛重视。很多地方在区域改革政策纲要中提出了“发挥优质高中在特色办学中的示范和带动作用”、“ 把优质、特色作为高中教育发展的重点”等。三是课程改革在大多数地区普通高中改革政策文本内容中占重要比例。有的地方提出通过“普通高中新课程实验，精选课程内容，优化课程结构，加强教材建设，改进教学方法”等推进普通高中特色发展。四是西部地区大多仍然把“推进高中阶段教育普及”、“加快高中阶段学校建设”、“扩大优质教育资源”、“ 推进普通高中、职业教育协调发展”等作为普通高中发展最重要的任务。除此之外，很多省市重视教育综合改革重点试验项目，进行促进高中教育优质特色多样发展试验。如部分省市提出“在若干所高中实施创新人才培养实验项目，建立高中与大学合作培养人才新机制。加强对高中生动手能力和职业技能培养，探索综合高中发展新机制，促进普职渗透”等内容和实验项目。总之，比较以往的地方综合教育改革政策，各地纲要对普通高中阶段教育重视程度有所提升，相关政策文本内容篇幅普遍增加，对多样化、特色化发展等新目标均有所涉及、有所安排。

从以往关于普通高中的政策文件看，《教育规划纲要》颁布之前，缺乏对普通高中的有权威的、明确的定位。其主要原因是，与义务教育、高等教育、职业教育等有所不同，普通高中教育到目前尚没有出台专门法律法规。没有专门法律，也就无法对普通高中提出法律层面有权威的定位。

（二）区域体制改革驱动

地方出台的落实配套政策如地方改革纲要，以及试点省市的改革实践方案，都属于落实《教育规划纲要》的地方政策。从理论角度分析，地方教育政策的制定过程，就是对国家政策目标的落实环节。一方面，从地方政策文本可以看出，各地以普通高中办学模式改革为重点，以办学体制机制创新为途径，以推进普通高中高质量有特色发展为目标，立足本地实际，探索普通高中多样化、特色化发展之路，初步探索普通高中多样化、特色化办学基本模式，描绘出普通高中高质量、有特色的发展政策愿景；另一方面，对普通高中新目标落实情况进行政策分析，地方政策制定及实践还普遍存在一些共性问题。

总体看，我国普通高中多样化、特色化发展的体制改革条件与环境已经初步形成，区域体制改革的动力机制、政策实践准备、社会氛围业已成熟。

（三）区域“特色工程”驱动

部分地区在政策落实方面有所突破。国家教育体制改革试点工作展开后，部分地区率先展开了落实新目标的发展项目。如北京市“普通高中特色发展”、黑龙江省“推进普通高中多样化特色化发展”、上海市“促进高中教育优质特色多样发展”、江苏省南京市“以普通高中多样化建设促进素质教育创新发展”、新疆维吾尔自治区“探索普通高中多样化发展”等试验项目。这些地区“特色项目”的共同做法与经验可以概括如下。

一是出台专项改革方案。在出台本地十年规划纲要的基础上，都推出了类似《普通高中多样化、特色化发展试点改革方案》的专项文件，对本地落实普通高中多样化、特色化发展的目标、措施、要求、保障等进行可操作性安排。二是实施了普通高中多样化、特色化建设工程。三是明确了有代表性的区域或学校为实验基地。如南京提出了重点建设富有鲜明办学特征的四类高中，即高水平综合发展高中、高水平特长发展高中、高水平普职融合高中、国际高中；通过实施“普通高中多样化、特色化建设工程”，在未来5—10年，通过重点建设和滚动发展，构建普通高中多样化、特色化办学格局。试点地区根据自身实际，自主开展内容丰富、形式多样的改革探索，在落实新目标的地方政策设计中有所探索，有所突破。

《教育规划纲要》提出普通高中多样化、特色化发展的目标，是未来十年内我国普通高中改革的方向。从客观情况看，实践落实工作十分繁重，各地纲要出台只是完成了政策落实的一个基本环节。从各地纲要看，无论对普通高中发展目标的认识，还是多样化、特色化的实际情况，都还存在不平衡、不深入的现象，其中的重点、难点问题还有待突破。能否尽快解决好这些问题，直接关系到普通高中事业的发展，关系到落实《教育规划纲要》的真正成效。

二、院所科研引领的学校自主实践

《教育规划纲要》提出推动我国普通高中的多样化发展，鼓励普通高中办出特色。在《教育规划纲要》颁布之前即2009年3月，在时任所长袁振国的推动下，教育部直属综合教育科研机构中央教育科学研究所（现为中国教育科学研究院）已先行一步，与美国安生文教交流基金会成功举办了中美高中特色办学研讨会。来自中美两国的专家学者和近

400 名普通高中校长参会。研讨会后，全国教育科学规划办在“十一五”规划课题中设立了“普通高中特色学校研究项目”，全国各地各校踊跃参与，反映了各地高度重视普通高中特色发展与建设。306 所项目校已先行一步，有所进展。

（一）科研驱动特色发展的实践

为充分发挥教育科研的引领作用，促进普通高中教育由标准化、规范化建设向有特色、高质量提升，全国教育科学规划的普通高中特色发展研究专项课题研究以“项目引领、科研推动、区域协作、共同发展”为总体思路，积极推进我国 300 余所普通高中构建特色，初步形成了探索高中多样化发展的良好势头。

1. 设立专项课题

为有力推进我国普通高中特色发展，全国教育科学规划领导小组办公室在“十一五”规划课题中专门设立普通高中特色学校研究项目，在各省、自治区、直辖市教科院所联盟的联合推动和推荐下，最终在全国确定了 306 所普通高中成为专项课题项目校（见图 1－1）。2009 年 12 月，中央教科所召开项目课题启动会，提出了“项目引领、科研推动、区域协作、共同发展”的建设思路。

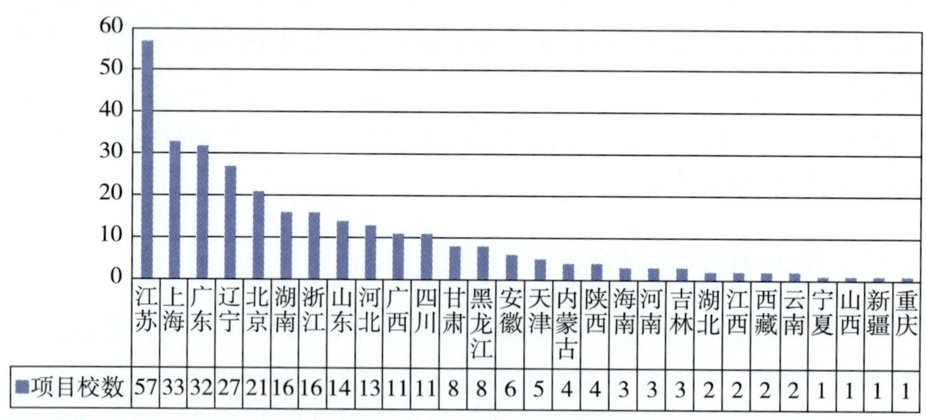

	江苏	上海	广东	辽宁	北京	湖南	浙江	山东	河北	广西	四川	甘肃	黑龙江	安徽	天津	内蒙古	陕西	海南	河南	吉林	湖北	江西	西藏	云南	宁夏	山西	新疆	重庆
■项目校数	57	33	32	27	21	16	16	14	13	11	11	8	8	6	5	4	4	3	3	3	2	2	2	2	1	1	1	1

图 1－1　各省、市、区 306 所项目校数量

2. 实施科研推动

以学校优势实施科研推动。中国教科院以课题申立和研究为途径，在全国建立的306所“特色高中”项目研究实验学校，覆盖东中西部28个省市自治区，其中东部省份共有学校221所，占总量72.2%，中部省份共有学校41所，占总量13.4%，西部省份共有学校44所，占总量14.4%（见图1－2）。

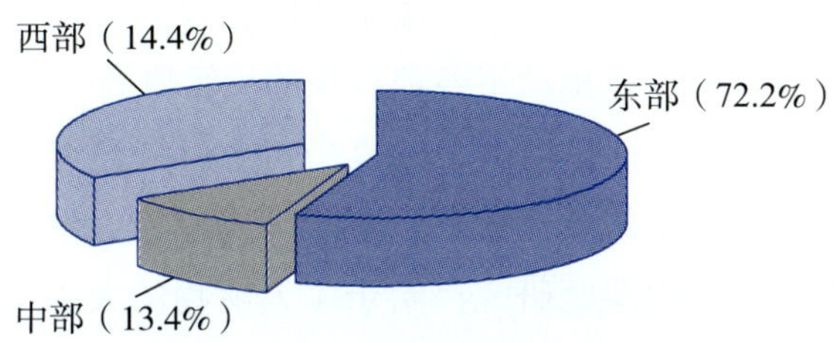

图1－2　306所项目实验校区域分布

东部地区省份学校较多的情况，反映了东部地区学校对科研驱动普通高中特色发展的共识，要远大于西部地区和中部地区。由于科研项目主要采用的是各省市推荐、学校自主申报为主的方式，因此这一比例也反映了东部地区高中学校参与高中特色发展的科研的积极性，也远大于中西部地区。同时，东部地区参与特色科研的“热情”，还从更深层次说明，东部地区普通高中大多已完成基础资源与条件建设阶段，已经开始或要求进入质量或内涵式发展阶段。

学校类型以示范学校、重点学校为主体，占到90%。另有10%的学校地处农村地区。项目学校的特色分类涉及办学特色、文化特色、课程教学改革特色、德育教育特色、教师学生成长特色、艺术教育特色、科技教育特色、体育及心理健康教育特色等多方面。有60%的学校特色建设集中在办学、文化和课改方面，抓住了学校特色发展的核心问题。

参与实验的示范性学校（或重点学校）较多的事实，一方面反映了推荐省市区单位对特色发展的观念认识，另一方面也表明当前普通高中特色发展的现实境遇与选择。

针对现实中遇到的实际问题，实施科研推动学校特色发展。在三年多的实验探索中，项目校在项目研究推进中遇到了各种问题。许多学校结合对现实问题的一步步解决，开展子课题研究；通过深入的科研探究方式，有效解决各种问题。很多案例学校针对项目推进中的问题，开展了专题研究、案例研究、示范观摩、网络教研等形式多样的校本科研，推进了项目研究和学校发展。为促进中期成果交流，及时总结高中特色发展的路径及课题研究中存在的问题，2011 年 9 月，中国教科院举办了“普通高中特色学校研究专项课题推进会”，深入汇总和分析了项目校中期成果及特色建设的典型案例，有针对性地推动了各项目校的后续研究。

以专家指导，实施科研推动。普通高中特色发展研究项目在我国课题立项史上是第一次，90% 的项目校也是首次承担国家级课题。各地教育行政部门和学校都高度重视课题研究，给予了人财物的大力支持。全国教育科学规划办和中国教科院“特色高中”项目秘书处也始终跟进各项目校的课题进展，加强过程性规范管理，派专家组成员亲自到部分学校进行开题指导、中期检查、结题审查、研究指导等。

3. 建立协作平台

设立秘书处。为统筹协调、推进项目，2010 年 3 月，中国教科院成立“特色高中”项目秘书处，常设在科研管理处，为项目学校提供专业咨询、信息和学术服务。

提供服务平台。为协同科研联动发展，形成合作攻关的态势，中国教科院还利用自身的资源优势，设计了八大服务平台，包括：科研指导简报平台、课题研究经验交流会平台、卓越教育领导高级研修班平台、学校视觉识别系统平台、骨干教师能力提升平台、特色学校建设报刊专栏平台、特色学校成长之路丛书平台、特色学校之窗电子音像制品平台。其中，科研指导简报平台已编发 6 期简报，共 30 余万字，每期设有“国家政策解读、课题研究指导、课题研究进展、课题研究成果、教育科研简讯”等栏目，发布最新政策导向、前沿文章、项目研究阶段性成果等。卓越教育领导高级研修班平台已开展了第一期研修班，2011 年 10 月举办了第二期。课题组中近 200 所学校参与了各平台的活动，不仅促进了学校间的深度交流，还在全国范围内扩大了各项目学校的影响力。

4. 谋求共同发展

促进学校自身发展。通过推进普通高中特色发展项目研究，项目校本身的课题研究能力不断增强，通过以特色建设为抓手，带动学校整体教育质量的提升和走向内涵式发展。

带动区域非项目校发展。以项目校为龙头，通过争取上级教育行政部门的大力支持，也带动了区域内普通高中特色建设。例如，很多项目校在组织开题会或中期评估会上，邀请省市教育规划办、教科院所的领导和专家参与指导，当地教育行政部门组织非课题项目校参会观摩、学习，共同研讨普通高中特色建设问题。一些地方的教育行政主管领导亲自主抓本区域内若干所项目校的特色建设，给予政策和经费的倾斜，促进项目校充分发挥特色建设示范效应，带动本区域内普通高中的共同发展。

（二）科研驱动特色发展的优势

从国家宏观层面看，项目不仅顺应了我国普通高中发展的趋势，而且以“先行先试”的方式率先启动了《教育规划纲要》的落实工作；从学校微观层面看，则不仅逐渐清晰了普通高中特色发展的基本性质与内涵，而且凸显了项目校的特色建设及其影响力。

1. 项目研究顺应普通高中发展趋势

长期以来，我国普通高中教育发展中的突出问题是学校办学模式单一，人才培养模式趋同，“千校一面”，缺乏办学特色，不能适应社会对多样化人才特别是拔尖创新人才的需要。面对这一系列问题，普通高中如何发展，已成为各界关注的焦点。“普通高中特色学校研究项目”正是以特色发展、提高质量、促进学生全面发展为己任，顺应了普通高中发展的趋势，各个项目校的特色建设对整体推进普通高中培养模式多样化具有十分重要的意义，也初步总结了特色建设的思路、经验和方法。

2. 率先启动《教育规划纲要》落实工作

2010 年 7 月，《教育规划纲要》正式颁布，对普通高中发展提出的“推动普通高中多样化发展，鼓励普通高中办出特色”的要求，为今后普通高中教育改革和发展指明了方向。而正是基于“先行先试”的基本思路，早在纲要颁布的一年前，普通高中特色建设项目率先启动，努力以试点的方式改革创新、积累经验，试图探索出一条适合我国普通高中多样化发展的新路径。

为谋求“普通高中特色学校研究项目”研究的普遍性和实效性，从全国东、中、西部选取有区域代表性的306所普通高中，形成多校参与、样本齐全的研究范式，为有效推进项目研究、贯彻落实纲要精神提供保障。项目研究通过以点带面的区域联动，引领区域内普通高中走上特色化发展的道路。

3. 逐步明晰了普通高中特色发展的基本性质与内涵

普通高中特色发展项目研究的有效推进，使得越来越多的普通高中认识到特色不仅仅是特长，而是面向全体学生提升基本学力的特色，是学校通过长期积淀，逐步形成的相对稳定的、内在的、独特的、长期的、可持续性的、内涵鲜明的一种非实体性精神文化，是在长期的教育管理与教育教学活动中逐渐积累下来的、被全体师生员工所认同的一种独特的群体意识和学校文化。

学校特色的构建必须关注学校教育的原点，即面向全体学生的全面发展和个性成长，最终要实现学生基本素质和学力的整体提升，不仅包括学业成就，还应包括动手能力、学习态度、思维习惯、价值追求等各个方面。特色创建的过程应该避免只面向部分学生，成为小部分人的活动和特色，而是面向全体学生。

4. 项目校特色凸显与影响力逐渐增强

成果明显。大部分项目校在科学谋划学校特色发展目标的基础上，经过近两年的积极探索，学校局部或整体特色逐渐凸显。例如，四川省仁寿县第一中学，以构建特色化教师队伍，突出了学校的特色发展。

媒体关注。有些项目学校经过几年的努力，以文化引领突出了特色化学校建设，引起了媒体关注。例如，四川华阳中学以“育人育心”为学校特色文化建设，多次受到各大媒体的关注，《中国教育报》在2009年4月、2010年11月、2011年5月，先后3次以10个整版篇幅予以报道，引起社会关注，扩大了学校的影响力。

成为示范校。西北大学附中以“推进综合素质评价、提升教育质量”

推进普通高中特色发展。两年来，通过科学研究与推进，学生的综合素质明显提升，学生的创新意识和探究能力增强，学生得到全面而有个性的发展。

（三）基于科研引领的学校自主实践进展

经过几年的研究和实验实践，306 所项目校以科研为驱动，自主实践、自主实验，且大胆改革、先行先试，研究和实践实验均取得了明显的进展：(1) 学校自主研究和实验过程严肃认真，程序规范，效果明显。(2) 学校特色发展目标清晰，紧扣特色学校建设中的突出问题。(3) 立足各自特色，学校能自觉从已有的实践经验和总结中选取素材，发展自我特色，呈现出了一定的原创性和独特性；学校实验充分调动了各种人力、物力保障资源。(4) 实践中摸索出了一些特色发展的类型或模式。从目前推进总体情况看，基于科研引领的学校特色发展模式大致包括：办学特色、课程教学改革特色、人文/文化或德育特色、教师学生成长特色、艺术教育特色、科技教育特色、体育及心理健康教育、外语教育等特色类型。60% 的学校特色建设集中在办学、文化和课改方面，抓住了学校发展的核心问题。(5) 特色研究与实践的初步进展为学校的整体发展带来了很大的影响，为学校发展增加了动力，一定程度上改变了学校的管理理念和模式，学生、家长、教师等的满意度逐步提高，对发展模式初步凝聚了共识，产生了较好的社会影响。

三、区域改革试点稳步推进

《教育规划纲要》颁布后，国务院办公厅发布了《关于开展国家教育体制改革试点的通知》，全国多个省市出台了本地的改革政策方案。① 各地纲要对普通高中的重视程度普遍提升，所有的省市都有专章（节、条目）明确普通高中发展的内容，相关章节都涉及对改革项目的安排；16 个省市的纲要中设计了相关的普通高中的特色实践步骤、举措。2010 年以来，多

---

① 中国教育报记者. 教育规划纲要颁布实施一周年大事记（三）[N]. 中国教育报，2011-08-01 (1).

个地方被教育体制改革试点领导小组确定为普通高中特色发展试点地区，如北京、上海、黑龙江、浙江、江苏等省市，开展普通高中多样化、特色化发展实验，建立创新人才培养基地以及开展基础教育综合改革等实验（见表1-1）。

表1-1 五省市普通高中特色发展试点区域改革要点（2010— ）①

试点省市	政策依据	目标（指标）	类型或模式	主要举措
北京	1.《北京市中长期教育改革和发展规划纲要（2010—2020年）》 2.《北京市促进普通高中多样化发展的指导意见（征求意见稿）》	• 一大批普通高中能够拥有自己卓越的领域并逐步形成自己在该领域的特色 • 一批普通高中依托原有的学科优势形成自己的学科特色 • 一部分普通高中根据自己独特的办学理念和培养目标，形成独具特色的拔尖创新人才和专业人才培养模式 • 部分新型综合高中应运而生并形成独具特色的办学模式	• “早培班”学校（2所） • 自主排课学校（10所） • 特色实验班学校（15所） • 翱翔计划基地校（23所） • 普通高中中外合作办学项目（12个） • 普通高中中外合作办学机构（6所） • 高中课程改革样本校（40—60所） • 职普融通综合高中校（2所）	• 建立拔尖创新人才早期培养基地 • 拔尖创新人才培养——“翱翔计划”、“雏鹰计划” • 依托普通高中新课程实验实施自主排课实验 • 设立高中特色实验班 • 开展高中特色发展试验项目，建立高中课程改革样本校 • 培育高中中外合作办学项目

① 各地案例均来源于各试点省市教育厅（委）官网。

续表

试点省市	政策依据	目标（指标）	类型或模式	主要举措
上海	1.《上海市中长期教育改革和发展规划纲要(2010—2020年)》 2.《上海市特色普通高中建设推进项目实施方案》	• 一部分高中聚焦拔尖创新人才培养 • 一部分高中聚焦创新素养培育的实践和研究 • 一部分高中加强特色办学等，具体指标如： ·学生参与面（面向全体学生） ·开发特色校本课程和教材等 ·可持续性 ·特色师资队伍 ·认可度和辐射度 ·特色资源的区域共享价值等	• 以特色学科为依托。如香山中学的美术教育、城桥中学的艺体教育特色等 • 以项目为载体引领特色发展。如嘉定二中的科技创新教育特色 • 特色纳入学校育人目标和课程体系。如复旦中学的人文特色、上戏附中的戏剧特色等	采取符合项目学校实际需求的非物质推动、援助措施，发现和挖掘项目学校的突出亮点、有效经验，并加以提炼与传播
黑龙江	《黑龙江省普通高中多样化、特色化发展试点工作方案》	• 核心制度突破——人才培养模式多样化 • 办学模式突破——倡导学校类型多样化 • 评价制度突破——探索评价体系多样化 • 办学主体多元——坚持办学体制多样化 • 完善管理体制——鼓励普通高中办出特色	• 综合高中 • 高二分流 • 艺体特色 • 外语特色 • 理科特色 • 人文特色 • 科技教育特色 • 创新型拔尖人才培养	• 设立实验区和实验学校 • 实验区、校自行制定特色发展政策 • 赋予实验学校制定课程开发和设置权力 • 支持实验区、校学业水平考试和高考政策改革 • 允许一批办学水平较高、试点成效显著校拥有招生录取、人事聘用、考试评价等方面更大的自主权 • 建立过程指导、动态管理和对实验区、校工作表彰等制度

续表

试点省市	政策依据	目标（指标）	类型或模式	主要举措
浙江	《浙江省普通高中特色示范学校建设标准（试行）》（2011）	• 以课程的多样化为核心 • 以调整各类选修课程的结构为重点 • 以普通高中特色示范学校评估取代示范学校评估 • 将“特色”要素注入学校评估的指标体系 具体指标如下： · 办学理念和方向 · 学校课程体系 · 育人模式 · 组织与管理 · 办学绩效	• 省一级普通高中特色示范学校 • 省二级普通高中特色示范学校	对省普通高中特色示范学校原则上每三年进行一次重新资格认定： • 省一级普通高中特色示范学校由省教育厅组织审查 • 省二级普通高中特色示范学校由设区市教育局组织审查
江苏（南京）	《南京市推进普通高中多样化、特色化建设实施意见》	重点建设20所富有鲜明办学特征的高水平普通高中，创建标准如下： • 办学条件（主要是硬件水平） • 课程建设 • 队伍建设 • 管理水平 • 办学绩效	• 综合改革高中 • 学科创新高中（数理、人文、科技、体育、艺术等） • 普职融通高中（升学预备教育和职业技能教育） • 国际高中（外籍学生和国际课程教学）	• 形成“市级统筹规划，区县科学管理，社会有效参与，学校自主发展”的普通高中管理格局 • 探索项目学校普通高中社会融投资体制建设 • 探索实行弹性学制、导师制、分层次走班制、学分互认制等教学管理制度创新 • 给予更大办学自主权

续表

试点省市	政策依据	目标（指标）	类型或模式	主要举措
江苏（南京）				• 联合培养人才，开设“高校直通车” • “以奖代拨”，设立专项经费 • 优化课程设置 • 实施“三名工程”，着力培养一批名校长、名教师、名学科带头人 • 建立、完善普通高中发展性、多样化评价机制

经过三年多的研究和一年来的改革试点实践，无论是先行先试的项目校，还是各改革试点省市，均大胆改革，取得了明显的进展：（1）展开了理论研究和实验，过程规范，效果明显；（2）目标清晰，紧扣特色学校建设中的突出问题；（3）立足点各有特色，确定了不同类型和分析，均从学校已有的实践经验和总结中选取素材，呈现出了一定的原创性和独特性；（4）充分调动各种人力、物力保障资源。

从目前推进总体情况看，特色研究与改革试点为学校的整体发展带来了较大的影响，为学校发展增添了动力，一定程度上改变了学校的管理理念和模式，学生、家长、教师等的满意度逐步提高，对发展模式初步凝聚了共识，产生了较好的社会影响。

第三节　普通高中特色发展的调查维度

一、影响普通高中特色发展的主要因素

普通高中的特色发展情况由于受到类型定位、模式界定、形成路径、评判标准等的不同影响，因此可以产生多种不同的分类，这些不同的分类理念或方式也反映了影响普通高中特色发展的多重因素。

（一）主导特色发展的不同主体

在国家指导性政策出台前，区域实践中由于各自不同的主导者或倡导者的影响，产生了很多不同的特色发展类型。第一类为政府主导的学术类高中，以“示范性高中”或优质高中为主。此类高中一直以优质高校升学率为主要评价标准，涵盖了我国普通高中的主体。第二类为专业院校主导影响下的普通高中，如艺术类普通高中、外国语普通高中、体育类普通高中等。这类院校在计划经济时代多由行业设置，改革开放后多以特色领域升学为目标，与相应专业院校挂钩，成为我国较为稳定的一类“特色”高中。第三类为特色院校的特色学科或高等职业院校影响下的普职融合类普通高中。这类学校强调普通课程和职业教育课程之间的融合，学生以进入特定高校的应用学科或高职院校为主要目的，属于我国新兴或政府倡导的类型。

（二）特色发展的多样路径

普通高中特色发展的研究和实验表明，学校特色的形成似乎存在着一般性路径或规律：“特色项目—学校特色—特色学校”。实际上，这一论断只能是初步的结论，进一步的确证还需调研和实践进一步验证。但总体看来，这一路径中的几个环节的确是影响普通高中特色形成的主要因素。

- 科研推动发展路径。以项目为依托，通过科研项目引领特色发展并有一定时间积淀的学校。优势项目的选择一般是在综合考虑学校的

原有办学条件和优势资源的基础上，结合学校主客观条件进行综合分析判断后确定。

- 优势学科发展路径。以优势学科为载体，通过加强高中阶段及初步对接大学学科教学，满足学生特色需求和升学需要的传统特色。
- 教育家主导发展路径。以教育家理念为导向，按照教育家的办学思路，把某一认定的历史传统或特色纳入学校整体育人目标和课程体系中，并以此为引领学校发展的主要思路和抓手。

（三）教育过程中的要素或环节

实践中，由于各学校重点突破或凸显了影响特色构建过程中的某一构成要素或环节，因而逐步形成了某种单一或多个因素主导的特色发展路径与形态。例如，学校管理、课程体系、教学方法、专业师资、校园文化、评价方式、学生管理、开放办学及社会影响等。有的学校会突出发展某一方面特色，有的学校则会在某几个方面突出特色等。

二、指标体系构建

参照影响普通高中特色形成，特别是学生个性发展的关键性因素，依据学校教育学的一般原理，采用专家赋权法（德尔菲法）逐步确立指标体系。

（一）指标体系框架

按照专家经验逐步、逐层确定指标的重要性，并在不断的反馈和修改中得到比较满意的框架，围绕服务学生特色发展的这一中心目标，最终确立学校层面的一些影响特色形成的关键性因素，如特色的学校管理、特色课程教学、特色师资、特色校园文化、学生特色管理、特色资源及其影响等①，形成对现有实践中各种普通高中特色发展现状进行调研和验证的框架。影响因素构建问卷框架共 6 个一级指标、23 个二级指标。普通高中特色发展过程中受到的各种影响因素如图 1 – 3 所示。

---

① 注：为简化起见，以下行文中各指标表述中“特色”二字均被省略掉。

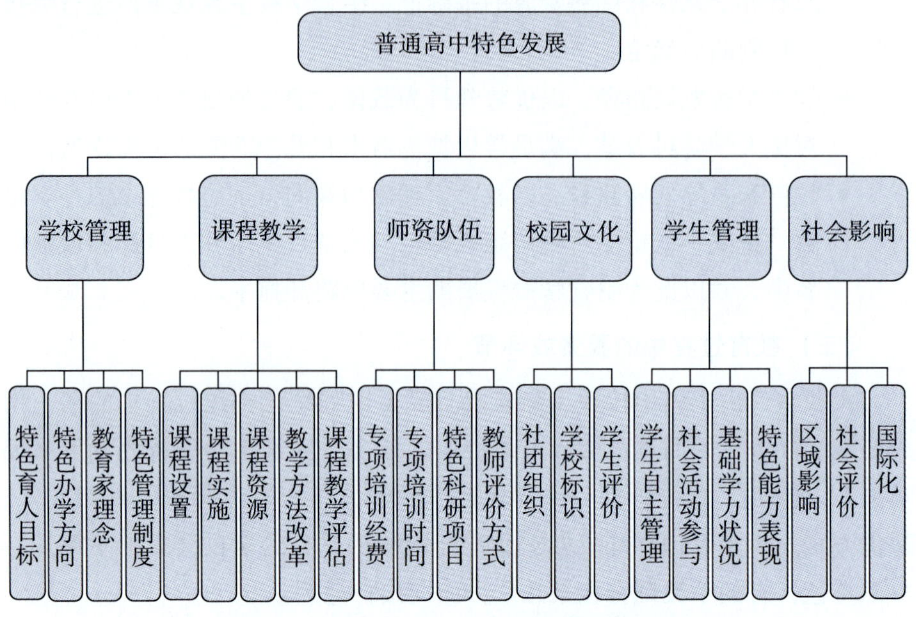

图 1－3　普通高中特色发展调查指标体系

（二）调查主要维度

涉及各主要指标（一级、二级）的调查问题构成的数量及其权重（计算方法：问卷中各个一级指标部分问题的数量/各类问卷问题总数），影响调查问卷的重点与方向。系列调查工具中，各维度比例因调查问卷对象不同，侧重点有所不同，彼此相互照应，构成一个较为系统完整的调查工具设计。调查设计中各级指标或维度，在问卷中题目构成的比例对比如下。

1. 学校管理

学校管理把握学校特色发展的总体方向和组织运行。育人目标、办学方向、校长或教育家办学理念以及行政管理制度等，是本调查所关注的学校特色管理的主要方面。无论是在特色项目实验，或是在具体的办学中，学校管理往往会凸显决定性的影响。比如，学校管理理念是否按照“立体三角模型”中面向全体学生、面向全面发展和个性发展等，就直接决定了办学特色类型的定位是否符合国家规划纲要的发展要求；校长的办学理念或是否以教育家办学为方向，也更成为学校特定阶段特色构建具体路径的关键。管理问卷重点体现在路径和校长两类问卷中（见图 1 -4）。

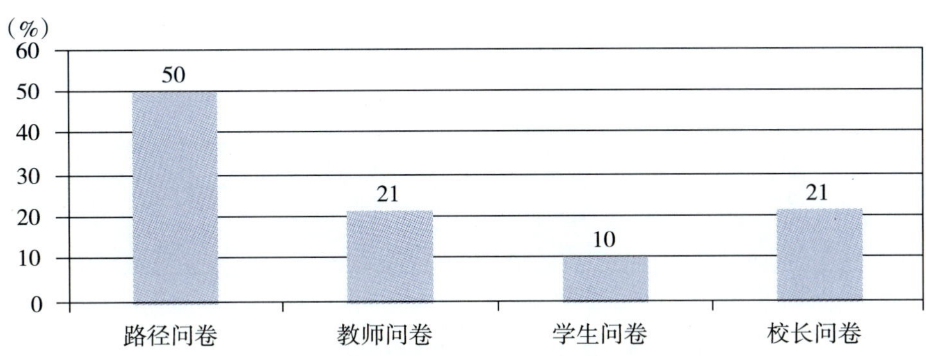

图 1 -4　学校管理维度在调查问卷中的比重

2. 课程教学

在“专家法”（德尔菲法）确立指标体系的过程中，高中教育被认为是所有教育阶段中改革难度较大的一段，而课程教学则又是高中教育改革中的重中之重。课程教学维度主要内容包括：课程设置情况、课程实施情况、课程资源（国家或地方课程校本化、选修课、校本课程开发情况等）、教学方法的改革与课程教学评价等方面。在特色课程资源开发方面，国家或地方课程校本化、选修课、校本课程开发情况等是重点调查内容，课程开发与学生个性发展的关系是调查核心。本类问卷主要体现在学生问卷和教师问卷中（见图 1 -5）。

3. 师资队伍

教师队伍是学校特色发展的主力军与质量保障。教师队伍中支持或信任学校特色类型定位，对于特色发展能否成功是关键。教师队伍指标主要包括教师队伍结构、教师参与教育心理学培训、参与特色发展培训、教师组织管理及考试评价方式、教师教学能力等几个关键变量。特色师资比重、师生关系、教学管理、教师特色认同是师资指标中的重点。师资队伍维度主要体现在路径问卷、教师问卷与校长问卷中（见图 1 -6）。

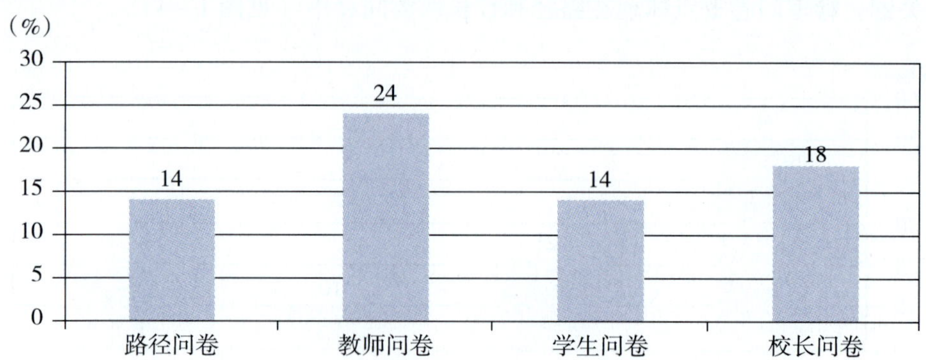

图 1－5　课程教学维度在调查问卷中的比重

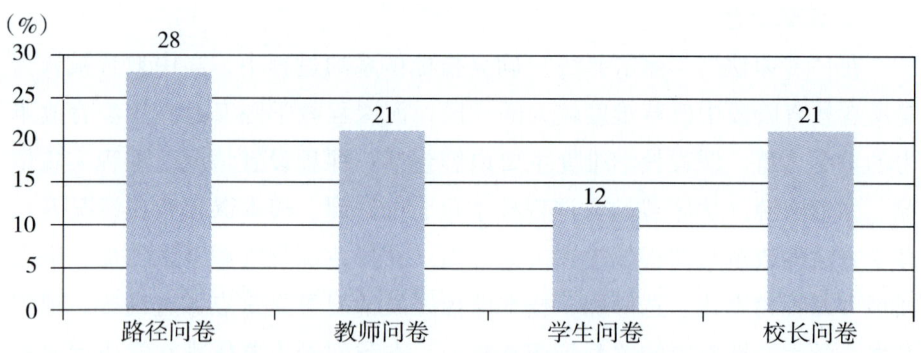

图 1－6　师资队伍维度在调查问卷中的比重

4. 校园文化

校园文化是特色发展的外在表征与具体实践。校园文化虽然也可归类于隐性课程资源系列，但随着课程改革的深入，隐性课程的重要性日益凸显，因而其承担特色发展的“显性”比重逐步显现。在校园文化指标中，物质文化、制度文化、标识系统、社团活动及学风、教风和校风等情况是调查的重点对象。校园文化调查主要以学生问卷为主（见图 1－7）。

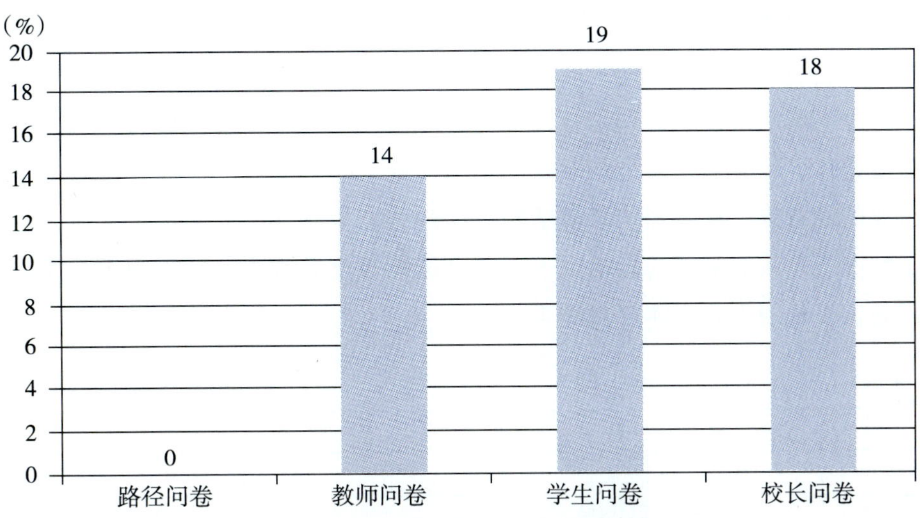

图 1－7　校园文化维度在调查问卷中的比重

5. 学生管理

学生的个性发展是学校特色发展的终极目标。学生维度主要包括学生自主管理、社会活动参与、基础学力情况及特色能力表现几个方面。学生的思想状况、学习情况、生活状态、心理健康等领域是学生特色管理调查的主要内容，同时也是特色管理成效的具体情况反映。学生管理维度主要体现在学生问卷中，校长问卷与教师问卷为辅（见图 1－8）。

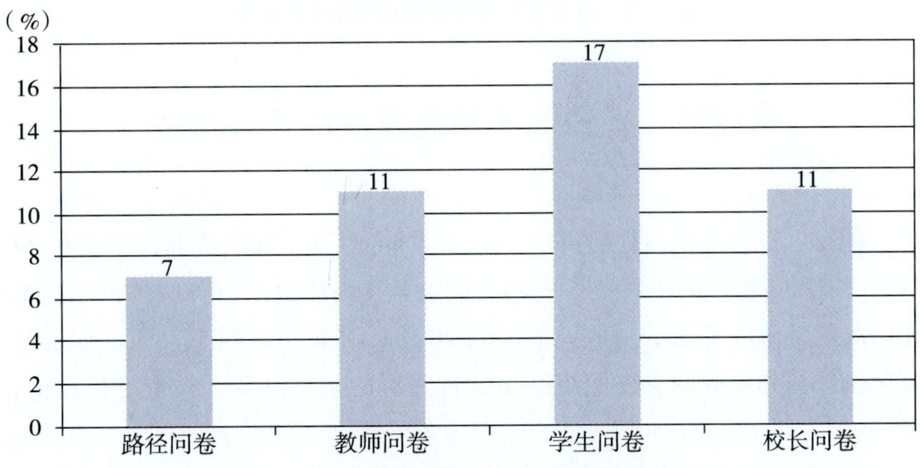

图 1－8　学生管理维度在调查问卷中的比重

6. 社会影响

社会影响涵盖学校与区域、家长、社会、政府等之间的互动的方方面面。社会影响维度主要包含区域影响、社会评价和国际化程度三个方面。区域合作、校际合作、公众印象、家长评价、国际课程、国际合作等都是重要的调查点。社会影响牵涉学校发展的外部生态环境，在特定区域、特定情况下是较为敏感的影响因子。社会影响维度调查中，家长问卷、路径问卷、校长问卷是主体（见图 1－9）。

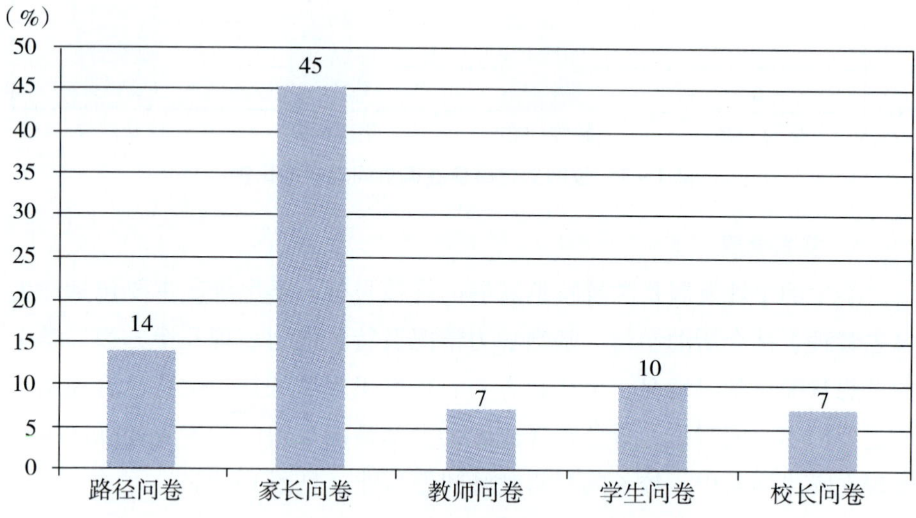

图 1－9　社会影响维度在调查问卷中的比重

第四节　普通高中特色发展的形成路径

课题组根据本项调查的需求，从全国 14 个省市抽取普通高中学校 32 所①，采用《普通高中特色发展调查问卷》（路径版）对各所学校进行基本情况的“预”调查，回收有效问卷 28 份，有效率达到 87.5%。问卷的封闭选择题和开放题主要围绕高中特色发展的类型选择、类型定位缘由，

① 本项调查选取的学校在全国体现一定的覆盖面，具有广泛的代表性。

以及保障高中特色发展的师资和课程两大路径、制约高中特色发展的主要瓶颈等方面。

一、普通高中特色发展的类型选择

特色类型决定学校特色发展的主要方向。基于对国内外普通高中特色发展的基本类型分析，此次路径问卷中提出 6 种类型供学校选择，即学术类（含拔尖创新人才培养类）、人文类（含德育、文化类）、科技类（含理工类）、语言类（含外语或文学类）、艺体类（含声乐、美术、传媒等艺术类、体育类）、普职类（普职融合、职业课程和项目类）。对 28 所学校的调查显示，61% 的学校选择一种特色类型，对本校特色发展的类型归类清晰；39% 的学校对复合型特色（即包含两种以上的特色）倾向性较高。"人文类"是学校选择最多的特色类型，其次是"学术类、科技类、艺体类"；学校倾向性较低的是"语言类、普职类"。

（一）89%的学校能较清晰地归类本校特色类型

如图 1 - 10 所示，有 61% 的学校是单选，选择 2—3 项的学校占到 28%，可见有 89% 的学校对本校特色发展类型的归类比较清晰、39% 的学校对复合型特色（即包含两种以上的特色）倾向性较高。

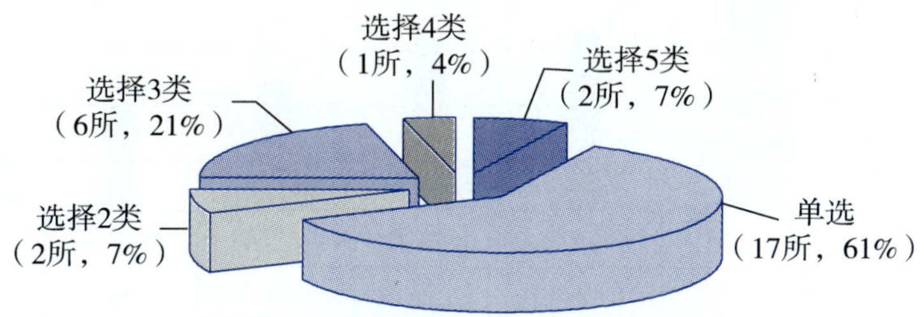

图 1 - 10　学校特色类型单选或多选的比例

（二）68%的学校选择人文类特色类型

如图 1 - 11 所示，综合单选和多选 6 大特色类型看，选择从高到低的排列顺序依次是：人文类、艺体类、科技类、学术类、语言类、普职类。如图 1 - 12 所示，单选最多的一项是"人文"类，"学术、科技、艺体、普职"

类选择一样多。多选从高到低的排列顺序依次是：人文类、科技类、艺体类、学术类、语言类、普职类；多选中首选从高到低的排列顺序依次是：学术类、人文类、艺体类。可见“人文类”是多数学校正在实践的特色类型，其次是“科技、艺体、学术”类，学校选择较少的是“语言、普职”类。

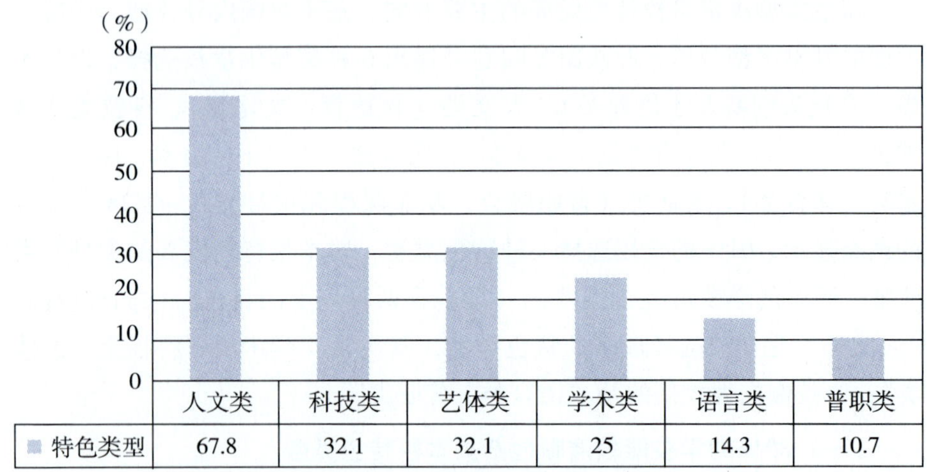

	人文类	科技类	艺体类	学术类	语言类	普职类
特色类型	67.8	32.1	32.1	25	14.3	10.7

图 1－11　各特色类型学校选择的比例

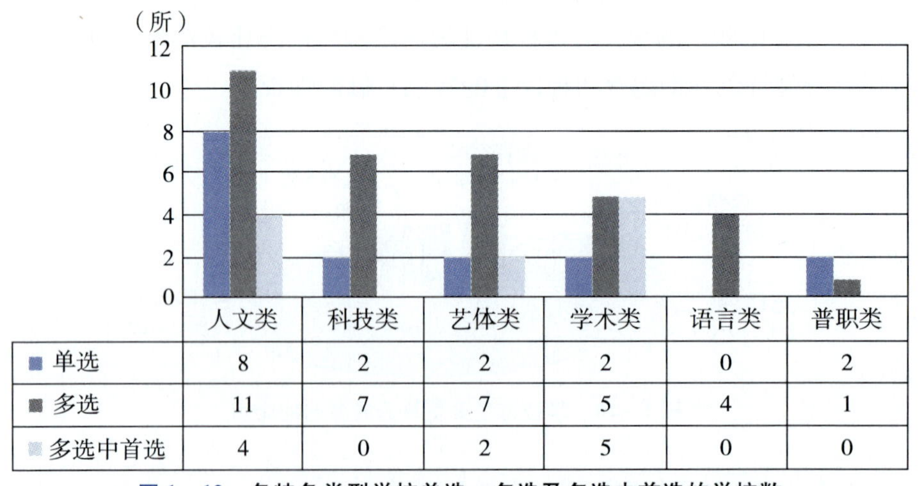

	人文类	科技类	艺体类	学术类	语言类	普职类
单选	8	2	2	2	0	2
多选	11	7	7	5	4	1
多选中首选	4	0	2	5	0	0

图 1－12　各特色类型学校单选、多选及多选中首选的学校数

二、普通高中特色发展的类型定位缘由

学校选择某种特色类型的初衷既源于学校内部的原因，如科研项目的

引领、历史传统的影响、教育家（校长）主导，也有外部的原因，如地方政府主导、（社会与家长）升学需求等。对 28 所学校的调查显示，64% 的学校选择了科研项目，这与其中 82% 的学校参与国家级课题“全国特色高中项目”高度相关；其次，46% 的学校选择了历史传统，这与大部分学校定位人文特色类型高度相关。可见，绝大部分学校对特色类型的选择不是盲从，而多是在研究的基础上，基于学校的历史传统进行合理定位。

（一）64%的学校特色发展受到国家级科研项目的引领

如图 1－13 所示，三分之二的学校选择某种特色类型受到科研项目的引领，可见，科研项目对学校特色定位和内涵发展产生了较大的影响。而 28 所学校中，有 23 所（82.1%）学校是自 2009 年就参加了国家级课题“全国特色高中项目”。在承担国家级课题研究中，大部分学校边实践边研究、边研究边提升，通过课题带动，系统梳理了学校发展的优势所在，逐渐清晰了学校的特色类型，促进了学校向更加优质和特色鲜明的方向发展。

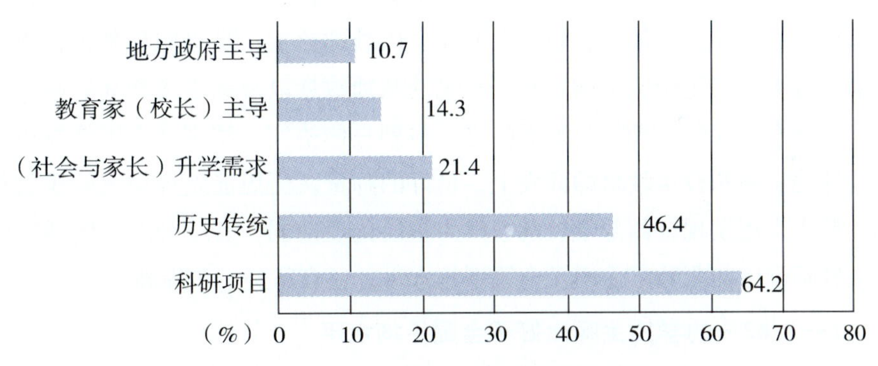

图 1－13　学校特色发展不同初衷的选择比例

（二）46%的学校特色发展受到地域或学校历史传统的影响

如图 1－13 所示，将近一半的学校选择某种特色类型是受到历史传统的影响，这与大部分学校定位人文类特色高度相关。学校特色定位不是外在强加，一定是基于学校的历史传统，在传承的基础上加以创新发展，也只有如此，特色发展才真正能促进学校实现可持续发展。学校不能为了特色而特色，尽管在当前普通高中还普遍面临着比较大的升学压力，特别是来自社会和家长对升学率的片面追求，在一定程度上制约着学校特色类型的选择。但当学校特色发展到高级阶段时，一定是追求独特而深厚的文化底蕴。伴随学校特色发展的进程，学生在获得全面而有个性发展的同时，也一定深深烙上体现学校历史传统和文化内涵的特有气质。

此外，如图 1－13 所示，21% 的学校选择了来自社会和家长的升学需求，说明升学需求对所调研学校的特色类型选择的影响不是很大。14.3% 的学校选择教育家（校长）主导，可见有办学思想的教育家型校长还不是很多，学校的特色发展和教育家型校长的成长还有待相互促进。10.7% 的学校选择地方政府主导，一方面说明地方政府对学校特色发展的影响力有限，另一方面也说明被调研的 28 所学校，更注重从学校自身的发展实际选择适合的特色类型。

三、普通高中特色发展的师资保障

普通高中特色发展离不开高水平的师资队伍。从调研的 28 所学校看，80% 以上的学校在生师比、硕士以上高学历教师比重、高级职称教师比重等方面，都大大好于全国平均水平。充足的教师数量以及高学历和高职称的教师，能够有效保障学校特色发展的理念得到具体落实，特别是在围绕特色发展的课程实施和校本教材的开发上，良好的师资队伍更能发挥举足轻重的作用。调查中还发现，西部学校的教师力量还比较薄弱，有三分之一的西部学校在教师学历和职称方面不及全国平均水平，还有待进一步提高。

（一）82% 的学校生师比好于全国平均水平

回收问卷的 28 所学校平均生师比是 11.7∶1，大大低于 2011 年全国普通高中平均生师比 15.8∶1，80% 以上的学校生师比居全国平均规模以下，说明被调研的大部分学校师资配备状况较好。

1. 57% 的学校在校生规模高于全国平均水平

28 所学校的在校生规模差距巨大，学生人数最多的黑龙江省 A 校和 B 校都达到 5800 人，而人数最少的上海市 B 校只有 435 人。据全国教育年鉴 2011 年的统计数据计算，全国普通高中校均规模约为 1800 人。如图 1－14、图 1－15 所示，共有 16 所（57%）学校在校生规模居全国平均规模之上，12 所（43%）学校在校生规模低于全国平均水平。其中 3 所（11%）学校在校生规模超过 5000 人，属于超大规模的学校。

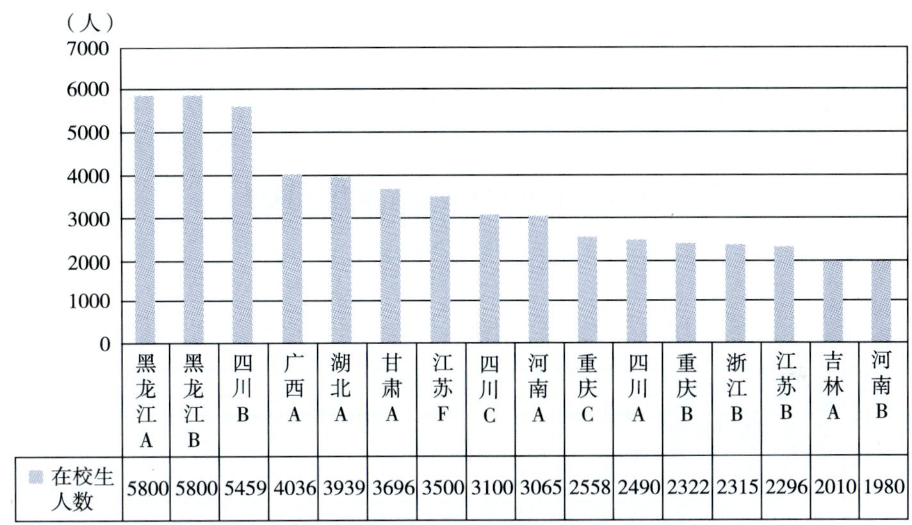

	黑龙江A	黑龙江B	四川B	广西A	湖北A	甘肃A	江苏F	四川C	河南A	重庆C	四川A	重庆B	浙江B	江苏B	吉林A	河南B
■ 在校生人数	5800	5800	5459	4036	3939	3696	3500	3100	3065	2558	2490	2322	2315	2296	2010	1980

图 1－14　高于全国平均在校生规模的学校在校生人数

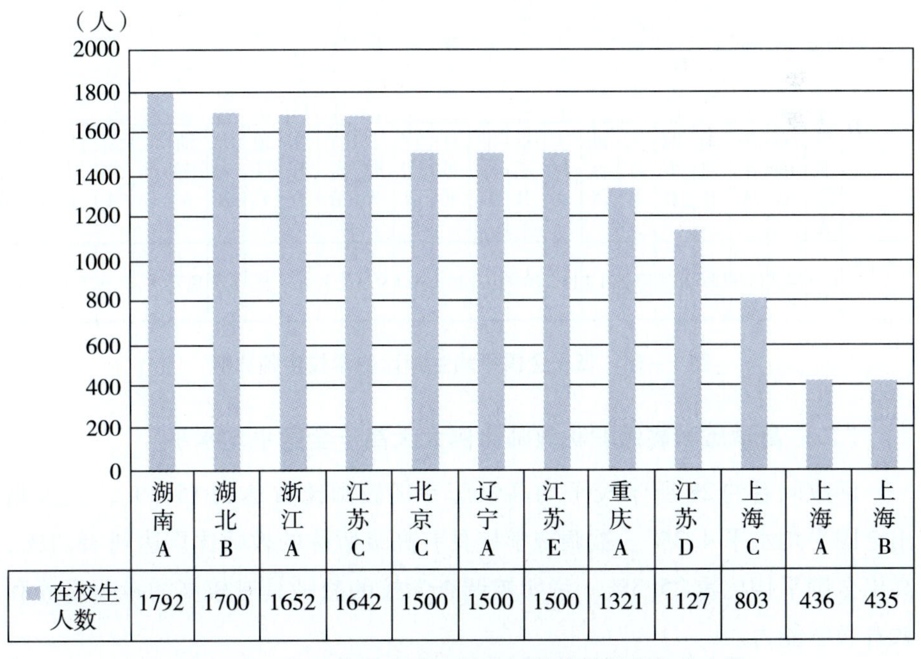

	湖南A	湖北B	浙江A	江苏C	北京C	辽宁A	江苏E	重庆A	江苏D	上海C	上海A	上海B
■ 在校生人数	1792	1700	1652	1642	1500	1500	1500	1321	1127	803	436	435

图 1－15　低于全国平均在校生规模的学校在校生人数

2. 被调查学校平均生师比低于全国平均水平

82%的学校生师比低于全国平均水平。28所学校之间的教师人数规模差距巨大，教师人数最多的湖北A校达到496人，而人数最少的上海A校只有44人。据全国教育年鉴2011年的统计数据计算，2011年全国普通高中生师比是15.8：1，而被调查的学校平均生师比是11.7：1，大大低于全国平均水平4.1。如图1－16所示，23所（82%）学校生师比居全国平均规模以下，说明被调查的大部分学校师资配备状况较好。

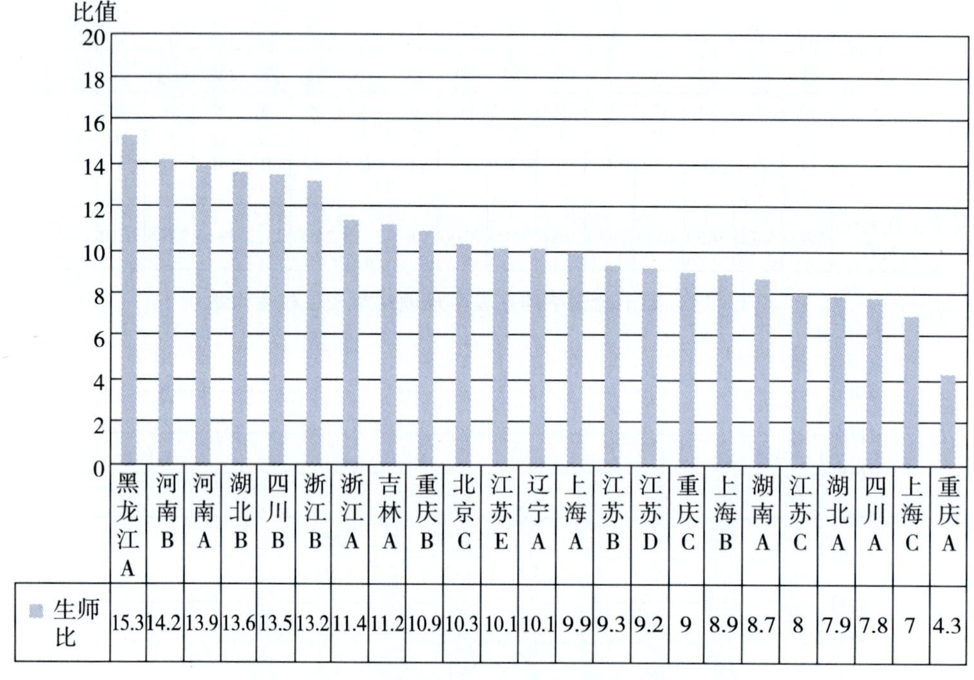

图1－16　低于全国平均生师比的学校生师比例

（二）高学历和高级职称教师比例大大高于全国平均水平

回收问卷的28所学校平均高学历专任教师比重达到15.2%，大大高出全国平均水平4.3%。被调查学校具有高级职称的教师比重达到38.1%，高出全国平均比重25.3%。说明被调查学校的教师具有较高的专业素养和教育教学能力。

1. 81%的学校具有硕士以上的高学历教师比重高于全国平均水平

学校之间的具有硕士以上高学历的教师比重差距巨大，最高比重的上海C校达到43.9%人，而最低比重的甘肃A校只有1.3%。据全国教育年鉴2011年的统计数据计算，2011年全国普通高中高学历专任教师比重达到4.3%，而被调查的学校平均高学历专任教师比重达到15.2%，高出全国平均水平10.9。如图1－17所示，有22所（81%）学校高学历教师比例高于全国平均水平，说明被调查的大部分学校具有较高比例的高学历师资队伍。

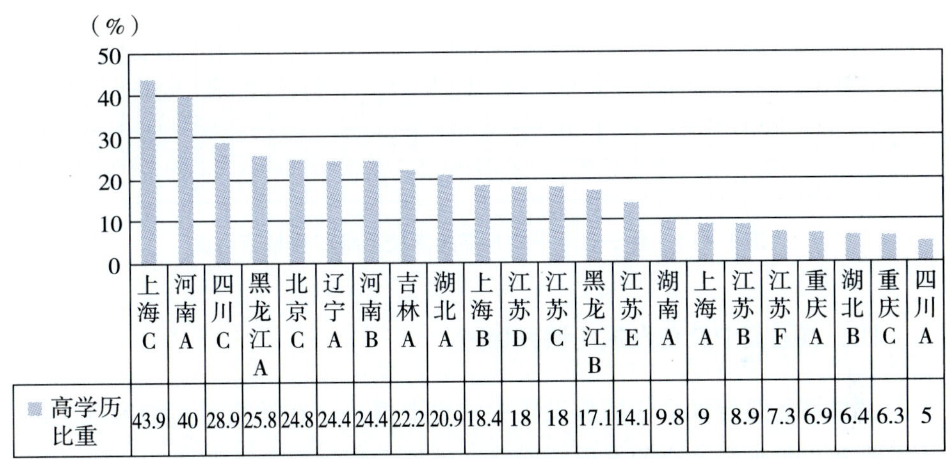

	上海C	河南A	四川C	黑龙江A	北京C	辽宁A	河南B	吉林A	湖北A	上海B	江苏D	江苏C	黑龙江B	江苏E	湖南A	上海A	江苏B	江苏F	重庆A	湖北B	重庆C	四川A
高学历比重	43.9	40	28.9	25.8	24.8	24.4	24.4	22.2	20.9	18.4	18	18	17.1	14.1	9.8	9	8.9	7.3	6.9	6.4	6.3	5

图1－17　高于全国平均水平的学校高学历教师比重

2. 82%的学校具有高级职称的教师比重高于全国平均水平

学校之间具有高级以上职称的教师比重差距巨大，最高比重的辽宁A校达到67.6%，而最低比例的甘肃A校只有4%。据全国教育年鉴2011年的统计数据计算，2011年全国普通高中具有高级职称的教师比重达到25.3%，而被调查的学校平均具有高级职称的教师比重达到38.1%，高出全国平均水平12.8%。由图1－18看出，82%的学校高级职称教师比例高于全国平均水平，说明被调查的大部分学校具有较高比例的高级职称师资队伍。

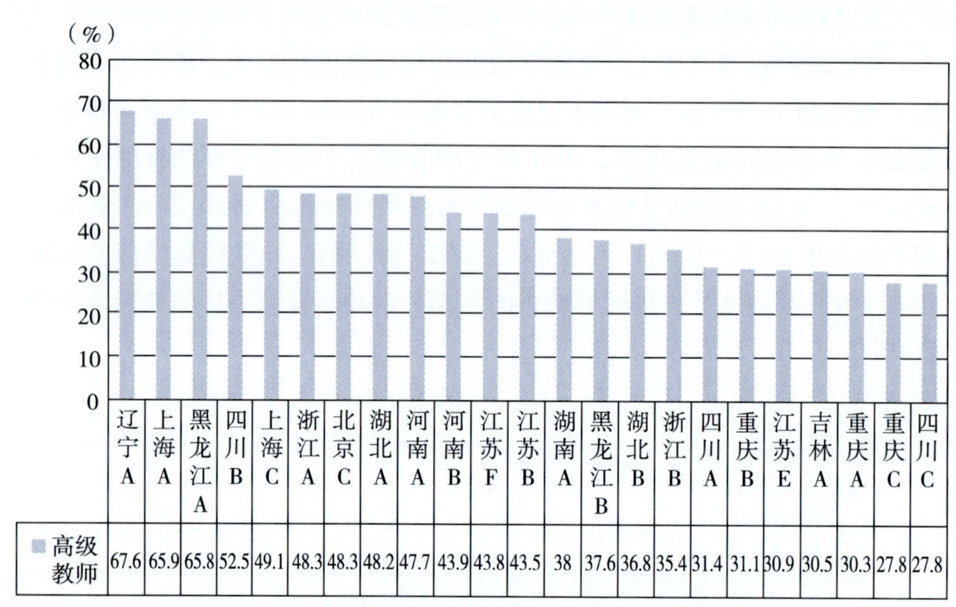

	辽宁A	上海A	黑龙江A	四川B	上海C	浙江A	北京C	湖北A	河南A	河南B	江苏F	江苏B	湖南A	黑龙江B	湖北B	浙江B	四川A	重庆B	江苏E	吉林A	重庆A	重庆C	四川C
高级教师	67.6	65.9	65.8	52.5	49.1	48.3	48.3	48.2	47.7	43.9	43.8	43.5	38	37.6	36.8	35.4	31.4	31.1	30.9	30.5	30.3	27.8	27.8

图 1－18　高于全国平均水平的学校高级职称教师比重

四、普通高中特色发展的课程保障

选修课程是普通高中课程设置中的重要模块，在学校落实国家规定的必修课程以保证学生全面发展的同时，选修课程无疑是培养学生个性发展的重要抓手。如何根据学生个性发展的需求和学校特色发展的需要构建特色选修课程，成了学校课程建设的重要工作。从调查的 28 所学校看，除去空缺的学校，学校平均开设的特色选修课程达到 5 类 41 门。开设门数较多的是校本文化类、社团活动类。与特色选修课程相对应的特色领域教材的编写方面，学校自编教材平均达到 24 部，约 60% 的特色选修课程门类都有学校的自编校本教材。

（一）学校平均开设的特色选修课程达到 5 类 41 门

如图 1－19、图 1－20 所示，特色选修课程无论是类别还是具体的门数都差别较大。开设门类最多的江苏 B 校达到 9 类，最少的江苏 F 校只有 2 类。除去空缺的北京 C 校外，27 所学校平均开设的特色选修课程达到 5

类41门。据不完全统计，除去空缺的7所学校，其余21所学校选修课程门数平均达到41门。其中开设门数比较多的前五类由高到低依次是：校本文化类、社团活动类、学科拓展类、兴趣爱好类、艺术体育类。各类别选修课程的参与学生数多少与该学校的特色类型归类相关。

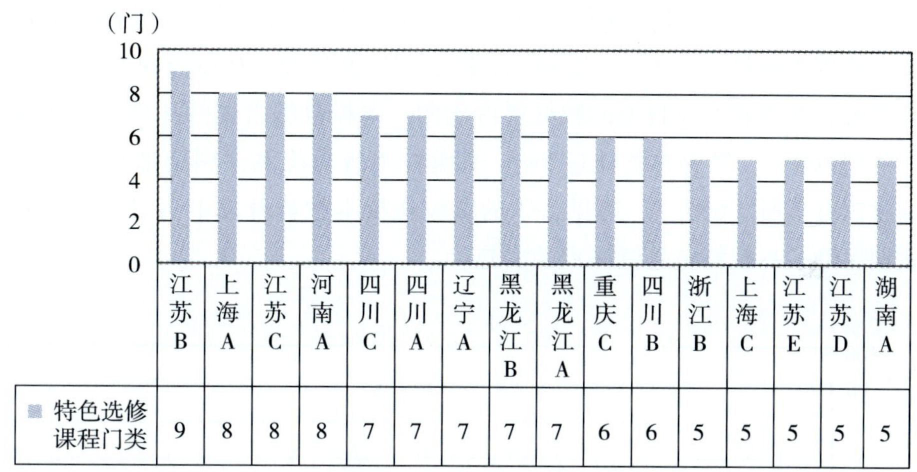

图1-19　高于调查学校平均水平的学校开设选修课程门数

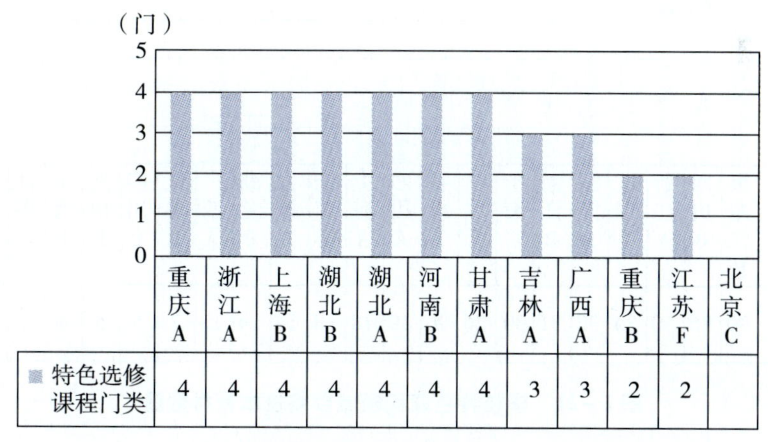

图1-20　低于调查学校平均水平的学校开设选修课程门数

（二）60%的特色选修课程门类都有学校的自编校本教材

随着学校特色发展的需要，开设特色选修课程逐渐受到学校的重视，广大老师也积极参与开设课程，并尝试自编校本教材。如图 1－21 所示，被调查的 28 所学校，除 6 所学校空缺外，其余 22 所学校自编教材平均达到 24 部，综合衡量选修课程门类，约 60% 的特色选修课程门类都有学校的自编校本教材。如图 1－22 所示，除去空缺的学校，从填报的 15 所学校看本省、本市和本校自编的教材所占比例，本校自编占据的比例最多的学校达到 100%，最少的学校是 5%，自编校本教材比例占到全部教材 50% 的学校有 9 所（60%）。可见 2/3 的学校在校本教材开发上力量较强，有效地保障了本校特色选修课程的实施。

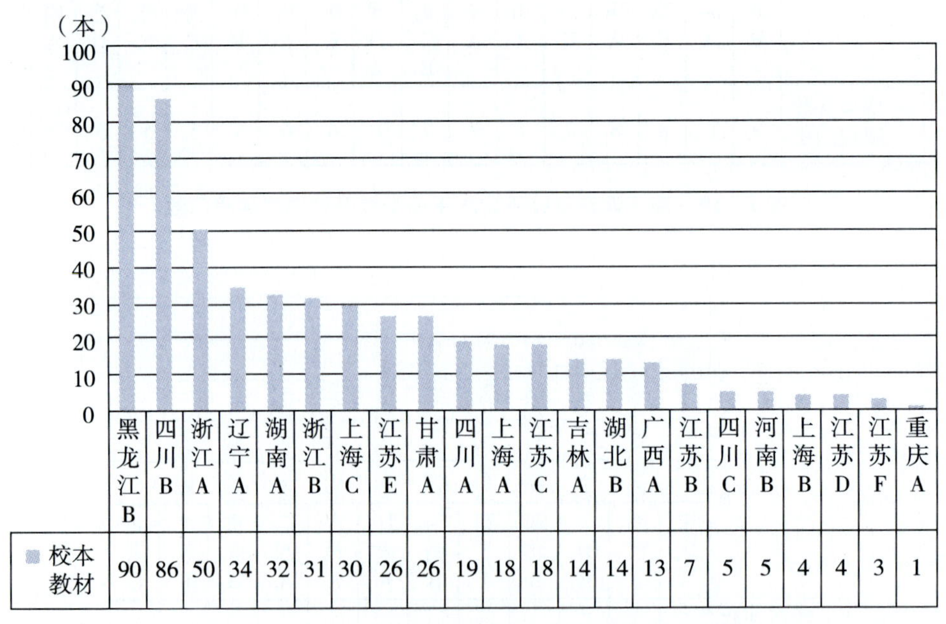

	黑龙江B	四川B	浙江A	辽宁A	湖南A	浙江B	上海C	江苏E	甘肃A	四川A	上海A	江苏C	吉林A	湖北B	广西A	江苏B	四川C	河南B	上海B	江苏D	江苏F	重庆A
校本教材	90	86	50	34	32	31	30	26	26	19	18	18	14	14	13	7	5	5	4	4	3	1

图 1－21　学校特色课程领域自编校本教材数量

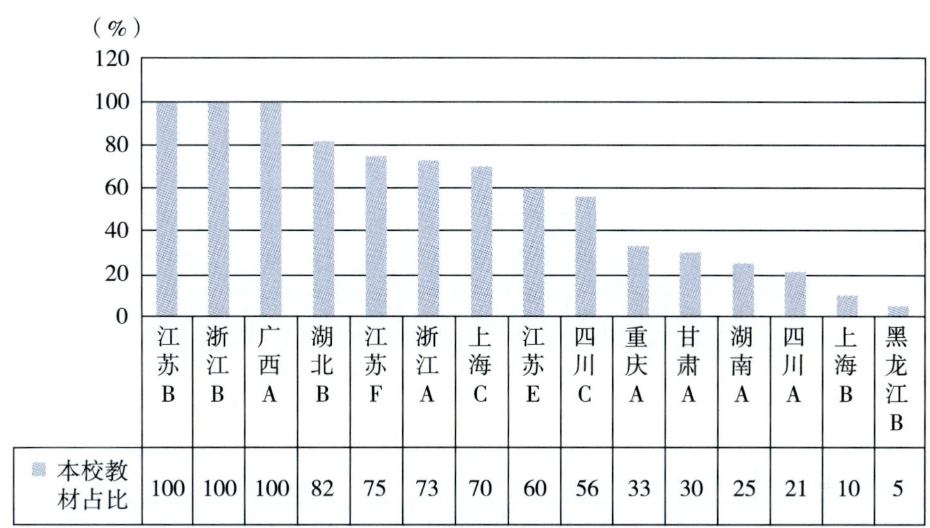

	江苏B	浙江B	广西A	湖北B	江苏F	浙江A	上海C	江苏E	四川C	重庆A	甘肃A	湖南A	四川A	上海B	黑龙江B
本校教材占比	100	100	100	82	75	73	70	60	56	33	30	25	21	10	5

图 1－22　学校自编校本教材数量占全部省市校自编教材比重

五、制约普通高中特色发展的瓶颈

如前所述，尽管被调查的 28 所学校在生师比配备、高学历和高职称比重等方面都显示有较强的师资力量，为高中的特色发展提供了很好的潜力，但通过比较特色领域教师的数量发现，教师参与比例达到 80% 以上的学校只占 27%，而比例在 40% 以下的学校则占到 73%。说明在大部分学校，教师真正参与学校特色建设的数量不足，影响了学校特色发展目标的实施。学校在特色发展过程中遇到的困难，有 50% 的学校反映是升学压力，其次是经费紧张、师资短缺、缺少专业资源。虽然多数教师认为学校特色建设并不影响升学率，但由于片面追求升学率的惯性和缺乏对教师业绩的科学评价，使得教师并不能真正投入到特色建设中。

（一）73%的学校其教师参与本校特色建设的人数比例不到 40%

如图 1－23 所示，除空缺的 6 所学校外，22 所学校特色领域教师占学校总体教师的比例差距明显，有 6 所（27%）学校的比例达到 80% 以上，且大多接近教师全员参与学校特色建设，另 16 所（73%）的学校则是 40% 以下，说明教师参与特色领域建设的人数有限。学校特色建设教师的参与度不高，直接影响到学校特色办学理念的全方位实施，进而制约学校特色发展的进程。

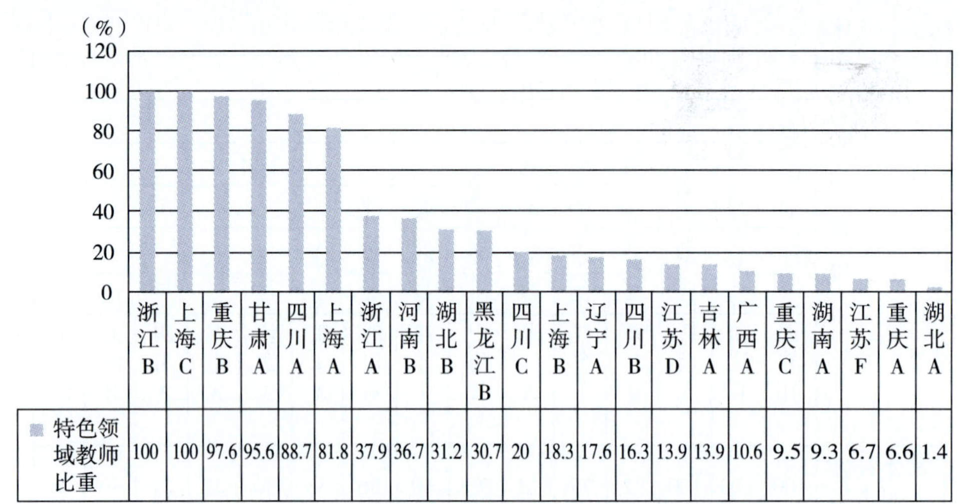

	浙江B	上海C	重庆B	甘肃A	四川A	上海A	浙江A	河南B	湖北B	黑龙江B	四川C	上海B	辽宁A	四川B	江苏D	吉林A	广西A	重庆C	湖南A	江苏F	重庆A	湖北A
特色领域教师比重	100	100	97.6	95.6	88.7	81.8	37.9	36.7	31.2	30.7	20	18.3	17.6	16.3	13.9	13.9	10.6	9.5	9.3	6.7	6.6	1.4

图 1－23　各学校特色领域教师占学校教师总数的比重

（二）50%的学校认为升学压力是特色发展中面临的主要困难

如图 1－24 所示，有一半的学校选择的是升学压力，其次是经费紧张、师资短缺、缺少专业资源。因为社会或家长仍是以升学率的高低作为评价学校和学生发展的主要标准，导致升学压力仍是学校特色发中面临的主要困难，升学如同镣铐束缚了教师的积极参与和学校的创新改革，最终也影响了学生的个性发展。

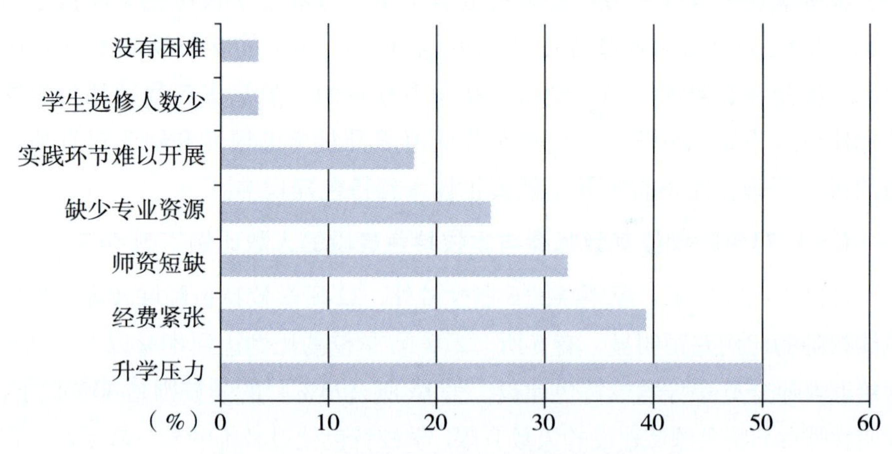

图 1－24　学校特色发展存在困难的选择比较

通过相关文献研究和对“预”调查得到的相关数据的分析，本部分“全景式”地展现了普通高中特色发展的国家与地方政策出台情况、特色项目研究的实验情况、调查指标设计情况以及受调查学校的基本情况等背景信息。

《教育规划纲要》是新时期普通高中多样化、特色化发展的总的导向性政策。规划不仅适应我国普通高中发展的新趋势，符合教育发展规律，也明确了普通高中发展的方向。国家关于普通高中的政策内容，不同阶段各有侧重，不同时期分别显现了“重点发展”、“规模扩张”、“实现普及”等重要政策目标，构成了高中阶段教育政策“调整改革”的政策主线，为我国普通高中“特色发展”政策奠定了坚实的基础。普通高中多样化、特色化发展的新目标、新定位，适应了普通高中改革的趋势，反映了新形势下国家对于普通高中发展的新要求，对于全面提高普通高中教育质量、转变人才培养模式具有重要意义。

对于普通高中发展的新目标的落实，各地无论是在实施政策的制定或是具体试点实验方面均有所体现、有所谋划，但同时也存在着重点不突出、缺乏针对性等问题。院所科研引导特色发展在其中最为瞩目：全国教育科学规划特色高中专项研究课题积极推进了我国相关普通高中学校的特色发展，初步形成了探索普通高中特色化、多样化发展的良好势头。全国各项目学校踊跃参与的结果，反映了各地高度重视普通高中特色发展与建设。项目校先行一步且均有所进展。

《教育规划纲要》颁布后，多个地方被教育部教育体制改革试点领导小组确定为普通高中特色发展试点地区，如北京、上海、黑龙江、浙江、江苏等省市，开展普通高中多样化、特色化发展试验，建立创新人才培养基地以及开展基础教育综合改革等实验。从目前推进总体情况看，特色研究与改革试点为学校的整体发展带来了较大的影响，为学校发展增添了动力，一定程度上改变了学校的管理理念和模式，学生、家长、教师等的满意度逐步提高，对发展模式初步凝聚了共识，产生了较好的社会影响。

普通高中的特色发展由于受到类型定位、模式界定、形成路径、评判标准等的不同影响，因此可以产生有多种不同的类型分类，这些不同的分类理念或方式反映了影响普通高中特色发展的多重因素。306所学校的实验与各地的试点情况表明，主导特色发展的不同主体、特色发展的多样路径、教育全过程中的各类构成，是其中较为重要的影响因素类别。而在这三者中，教育过程的各类特色构成对学生的个性发展及学校特色的形成，起着至关重要的作用。参照影响普通高中特色形成特别是学生个性发展的关键性因素，依据学校教育学的一般原理和教学过程基本构件，采用专家赋权法（德尔菲法）确立了本课题组的调查维度与指标体系。

各校基本信息尤其是特色发展或形成路径问卷调查，可以得出几点值得关注和讨论的结论。第一，六成受调查学校对本校特色类型归类单一清晰，“人文类”是实践类型“主体”。第二，六成学校认为学校特色发展源于科研项目、历史传统和升学需求等。第三，受调查的八成多学校在生师比、教师高学历和高职称方面都好于全国平均水平。第四，受调查学校特色形成过程中特色选修课程发挥重要作用，学校开设特色选修课程较多的是校本文化类等。第五，各校特色发展现实中总体存在教师参与度不高、升学压力较大等制约发展的因素。

第二章

普通高中特色发展现状调查

《教育规划纲要》颁布与实施以来，有关普通高中特色发展的实践及研究日益突出。在本课题中，课题组分别采用《普通高中特色发展调查问卷》（校长版、教师版、家长版、学生版）对部分普通高中学校校长、教师、家长及学生进行了调查，并对部分学校进行了访谈，旨在较为全面地反映校长、教师、学生、家长等对普通高中特色发展相关问题的基本看法，以及普通高中特色发展的现状。

第一节　特色学校管理状况调查

课题组从全国14个省市抽取32所普通高中学校，采用《普通高中特色发展调查问卷》（校长版）对各所学校校长进行调查，回收有效问卷28份，有效率达到87.5%。本节围绕28位[①]校长对学校特色发展现状、师资水平、课程设置、校园文化建设、特色发展作用力等方面的问

① 28位校长：正校长或兼党委书记的有26位（93%）；男性校长24位（86%）、45岁以上校长20位（71%）、全部本科以上学历，其中研究生学历8位（29%）；毕业于师范类学校26位（93%），文理相当；全部中学高级教师，其中特级教师10位（36%）；任现职年限5年以下或10年以上各有11位（各占40%）；任现职前来自学校的校长有25位（89%）；仍在任课的校长有14位（50%）。

卷答题以及对特色发展存在困难和障碍的开放性描述，呈现研究结果并进行分析。

一、普通高中特色发展的现状

在问卷调查中，学校特色发展现状包括特色类型归类、特色发展阶段、特色定位的缘由、影响特色发展的因素和学校具体工作、未来特色发展领域5个方面。问卷调查选取的校长绝大多数任正职，他们对学校特色现状的判断具备一定的权威性和代表性。问卷调查发现：70%以上的校长选择人文类特色，对本校特色类型归类较清晰；56%的校长认为学校处在特色发展的高级阶段，形成了较为鲜明的特色；50%的校长认为学校特色定位的缘由是历史传统；50%的校长认为办学理念是影响学校特色发展的最重要因素；61%的校长对学校的未来更倾向选择多种复合的特色类型。

（一）70%以上的校长选择人文类特色，对本校特色类型归类较清晰

调查显示，36%的校长选择一种特色类型，64%的学校对复合型特色（即包含两种以上的特色）倾向性较高，综合有78%的校长对本校特色发展的类型归类比较清晰；“人文类”是校长选择最多的特色类型，其次是“艺体、科技、学术”类，较少的是“语言和普职”类；省重点学校的校长更倾向于选择单一类型特色。

1. 选择复合型特色的校长比例大大高于选择单一型特色的校长比例

如图2-1所示，36%的校长是单选，选择2—3项的校长占到42%，综合有78%以上的校长对本校特色发展归类比较清晰；另有64%的校长对

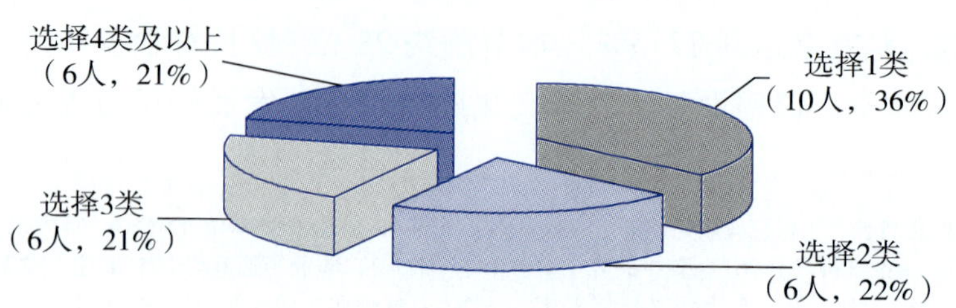

图2-1　校长对学校特色类型的看法

复合型特色（即包含两种以上的特色）倾向性较高。选择复合型特色的校长比例大大高于选择单一型特色的校长比例，说明较多的校长倾向于学校可以走多元化的特色发展道路。

2. 71%的校长选择人文类特色类型，且单选和首选的比例达到50%

如图2－2所示，综合单选和多选6大特色类型看，选择从高到低的排列顺序依次是：人文类、艺体类、科技类、学术类、语言类、普职类。如图2－3所示，单选最多的一项是“人文”类，其次是“学术”类，“艺体、科技、普职”类选择一样多。多选从高到低的排列顺序依次是：艺体类、人文类、科技类、学术类、语言类；多选中首选从高到低的排列顺序

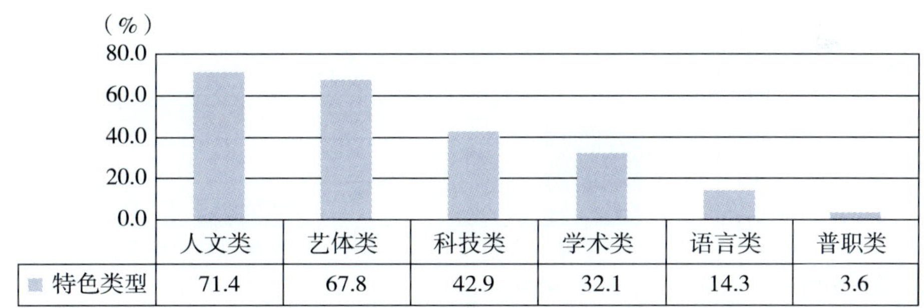

	人文类	艺体类	科技类	学术类	语言类	普职类
特色类型	71.4	67.8	42.9	32.1	14.3	3.6

图2－2　校长选择各特色类型的比例

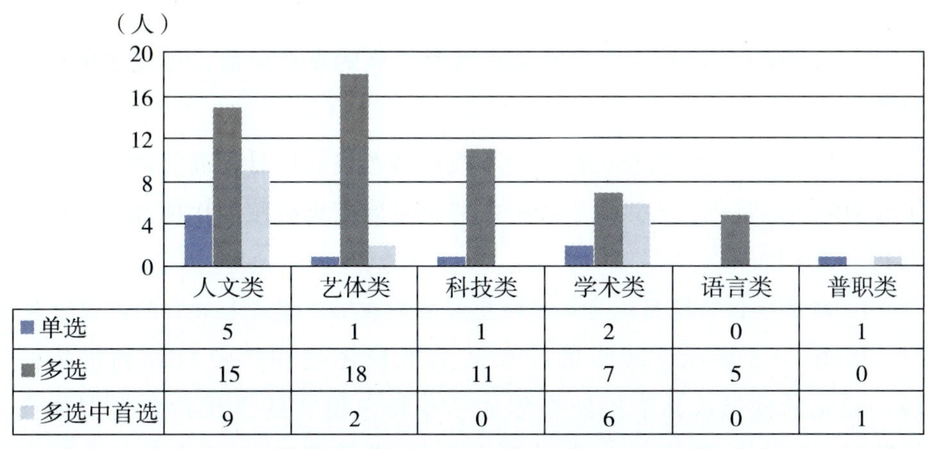

	人文类	艺体类	科技类	学术类	语言类	普职类
单选	5	1	1	2	0	1
多选	15	18	11	7	5	0
多选中首选	9	2	0	6	0	1

图2－3　各特色类型单选、多选及多选中首选的校长数

依次是：人文类、学术类、艺体类、普职类。可见“人文类”是多数校长带领学校正在实践的特色类型，其次是“艺体、科技、学术”类，学校选择较少的是“语言、普职”类。

3. 省重点校的校长更多选择单一类型，以使学校的特色更加鲜明

如图2－4所示，省重点学校单选的比例大大高于市（区）重点和一般学校，2—3项选择的比例大大低于市（区）重点和一般学校，说明省重点学校的校长相比市（区）重点和一般学校的校长在构建学校特色发展类型时更倾向于单一类型，或者说他们正努力使省重点学校的特色更加鲜明。

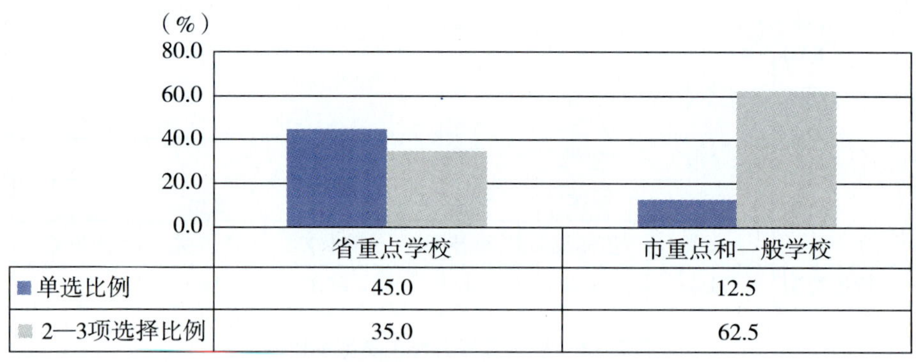

图2－4　不同级别学校校长的特色类型选择比例

（二）56%的校长认为本校处在特色发展的高级阶段，形成了鲜明的特色

调查显示，56%的校长都认为本校的特色发展已处在高级阶段，形成了较为鲜明的特色；省重点学校处在特色发展高级阶段的比例高于市区重点和一般学校。

1. 超过半数的校长认为本校特色发展处在形成模式和品牌的高级阶段

如图2－5所示，29%的校长认为本校还处在特色总结和提炼阶段，43%的校长认为本校处在形成学校特色模式的学校特色发展的高级阶段，14%的校长认为本校已处在形成品牌的最高阶段，说明有50%以上的校长认为本校的特色发展已处在高级阶段，形成了较为鲜明的特色。

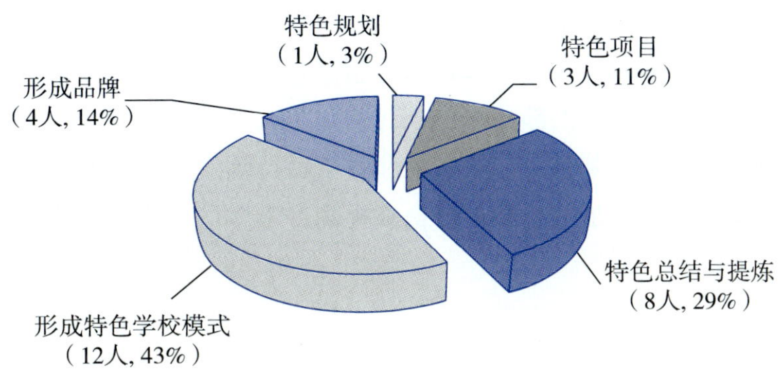

图 2－5　校长选择不同特色发展阶段的比例

2. 在特色发展的高级阶段，省重点学校高于市区重点和一般学校

如图 2－6 所示，省重点学校的校长与市区重点和一般学校的校长在选择本校特色发展不同阶段的比例有差别。65% 的省重点学校的校长认为本校处在形成特色学校模式和品牌的高级阶段，而市区重点和一般学校的校长选择比例只有 38%，说明综合实力较强的省重点学校的特色发展较为成熟。

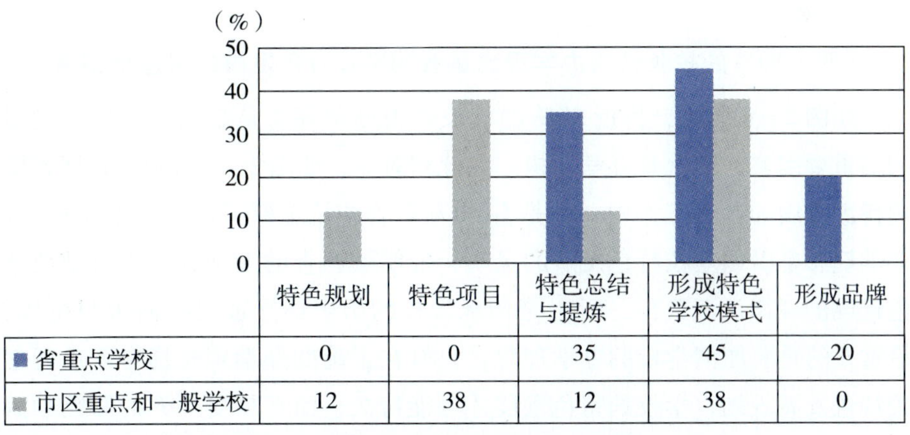

	特色规划	特色项目	特色总结与提炼	形成特色学校模式	形成品牌
■ 省重点学校	0	0	35	45	20
■ 市区重点和一般学校	12	38	12	38	0

图 2－6　不同学校的校长选择特色发展阶段的比例

（三）50%的校长认为本校特色发展的缘由是历史传统

如图2－7所示，50%的校长认为学校特色发展源于历史传统，其次的缘由是特色科研项目、校长个人智慧的结晶，选择最少的缘由是升学需求和地方政府主导。可见大部分的校长在构建学校特色的过程中，都非常重视在传承学校历史的基础上，从学校和学生可持续发展的需要出发选择适合的特色类型，而不是迫于外在评价或提高升学率的压力，选择贴标签式的特色。

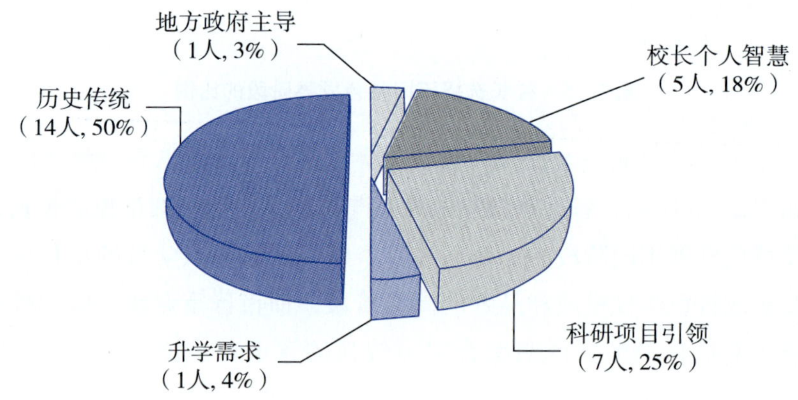

图2－7 校长选择学校特色发展缘由的比例

（四）50%的校长认为办学理念是影响学校特色发展的最重要因素

如图2－8所示，将近50%的校长认为办学理念是影响学校特色发展的最重要因素，其次是办学历史。如此相对应，如图2－9所示，在回答影响特色发展的具体工作中，也是有50%多的校长选择了确立新办学理念。办学理念是引领学校特色发展的灵魂，说明被调查的大部分校长对学校特色建设的规律认识到位，无论是传承学校的历史还是通过科研项目引领，最重要的是要厘清学校的办学理念，只有在正确的办学理念指导下进行学校特色发展规划，学校的特色发展才可能持久，而不易受外界的影响频繁变换特色。

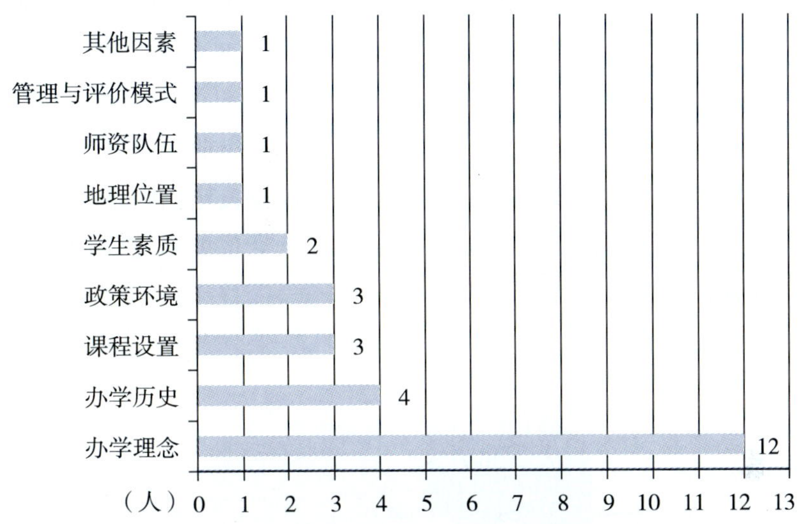

图 2－8 校长对特色发展的各种影响因素的看法

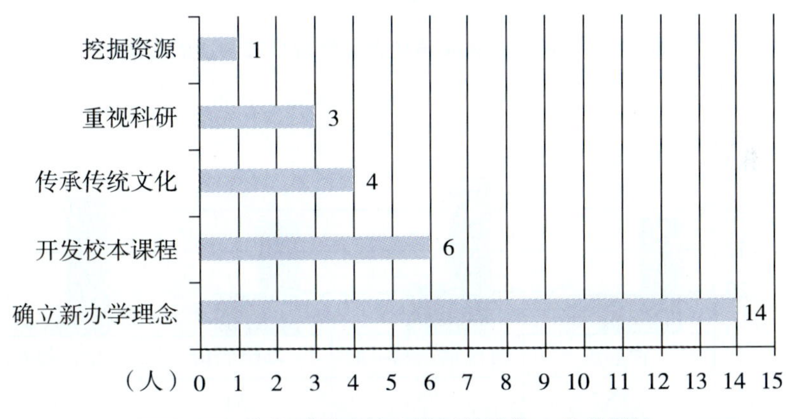

图 2－9 校长对影响特色发展的具体工作的看法

（五）61%的校长对学校的未来更倾向选择多种复合的特色类型

关于学校是否应该增加另外一种或多种特色发展领域的回答，问卷调查设计了“是”、“否”、“没有想法”让校长选择。如图 2－10 所示，60%以上的校长回答“是”，说明对目前学校特色发展类型判断还不是很稳定。在回答“是”的校长中，65%的校长选择单项或 2—3 项，说明大部分校长还是倾向多种复合的特色类型。如图 2 – 11 所示：省重点学校的校长认为应该增加的比例是 55%，而市区重点和一般学校校长的选择比例是 75%，可见省重点学校相比市区重点和一般学校，校长对特色类型的稳定性倾向更高一些；特色发展处在高级阶段学校的校长选择增加的比例是 55%，而处在中低级阶段的学校校长比例则是 67%，可见特色发展处在高级阶段学校的校长更倾向特色类型的稳定，中低级阶段则倾向改变，愿意增加特色类型。

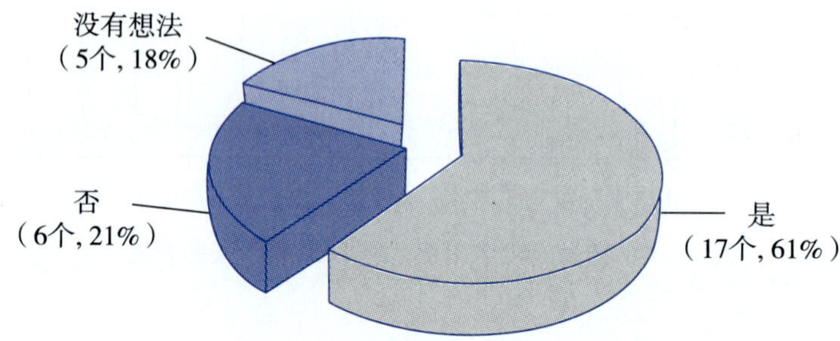

图 2 – 10　校长对未来特色发展领域是否增加的看法

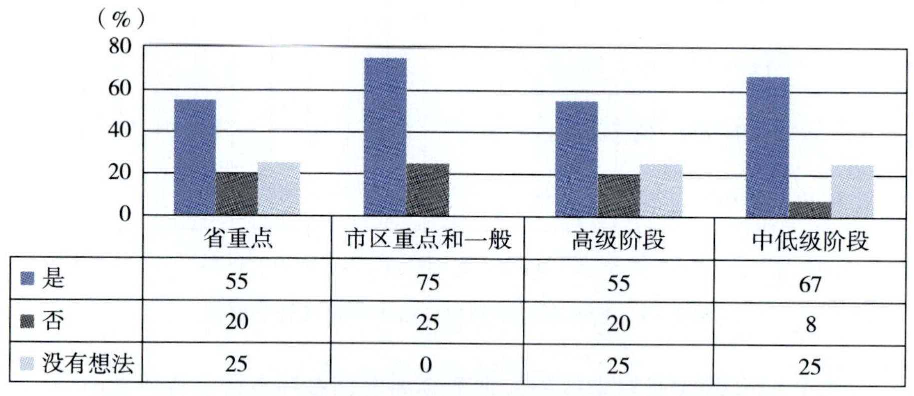

	省重点	市区重点和一般	高级阶段	中低级阶段
是	55	75	55	67
否	20	25	20	8
没有想法	25	0	25	25

图 2 – 11　不同学校和处在特色发展不同阶段的学校校长对未来特色发展领域是否增加的看法

二、普通高中特色发展的师资保障

特色发展离不开师资的保障，围绕特色发展建设方向的教师队伍建设，问卷中设计了两个方面的问题，即：教师队伍的整体水平和绩效评价对学校特色发展的影响。问卷调查发现：由于学校特色发展对师资的教学水平要求更高，需要更多特色领域的教师，近60%的校长对目前教师整体水平评价一般或较差，可见适应特色发展需求的师资还有待进一步提高水平；65%校长认为教师绩效评价对学校特色建设作用是积极和正向的，可见起到了一定的作用，但仍有改进的空间。

（一）近60%的校长对教师整体教学水平评价一般或较差

学校特色发展对师资的教学水平提出了更高的要求。如图2－12所示，有将近60%的校长选择一般或较差，说明学校特色发展仍需提高教师的整体教学水平。访谈中也了解到，当前的教师用人制度还不够灵活，校长的人事任命权有限，因学校特色发展所需的教师进不来或不需要的教师无法流出，也成为学校特色发展的一大制约因素。

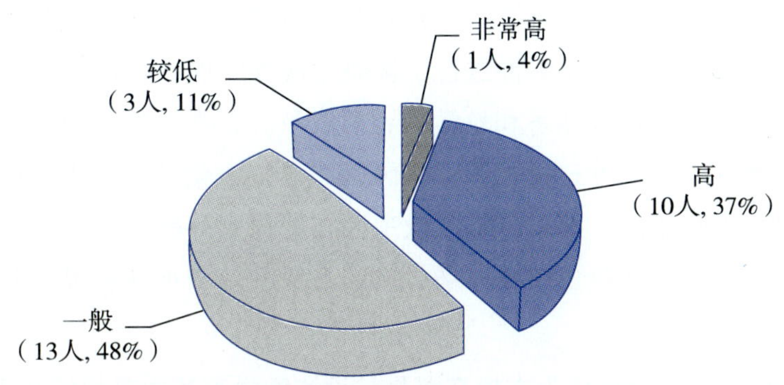

图2－12 校长对教师队伍整体水平的评价

（二）65%的校长评价教师绩效对特色建设产生了积极和正向作用

关于教师绩效评价对本校特色模式构建所产生的影响，校长的评价选择包括5个选项，即：积极、正向 、一般、较低、差。如图2－13所示，66%的校长都选择了积极和正向，可见教师绩效评价对学校特色建设起到了一定的作用，但仍需要改进。

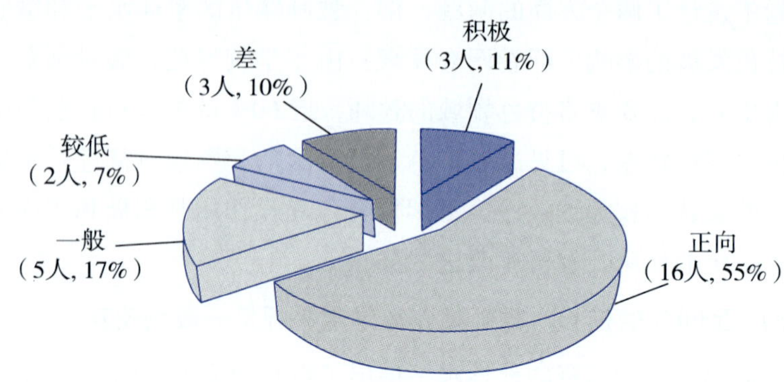

图 2－13 校长对教师绩效作用的评价

三、普通高中特色发展的课程保障

课程建设是学校特色发展的核心抓手，只有通过特色课程的具体实施才能体现学校特色的办学理念。围绕特色课程建设，问卷就课程改革、存在的问题、如何加强三个方面进行了调研。调查发现：有 89% 的校长认可学校近三年开展了课程体系和教学内容的改革，且在改革中更加注重综合素质和各种能力的培养；特色课程或国家课程校本化教学过程中最突出的问题是教师数量不足，课程体系建设中存在的最大问题是缺乏科学的专业建设评价体系；构建特色课程体系最迫切需要的是增加课程设置和选择的灵活性。

（一）56%的校长认为本校在课程建设和教学改革中重视综合素质培养

89% 的校长认为本校在近三年开展了课程体系和教学内容的改革，具体到本校在特色课程建设和教学改革中更加注重的方面，如图 2－14 所示，57% 的校长选择的是综合素质，将近 29% 的校长选择的是创新能力，其次是学习方法、动手能力，而“学习成绩”的选项则没有校长选择，可见特色建设中的课程改革，校长们更重视的是综合素质和各种能力培养。

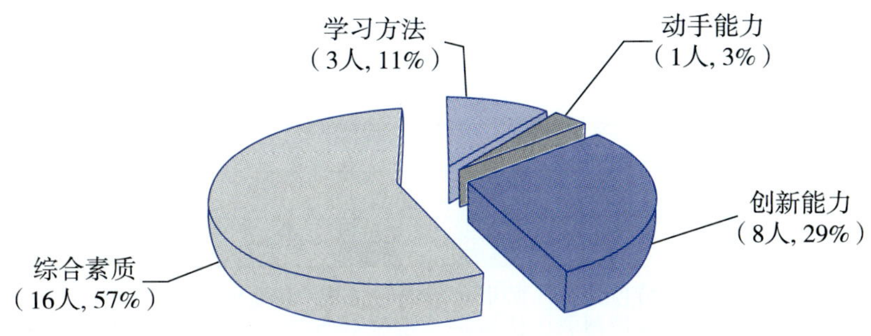

图 2－14　校长对学校教学改革注重方面的选择比例

（二）特色课程教学中最突出的问题是教师数量不足和课程评价缺乏科学性

如图 2－15 所示，特色课程或国家课程校本化教学过程中最突出的矛盾和问题，综合校长们的第一和第二选择，排在前三的都是教师因素（包括其他因素中大都是反映教师课程开发能力不足），其中最突出的问题是教师数量不够。关于学校课程体系建设存在的主要问题，如图 2－16 所示，校长第一选择最多的是特色课程建设薄弱，而综合第一和第二选择，排在前三的依次是评价体系缺乏科学性、特色课程建设薄弱、师资队伍结构不合理，可见科学的课程评价体系的缺乏已明显影响到课程体系的建设。

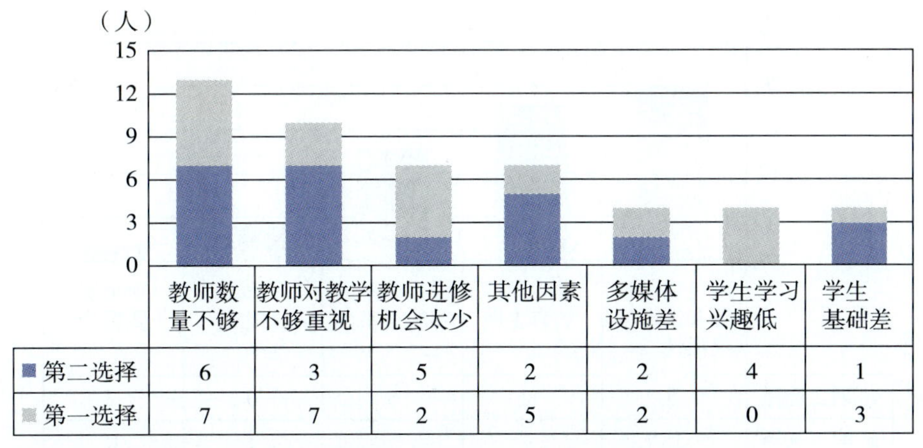

	教师数量不够	教师对教学不够重视	教师进修机会太少	其他因素	多媒体设施差	学生学习兴趣低	学生基础差
第二选择	6	3	5	2	2	4	1
第一选择	7	7	2	5	2	0	3

图 2－15　校长对教学过程中的突出矛盾和问题的选择人数

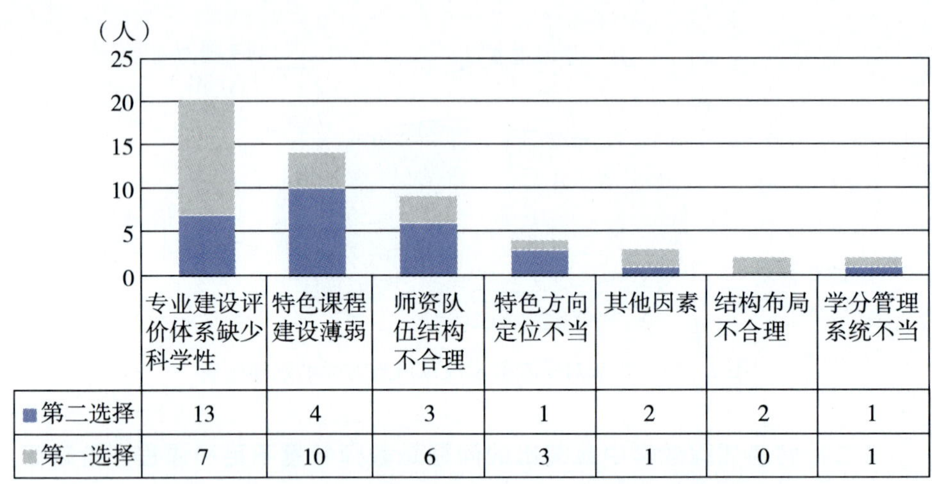

	专业建设评价体系缺少科学性	特色课程建设薄弱	师资队伍结构不合理	特色方向定位不当	其他因素	结构布局不合理	学分管理系统不当
■第二选择	13	4	3	1	2	2	1
■第一选择	7	10	6	3	1	0	1

图 2－16　校长对各类课程体系建设中存在的问题选择人数

（三）构建利于特色人才的培养体系应增强课程设置和选择的灵活性

关于构建有利于全体学生成长、教学质量提高的特色人才培养体系，应进一步加强的方面，共有 5 个选项供校长选择。如图 2－17 所示，无论是第一选择，还是综合第一和第二选择，排在前三的依次是特色课程设置和选择的灵活性、学生学习的自主性、课程体系内容的丰富性。可见增强课程和选择的灵活性对构建有利于特色培养的体系非常重要。

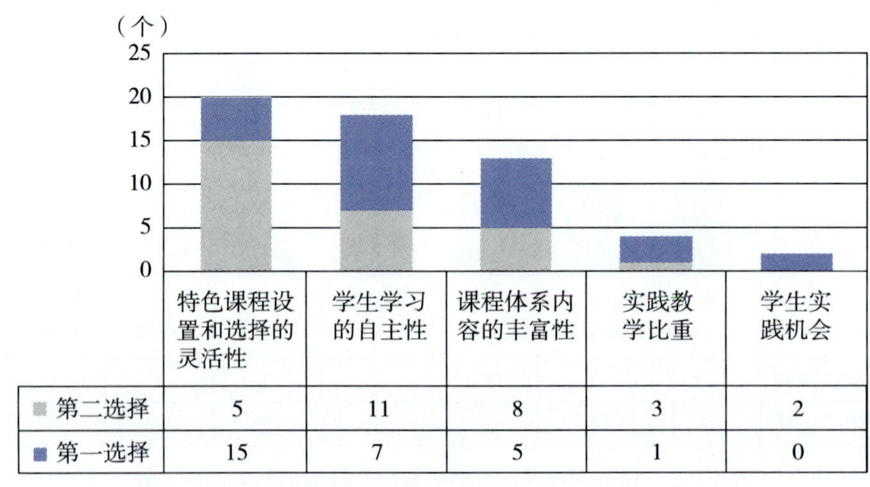

	特色课程设置和选择的灵活性	学生学习的自主性	课程体系内容的丰富性	实践教学比重	学生实践机会
■第二选择	5	11	8	3	2
■第一选择	15	7	5	1	0

图 2－17　校长对特色人才培养体系应加强的方面选择人数

四、普通高中特色发展的校园文化建设现状

校园文化建设为学校特色发展提供了软硬件的保障。围绕学校文化建设，问卷就特色建设的硬件配套设施和软件管理制度进行了调研。问卷调查发现：60%的校长满意学校的建筑风格与特色发展相贴合，大部分校长认为学校文化标识还可以在细节上下功夫，79%的校长希望加强综合实验室建设；54%的校长希望加强组织校外实践活动，大部分校长认为适合学生个性发展的特色管理模式是导师制。可见校园文化的软硬件建设方面还有很大的改进空间，也正如访谈中校长们反映比较突出问题是在学校特色建设的过程中，是需要更多的资金投入，才能满足学生个性培养的需要。

（一）60%的校长满意学校的建筑风格，79%的校长希望加强综合科技实验室

校园文化硬件配套设施情况包括三个方面，即学校建筑风格的契合度、文化标识调整、教育教学设施的改进。关于本校建筑风格与特色发展模式贴合情况，如图2－18所示，60%的校长对学校建筑风格的贴合情况是满意的。而选择“较差”的校长占11%，且都是对特色课程活动场所不满意凸显，可见11%的学校特色课程活动场所有待得到改善。关于本校特色的文化标识设计哪一方面需要调整，如图2－19所示，39%的校长认为班级标识需要调整，另有29%的校长认为其他方面的标识可调整，说明大部分校长认为学校文化标识还可以在细节上下功夫。关于本校还需建设或

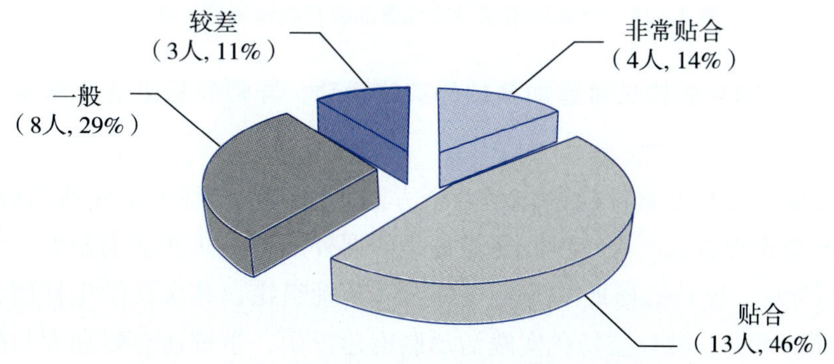

图2－18　校长对建筑风格与学校特色贴合程度的评价

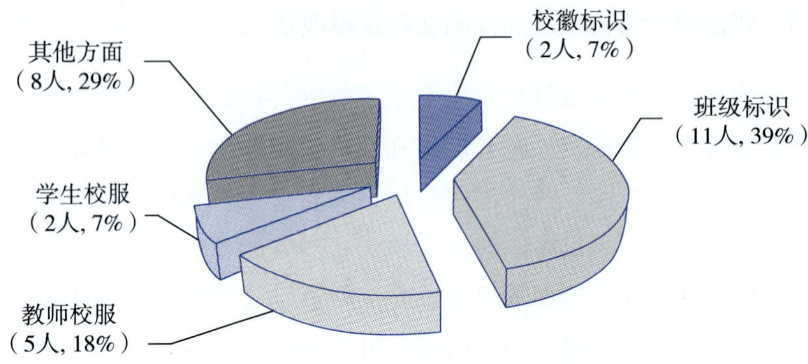

图 2－19　校长对文化标识可调整内容的看法

加强的教育教学设施，如图 2－20 所示，绝大多数校长都选择了综合科技实验室，其次是艺术类的专业教室，这与案例学校多数是人文、科技和艺体类的特色发展高度相关。

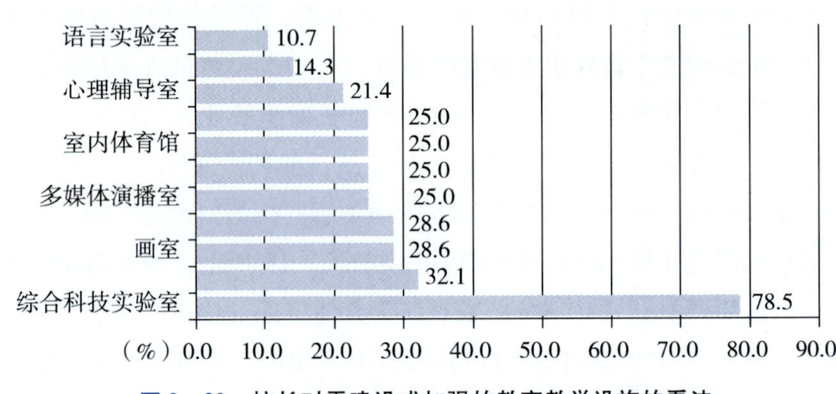

图 2－20　校长对需建设或加强的教育教学设施的看法

（二）54%的校长希望加强校外实践活动，导师制是最适合学生的管理模式

校园文化制度软件建设包括两个方面，即课外或特色实践活动制度，特色教育管理方式。关于学校还需加强的课外或特色实践活动制度，如图 2－21 所示，校长选择最多的是校外实践活动组织，其次是学生社团、学生科研。可见，课外或特色实践活动制度建设中，学校还需要加大与外界的联络，同时也需要社会各界给予学校各种支持，比如向学校无偿开放教

育活动基地等。关于最适合学生个性发展的特色教育管理模式，如图 2－22 所示，大部分校长选择的是导师制，其次是学分制、走班制，可见导师制在学生个性发展中起到了突出的作用。

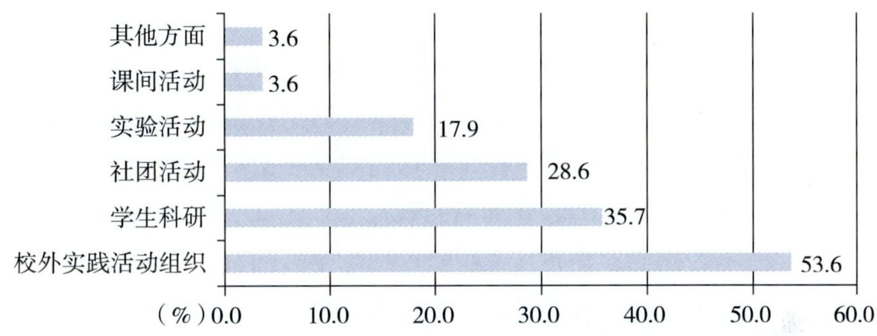

图 2－21　校长对需加强的课外或特色实践活动制度的看法

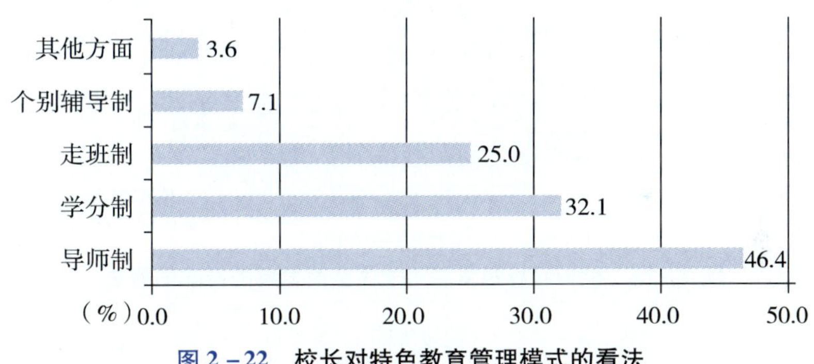

图 2－22　校长对特色教育管理模式的看法

五、普通高中特色发展的影响力

学校特色发展最根本的落脚点还是为促进全体学校全面而有个性的发展，促进升学率的提高。健康、可持续的学校特色发展也一定会获得社会的高度认可。关于特色发展的影响力，问卷调查涉及四个方面，即对学生全面发展的影响、对高考升学率的影响，以及社会对学校特色发展的认可度、如何开放办学和扩大学校影响。问卷调查发现：绝大多数校长评价本校特色发展对学生全面发展的影响持积极和肯定的态度，并认为学校特色发展和升学率之间是不矛盾的；71% 的校长认为学校特色发展的成效得到了社会很高的认可；为扩大对外办学和社会影响，校长希望改进的最迫切的方面是提高科研项目层次并聘请更多专家指导。

（一）90%的校长认为特色发展促进了学生全面发展，而不会降低升学率

如图2－23所示，绝大多数校长评价本校特色发展对学生全面发展的影响持积极和肯定的态度，大多数学生都参与到学校的特色发展并同时获得了全面加个性的发展，没有一位校长认为对学生会产生负面影响。关于本校开展特色模式构建会降低升学率的观点，如图2－24所示，89%的校长选择了完全不赞同或不赞同，说明学校特色发展和升学率之间是不矛盾的，学生真正获得了良好的发展，学校的升学率也一定不会低。

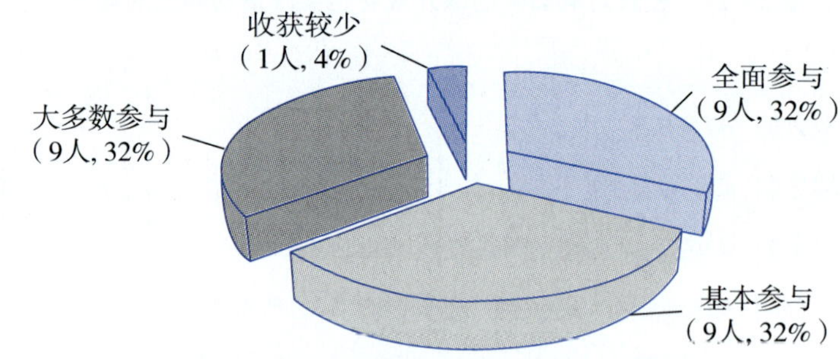

图2－23 校长对特色发展对学生全面发展的影响的看法

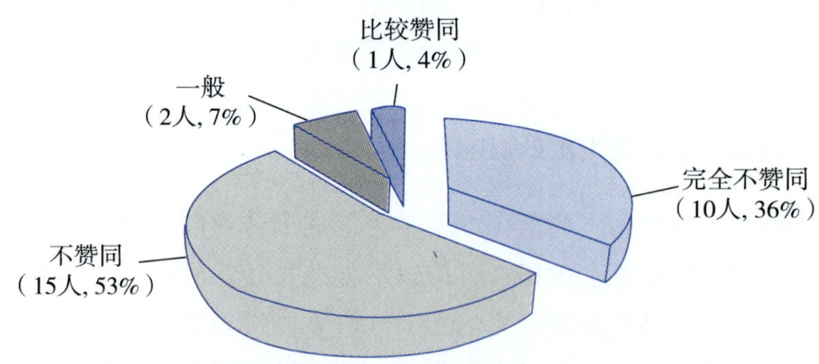

图2－24 校长对特色发展降低升学率的观点的看法

（二）70%的校长认为学校特色发展获得了社会很高的认可

关于本校特色发展模式及办学水平的社会认可度，如图2－25所示，

71%的校长认为学校特色发展的成效得到了社会很高的认可，这与本问卷在关于学校特色类型的问题中，有70%的校长对学校的特色发展归类清晰相吻合。关于开放办学和扩大学校影响，校长最希望学校改进的方面，如图2－26所示，校长希望改进的最迫切的方面是提高科研项目层次并聘请更多专家指导，其次是信息资源共享和校际间的科研合作。可见校长认可科研在对学校办学和扩大学校影响力方面起着较为重要的作用，这与校长个人基本情况调研中所发现的21位（75%）校长承担较多的课题相吻合。

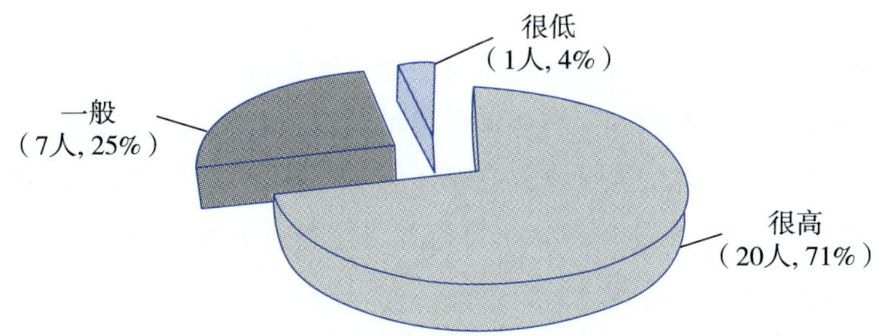

图2－25　校长对学校特色发展及办学水平的社会认可度的看法

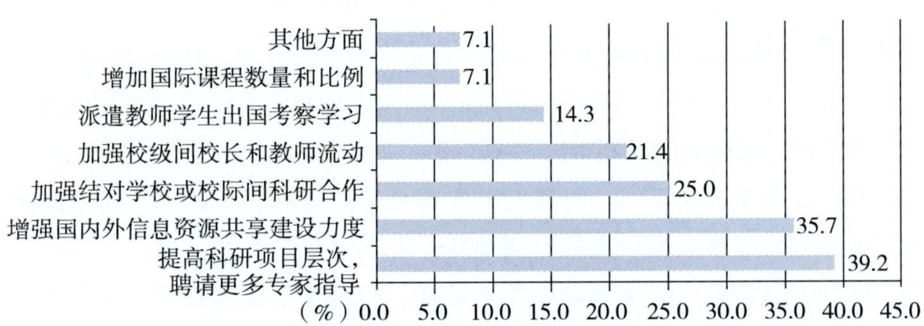

图2－26　校长对开放办学和扩大社会影响希望改进的方面的看法

六、普通高中特色发展遇到的内外部障碍

在校长问卷的开放题中，设计了“贵校在推进特色发展模式进程中遇到的校内外最大问题或障碍是什么”的问题。整理校长的回答发现：校内

问题反映在升学、办学理念、课程、经费、教师和生源等方面；校外的问题反映在社会评价标准、体制机制改革、政策和资金等方面。针对上述问题，校长们提出：为实现学校的特色发展和学生的个性发展，在树立以学生发展为重而不是升学为重的学校评价标准的同时，还要倡导转变当前社会对人才的唯学历而不是学力的评价观念。

（一）校内问题反映在升学、办学理念、课程、经费、教师和生源等方面

第一，学校特色发展和学生个性成长与高考升学要求矛盾突出。高考升学制度的共性化或僵化性的要求仍对个性化、多元性的特色发展模式构成极大挑战，一切特色若不能有效地提高升学率，便变得毫无价值。高考指挥棒仍指挥着学生、老师和家长。有些家长虽然对特色发展持赞同意见，但还是希望学校重点抓文化课的教学，部分老师也没有跳出大文大理的教学模式。

第二，全校师生在办学理念及特色办学定位上达成共识过程漫长。教师和学生观念的转变直接影响到师生参与特色办学的积极性，但由于应试高考指挥棒的存在，教师虽知道学生综合素质比考分更重要，但对高考科目的重视程度远大于校本课程。

第三，特色课程和国家课程统筹协调的问题突出。高中课程内容繁多，难度增大，学校的特色课程和活动难以有充足的时间开展。特色课程体系建设的科学性、丰富性、时代性亟待提升，特色课程与国家课程的兼容以及在现有时空内统筹协调的问题难以解决。学生实践体验活动范围存在局限性。

第四，办学经费不足。特色发展主要通过选修课程来体现，而选修课程开发和开设需要数目较大的专项经费。由于学校发展的不均衡、经费短缺，学校开展特色学科缺乏硬件教学设施，如没有科技实验室，没有计算机室、舞蹈室、心理辅导室及特殊科目实验室等。

第五，教师队伍的专业素质有待提升。一些学校，特别是区重点或城乡接合部的学校校长反映：由于缺乏知名教学名师的引领、到外地去学习的机会很少，导致教师对外区域或者外省区的先进教学模式缺乏了解，教师的教学观念存在“短视”。农村学校校长反映：由于地处经济欠发达的西部农村，教师素质制约了学校特色发展；缺少实现教育教学特色的教师，教师结构比

例不够合理；师资流动较大，中青年骨干教师流失较为严重。

第六，生源水平相对比较低。由于学校所处的地理位置，以及上级政策倾斜，学校生源仍是制约学校特色发展的重要问题。由于学生基础较差，主动学习的意识和自主学习的能力较薄弱。

（二）校外问题反映在社会评价标准、体制机制改革、政策和资金等方面

第一，社会对学校办学品质的评价标准尚需改变。上级部门对学校办学的评价更多以高考升学率为主要（甚至是唯一）指标，学校很易产生急功近利的思想，有发展特色教育的要求但却不敢大胆去做。同时，受社会舆论和上级考评的影响，学校教师也在发展特色教育的尝试中缩手缩脚。

第二，教育体制机制需要改变。教育行政部门应该给学校松绑，真正还学校自主办学权，比如课程改革，学校应当有更大的自由度，享有更多的优惠政策。

第三，教育行政部门对特色关注不够。教育行政部门在学校特色发展的政策支持和资金投入力度不够。

第四，其他外部障碍。绩效工资实施对教师积极性产生了消极影响。各大学没有为科技类特长学生进一步发展构建“通道”和“平台”。学校理论基础薄弱，缺乏专家引领和指导。

针对上述问题，校长们提出：在社会和教育现状的大背景下，要发展特色教育必须先改变各级教育主管单位对学校和教师的评价体系，由以升学为重转变为以学生发展为重。同时，还要极力改变当前社会对人才的唯学历而不是学力的评价观念，以及社会大众对教育的要求和对学校的评价标准。

第二节　特色师资建设状况调查

课题组从湖北、浙江、四川、上海、吉林、重庆、江苏、黑龙江等8

省市抽取高中14所[①]，采用《普通高中特色发展调查问卷》（教师版）对各学校教师进行了调查。回收教师问卷767份，其中有效问卷761份，有效率99%。教师队伍中，认为所在地区处于经济发达水平的有177人（23.3%），较发达地区的有441人（58%），欠发达地区的有138人（18.1%），另有5人未填。本节立足14所学校的教师版问卷调查，同时参考《普通高中特色发展调查问卷》（校领导版）对普通高中特色发展中特色领域教师人数、师资建设情况及教师对高中特色发展相关问题的看法进行分析。

一、教师队伍的基本情况

（一）学校特色领域教师人数校际差异较大

普通高中学校特色领域的发展需要有一定数量的特色教师队伍来保障。在本次调查中，我们围绕学校在建或拟建特色发展类型以及特色领域教师的人数等问题对部分高中进行了调查，其中14所学校回答了相关问题。由于各所学校规模大小及校领导对特色发展领域的规划或发展阶段不同，各所学校所拥有的特色领域教师人数也不同。结果显示，14所学校中，规模较大的学校教师队伍达到了三四百人，规模较小的学校教师队伍仅有几十人。从学校在建或拟建特色发展类型来看，选择某一项特色领域的学校有8所，选择2—3个特色领域的学校有5所，另有1所学校选择了6个特色发展领域。从学校特色领域教师人数来看，校际差异较大。例如，甘肃A校选择了在建或拟建6个特色发展领域，其特色教师队伍必然就多一些，占到了全体教师数的96%；上海A校选择了在建或拟建3个特色发展领域，其特色教师队伍占到了全体教师数的82%；其他学校特色教师队伍占全体教师数的比例最低的是7%（见表2－1）。

---

① 湖北A校、浙江A校、浙江B校、四川A校、上海A校、吉林A校、重庆B校、湖北B校、江苏D校、江苏B校、江苏C校、重庆C校、江苏E校、黑龙江A校。

表 2-1 部分学校在建或拟建特色类型及特色领域教师人数状况

	湖南 A	江苏 F	重庆 C	黑龙江 B	上海 B	四川 B	四川 C	甘肃 A	浙江 A	吉林 A	上海 A	江苏 D	湖北 B	重庆 A
学校在建或拟建类型	艺术	人文	人文	学术	综合	人文 艺术 体育	艺术 人文 体育	学术 人文 科技 外语 艺术 体育	人文	艺术 普职融合 体育	人文 外语 艺术	普职融合	人文 科技	科技
全体教师数（人）	205	178	284	362	49	404	180	223	145	180	44	122	125	304
特色领域专任教师数（人）	13	7	19	85	3	62	25	213	3	25	18	4	7	5
特色领域兼职教师数（人）	4	5	8	26	6	4	11	0	52	0	18	13	23	15
特色领域教师合计（人）	17	12	27	111	9	66	36	213	55	25	36	17	30	20
特色领域教师占全体教师数的比例	8%	7%	10%	31%	18%	16%	20%	96%	38%	14%	82%	14%	24%	7%

（二）教师的学历、职称及学科背景

1. 本科学历占八成，研究生学历占12%，略低于全国水平

随着教育事业的发展，我国中小学教师队伍整体素质不断提高，指标之一即是教师学历的提高。1999 年《中共中央、国务院关于深化教育改革，全面推进素质教育的决定》[①] 指出，2010 年前后，具备条件的地区力争使小学和初中阶段教育的专任教师的学历分别提升到专科和本科层次，经济发达地区高中阶段教育的专任教师和校长中获硕士学位者应达到一定比例。2011 年发布的《教育部关于大力加强中小学教师培训工作的意见》[②] 中指出：到2012 年，小学教师学历逐步达到专科以上水平，初中教师基本具备大学本科以上学历，高中教师中具有研究生学历的比例有明显提高。调查显示，就高中教师的学历情况而言，本科学历接近八成（79%），研究生学历占12%，大专学历6%，中专及高中学历2%，另外，有2 人未填学历。《2011 年全国教育事业发展简明统计分析》[③] 数据显示，2011 年普通高中专任教师155.7 万人，本科及以上学历教师占95.7%，其中，东部地区本科及以上学历教师占97.0%，中部地区本科及以上学历教师占95.1%，西部地区本科及以上学历教师占94.5%。本次调查学校本科及以上学历教师比例为91%，与全国状况相比，比例略低（见图2－27）。

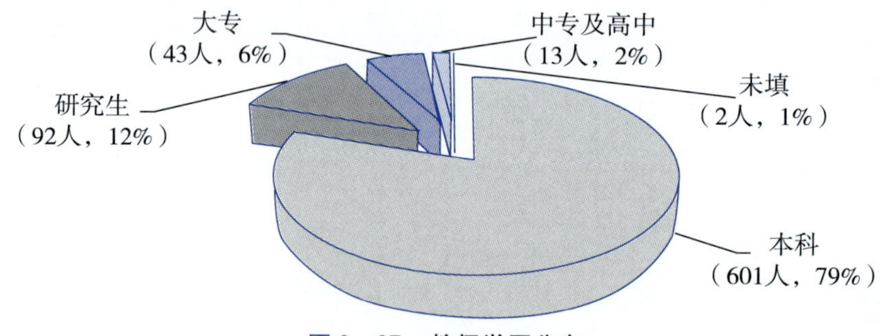

图2－27　教师学历分布

① 中共中央、国务院关于深化教育改革，全面推进素质教育的决定[EB/OL].(1999－06－13)[2013－02－18]. http://www.moe.gov.cn/publicfiles/business/htmlfiles/moe/moe_177/200407/2478.html.

② 教育部关于大力加强中小学教师培训工作的意见［EB/OL］.（2011－01－04）［2013－01－15］. http://www.moe.edu.cn/publicfiles/business/htmlfiles/moe/s4559/201101/114220.html.

③ 教育部发展规划司.2011 全国教育事业发展简明统计分析（内部资料）［R］.2012：66.

2. 中教一级及以上职称占八成多，高于全国水平

就教师的职称而言，调查显示，八成多（82.9%）的教师具有中教一级及以上职称。具体来看，中教一级职称教师最多，比例为46.5%；其次是中教高级教师，比例为34.2%；特级教师比例为2.2%，中教二级教师比例为13.8%，另有0.3%的教师未填写职称。据《中国教育事业发展统计简况2011》原始数据计算得知，2011年，高中具有中高级职称的教师比例为60.71%，相比之下，被试学校的教师职称远高于全国水平（见图2－28）。

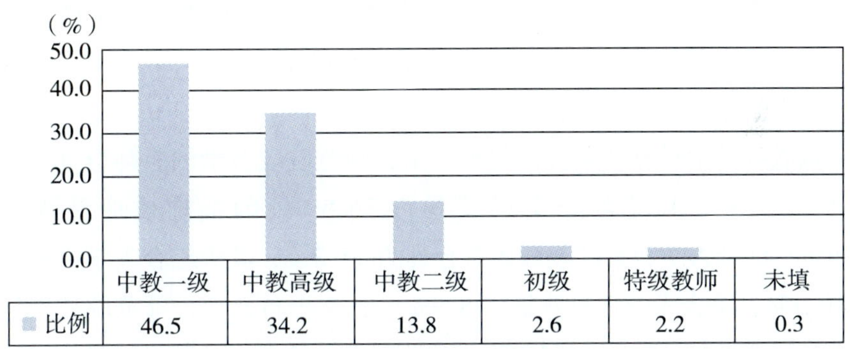

	中教一级	中教高级	中教二级	初级	特级教师	未填
比例	46.5	34.2	13.8	2.6	2.2	0.3

图2－28　教师职称分布

3. 师范院校背景的教师占七成，文科背景教师比例占五成多，综合大学背景的教师比例高于相关调查的比例

就实施主体而言，教师教育模式分为师范院校教师教育模式和综合性大学教师教育模式。师范院校在教师教育领域的主体地位毋庸置疑，而综合大学开展教师教育也有其优势，如培养目标灵活多样，课程设置广泛，学生学术水平和学科程度较高，知识面宽，工作适应性较强等。[①] 相对于理工、师范、农林、艺术等专业性院校来说，综合性大学开设了文、理、工、农、医、艺术等绝大多数的学科门类，而且学科门类发展相对较为均衡。1996年，国家教委关于印发《关于师范教育改革和发展的若干意

① 靳希斌．教师教育模式研究［M］．北京：北京师范大学出版社，2009：109.

见》[①] 的通知中指出，“健全和完善以独立设置的各级各类师范院校为主体，非师范类院校共同参与，培养和培训相沟通的师范教育体系”，“国家对师范专业毕业生颁发相应的教师资格证书，并通过实施教师资格制度，吸收非师范专业学生和社会优秀人才从教”。这是国家首次从政策上明确了综合大学教师教育的作用和地位，也是我国独立师范教育体系向多元师范教育体系过渡的开始。[②] 1999 年，《中共中央、国务院关于深化教育改革，全面推进素质教育的决定》[③] 指出，“调整师范学校的层次和布局，鼓励综合性高等学校和非师范类高等学校参与培养、培训中小学教师的工作，探索在有条件的综合性高等学校中试办师范学院”。由此进一步推动了综合大学办教师教育的进程。

从教师的学科背景来看，调查显示，师范院校背景的教师合计比例为72.1%，其中，师范院校文科背景占 36.5%，师范院校理科背景占35.6%；综合大学背景的教师比例合计为 25.3%，其中综合大学文科背景占 16.4%，综合大学理科背景占 8.9%。就文理科而言，师范院校及综合大学文科背景合计比例为 52.9%，师范院校及综合大学理科背景合计比例为 44.5%。可见，师范院校仍然是培养高中教师的主体，但同时，综合性大学也为高中输送了许多文理科人才，其中，文科多于理科。2008 年“从精英转向大众的当代中国普通高中教育研究”[④] 调查组对全国 11 个省市 96 所普通高中学校的调研显示，接受调查的教师中由师范院校毕业的人数占 94%，非师范类院校毕业的人数占 6%。与之比较发现，我们调研的教师对象中，师范院校背景的教师合计比例为 72.1%，综合大学背景的教师比例合计为 25.3%，可见，与 2008 年“从精英转向大众的当代中国普通高

① 国家教委关于印发《关于师范教育改革和发展的若干意见》的通知［EB/OL］.（1996-01-25）［2013-05-11］. http://www.chinalawedu.com/falvfagui/fg22598/36652.shtml,2013-03-30.

② 靳希斌．教师教育模式研究［M］．北京：北京师范大学出版社，2009：102.

③ 中共中央、国务院关于深化教育改革，全面推进素质教育的决定［EB/OL］.（1999-06-13）［2013-02-18］. http://www.moe.gov.cn/publicfiles/business/htmlfiles/moe/moe_177/200407/2478.html.

④ 霍益萍，朱益明．普通高中现状调研与问题讨论［M］．上海：华东师范大学出版社，2010：79.

中教育研究”调查组所反映的非师范院校教师的比例相比，本次调查的处于特色发展中的被试学校中，综合大学背景的教师比例高出了19个百分点（见图2－29）。

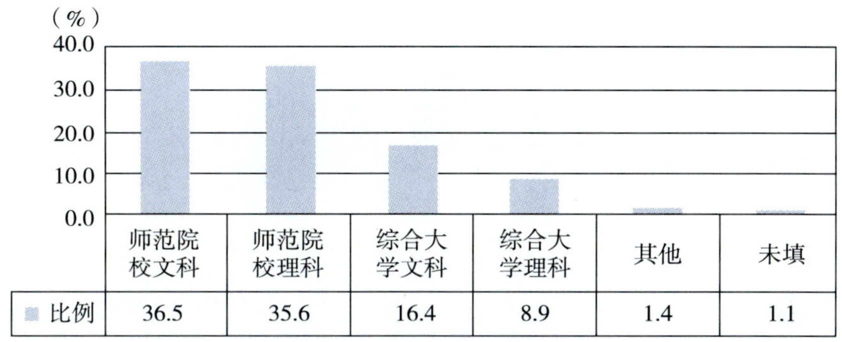

图2－29　教师学科背景分布

（三）教师的年龄及教龄分布

1. 近八成教师为中青年

从教师年龄分布来看，26—45岁之间的教师合计比例为77%，其中，36—45岁之间的比例为40%，26—35岁之间的比例为37%，可以说，近八成教师为中青年。此外，46—55岁之间的教师比例为13%，56岁及以上教师比例为3%，18—25岁之间的教师比例为5%（见图2－30）。

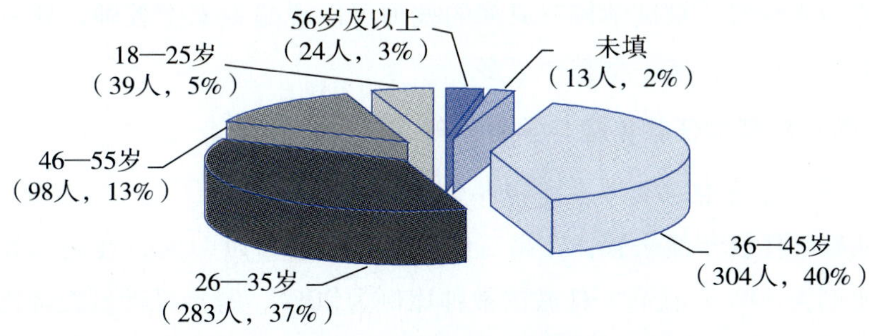

图2－30　教师年龄分布

2. 四成教师的教龄超过13年，三成多教师的教龄为7—12年

从教师教龄分布来看，13—25年教龄之间的教师比例合计为41%，即

四成教师教龄超过13年，其中，13—18年教龄之间的教师比例为22%，19—25年教龄之间的教师比例为19%。另外，7—12年教龄的教师比例为35%，6年及以下教龄教师比例为13%（见图2－31）。

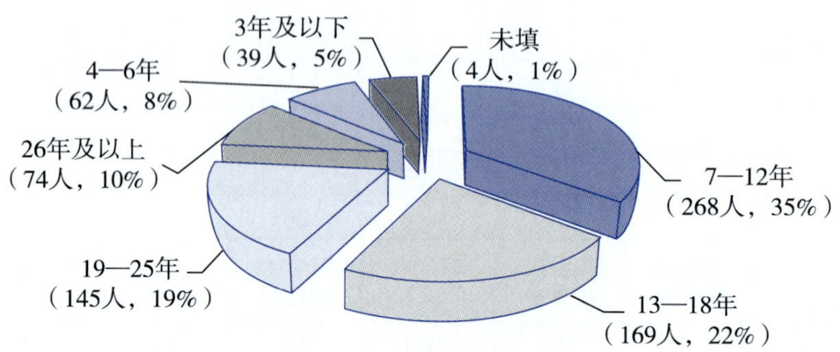

图2－31　教师教龄分布

许多研究结合教师的教龄与职称，将教师分为新手、熟手及专家型教师等类别。例如，孟迎芳等人①研究教师教学策略时，把职称为高级教师、教龄在15年以上的教师称为专家型教师；把职称为三级及新毕业学生，教龄在0—4年之间的教师称为新手型教师；处于二者之间的称为熟手型教师。研究结果发现，熟手型教师的课前策略得分最低，新手型教师和专家型教师没有显著的差异；课中教学策略上，专家型教师水平最高，其次是熟手型教师，新手型教师的课中教学策略水平最低。参考该研究，从教师的职称与教龄看，被试学校三成多的教师可以说是专家型教师，新手型教师人数比例较少，熟手型教师居多。

（四）教师的任教年级与学科分布

1. 教师分年级任教居多，跨年级带班较少

从教师任教年级来看，在高三任教的教师比例为41%，在高二任教的教师比例为30%，在高一任教的教师比例为20%，跨年级带班教师比例为8%。总体而言，分年级任教的占到了九成（91%），跨年级带班的教师较

① 孟迎芳，连榕，郭春彦．专家—熟手—新手型教师教学策略的比较研究［J］．心理发展与教育，2004（4）：70－73.

少（见图 2－32）。

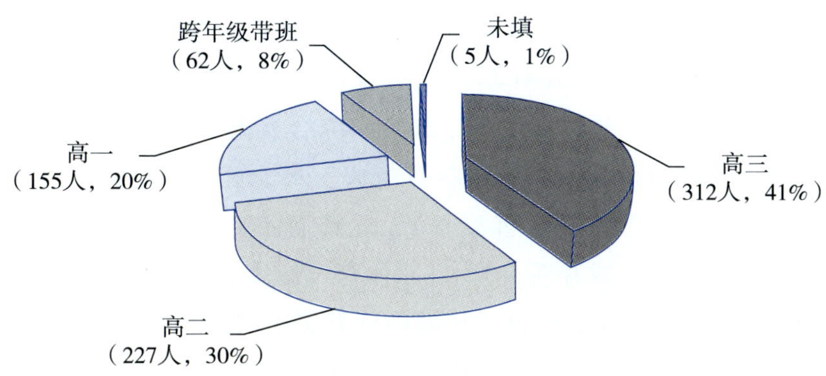

图 2－32 教师任教年级分布

2. 教师任教集中在语言与文学、人文与社会、数学及科学四个领域

从教师任教学科来看，集中在四个领域。其中，教授“语言与文学”的教师比例最高，为 26.4%，教授“人文与社会”的教师比例为 20.5%，教授“数学”的教师比例为 18.8%，教授“科学”的教师比例为 17.2%。此外，教授“职业技术”（4.9%）、“体育与健康”（3.8%）、“艺术”（2.6%）及“综合实践活动”（1.3%）领域的教师比例均在 5% 以下，其中，教授“综合实践活动”领域的教师比例最低（见图 2－33）。

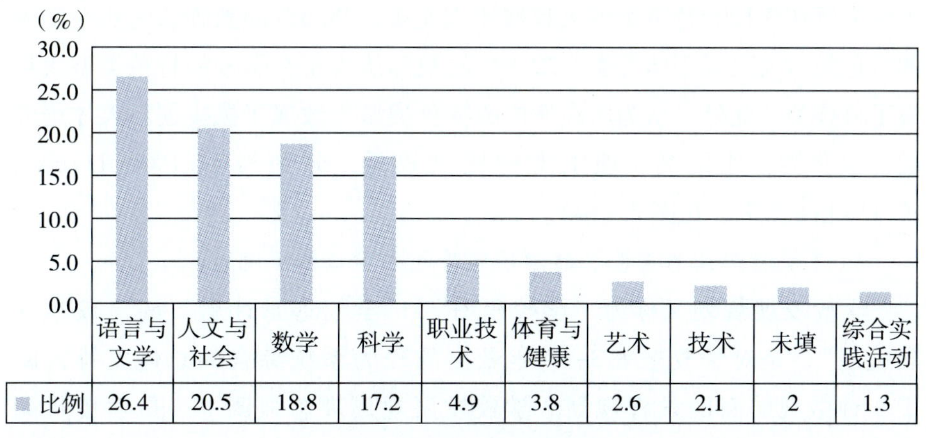

	语言与文学	人文与社会	数学	科学	职业技术	体育与健康	艺术	技术	未填	综合实践活动
比例	26.4	20.5	18.8	17.2	4.9	3.8	2.6	2.1	2	1.3

图 2－33 教师任教领域分布

2003年，教育部关于印发《普通高中课程方案（实验）》和语文等十五个学科课程标准（实验）的通知[①]指出，普通高中课程由学习领域、科目、模块三个层次构成。其中学习领域包括：语言与文学、数学、人文与社会、科学、技术、艺术、体育与健康和综合实践活动八个学习领域。每一领域由课程价值相近的若干科目组成。八个学习领域共包括语文、数学、外语（英语、日语、俄语等）、思想政治、历史、地理、物理、化学、生物、艺术（或音乐、美术）、体育与健康、技术等12—13个科目。与此对应，调查中，被试学校教师任教集中的领域实际上主要包括语文、数学、外语、思想政治、历史、地理、物理、化学及生物九门学科（见图2－33）。

二、教师对所在学校特色发展及影响因素的看法

（一）教师对学校的评价及对特色发展的看法

1. 教师对所在学校特色类型的判断趋于艺术、人文、体育和科技

本调查请教师对其所在学校的特色类型进行判断，结果显示，教师对其所在学校特色类型的判断趋于艺术、人文、体育和科技四类。具体来看，39.4%的教师认为所在学校的特色类型大致属于艺术类，29.4%的教师认为所在学校的特色类型大致属于人文类，28.6%的教师认为所在学校的特色类型大致属于体育类，22.9%的教师认为所在学校的特色类型大致属于科技类。此外，认为所在学校的特色类型大致属于拔尖创新人才培养类、学术类、外语类、理工类的比例较低，分别为12.1%、11.6%、10.1%和8.5%（见图2－34）。

2. 五成教师认为自己了解学校的特色办学目标及规划

学校发展规划又称为“学校蓝图”、“学校远景计划”或“校本发展规划”，是对学校未来3—5年做出的较为系统综合的总体安排，属于一种微观层面的教育规划。学校发展规划理念强调：一是学校共同

① 高中课程设置标准［S/OL］．（2003－03－31）［2012－05－24］．http://www.siyang.gov.cn/contents/854/10314.html.

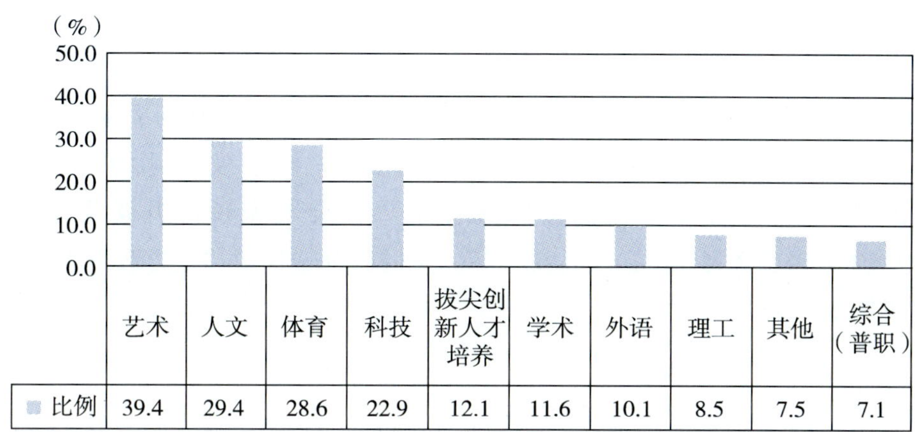

	艺术	人文	体育	科技	拔尖创新人才培养	学术	外语	理工	其他	综合（普职）
比例	39.4	29.4	28.6	22.9	12.1	11.6	10.1	8.5	7.5	7.1

图 2－34　教师对自己所在学校特色类型的看法

体概念，主要指学校校长、教职员工、学生、家长及社区相关人员、学校管理委员会和地方教育官员等，必须发挥共同体成员的协同作用，而不是由其中单方面力量独自制定此规划；二是立足诊断现在，指向未来，也即注重对现在的把握和对未来的预测和憧憬；三是注重“价值过程”①。

对于高中特色发展而言，学校形成与制定特色办学目标和特色发展规划时，要积极动员教师参与，并采取多种形式使教师们形成共同的发展愿景。调查显示，仅有 50% 的教师认为自己了解学校的特色办学目标及特色发展规划；33% 的教师认为自己对学校的特色办学目标及特色发展规划了解“一般”；12% 的教师认为自己不了解学校的特色办学目标及特色发展规划。这说明，一部分被试学校目前的特色办学目标及特色发展规划或者不太明确，或者仅停留于束之高阁的计划文本而不被教师们理解和认同，抑或仅存在于校长的头脑之中。未来学校制定与实施特色发展目标和规划，需要调动全体教师的积极性，并在形成共同愿景方面下功夫。

① 田继忠．学校发展规划：意蕴、制定与实施［J］．教育学术月刊，2012（5）：56－58．

（二）教师对学校特色发展影响因素的看法

1. 教师认为特色办学模式确定主要依赖于校长智慧及科研项目

关于所在学校特色办学模式如何确定的问题，教师们认为，主要依赖于“校长个人智慧的结晶”（30.9%）和“特色发展科研项目”（28.8%）。此外，14.3%的教师选择了“社会与家长的升学需求”，13.4%的教师选择了“历史传统”，7.2%的教师选择了“地方政府主导”（见图2－35）。

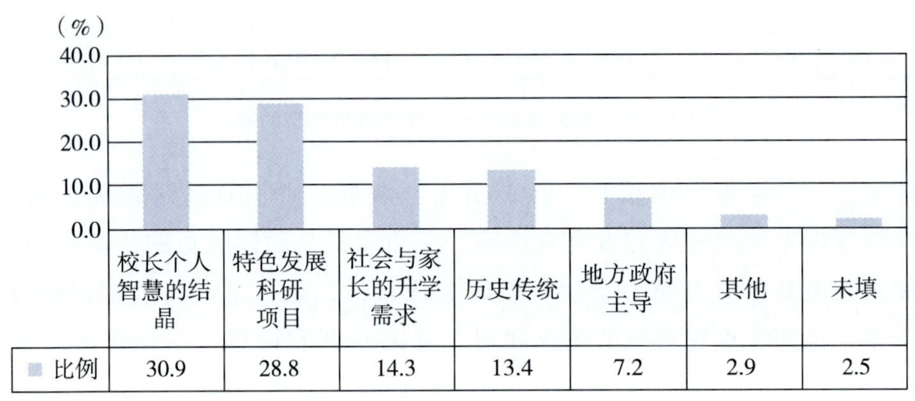

	校长个人智慧的结晶	特色发展科研项目	社会与家长的升学需求	历史传统	地方政府主导	其他	未填
比例	30.9	28.8	14.3	13.4	7.2	2.9	2.5

图2－35　教师对所在学校特色办学模式如何确定的看法

2. 教师认为办学理念是影响学校特色形成和发展的最重要因素

关于影响学校特色形成和发展的最重要因素，33.2%的教师认为“办学理念”是最重要的因素，17.3%的教师认为“政策环境”是最重要的因素，13.3%的教师认为“地理位置”是最重要的因素。此外，有部分教师选择了“学生素质”（9.7%）、“办学历史”（8.9%）、“管理与评价模式”（5.8%）、“师资队伍”（5.7%）等（见图2－36）。

此外，关于“教师绩效评价对本校特色模式构建所产生的影响”，42%的教师认为影响“一般”，40%的教师认为有“积极正向”影响，9%的教师认为影响“较低”，4%的教师认为影响“差”。总体而言，认为教师绩效评价对本校特色模式构建所产生积极正向影响与影响一般的比例各占四成。换言之，从教师的角度看，教师绩效评价对普通高中特色发展尚

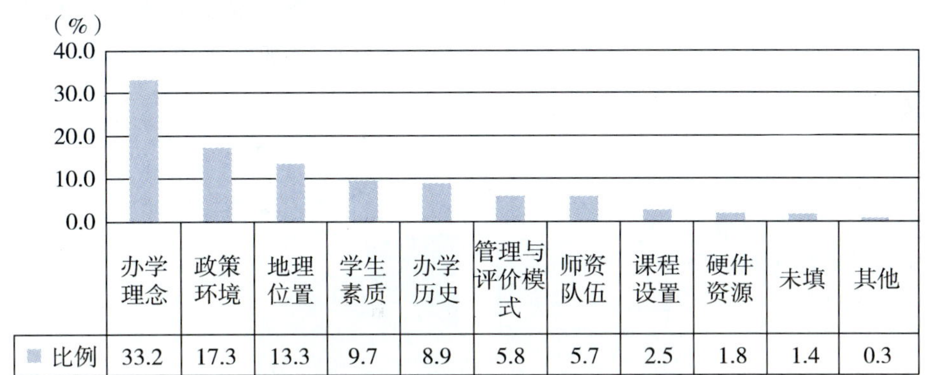

	办学理念	政策环境	地理位置	学生素质	办学历史	管理与评价模式	师资队伍	课程设置	硬件资源	未填	其他
比例	33.2	17.3	13.3	9.7	8.9	5.8	5.7	2.5	1.8	1.4	0.3

图2－36　教师对影响学校特色形成和发展的最重要因素的看法

未发挥充分的影响，有待深入研究（见图2－37）。

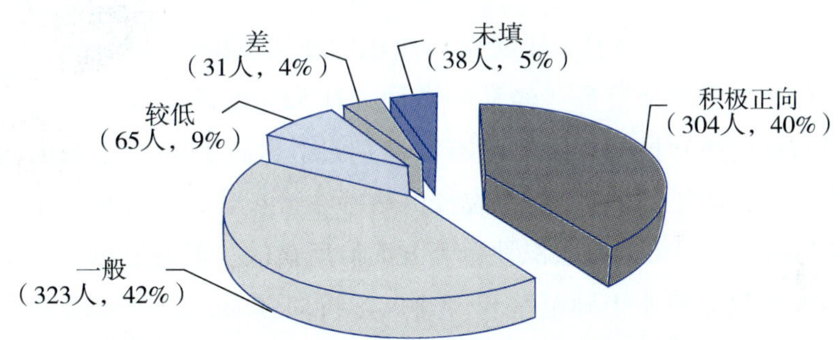

图2－37　教师绩效评价对学校特色模式构建影响的看法

三、教师参与培训与科研的状况

（一）教师参与培训的状况

1. 培训内容：半数教师偶尔参与教育心理学培训与通识或跨学科培训

关于培训内容，在回答“您参与学校或上级部门组织的教育心理学培训情况”时，仅有11%的教师报告“经常”参加，有47%的教师报告“偶尔”参加，有15%的教师报告“从来没有”参加过。此外，有27%的教师未回答这个问题。毕业于综合院校的教师有其学科和综合能力优势，但可能会缺乏教育心理学或者教学论方面的专业知识，因此，尤其需要加强教育心理学方面的培训。调查显示，被试学校有25.3%的教师毕业于综合性大学，建议学校适当加强教育心理学及相关培训（见图2－38）。

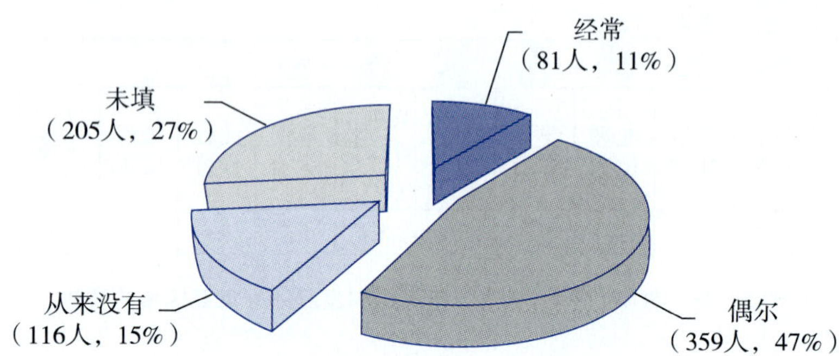

图2－38　教师参与教育心理学培训的情况

在回答“您参与学校或上级部门组织的通识或跨学科课程培训情况”时，仅有15%的教师报告“经常”参加，有52%的教师报告“偶尔”参加，有22%的教师报告“从来没有”参加过，另有11%的教师未回答这个问题。一般而言，毕业于师范院校的教师在教育学、心理学等学科方面优势较为明显，但可能在通识教育等方面有所欠缺。调查显示，被试学校有72.1%的教师毕业于师范院校，建议学校加强通识培训或跨学科的培训，以进一步提高教师的综合素质（见图2－39）。

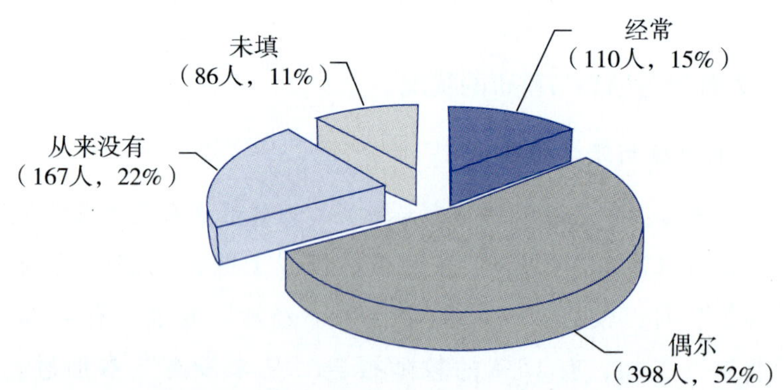

图2－39　教师参与通识或跨学科培训的情况

提高教师素质，职后培训必不可少。《教育规划纲要》颁布以来，国家专门针对教师队伍建设出台多项具体文件。其中，2010 年《教育部、财政部关于实施“中小学教师国家级培训计划”的通知》① 指出，中央本级财政划拨专项经费每年 5000 万元，支持教育部组织实施“国培计划”——中小学教师示范性培训项目。2011 年教育部发布了《关于大力加强中小学教师培训工作的意见》②，要求以实施“国培计划”为抓手，推动各地通过多种有效途径，有目的、有计划地对全体中小学教师进行分类、分层、分岗培训。2013 年，教育部办公厅、财政部办公厅《关于做好2013 年“国培计划”实施工作的通知》③ 中进一步指出，“切实加强培训需求调查，做好培训规划设计”，“进一步加大实践性培训比重，切实提高教师教学技能”。然而，仅有国培计划解决不了所有的问题，校本培训依然是很好的补充。建议学校根据教师需求设计安排校本培训，切实解决教师所需。

2. 培训时间：45.6%的教师每学年参加 3 次及以上培训

就教师参加各级各类培训的时间而言，每学年参加 4 次及以上培训的比例为 24.4%，每学年参加 3 次培训的比例为 21.2%，即每学年参加 3 次及以上培训的比例合计为 45.6%。此外，每学年参加培训 2 次的比例为 23.5%，每学年参加 1 次培训的比例为 22.3%，从没参与过培训的教师有 3.9%。平均而言，接近七成（69.1%）的教师每学期能有 1 次培训机会。建议学校加强全员培训（见图 2－40）。

---

① 教育部、财政部关于实施“中小学教师国家级培训计划”的通知［EB/OL］.（2010－06－30）［2010－06－30］. http://www.gov.cn/zwgk/2010－06/30/content_1642031.htm.

② 教育部关于大力加强中小学教师培训工作的意见［EB/OL］.（2011－01－04）［2013－01－15］. http://www.moe.edu.cn/publicfiles/business/htmlfiles/moe/s4559/201101/114220.html.

③ 教育部办公厅、财政部办公厅关于做好 2013 年“国培计划”实施工作的通知［EB/OL］.（2013－04－09）［2013－04－24］. http://www.moe.gov.cn/publicfiles/business/htmlfiles/moe/s7034/201304/150803.html.

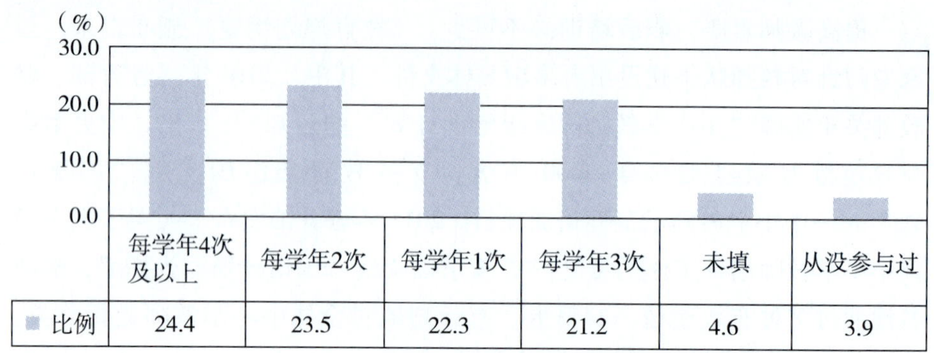

	每学年4次及以上	每学年2次	每学年1次	每学年3次	未填	从没参与过
比例	24.4	23.5	22.3	21.2	4.6	3.9

图 2-40　教师参加各级各类培训的频率

3. 培训形式：教师参加“讲座”和“研讨会”培训最多

调查显示，被试高中学校教师参加最多的培训形式依次是“讲座”（25.9%）和“研讨会”（23.7%），二者合计比例为 49.6%，接近五成；“异地学习考察”（16.0%）、“师徒制”（14.6%）、网络培训（14.5%）也有一定的比例（见图 2-41）。

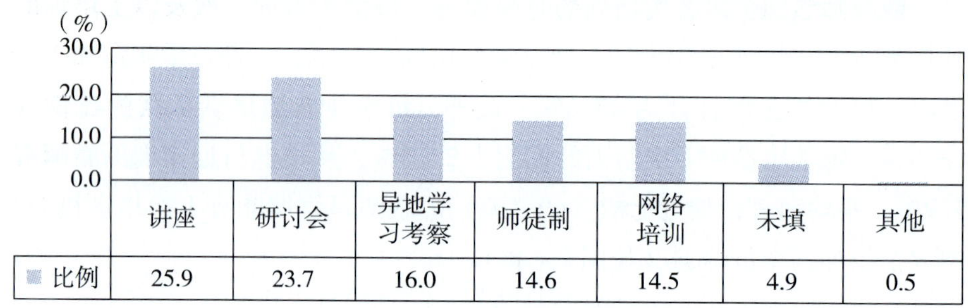

	讲座	研讨会	异地学习考察	师徒制	网络培训	未填	其他
比例	25.9	23.7	16.0	14.6	14.5	4.9	0.5

图 2-41　教师参加的培训形式

2013 年，教育部办公厅、财政部办公厅《关于做好 2013 年“国培计划”实施工作的通知》[①] 中指出，“要切实改变以讲授为主的培训方式，大力推进实践性培训，强化基于教学现场、走进真实课堂的培训环节，通过

① 教育部办公厅、财政部办公厅关于做好 2013 年“国培计划”实施工作的通知 [EB/OL]. (2013-04-09) [2013-04-24]. http://www.moe.gov.cn/publicfiles/business/htmlfiles/moe/s7034/201304/150803.html.

现场诊断和案例教学解决实际问题，采取跟岗培训和情境体验改进教学行为，切实提升教师课堂教学技能”。“积极推动培训模式创新，不断增强培训实效性……要积极进行教师培训选学探索，为教师创造自主选择培训内容、时间、途径和机构的机会，满足教师个性化需求。”结合调查的情况，建议学校进一步加强实践性培训。

4. 影响培训的因素：近五成教师选择了“教学或行政事务繁多，时间精力有限”

关于影响自身参加特色领域教师培训的因素，调查发现，接近五成（49.1%）的教师认为“教学或行政事务繁多，时间精力有限”是影响其参与相关培训的主要因素。影响教师自身参加特色领域培训的第二个因素是“与特色相关培训机会太少”，选择该项的教师比例为27.9%；影响教师自身参加特色领域培训的第三个因素是“经费短缺，个人承担比例过大”，选择该项的教师比例为20.8%。此外，按教师选择的比例，影响因素还有“培训时间安排不当”（17.5%），“内容单调，毫无针对性，与特色实践脱钩”（17.3%），“特色领域教师数量少，如果参加培训，没有教师顶岗”（15.6%），“培训方式单调乏味”（14.7%），“学校不重视、不支持特色培训”（14.5%）等。建议一方面学校应通过适当减少教学或行政事务、增加培训经费、合理安排培训时间等为教师创设培训机会，创新培训方式，使教师们参加相关培训，提升教育教学能力；另一方面，高等院校、教育科研机构等也应加强与学校的合作，结合基层学校实际需求开展培训（见表2－2）。

表2－2　教师对影响自身参加特色领域教师培训的因素的看法

序　号	项　目	频　数	%
1	教学或行政事务繁多，时间精力有限	374	49.1
2	与特色相关培训机会太少	212	27.9
3	经费短缺，个人承担比例过大	158	20.8
4	培训时间安排不当	133	17.5
5	内容单调，毫无针对性，与特色实践脱钩	132	17.3

续表

序　号	项　目	频　数	%
6	特色领域教师数量少，如果参加培训，没有教师顶岗	119	15.6
7	培训方式单调乏味	112	14.7
8	学校不重视、不支持特色培训	110	14.5
9	培训者素质较低	35	4.6
10	其他	4	0.5

（二）教师参与相关科研的状况

关于教师承担或参与的高中特色构建相关的科研课题情况，调查显示，仅有4%的教师报告承担或参与课题“非常多”，20%的教师报告承担或参与课题“较多”，“非常多”与“较多”合计比例为24%。另外，46%的教师报告承担或参与课题“很少”，25%的教师报告“从来没有”。这一方面说明，承担或参与高中特色构建相关科研课题的教师比例接近被试群体的四分之一，多数教师很少参与高中特色构建相关科研课题；另一方面也说明，各级各类与高中特色构建相关的科研课题数量可能也不算多（见图2-42）。

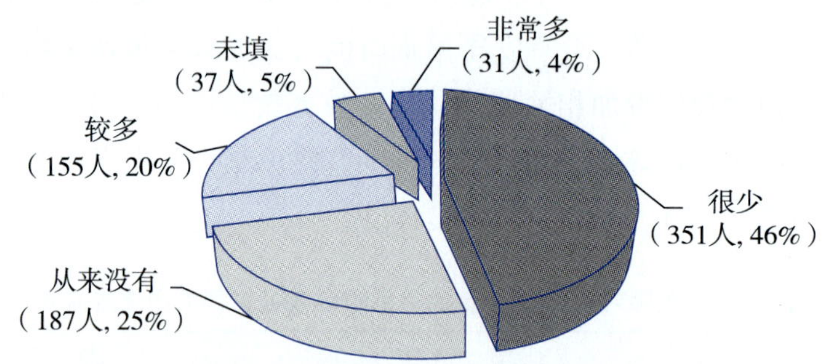

图2-42　教师参加科研课题的情况

基础教育课程改革对教师素质提出了更高的要求，教育科研素质就是其中之一。然而，有的教师甚至校长对教师做科研存在认识误区，认为教师不应该做科研，也有的教师和校长认识到了科研的重要性，但是苦于教师科研素质不高，理论功底不够，即使是在学校开展校本研究，也不能发动大多数教师参与研究。而实践证明，善于结合教育教学重点和难点问题，基于学校、基于课堂的教育科研能促进学校教育教学的改革和教师教育教学能力的提升。开展高中特色构建研究，不仅仅是校长的事情，也不仅仅是专家的事情，而应该是大家的事情，唯有专家学者与基层学校紧密配合，理论与实践结合，充分利用全体教师甚至家长、学生、社区等资源，才可能有所突破。

第三节　特色课程与教学状况调查

《教育规划纲要》明确提出要“推动普通高中多样化发展”，“全面提高普通高中学生综合素质”的重要决策，并要求深化普通高中课程改革。十年来的课程改革实践虽然促使学校的课程意识大大增强，师生教与学的方式正在发生改变，关注全体学生全面发展的评价体系也正在形成，但依然存在许多问题，诸如，新课程理念尚未成为自觉行动，个性发展仍未得到应有关注，育人模式转型效果不佳，过度应试局面尚未明显改变，学生负担仍未减轻，新课程推进与改革目标要求还有很大差距等。为更好地了解我国普通高中课程改革及其特色发展现状，推动普通高中多样化发展，进行了普通高中特色发展课堂教学情况调查。

本调查主要依据 14 所学校 766 份教师问卷、15 所学校 2631 份学生问卷、2774 份家长问卷中有关课程教学内容部分所得相关数据，从特色课程设置与选修状况、特色课程校本教材使用情况、特色课程教与学情况、特色课程考试与评价以及特色课程教学满意度等方面进行了分析与概括，得出相关结论，并在此基础上提出了对策建议。

一、特色课程设置与选修状况

（一）67.3%的教师参与设计并任教一门及以上校本课程，72.5%的学生选修过一门及以上校本课程

调查发现，在关于教师参与设计并任教了几门校内选修课程的问题

上，虽然有67.3%的教师回答参与过选修课程的设计与任教，但39.9%的教师只参与过1门选修课程的设计与任教，参与过2门以上的教师只有27.3%；而32.7%的教师却表示从未参与过任何选修课程的设计与任教。关于特色校本课程选修问题，虽然72.5%的学生回答选修过校本课程，但仍有27.5%的学生从未选修过校本课程。其中，51.0%的学生选修过1—2门校本课程。这说明师生对于校本课程的参与度还有待于提高（见图2－43）。

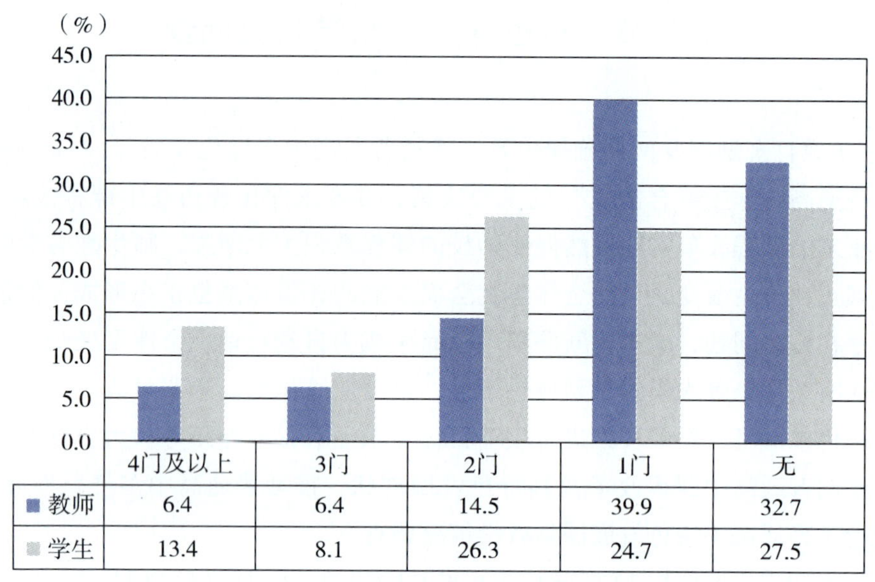

	4门及以上	3门	2门	1门	无
■ 教师	6.4	6.4	14.5	39.9	32.7
■ 学生	13.4	8.1	26.3	24.7	27.5

图2－43　师生参与特色校本课程设计与任教或选修的门数

（二）近半学生喜欢特色校本课程的理由出于个人兴趣

关于最喜欢的特色选修课程的理由，49.1%的学生回答出于个人兴趣，应该说，这是对“兴趣是最好的老师”这一教育理念的有力诠释，是学校开设特色选修课程的出发点和归宿。因此，校本课程的开设都必须从学生的兴趣出发，尽量满足学生发展需求，并把学生有无兴趣看成评定校本课程优劣的标准（见图2－44）。

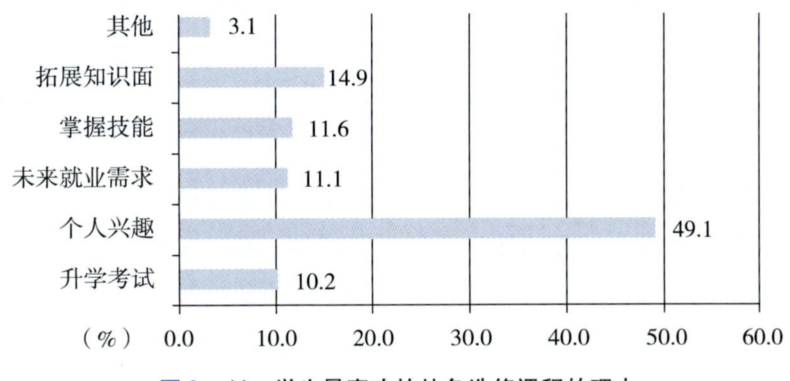

图 2－44　学生最喜欢的特色选修课程的理由

关于最不喜欢的特色选修课程的理由，42.3% 的学生表示对课程内容不感兴趣。另有 20.6% 的学生认为特色选修课程不实用，无法应对未来就业需求，也就是说，特色选修课程在顾及部分学生高中毕业后的就业需要方面有待完善（见图 2－45）。

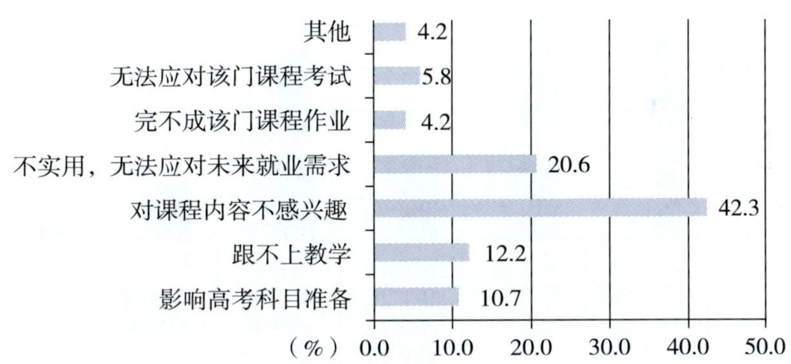

图 2－45　学生最不喜欢的特色选修课程的理由

（三）学校选课系统有问题，设计不够科学，而且缺乏选课指导

关于学校在选课系统与选课指导及学分管理上存在的主要问题，学生认为排在第一位的，比例由高到低依次是：选课系统有问题，设计不够科学；缺乏选课指导制度；特色课程选修名额有限，想上的课选不上；网络拥挤，秩序混乱，选课困难；学分管理系统或体系不当以及其他原因，分别占比 31.6%、26.7%、22.6%、10.1%、6.9%、1.9%。学生认为排在

第二位的，比例由高到低依次是：缺乏选课指导制度；特色课程选修名额有限，想上的课选不上；学分管理系统或体系不当；网络拥挤，秩序混乱，选课困难；选课系统有问题，设计不够科学以及其他原因，分别占比32.2%、19.0%、16.7%、14.7%、14.6%、2.8%。综合来看，即将排在第一、二位的比例合计，58.9%的学生选择了缺乏选课指导制度，46.2%的学生选择了选课系统有问题、设计不够科学，41.6%的学生选择了特色课程选修名额有限、想上的课选不上，24.8%的学生选择了网络拥挤、秩序混乱、选课困难，23.6%的学生选择了学分管理系统或体系不当。可见，关于学校在选课系统与选课指导及学分管理上存在的主要问题是选课系统有问题、设计不够科学，缺乏选课指导制度以及特色课程选修名额有限、想上的课选不上等方面（见图2-46）。

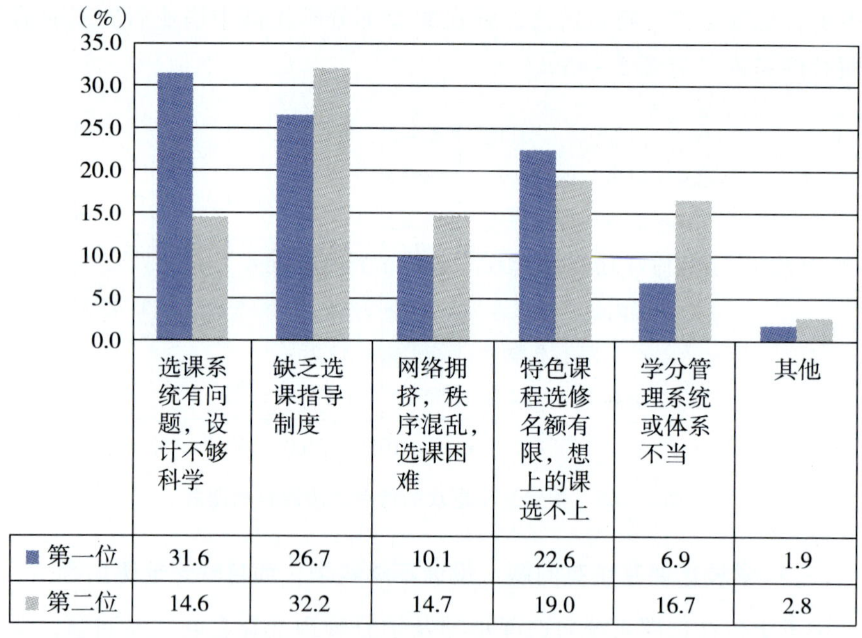

	选课系统有问题，设计不够科学	缺乏选课指导制度	网络拥挤，秩序混乱，选课困难	特色课程选修名额有限，想上的课选不上	学分管理系统或体系不当	其他
■第一位	31.6	26.7	10.1	22.6	6.9	1.9
■第二位	14.6	32.2	14.7	19.0	16.7	2.8

图2-46　关于学校在选课系统与指导及学分管理上存在的主要问题

二、特色课程资源的开发和利用情况

（一）半数教师参与了一门及以上校本教材的开发和编写工作，但有六成学生认为学校选修课没有使用本校教师参与开发和编写的特色课程校本教材

在关于教师参与开发和编写过几本校本教材的问题上，50.1%的教师表示从未参与过校本教材的开发和编写，另有24.1%的教师表示只参与过1门。而在关于所选特色课程有几门使用本校教师参与开发和编写的校本教材的问题上，60.3%的学生回答“无”，说明校本教材的开发工作亟待加强（见图2－47）。

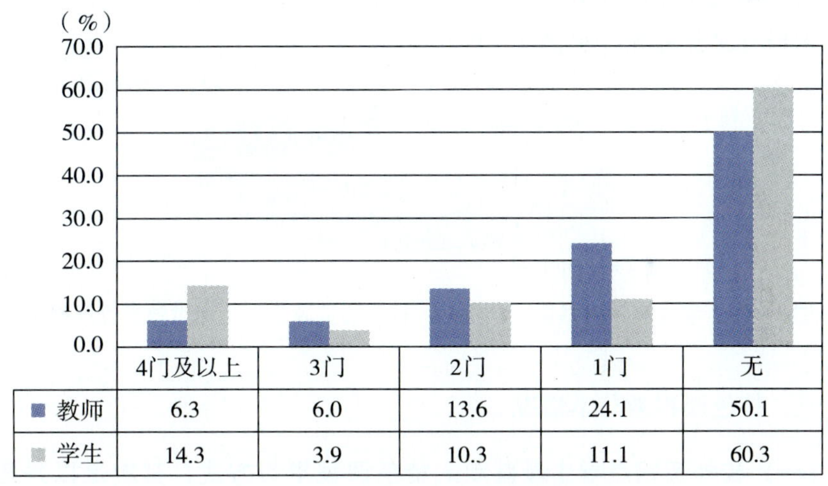

	4门及以上	3门	2门	1门	无
教师	6.3	6.0	13.6	24.1	50.1
学生	14.3	3.9	10.3	11.1	60.3

图2－47　校本教材编写和使用情况

（二）近半数学生认为现有课程资源在为学生提供特色发展服务和满足学生发展需要方面较为一般

在关于学校现有课程资源能否满足学生发展需要的问题上，只有37.7%的学生认为学校现有课程资源能够满足其发展需要，也就是说，11.7%的学生觉得学校现有课程资源无法满足其发展需要，50.6%的学生选择了“一般”，可见，学校现有课程资源很短缺或者质量亟待提升，因此，如何开发和利用好课程资源以满足学生发展需要是一个很急迫的现实

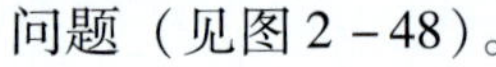

问题（见图2－48）。

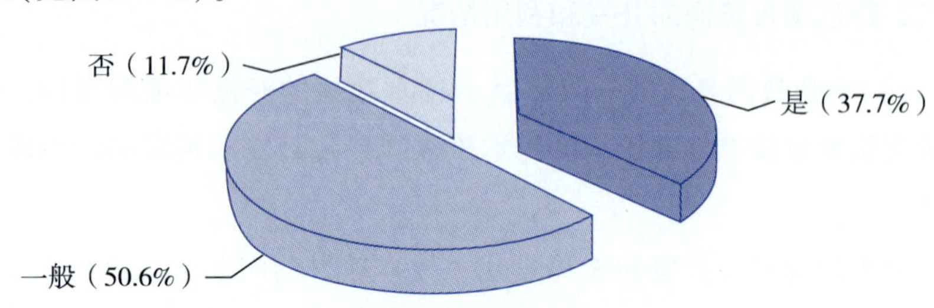

图2－48　学校现有课程资源满足学生发展需要状况

在关于学校是否很好地利用了图书馆、校园网、社区等资源为学生提供特色发展平台的问题上，只有30.9%的学生持肯定态度，认为学校很好地利用了校内外课程资源为学生发展服务，20.8%的学生认为学校没有充分利用现有课程资源（见图2－49）。

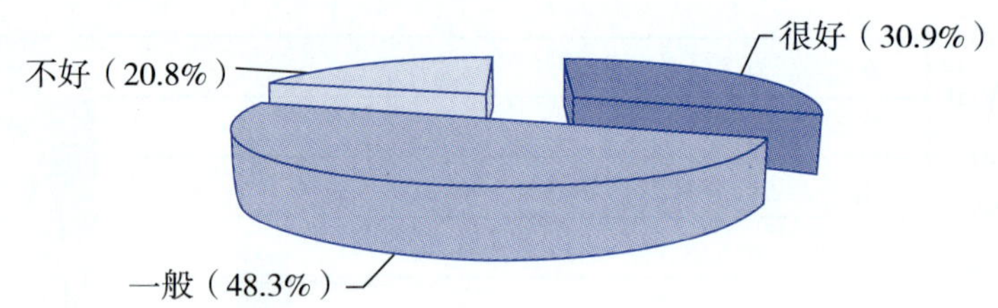

图2－49　学校利用图书馆、校园网、社区等资源为学生提供特色发展情况

三、特色课程教与学情况

（一）校外实践是学生最喜欢的特色课程学习方式，其次是以兴趣小组方式开展的合作学习

在关于学生最喜欢的选修课程学习方式上，校外实践排在了第一位，36.5%的学生表示愿意走出校门进行探究性学习；其次是以兴趣小组方式开展合作学习；另外，教师适度的课堂讲授、讲座的方式以及学生参与、主持小课题或研究性学习项目也是学生能够接受的选修课程学习方式，或者说多种学习方式相互配合，有益补充，实现课程开设与学习的最大效益化（见图2－50）。

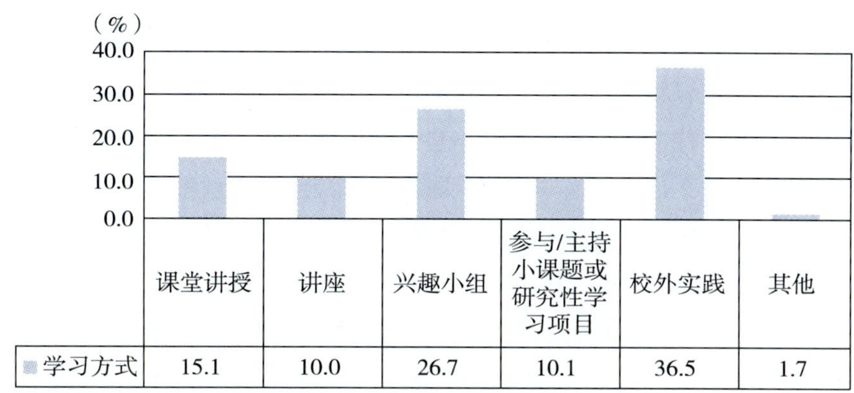

	课堂讲授	讲座	兴趣小组	参与/主持小课题或研究性学习项目	校外实践	其他
学习方式	15.1	10.0	26.7	10.1	36.5	1.7

图 2－50　学生最喜欢的选修课程学习方式

（二）师生在特色课程教与学过程中的注重点较为一致，既注重综合素质的培养和提升，又注重学习方法的掌握

关于特色课程教与学过程中的注重点问题，师生几乎以同等比例（生37.8%、师37.6%）把提升综合素质排在了注重点的第一位；其次是注重学习方法的掌握，有所不同的是，教师是以32.2%的高比例排在了注重点的第二位，远高于学习方法在学生心目中17.9%的分量；而平时最重视的学习成绩，师生一致排在了末位。可见，在对待特色选修课程与必修课程的态度上，师生还是有所区别的（见图2－51）。

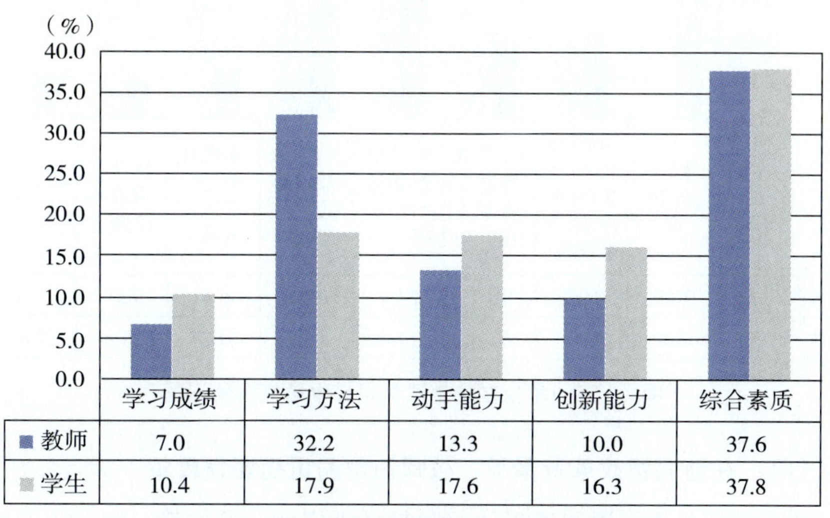

	学习成绩	学习方法	动手能力	创新能力	综合素质
教师	7.0	32.2	13.3	10.0	37.6
学生	10.4	17.9	17.6	16.3	37.8

图 2－51　师生在特色课程学习过程中的注重点

（三）学生认为特色课程学习中存在的突出问题是学校不重视

关于在特色课程学习中最突出的问题，学生认为排在第一位的，比例由高到低依次是：特色课程资源不够丰富；学生学习兴趣低、基础差；学校不重视；师资力量不足、大量非专业专职教师；特色课程教学质量不高；现代化教学手段运用不够；教学实验设备设施差以及其他原因，分别占比24.1%、21.1%、20.9%、10.9%、10.1%、6.4%、5.0%、1.6%。学生认为排在第二位的比例由高到低依次是：学生学习兴趣低、基础差；特色课程资源不够丰富；现代化教学手段运用不够；教学实验设备设施差；特色课程教学质量不高；师资力量不足、大量非专业专职教师；学校不重视以及其他原因，分别占比18.6%、17.0%、16.7%、15.8%、13.6%、10.3%、5.6%、2.4%。从每个选项排第一、第二位的比例合计来看，共有41.1%的学生选择了特色课程资源不够丰富，39.7%的学生选择了学生学习兴趣低、基础差。可见，关于在特色课程学习中最突出的问题是特色课程资源不够丰富以及学生学习兴趣低、基础差等方面（见图2－52）。

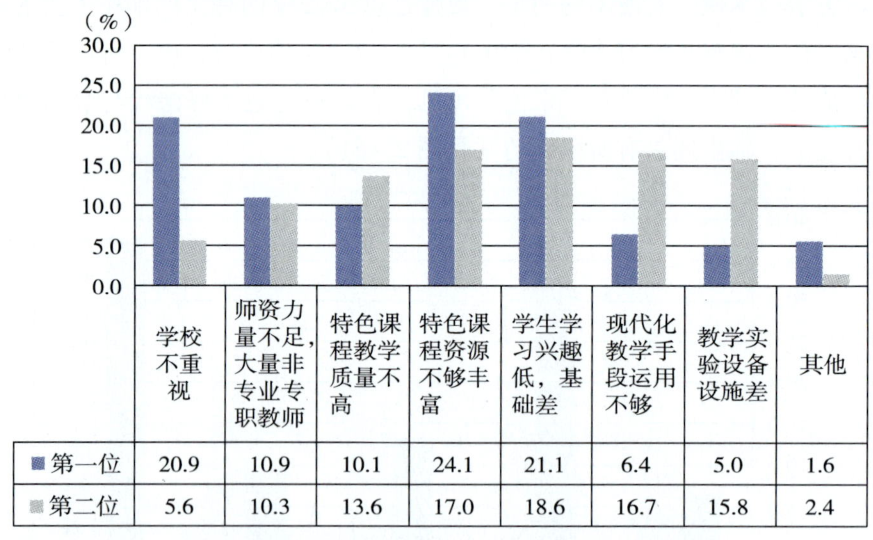

	学校不重视	师资力量不足，大量非专业专职教师	特色课程教学质量不高	特色课程资源不够丰富	学生学习兴趣低，基础差	现代化教学手段运用不够	教学实验设备设施差	其他
第一位	20.9	10.9	10.1	24.1	21.1	6.4	5.0	1.6
第二位	5.6	10.3	13.6	17.0	18.6	16.7	15.8	2.4

图2－52　学生在特色课程学习中最突出的问题

（四）在新课程改革背景下，教师们普遍重视课程改革

关于教师是否开展了课程体系和教学内容的改革问题，99.8%的教师

都持肯定态度，这说明在新课程改革背景下，教师们普遍重视课程改革，而且几乎百分之百开展了不同程度的课程体系和教学内容改革。

四、特色课程考试与评价

（一）关于特色课程的主要考试形式，37.1%的学生选择了笔试，34.0%的教师选择了成果展示

关于学校特色课程采取的主要考试形式，师生的回答既有一致的地方，也有截然不同的看法和主张。比如，学生把笔试排在了第一位，教师则把成果放在了第一位；而关于操作、口试等考试形式，师生的看法基本一致（见图 2－53）。

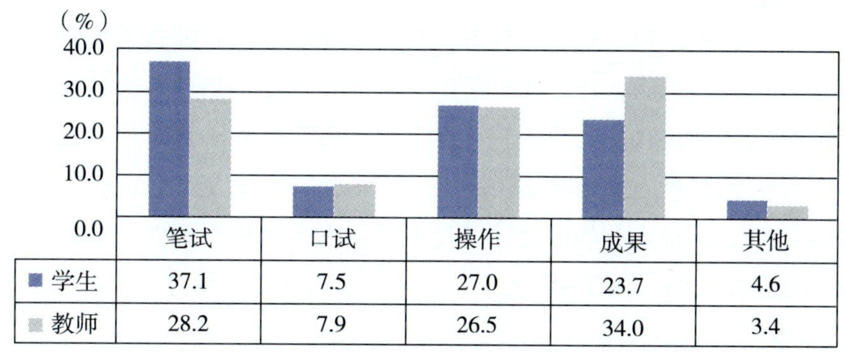

	笔试	口试	操作	成果	其他
学生	37.1	7.5	27.0	23.7	4.6
教师	28.2	7.9	26.5	34.0	3.4

图 2－53　关于学校特色选修课采取的主要考试形式

（二）超七成师生认为构建特色人才培养体系首先应加强特色课程设置和选择的灵活性

关于构建有利于教学质量提高、全体学生成长的特色人才培养体系应首先（第一位）加强的方面，学生选择比例由高到低依次是：特色课程设置和选择的灵活性；学生实践机会；课程内容的丰富性；课程选择的自主性；教学督导制度的建立；发展性评价制度的建立以及其他方面，分别占比：32.0%、25.8%、22.2%、12.0%、5.4%、2.0%、0.5%。关于这个问题应其次（第二位）加强的方面，学生选择的比例由高到低依次是：课程内容的丰富性、学生实践机会、课程选择的自主性、特色课程设置和选择的灵活性、发展性评价制度的建立、教学督导制度的建立以及其他方面，分别占

比：32.1%、21.3%、14.8%、13.8%、9.0%、8.3%、0.8%。面对同样的问题，教师认为应首先（第一位）加强的方面按比例由高到低依次是：特色课程设置和选择的灵活性；课程内容的丰富性；学生学习的自主性；学生实践机会；实践教学比重以及其他方面，分别占比：33.2%、25.3%、25.1%、8.5%、7.6%、0.3%。教师认为应其次（第二位）加强的方面按比例由高到低依次是：学生实践机会、课程体系内容的丰富性、学生学习的自主性、实践教学比重、特色课程设置和选择的灵活性以及其他方面，分别占比：23.7%、23.4%、22.0%、17.6%、12.1%、1.1%。

综合来看，即将每个选项排第一、第二位的比例合计，54.3%的学生选择了课程内容的丰富性，47.1%的学生选择了学生实践机会，45.8%的学生选择了特色课程设置和选择的灵活性；48.7%的教师选择了课程内容的丰富性，47.1%的教师选择了学生学习的自主性，45.3%的教师选择了特色课程设置和选择的灵活性。可见，关于构建有利于教学质量提高、全体学生成长的特色人才培养体系应进一步加强的主要是特色课程设置和选择的灵活性、课程内容的丰富性以及多给学生实践机会和学习的自主性等方面（见图2－54、图2－55）。

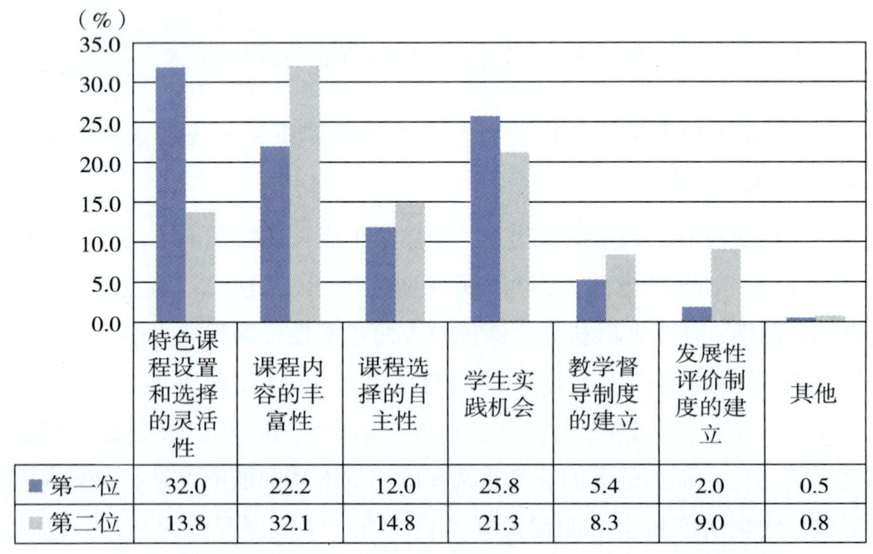

	特色课程设置和选择的灵活性	课程内容的丰富性	课程选择的自主性	学生实践机会	教学督导制度的建立	发展性评价制度的建立	其他
■第一位	32.0	22.2	12.0	25.8	5.4	2.0	0.5
■第二位	13.8	32.1	14.8	21.3	8.3	9.0	0.8

图2－54　学生关于构建特色人才培养体系应进一步加强的方面

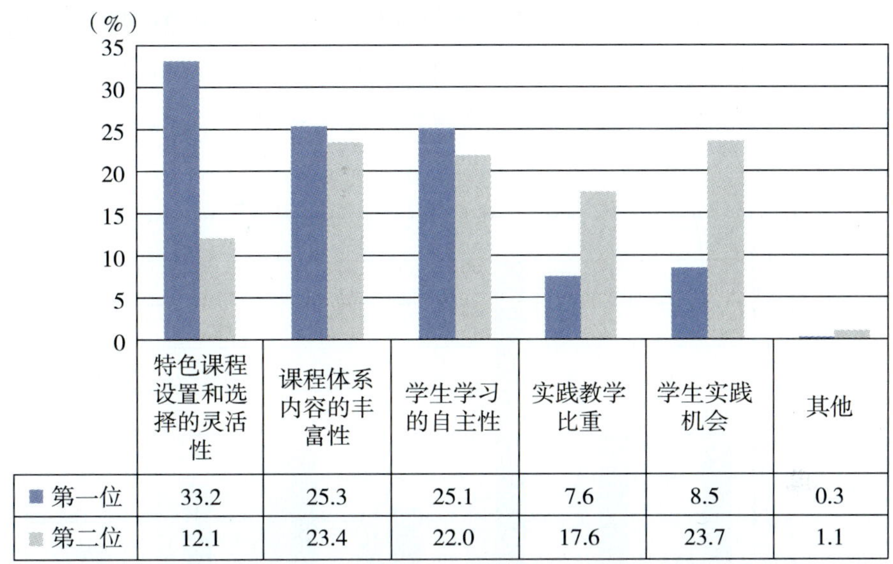

	特色课程设置和选择的灵活性	课程体系内容的丰富性	学生学习的自主性	实践教学比重	学生实践机会	其他
第一位	33.2	25.3	25.1	7.6	8.5	0.3
第二位	12.1	23.4	22.0	17.6	23.7	1.1

图 2－55　教师关于构建特色人才培养体系应进一步加强的方面

五、对特色课程与教学的认知满意度

（一）教师对特色课程开设的认知满意度

1. 教师认为特色课程或国家课程校本化过程中最突出的矛盾和问题是教师进修机会太少、学生基础差以及学生学习兴趣低

关于特色课程或国家课程校本化过程中最突出的矛盾和问题，教师认为首要（第一位）问题按比例由高到低依次是：教师进修机会太少占比34.9%、教师对教学不够重视占比17.8%、教师数量不够占比15.4%、学生学习兴趣低占比13.4%、学生基础差占比9.4%、多媒体等硬件设施差占比6.8%以及其他问题占比2.2%。教师认为其次（第二位）的问题按比例由高到低依次是：学生基础差占比22.1%、学生学习兴趣低占比20.4%、教师进修机会太少占比18.4%、多媒体等硬件设施差占比15.0%、教师数量不够占比14.8%、教师对教学不够重视占比6.1%以及其他问题占比3.1%。综合来看，即将每个选项排第一、第二位的比例合计，选择教师进修机会太少的占比53.3%，学生学习兴趣低的占比33.8%，学生基础差的占比31.5%，教师数量不够的占比30.2%，教师对

教学不够重视的占比 23.9%，多媒体等硬件设施差的占比 21.8%。可见，关于特色课程或国家课程校本化教学过程中最突出的矛盾和问题是教师进修机会太少、学生基础差以及学生学习兴趣低（见图 2－56）。

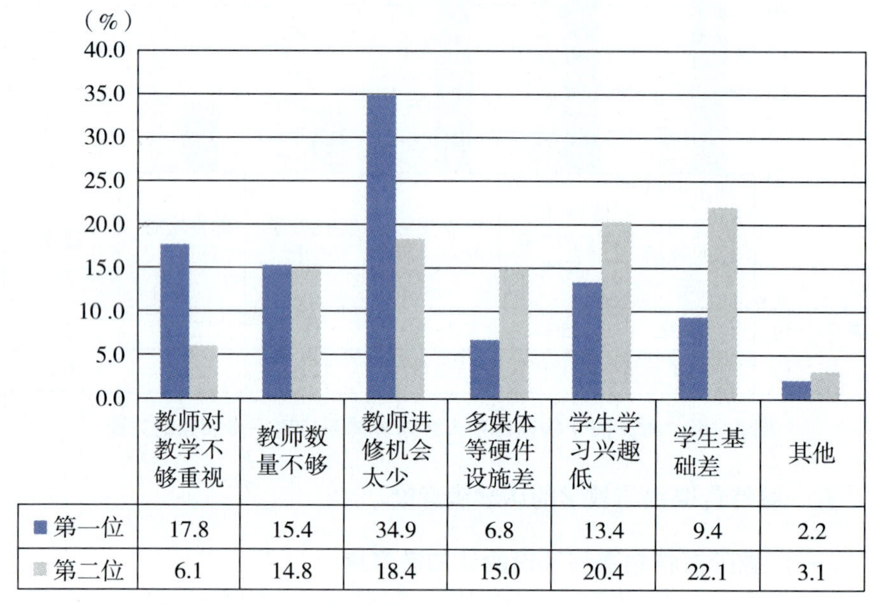

	教师对教学不够重视	教师数量不够	教师进修机会太少	多媒体等硬件设施差	学生学习兴趣低	学生基础差	其他
■第一位	17.8	15.4	34.9	6.8	13.4	9.4	2.2
■第二位	6.1	14.8	18.4	15.0	20.4	22.1	3.1

图 2－56　特色课程或国家课程校本化过程中的矛盾和问题

2. 教师认为学校各级各类课程体系建设存在的主要问题是特色课程建设薄弱、缺少科学的评价体系

关于学校各级各类课程体系建设存在的主要问题，教师认为首要（第一位）问题按比例由高到低依次是：特色课程建设薄弱占比 23.7%，缺少科学的专业建设评价体系占比 22.7%，特色方向定位不当占比 21.1%，结构布局不合理占比 15.2%，师资队伍结构不合理占比 10.6%，学分管理系统或体系不当占比 4.8%，学校组织不当占比 1.7% 以及其他原因占比 0.3%。教师认为其次（第二位）的问题按比例由高到低依次是：缺少科学的专业建设评价体系占比 32.1%，结构布局不合理占比 15.3%，特色课程建设薄弱占比 14.5%，师资队伍结构不合理占比 14.1%，学分管理系统或体系不当占比 12.6%，学校组织不当占比

7.1%，特色方向定位不当占比3.1%以及其他原因1.1%。综合来看，即将每个选项排第一、第二位的比例合计，选择缺少科学的专业建设评价体系的占比54.8%，特色课程建设薄弱的占比38.2%，师资队伍结构不合理的占比24.7%，特色方向定位不当的占比24.2%，学分管理系统或体系不当的占比17.4%，等等。可见，关于学校各级各类课程体系建设存在的主要问题是特色课程建设薄弱、缺少科学的评价体系等（见图2－57）。

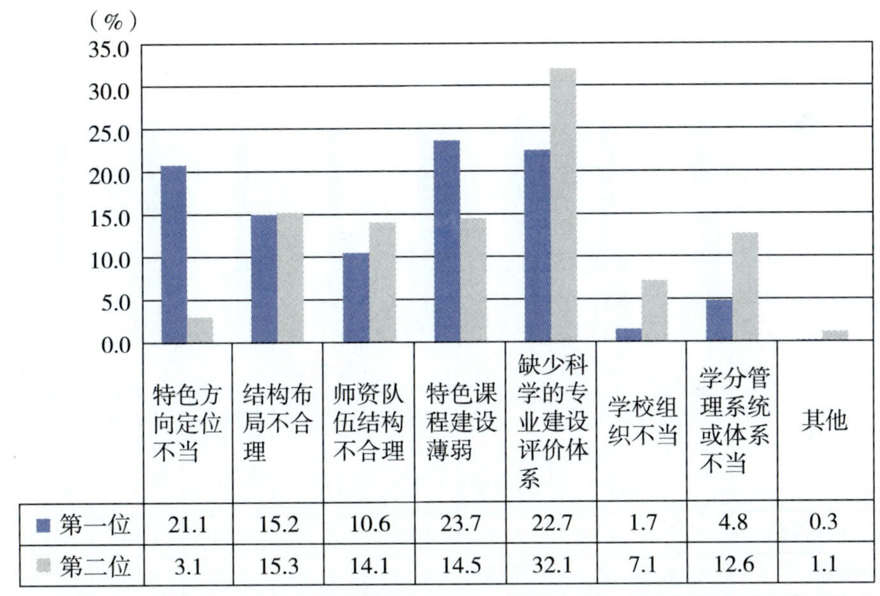

	特色方向定位不当	结构布局不合理	师资队伍结构不合理	特色课程建设薄弱	缺少科学的专业建设评价体系	学校组织不当	学分管理系统或体系不当	其他
■ 第一位	21.1	15.2	10.6	23.7	22.7	1.7	4.8	0.3
■ 第二位	3.1	15.3	14.1	14.5	32.1	7.1	12.6	1.1

图2－57　学校各级各类课程体系建设存在的主要问题

3. 教师对学校课程设置（教学计划与选课系统安排）的合理性和科学性评价比较高

针对国家课程及其校本化、地方课程与校本课程搭配设计合理这一观点，持同意和完全同意态度的教师比例高达87.6%；针对各类课程设置体现了与高校专业的对接这一观点，持同意和完全同意态度的教师比例为71.1%；针对本校特色方向课程反映了区域社会经济发展需求这一观点，74.3%的教师持赞同观点；针对特色方向课程反映了家长的诉求这一观点，70.9%的教师认可这一判断；针对特色课程反映了学生个性化需求这一观点，超过81.0%的教师持同意或完全同意的态度；针对各类特色课程前后衔接有逻辑这一观点，超过77.9%的教师持同意或完全同意的态度；针对学校各类课程的课时安排很合理这一观点，70.8%的教师持同意或完全同意的态度；针对学校的特色课程方案非常合理这一观点，78.1%的教师持同意或完全同意的态度。可见，教师对学校课程设置（教学计划与选课系统安排）的合理性和科学性评价比较高（见图2－58）。

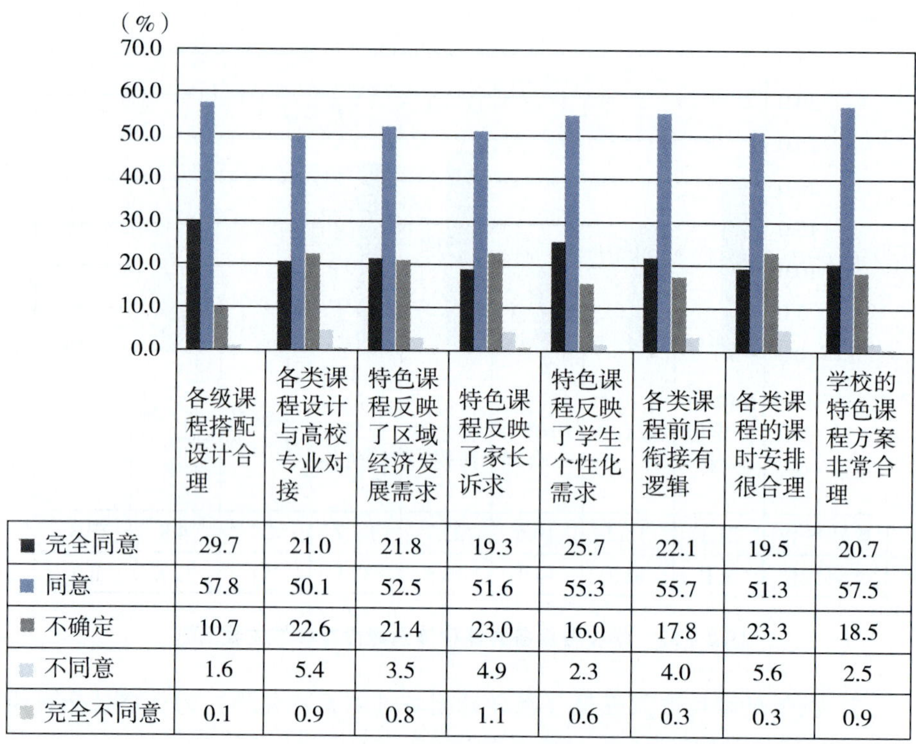

	各级课程搭配设计合理	各类课程设计与高校专业对接	特色课程反映了区域经济发展需求	特色课程反映了家长诉求	特色课程反映了学生个性化需求	各类课程前后衔接有逻辑	各类课程的课时安排很合理	学校的特色课程方案非常合理
完全同意	29.7	21.0	21.8	19.3	25.7	22.1	19.5	20.7
同意	57.8	50.1	52.5	51.6	55.3	55.7	51.3	57.5
不确定	10.7	22.6	21.4	23.0	16.0	17.8	23.3	18.5
不同意	1.6	5.4	3.5	4.9	2.3	4.0	5.6	2.5
完全不同意	0.1	0.9	0.8	1.1	0.6	0.3	0.3	0.9

图2－58　学校课程设置的合理性和科学性问题

4. 近七成教师对自己的教学法满意或很满意

在对自己所教课程教学方法的满意度问题上，只有15.5%的教师表示很满意，51.3%的教师表示满意，也就是说，只有近七成教师对自己的教学法持肯定态度（见图2－59）。

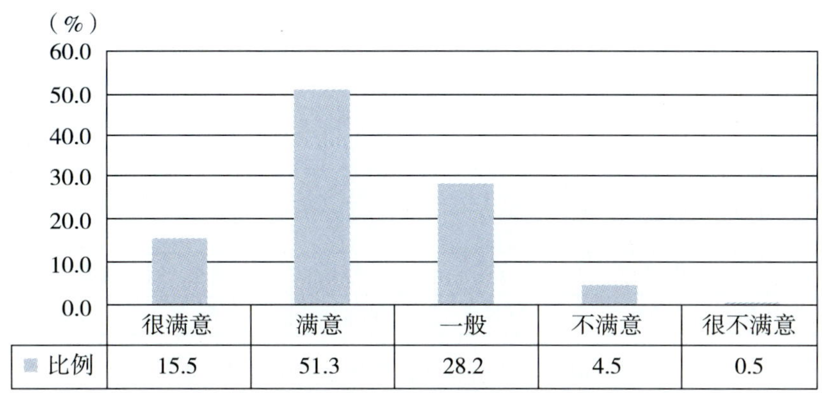

图 2-59　教师对自己教学方法的满意度

（二）学生对特色校本教材及其教学方法的认知与满意度

1. 两成学生认为校本教材非常适合自己的发展

调查发现，在有关校本教材是否适合自己发展程度的问题上，认为非常适合自己的学生只占 20.0%，72.3% 的学生认为校本教材只是一般适合自己的发展程度（见图 2-60）。

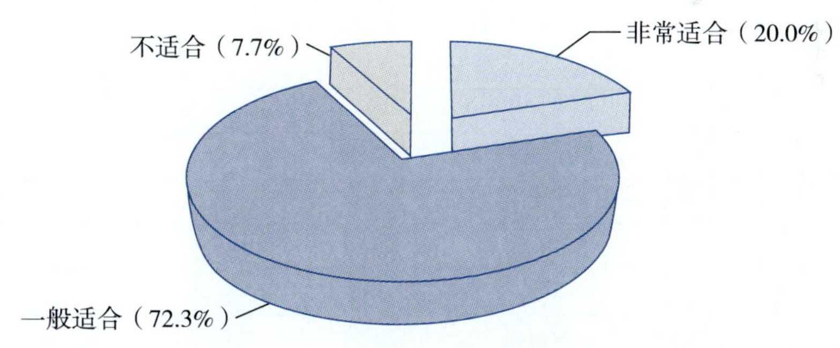

图 2-60　学生对校本教材的满意度

2. 五成多学生认为特色课程教师的教学方法满意或者很满意

关于对特色课程任课教师的教学方法是否满意的问题，只有 56.3% 的学生表示很满意或满意，也就是说，超四成学生对特色课程教师的教学方法不满意，或者很不满意，或者只是一般满意（见图 2-61）。

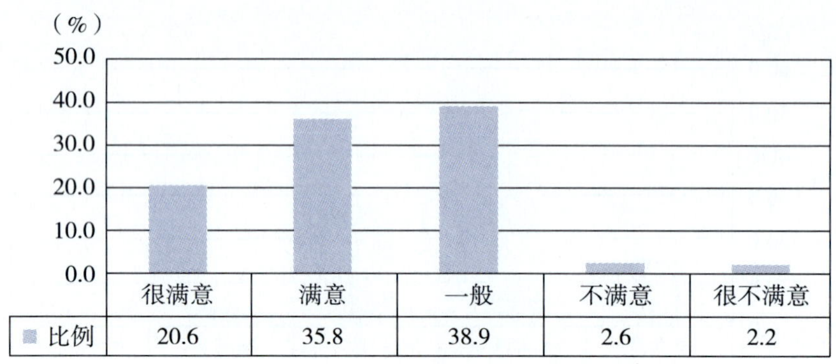

	很满意	满意	一般	不满意	很不满意
比例	20.6	35.8	38.9	2.6	2.2

图 2-61　学生对特色课程教学方法的满意度

(三) 家长对特色课程或活动开设的认知

1. 家长最希望学校为孩子设置的特色课程或活动依次为外语、艺术和科技

关于最希望学校为孩子设置哪类特色课程或活动的问题，选择外语、艺术和科技的人数比例较多，分别是29.1%、27.2%和24.8%。选择体育类比例有17.0%（见图2-62）。

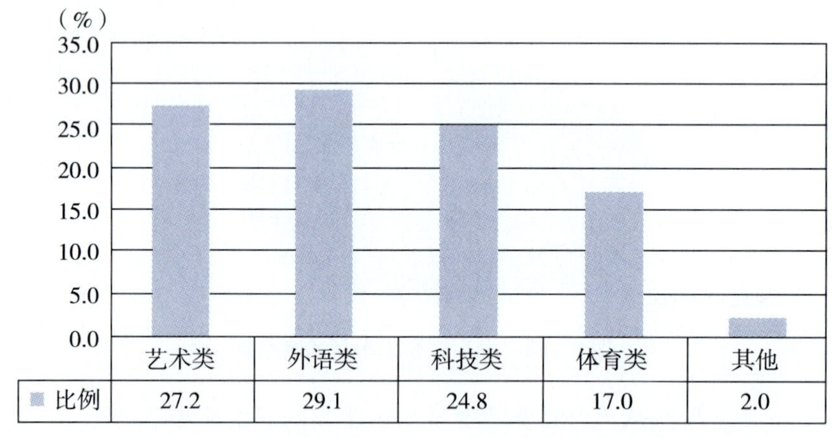

	艺术类	外语类	科技类	体育类	其他
比例	27.2	29.1	24.8	17.0	2.0

图 2-62　家长最希望学校为孩子设置的特色课程或活动类型

关于孩子最希望参与学校组织的活动类型的问题，依据对孩子的了解，高达67.2%的家长认为社团及社会实践是孩子最希望参与的活动类型，而一向被家长看重的学科竞赛却只有17.9%的支持率，另有12.8%的

家长把体育比赛作为孩子最喜欢参与的活动类型（见图 2－63）。

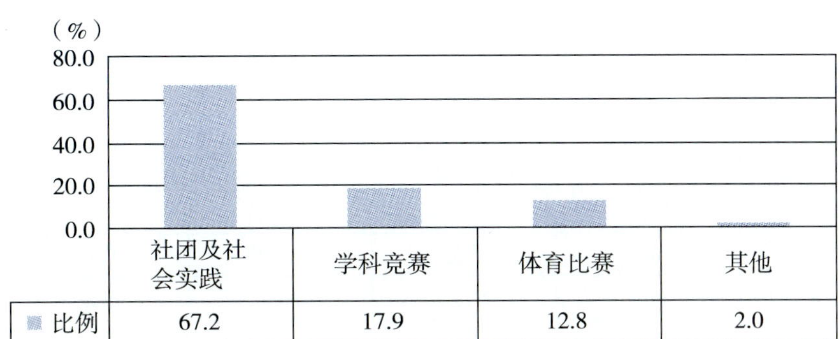

	社团及社会实践	学科竞赛	体育比赛	其他
比例	67.2	17.9	12.8	2.0

图 2－63　家长认为孩子最希望参与学校组织的活动类型

2. 多数家长认为应该通过各类选修课、兴趣小组或课外实践活动来提高孩子的综合素质

关于孩子在紧张备战高考之余是否还应该通过各类选修课、兴趣小组或课外实践活动来提高综合素质或发展某种特长的问题，尽管实际上家长们都是一心盯着高考，重视孩子的应试能力培养，但高达 68. 3% 的家长主观上还是认为应该通过各类选修课 、兴趣小组或课外实践活动来提高孩子的综合素质或发展某种特长，只有 16. 4% 的家长持明确反对意见（见图 2－64）。

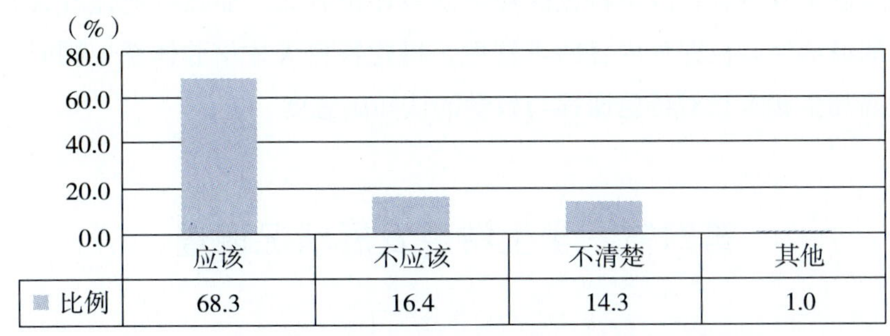

	应该	不应该	不清楚	其他
比例	68.3	16.4	14.3	1.0

图 2－64　家长对于在备战高考之余应否通过各类选修课、兴趣小组培养孩子综合素质的看法

关于学校组织的各项选修课、兴趣小组以及课外实践活动是否会导致孩子的考试成绩下滑的问题，67. 4% 的家长认为不会影响孩子的考试成绩，只有 11. 4% 的家长认为会影响考试成绩。也就是说，家长还是认可学

校开展的各项选修课、兴趣小组以及课外实践活动（见图2－65）。

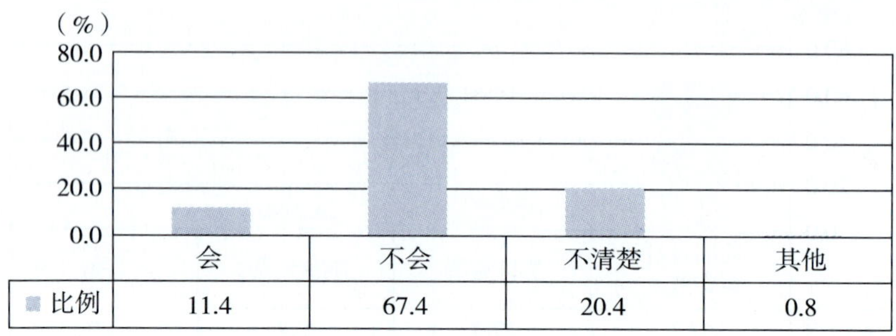

	会	不会	不清楚	其他
比例	11.4	67.4	20.4	0.8

图2－65　家长对于选修课、兴趣小组以及课外实践活动会否导致孩子考试成绩下滑的看法

综上所述，本部分依据教师、学生和家长问卷调查所得数据，从特色课程设置与选修状况、特色课程校本教材使用情况、特色课程教与学情况、特色课程考试与评价以及对特色课程与教学的认知满意度五个方面进行分析，提出以下建议：要进一步完善学校的选课系统与选课指导制度，鼓励师生积极参与到特色课程的设置与选修中来；积极开发和利用特色课程资源，通过各类选修课、兴趣小组或课外实践活动来提高孩子的综合素质或发展某种特长；改革特色课程考试与评价方式，加强特色课程设置和选择的灵活性以及课程内容的丰富性，构建特色人才培养体系；同时，努力提高师生和家长对特色课程与教学的认知满意度。

第四节　学生特色发展状况调查

普通高中特色发展的根本在于促进学生全面发展。为全面了解学生对普通高中特色发展的认知情况，课题组在重庆、黑龙江、江苏、吉林、浙江、四川、湖北、上海等省市选择了15所学校开展调查，发放学生问卷2787份，回收有效问卷2631份，有效率94%。其中男生占46.1%、女生占53.9%，高一学生占15.5%、高二学生占68.9%、高三学生占15.6%。本节重点对普通高中特色发展中学生对特色发展相关问题的认知状况进行分析。

一、学生对特色学校特色规划与管理的认知

（一）三成多学生对学校特色创建工作非常满意

在针对学校推进的特色学校建设工作满意度调查中，选择非常满意的学生占32.9%，认为一般的占60.6%，不满意的占6.5%（见图2－66）。

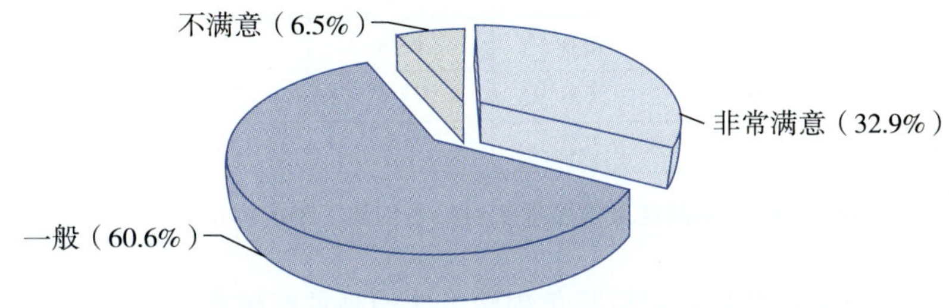

图2－66　学生对学校特色创建工作的满意度

就性别而言，男、女学生对学校特色创建工作的满意度没有差别。

而就年级而言，不同年级学生对学校特色创建工作的满意度不同，其中高一学生非常满意的占46.8%，一般的占50.7%，不满意的占2.5%；高二学生非常满意的占28.1%，一般的占64%，不满意的占7.9%；高三学生非常满意的占40.8%，一般的占55%，不满意的占6.5%。

（二）学校层次越好学校特色创建工作满意度认可越高

学生对学校在本地区普通高中范围所处程度的高低决定了学校特色创建工作满意度的高下。认为学校在本地区是最好高中的学生，对学校特色创建工作非常满意的达到68.5%，一般的占30.3%，不满意的占1.2%；认为学校是比较好的高中的学生，对学校特色创建工作非常满意的占40.0%，一般的占56.6%，不满意的占3.4%；认为学校一般的学生，对学校特色创建工作非常满意的占17.8%，一般的占74.3%，不满意的占7.9%；认为学校比较差的学生，对学校特色创建工作非常满意的占7.3%，一般的占72.6%，不满意的占20.1%；认为学校最差的学生，对特色创建工作非常满意的仅占5.1%，一般的占69.5%，不满意的占

25.4%（见图2-67）。

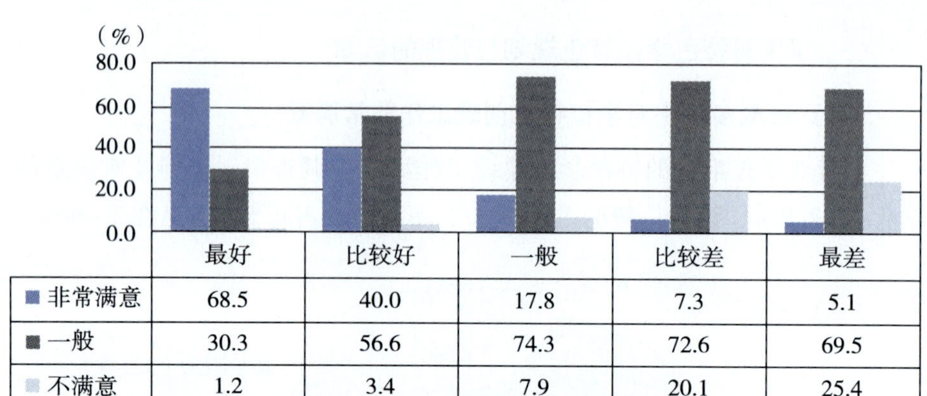

	最好	比较好	一般	比较差	最差
非常满意	68.5	40.0	17.8	7.3	5.1
一般	30.3	56.6	74.3	72.6	69.5
不满意	1.2	3.4	7.9	20.1	25.4

图2-67　不同层次学校学生对特色创建工作的满意度状况

（三）有特长学生对学校特色创建工作的满意度更高

有特长的学生认为学校特色创建工作非常满意的占39.2%，一般的占56.3%，不满意的占4.5%；没有特长的学生认为学校特色创建工作非常满意的占29.9%，一般的占62.3%，不满意的占7.7%。其中有特长学生中非常满意的比没有特长非常满意的高出10个百分点（见图2-68）。

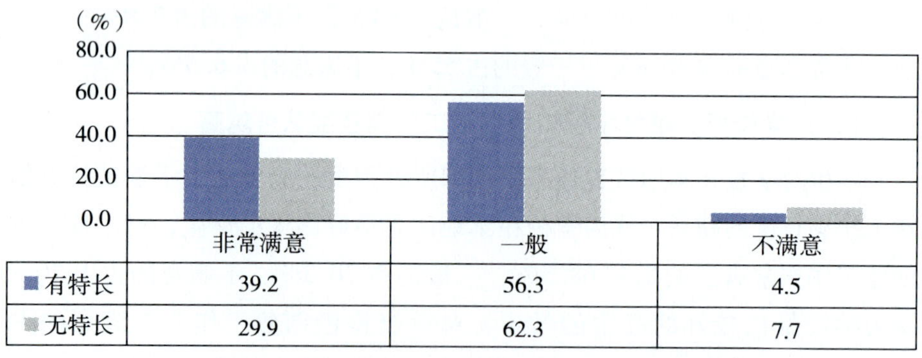

	非常满意	一般	不满意
有特长	39.2	56.3	4.5
无特长	29.9	62.3	7.7

图2-68　不同群体学生对学校特色创建工作的满意度

（四）学校特色发展模式对学生产生较好影响

学生认为学校特色发展模式促进学生全面参与的比例为20.2%，在所构建的特色领域，全校学生基本上人人都会的比例为21.3%，量身定做，大多数学生都获得个性发展的比例为36.4%，影响较差，学生收获较少的比例为20.4%，对学生产生负面影响的比例仅占1.7%（见图2－69）。

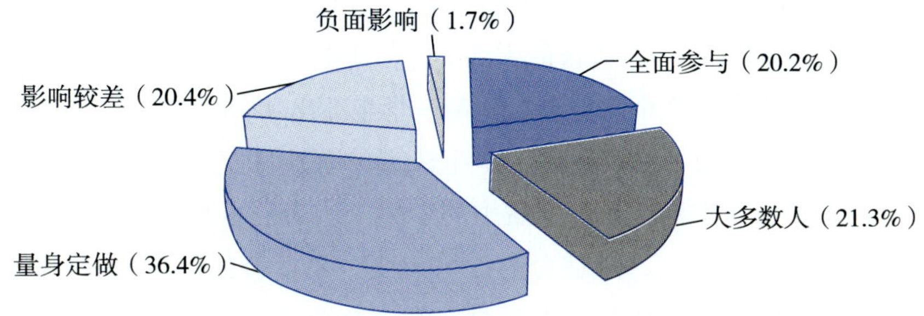

图2－69　学生对学校特色发展对学生的影响的看法

上述分析表明，从总体上看，学生中无论分性别、分年级、分特长，还是不同学校，对学校特色规划与管理的满意度较高，也非常认可学校的特色规划，并认为学校的特色规划产生了较好的效果。

二、学生对特色课程教学的认知

（一）仅有20%的学生认为校本教材非常适合自己发展

学生认为校本教材非常适合自己发展的比例仅占19.4%，认为一般合适的占72.6%，认为不合适的占8.0%（见图2－70）。

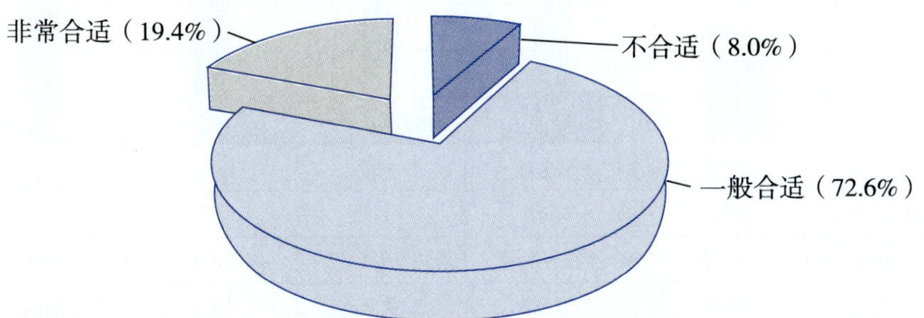

图2－70　学生对校本教材适合学生发展程度的看法

就性别而言，男、女学生对校本教材的认可度差异并不明显。

就年级而言，学生年级越低，认为校本教材非常适合自己发展的比例越高。高一学生中，认为校本教材非常适合自己发展的比例占26.1%，一般适合的占69.6%，不适合的占4.3%；高二学生中，认为校本教材非常适合自己发展的比例占18.9%，一般适合的占71.8%，不适合的占9.3%；高三学生中，认为校本教材非常适合自己发展的比例占14.4%，一般适合的占80.3%，不适合的占5.2%。其中，认为非常合适的，高一学生比高二学生高出7个百分点，比高三学生高出12个百分点。

就学校层次而言，学校越好，学生认为校本教材非常适合自己发展的比例越高。学校在本地区是最好高中的学生，认为校本教材非常适合自己发展的比例为46.5%，一般适合的占52.2%，不适合的占1.3%；学校是比较好的高中的学生，认为校本教材非常适合自己发展的比例为22.9%，一般适合的占71.2%，不适合的占5.9%；学校一般的学生，认为校本教材非常适合自己发展的比例为11.1%，一般适合的占79.4%，不适合的占9.5%；学校比较差的学生，认为校本教材非常适合自己发展的比例为7.5%，一般适合的占78.1%，不适合的占14.4%；学校最差的学生，认为校本教材非常适合自己发展的比例为3.6%，一般适合的占75.0%，不适合的占21.4%（见图2-71）。

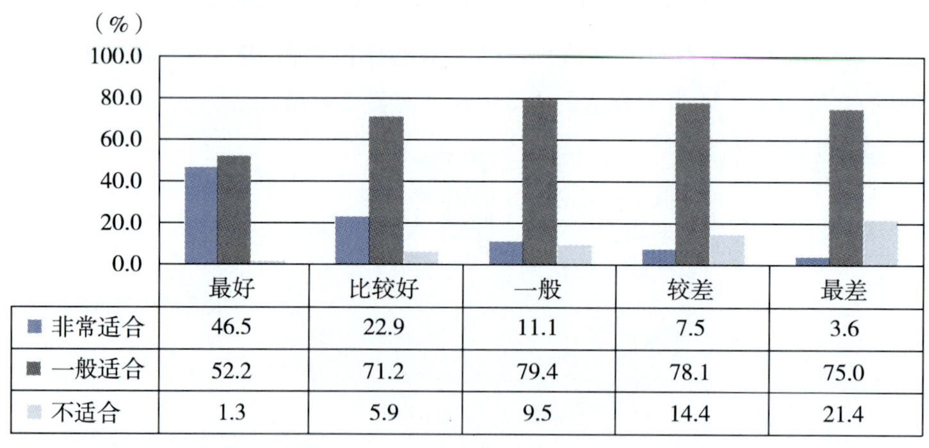

	最好	比较好	一般	较差	最差
非常适合	46.5	22.9	11.1	7.5	3.6
一般适合	52.2	71.2	79.4	78.1	75.0
不适合	1.3	5.9	9.5	14.4	21.4

图2-71　不同层次学校学生对校本教材适合学生发展程度的看法比较

可见，学生对特色课程教学并不十分满意，无论分性别、分年级、分特长评价较高的比例基本在20%左右。但就学校层次而言，存在较大的不同，学校层次越好，学生对特色课程教学的满意度越高，已接近50%。

（二）36.8%的学生认为学校课程资源能满足需求

学生认为学校现有课程资源能够满足学生发展需要的比例为36.8%，认为一般的占51.3%，认为不能满足的占12%。

就性别而言，男、女学生认为学校现有课程资源在能满足需求上并没有明显差别。

就年级而言，高一学生认为学校现有课程资源能满足需求的比例最高达47.4%，其次是高三学生，比例为44.6%，高二学生最低，为32.6%，其中高一学生比高二学生高出15个百分点；认为一般满足的，高二学生最高为53.1%，其次是高三学生48.9%，高一学生为45.4%；认为不能满足的，高一学生占7.2%，高二学生占14.3%，高三学生占6.5%。

就学校层次而言，学校越好，学生认为课程资源满足比例越高。学校是本地区最好的学生认为课程资源能满足需求的比例为77.8%，一般的占19.2%，不能满足的占3.0%；学校是本地区比较好的学生认为课程资源能满足需求的比例为41.7%，一般的占51.1%，不能满足的占7.2%；学校是本地区一般的学生认为课程资源能满足需求的占20.2%，一般的占64.0%，不能满足的占15.7%；学校是本地区比较差的学生认为学校课程资源能满足需求的占15.9%，一般的占61.0%，不能满足的占23.2%；学校是最差的学生认为学校课程资源能满足需求的占1.7%，一般的占53.4%，不能满足的占44.8%（见图2－72）。

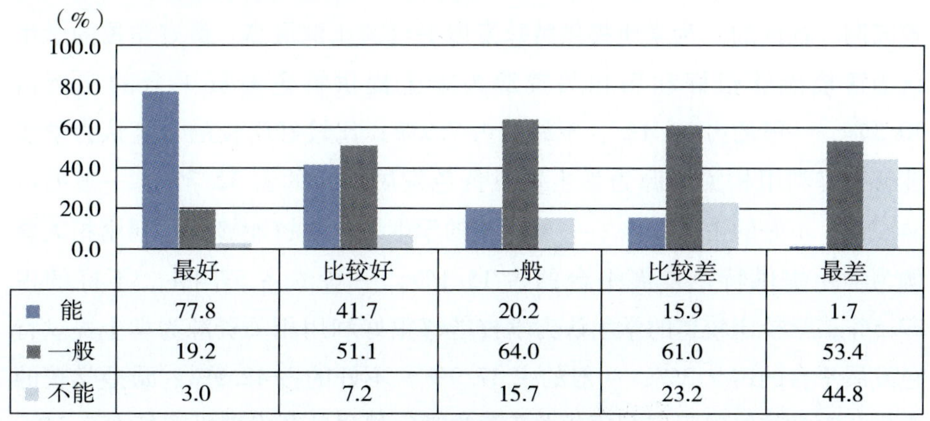

	最好	比较好	一般	比较差	最差
能	77.8	41.7	20.2	15.9	1.7
一般	19.2	51.1	64.0	61.0	53.4
不能	3.0	7.2	15.7	23.2	44.8

图2－72　不同层次学校学生对课程资源满足学生需求状况的看法比较

(三) 30%的学生认为学校能很好利用相关资源为学生提供特色服务

学生认为学校能很好利用相关资源（图书馆、校园网、社区等）为学生提供特殊发展平台的占 30.2%，一般的占 48.5%，不好的占 21.3%（见图 2－73）。

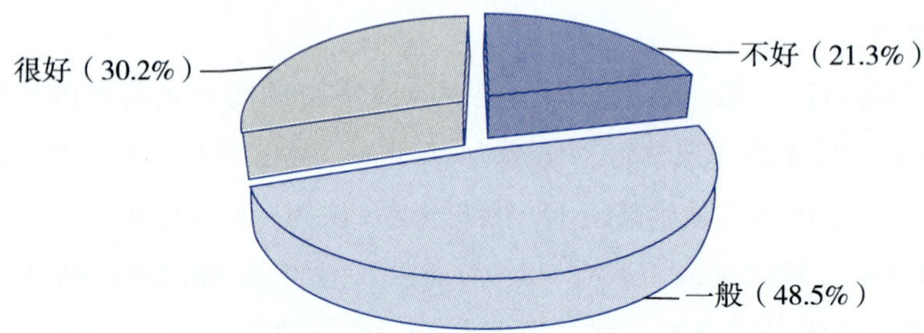

图 2－73　学生对学校利用相关资源为学生提供特色服务状况的看法

就性别而言，男女学生认为学校能够很好利用相关资源（图书馆、校园网、社区的）为学生提供特殊发展平台的没有明显差异。

就年级而言，高一学生认为学校能够很好利用相关资源（图书馆、校园网、社区的）为学生提供特殊发展平台的比例最高，达 37.2%，其次是高三学生，达 35%，高二学生为 27.6%，高一和高二学生相差近 10 个百分点；认为一般的高一学生占 49.9%，高二学生占 47.4%，高三学生占 50.4%；认为不好的高一学生占 12.9%，高二学生占 24.7%，高三学生占 14.6%。

就学校层次而言，学校越好，学校能够很好利用相关资源（图书馆、校园网、社区的）为学生提供特殊发展平台的比例最高。最好学校的学生认为学校能够很好利用相关资源为学生提供特色发展平台的比例占 70.3%，一般的占 22.4%，不好的占 7.2%；比较好学校的学生认为学校能够很好利用相关资源为学生提供特色发展平台的占 32.7%，一般的占 54.2%，不好的占 13.1%；一般学校的学生认为学校能够很好利用相关资源为学生提供特色发展平台的占 15.1%，一般的占 57.4%，不好的占 27.5%；学校比较差的学生认为学校能够很好利用相关资源为学生提供特色发展平台的占 9.2%，一般的占 47.9%，不好的占 42.9%；最差学校的学生认为学校能够很好利用相关资源为学生提供特色发展平台的占 5.2%，一般的占 27. 6%，不好的占 67. 2%。最好和最差学校间，认为学校很好利用相关资源为学生提供服务相差近 65 个百分点（见图 2 – 74）。

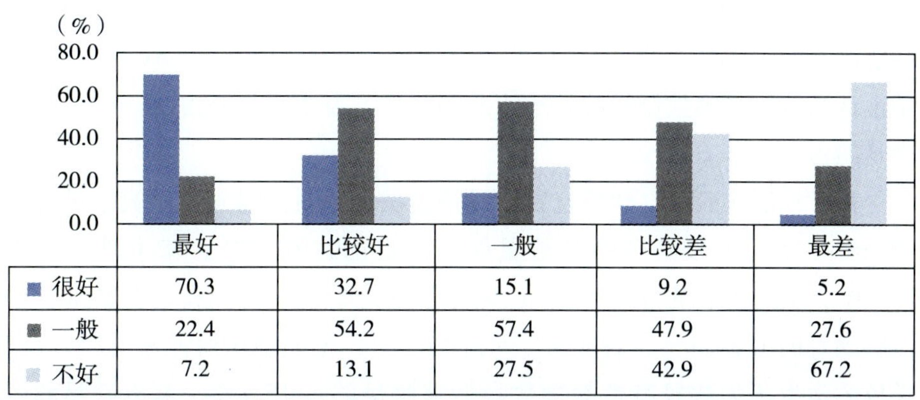

	最好	比较好	一般	比较差	最差
很好	70.3	32.7	15.1	9.2	5.2
一般	22.4	54.2	57.4	47.9	27.6
不好	7.2	13.1	27.5	42.9	67.2

图 2 – 74　不同层次学校学生对学校利用相关资源为学生提供特色服务状况的看法比较

上述分析表明，从总体上看，学生对学校特色课程教学认可度并不高，其中在性别上没有差异，但不同年级、不同学校中学生的认可度并不一致。年级越低，学生对学校特色课程教学认可度越高，学校层次越好，学生对学校特色课程教学认可度越高。

三、学生对特色师资队伍的满意度

（一）学生对特色教师数量满意度较高

学生认为学校特色教师数量能满足特色教学的占 30. 8%，基本满足的占 54. 9%，两者合计达到 85. 7%，不能满足的仅占 14. 3%（见图 2 – 75）。

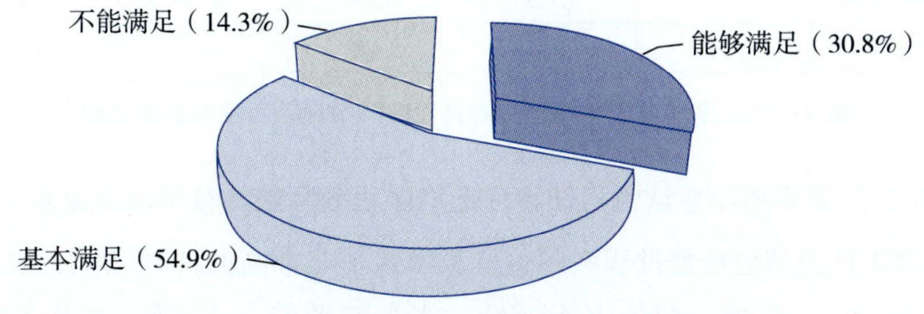

图 2 – 75　学生对特色教师数量能否满足特色教学的看法

就性别而言，男、女学生对特色教师数量认可度没有差异。

就年级而言，高一学生认为特色教师数量能够满足的比例为40.3%，基本满足的占51.9%，不能满足的占7.8%；高二学生认为特色教师数量能够满足的占27%，基本满足的占56.6%，不能满足的占16.4%；高三学生认为特色教师数量能够满足的占37.8%，基本满足的占50.4%，不能满足的占11.9%。

就学校层次而言，学校越好，对特色教师数量的满意度越高。最好学校的学生认为学校特色教师数量能够满足的占67.3%，基本满足的占27.3%，不能满足的占5.4%；比较好学校的学生认为学校特色教师数量能够满足的占34.1%，基本满足的占57.3%，不能满足的占8.7%；一般学校的学生认为学校特色教师数量能够满足的占15.8%，基本满足的占65.4%，不能满足的占18.8%；比较差学校的学生认为学校特色教师数量能够满足的占12.3%，基本满足的占63.0%，不能满足的占24.7%；最差学校的学生认为特色学校教师数量能够满足的占12.5%，基本满足的占39.3%，不能满足占48.2%（见图2-76）。

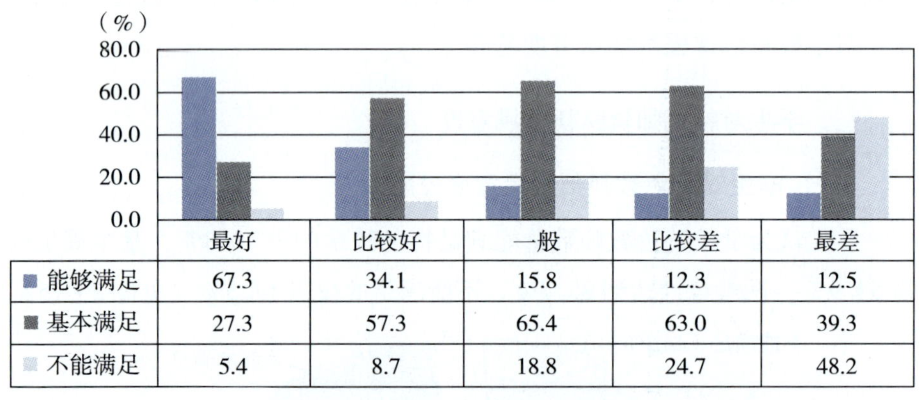

	最好	比较好	一般	比较差	最差
能够满足	67.3	34.1	15.8	12.3	12.5
基本满足	27.3	57.3	65.4	63.0	39.3
不能满足	5.4	8.7	18.8	24.7	48.2

图2-76　不同层次学校学生对特色教师数量认可度的看法比较

（二）近半数学生认为担任特色选修课程教师整体教学水平较高

学生认为特色选修课程教师整体教学水平非常高的占16.2%，水平高的占31.0%，水平一般的占47.8%，水平较低的占3.4%，水平差的占1.5%（见图2-77）。

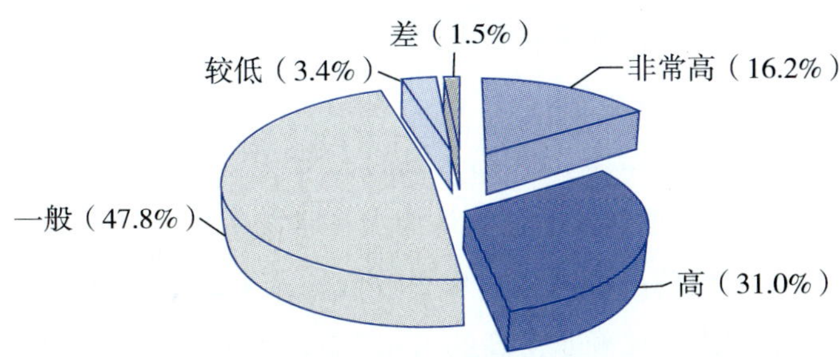

图 2－77　学生对特色选修课程教师整体水平的看法

就性别而言，男、女学生对特色选修课程教师整体水平认可情况没有差异。

就学生年级而言，高一学生认为特色选修课程教师整体教学水平非常高的占22.6%，水平高的占38.9%，水平一般的占35.9%，水平较低的占2.5%，水平差的占0.01%；高二学生认为水平非常高的占12.9%，水平高的占28.5%，水平一般的占52.3%，水平低的占4.2%，水平差的占2.1%；高三学生认为水平非常高的占24%，水平高的占34.2%，水平一般的占40.1%，水平较低的占1.2%，水平差的占0.5%。其中认为水平非常高的，高二学生和高三学生相差超过11个百分点（见图2－78）。

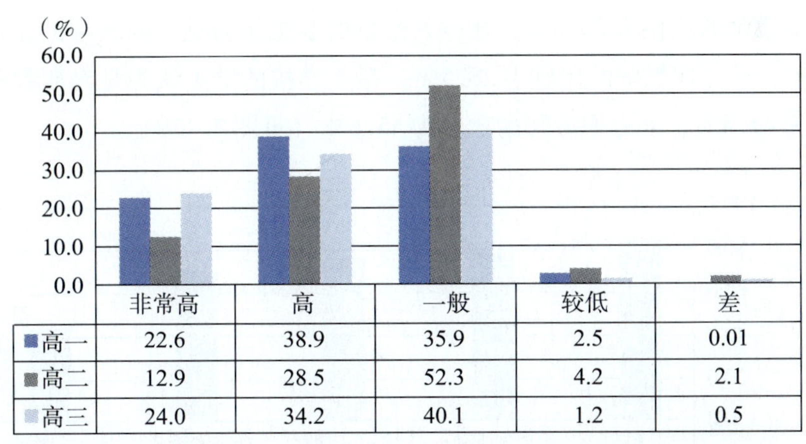

	非常高	高	一般	较低	差
高一	22.6	38.9	35.9	2.5	0.01
高二	12.9	28.5	52.3	4.2	2.1
高三	24.0	34.2	40.1	1.2	0.5

图 2－78　不同年级学生对特色选修课程教师整体水平的看法比较

就学校层次而言，最好学校的学生认为特色选修课程教师整体教学水平非常高的比例为46.1%，水平高的占36%，水平一般的占16.9%，水平较低的占0.8%，水平差的占0.2%；比较好学校的学生认为水平非常高的比例为15.1%，水平高的占43.2%，水平一般的占16.9%，水平较低的占1.9%，水平差的占0.7%；一般学校的学生认为水平非常高的比例是6%，水平高的占23.8%，水平一般的占64.2%，水平较低的占4.2%，水平差的占1.8%；比较差学校的学生认为水平非常高的占4.3%，水平高的占16.5%，水平一般的占64.6%，水平较低的占10.4%，水平差的占4.3%；最差学校的学生认为水平非常高的比例为0.01%，水平高的占25%，水平一般的占55.4%，水平较低的占0.8%，水平差的占0.2%。不同学校间差距较大。

（三）近80%的学生认为学校特色教师是专职教师

学生认为学校特色教师是专职教师的比例为77.7%，不是专职教师的比例是22.3%。

就学校层次而言，学校越好，学生认为学校特色教师是专职教师的比例越高。最好学校的学生认为是专职教师的比例84.8%，非专职教师的比例占15.2%；比较好学校的学生认为是专职教师的比例为78.6%，非专职教师的比例为21.4%；一般学校的学生认为是专职教师的比例为76.4%，非专职教师的比例为23.6%；比较差学校的学生认为是专职教师的比例为71.5%，非专职教师的比例为28.5%；最差学校的学生认为是专职教师的比例为44.4%，非专职教师的比例为55.6%（见图2－79）。

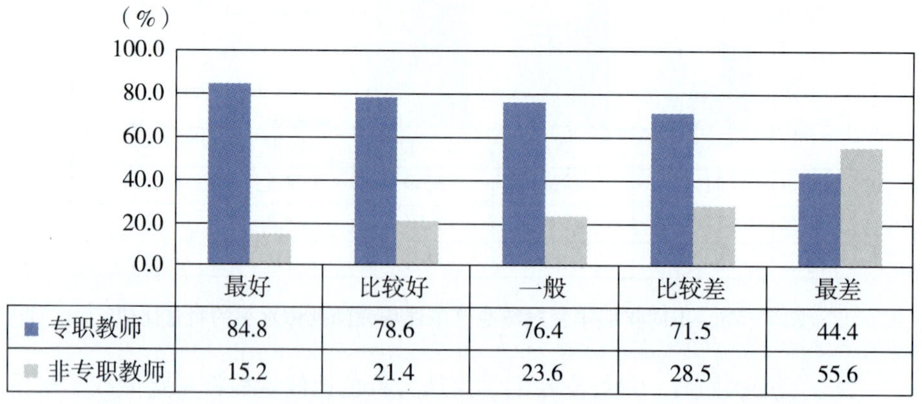

	最好	比较好	一般	比较差	最差
专职教师	84.8	78.6	76.4	71.5	44.4
非专职教师	15.2	21.4	23.6	28.5	55.6

图2－79　不同层次学校学生对学校特色教师是否专职教师的看法比较

（四）近 30%的学生认为本校教师对学校特色发展产生非常大的影响

学生认为本校教师对学校特色产生非常大影响的比例为 29.5%，认为一般的比例为 58%，较低影响的占 8.7%，影响差的占 2.1%，产生负面影响的占 1.7%（见图 2－80）。

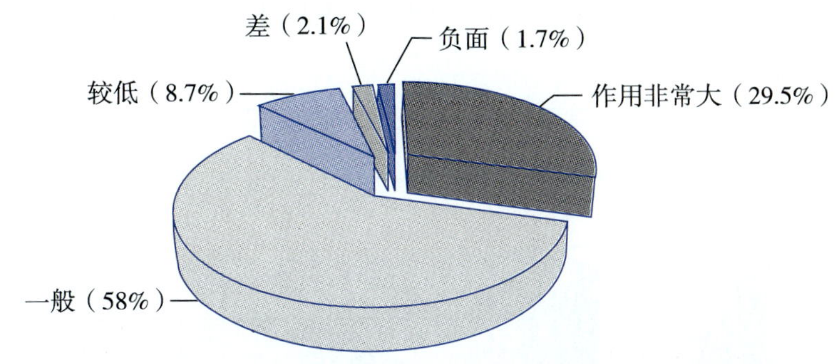

图 2－80　学生对教师在学校特色发展中的作用的看法

就性别而言，男、女学生认为教师对学校特色发展的影响程度没有差异。

就年级而言，高一学生认为教师对学校特色发展影响非常大的比例是 41.6%，影响一般的占 52.4%，影响较低的占 4.8%，影响差的占 0.8%，产生负面影响的占 0.5%；高二学生认为影响非常大的比例是 24.2%，影响一般的占 60.6%，影响较低的占 10.3%，影响差的占 2.6%，产生负面影响的占 2.3%；高三学生认为影响非常大的比例是 40.5%，影响一般的占 52.5%，影响较低的占 5.8%，影响差的占 1%，产生负面影响的占 0.3%。

就学校层次而言，最好学校的学生认为教师对学校特色发展影响非常大的比例是 59.6%，影响一般的占 36.3%，影响较低的占 3.4%，影响差的占 0.01%，产生负面影响的占 0.7%；比较好学校的学生认为影响非常大的比例是 31.6%，影响一般的占 57.7%，影响较低的占 8.0%，影响差的占 1.1%，产生负面影响的占 1.6%；一般学校的学生认为影响非常大的比例是 18.0%，影响一般的占 67.7%，影响较低的占 10.0%，影响差的占 2.9%，产生负面影响的占 1.4%；比较差学校的学生认为影响非常大的占9.8%，影响一般的占65.0%，影响较低的占16.6%，影响差的占4.9%，产生负面影响的占3.7%；最差学校的学生认为影响非常大的比例是11.1%，影响一般的占50.0%，认为影响一般的占20.4%，影响差的占7.4%，产生负面影响的占11.1%。数据表明，基本上学校越好，学生认为教师对学校特色发展影响非常大的比例越高（见图2－81）。

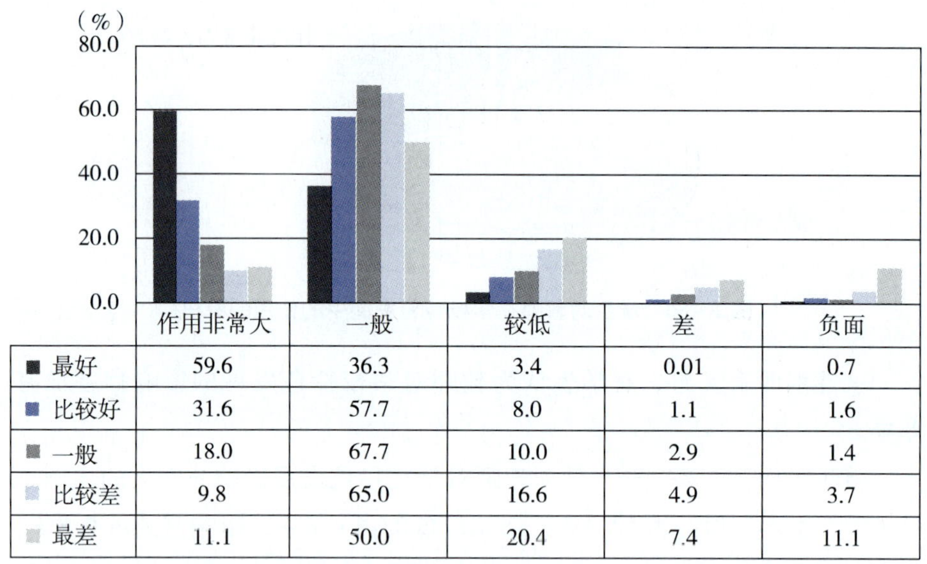

	作用非常大	一般	较低	差	负面
最好	59.6	36.3	3.4	0.01	0.7
比较好	31.6	57.7	8.0	1.1	1.6
一般	18.0	67.7	10.0	2.9	1.4
比较差	9.8	65.0	16.6	4.9	3.7
最差	11.1	50.0	20.4	7.4	11.1

图2－81　不同层次学校学生对教师在学校特色发展中的作用的看法比较

四、学生对校园文化的认同与期望

（一）超过半数学生认为学校建筑风格贴合学校特色发展

学生认为学校建筑风格非常贴合学校特色发展的比例为25.3%，认为贴合的占32%，认为一般的占34.3%，认为较差的占5.4%，认为不配套的占3%。

就年级而言，年级越高的学生，认为学校建筑风格贴合学校特色发展的比例越高。高一学生认为非常贴合的比例为31.8%，认为贴合的占33.6%，认为一般的占29.2%，认为较差的占3.1%，认为不配套的占2.3%；高二学生认为非常贴合的比例为19.8%，贴合的占32.4%，一般的占37.5%，较差的占2%，不配套的占1.5%；高三学生认为非常贴合的占42.6%，贴合的占28.8%，一般的占25.1%，较差的占2%，不配套的占1.5%。

就学校层次而言，学校越好，学生认为学校建筑风格贴合学校特色发展的比例越高。最好学校的学生认为非常贴合的比例为58.6%，认为贴合的占30.6%，认为一般的占8.7%，认为较差的占1.0%，认为不配套的占1.0%；比较好学校的学生认为非常贴合的占25.5%，认为贴合的占40.2%，认为一般的占30.3%，认为较差的占2.6%，认为不配套的占1.4%；一般学校的学生认为非常贴合的占13.4%，贴合的占29.2%，一般的占47.1%，较差的占7.1%，不配套的占3.1%；比较差学校的学生认为非常贴合的占7.4%，贴合的占21.6%，一般的占43.2%，较差的占19.1%，不配套的占8.6%；最差学校的学生认为非常贴合的占0.01%，贴合的占29.6%，一般的占37.0%，较差的占9.3%，不配套的占24.1%（见图2－82）。

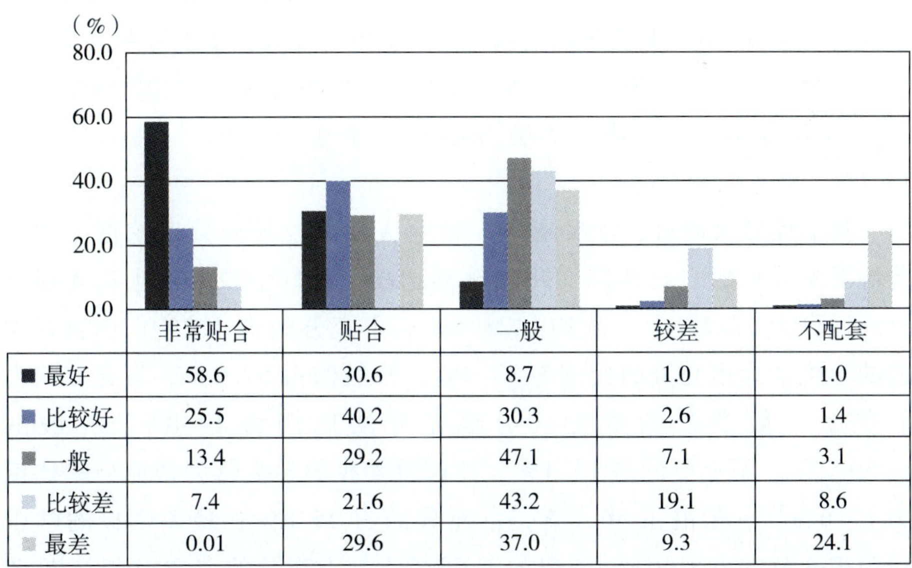

	非常贴合	贴合	一般	较差	不配套
■ 最好	58.6	30.6	8.7	1.0	1.0
■ 比较好	25.5	40.2	30.3	2.6	1.4
■ 一般	13.4	29.2	47.1	7.1	3.1
■ 比较差	7.4	21.6	43.2	19.1	8.6
■ 最差	0.01	29.6	37.0	9.3	24.1

图2－82　不同层次学校学生对学校建筑风格贴合学校特色发展状况的看法比较

（二）30%的学生认为学校充分地挖掘了学校传统元素并形成校园文化

学生认为学校在挖掘学校传统元素并形成自己校园文化中，挖掘很充分的比例为31.9%，一般的占57.0%，不充分的占11.1%（见图2-83）。

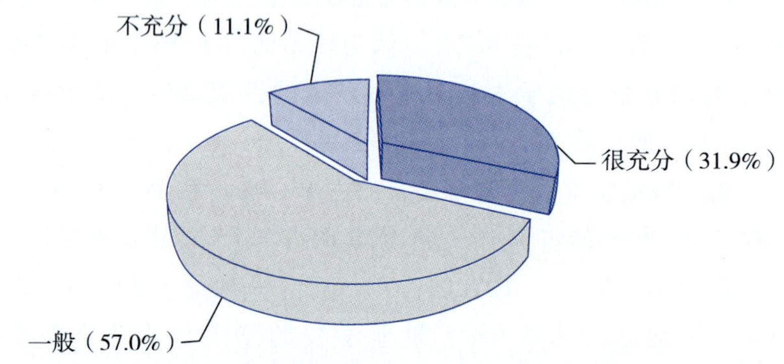

图2-83　学生对学校挖掘学校传统元素并形成自己校园文化程度的看法

就学生年级而言，高三学生认为学校很充分地挖掘了学校传统元素并形成自己校园文化的比例最高达到46.7%，其次是高一学生为41.4%，高二学生为26.4%；认为一般的高一学生为51.7%，高二学生为60.5%，高三学生为47.4%；认为不充分的高一学生为6.9%，高二学生为13.2%，高三学生为6%。

就学校层次而言，学校越好，学生认为学校很充分地挖掘了学校传统元素并形成自己校园文化的比例越高。最好学校的学生认为很充分的比例为67.5%，一般的占28.3%，不充分的占4.2%；比较好学校的学生认为很充分的比例为33.9%，一般的占57.8%，不充分的占8.3%；一般学校的学生认为很充分的比例为17.8%，一般的占69.2%，不充分的占13.1%；比较差学校的学生认为很充分的比例为17.6%，一般的占56.6%，不充分的占25.8%；最差学校的学生认为很充分的占1.9%，一般的占68.5%，不充分的占29.6%（见图2-84）。

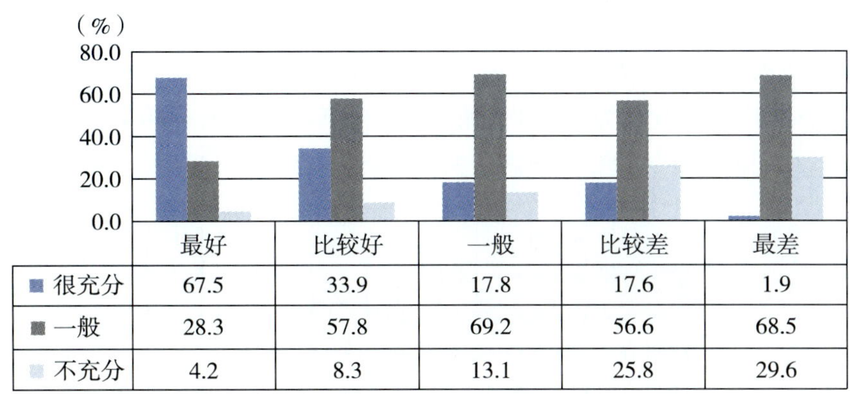

	最好	比较好	一般	比较差	最差
很充分	67.5	33.9	17.8	17.6	1.9
一般	28.3	57.8	69.2	56.6	68.5
不充分	4.2	8.3	13.1	25.8	29.6

图 2－84　不同层次学校学生对学校挖掘学校传统元素并形成自己校园文化程度的看法比较

（三）多媒体演播室等是学校特色发展最需推进的校园文化建设

学生认为加强多媒体演播室、综合科技实验室、室内体育馆是学校在推进特色校园文化建设最需要开展的。其中认为需要加强多媒体演播室建设的占 69. 3%，需要加强综合实验室建设的占 65. 0%，需要加强室内体育馆建设的占 38. 0%，需要加强计算机教室建设的占 32. 1%，需要加强舞蹈室建设的占 15. 3%，需要加强语言（语音）实验室建设的占 10. 5%，需要加强音乐教室建设的占 4. 6%，需要加强心理辅导室建设的占 3. 1%，需要加强画室建设的占 2%（见图 2－85）。

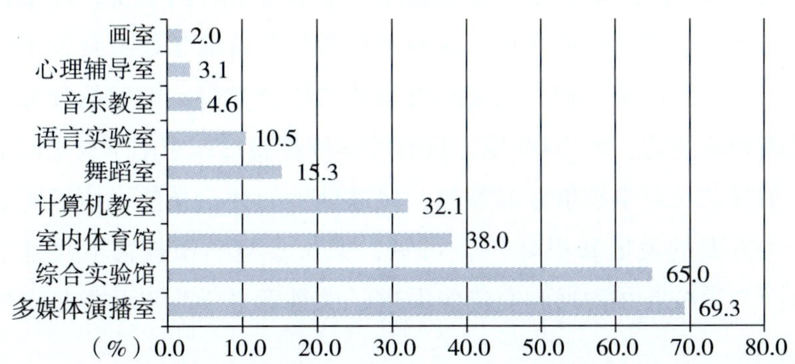

图 2－85　学生对学校在推进特色校园文化建设中最需要开展的场馆建设的看法

（四）校外实践活动是学校最需加强的特色实践活动

学生渴望学校需要加强的特色实践活动是校外实践活动，比例为34.8%，其次为社团活动，比例为19.7%，第三是课间活动，比例为19%，以下依次为实验活动占16%，学生科研占8.3%，其他为2.2%（见图2－86）。

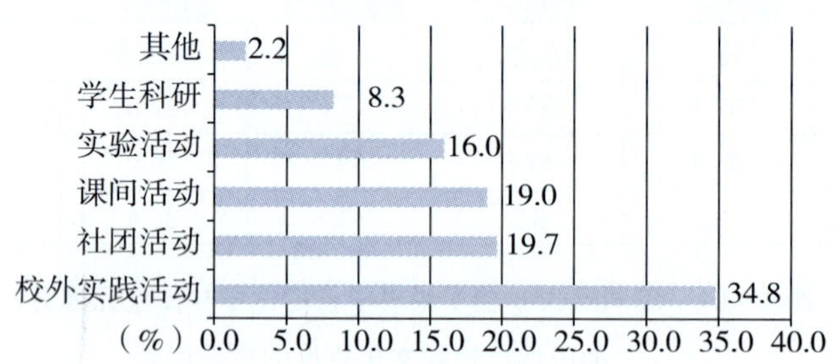

图2－86 学生对学校需加强的特色实践活动的看法

第五节 特色发展社会影响状况调查

普通高中学校的特色创建及发展需要良好的社会环境，其中家长对学校建设的理解程度、参与程度和支持力度十分重要。“家长参与学校教育”不仅是一种教育理念，在西方教育改革的实践领域中已经取得良好的效果。在美国，“在教育过程中存在这样一个不可辩驳的事实，即家长对教育的参与可以促进学生的成功。这种家长参与是目前学校教育改革措施的核心内容，受到国家、州、地区的决策者的广泛支持。国家的教育目标之一被清晰地陈述为：到2000年，所有的学校都要形成家庭学校之间的伙伴关系，加强家长对学校事务的参与，促进学生的社会技能、情感发展以及学术能力方面的发展和提高”①。可见，家长参与学校教育不仅打通了家长、社会与学校互相沟通和交流的渠道，也是促进学生以及学校正向、积

① Mary Lou Fuller，Glem Olsen. 家庭与学校的联系——如何成功地与家长合作［M］. 谭军华，等，译. 北京：中国轻工业出版社，2003：154.

极发展的必由之路。学生家长在认同学校的办学理念、熟悉各项规章制度、了解学校教育教学管理过程的基础上，更有利于形成对学校全面、客观的认识和评价，能够促进他们更深层次地参与到学校特色创建的活动之中，也能促使利于学校多样、特色发展的社会氛围的形成，从而最终实现学校、家长、社会之间的良性互动。

有 14 所学校的 2774 名家长参与了本次问卷调查，其中：东部地区有 7 所，中部地区有 3 所，西部地区有 4 所；拔尖创新及科技类有 3 所，人文类有 6 所，艺术类有 2 所，综合类有 2 所，普职融合类有 1 所。发放问卷 2800 份，有效回收 2774 分，达 99.07%。

一、家长背景分布基本情况

（一）家长性别、年龄与受教育程度

第一，参与问卷调查的家长性别比例各半。其中男性家长占 50%，女性家长占 49.32%。家长性别分布基本均衡，由此可判断，不同性别家长参与调查问卷的积极性均较高，性别因素对问卷调查的影响作用也基本平衡。

第二，45 岁以下家长为调查主体。45 岁以下家长是主流，为 75.27%，占到四分之三以上，46—55 岁的 22.39%，56 岁以上的为 1.48%，缺失项占 0.86%。中青年家长群体数量占主体，反映了高中生家长年龄构成的基本现状。

第三，家长受教育程度整体偏低。中专及以下的家长占比为 54%，大专学历的占 20.69%，本科学历的占 18.6%，研究生学历的占 5.16%，缺失项占 1.55%。由于受教育程度与基本素质密切相关，尽管家长学历并不能完全代表素质情况，但是学历较低的家长通常在学校事务理解和参与程度、家庭教育环境提供情况等方面会处于相对弱势，不利于家校合作活动的开展。

（二）家长职业及子女年级分布

1. 家长的职业背景主要为企业职工、个体经营者及农民

其中，家长在政府部门供职的占 6.02%，事业单位的占 23.83%，在

学校工作的占6.06%，以上三项共占35.91%。在企业单位工作的家长为主体，占33.35%，其他项占28.91%，主要为农民和个体经营者，上述各项共占比64.82%。

2. 高二学生家长占主体

参与调查的家长中，其子女所在年级为高一的占15.36%，高二的占66.62%，高三的占17.34%，缺失项为0.06%。较其他两个年级的学生而言，高二学生家长面临的升学压力尚未过于紧迫，同时经过一年的学校生活也更加了解具体情况，因此，高二家长的评价和反馈更能代表学校和家庭之间交流沟通的真实情况。

二、对学校现阶段教育质量的满意度

（一）认可学校区域形象，对师资水平最为满意

1. 对学校区域形象满意度良好

学校的区域形象是学校在一定区域内在公众心中形成的相对的总体印象和总体评价。它包括硬形象和软形象：硬形象是指那些具有客观形体或可以精确测量的各种因素，如校园环境、基础设施等硬件水平，师资水平，办学绩效等方面。软形象则包括学校的精神理念、管理制度、文化氛围等方面。区域形象是形成学校品牌效应的前提和基础，良好的区域形象能够进一步凝聚优势资源，为学校在高位发展基础上实现特色发展创造良好条件。

经调查，在认为孩子所在学校与其他同类学校的差距方面，分别有13.95%的家长和31.25%的家长认为要“好很多”或“好一些”，也就是说，有45.20%的家长对孩子所在高中的区域形象比较满意，持肯定态度。也有41.02%的家长认为，孩子所在高中与其他同类学校相比“基本相当”，认为“略差”的仅占13.12%。由此可见，绝大部分家长对学校的区域形象认可度较高，从而可以进一步证明：普通高中特色发展的前提是具有良好的区域形象，获得社会支持和家长认可（见图2－87）。

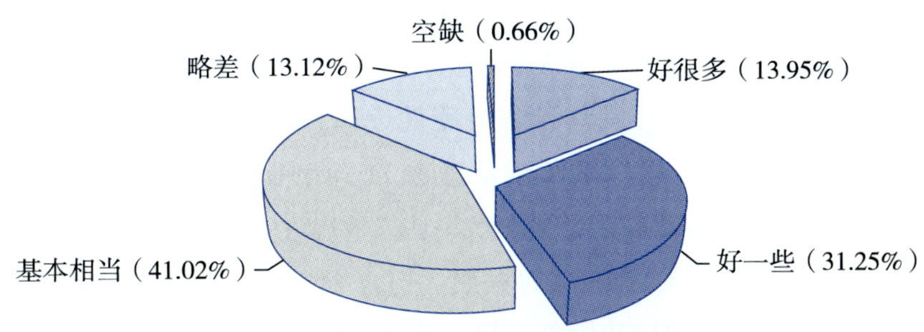

图 2-87　家长对学生所在高中的区域认可度

2. 对教师教育教学水平的满意程度最高

在涉及家长对学校最满意的情况调查中：按满意度由高到低排序，第一是教师教育教学水平，占 31.04%；第二是“校园环境”，占 30.10%；第三是学校管理，占 26.24%；第四是教学场地、仪器、图书、网络设备等硬件设施，占 13.06%；第五是课程设置，占 9.70%；第六是家校关系，占 8.98%；第七是其他，包括学校办学理念、离家较近、录取分数高、学习氛围、校车等方面，占 2.70%。由此可见，家长对于学校的总体判断和令其满意的方面更多选择的是可以衡量和具体化的硬形象，对学校的校风校貌、育人理念、文化氛围等软形象还尚未顾及。这除了能够说明家长判断学校情况的标准相对狭隘之外，更为重要的是学校在培育、利用和宣传软形象方面仍存在很大进步空间（见图 2-88）。

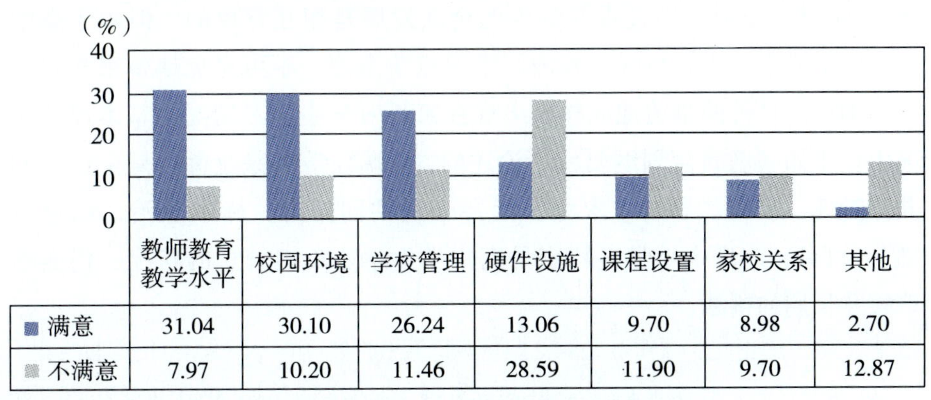

	教师教育教学水平	校园环境	学校管理	硬件设施	课程设置	家校关系	其他
满意	31.04	30.10	26.24	13.06	9.70	8.98	2.70
不满意	7.97	10.20	11.46	28.59	11.90	9.70	12.87

图 2-88　家长对学校各方面的满意情况

3. 受访家长对学校的硬件设施不满意程度最高

在涉及家长对学校最不满意的情况调查中：最不满意的方面是学校的教学场地、仪器、图书、网络设备等硬件设施，占到28.59%；其次是课程设置，占11.90%；然后是学校管理占11.46%；校园环境占10.20%；家校关系占9.70%；教师教育教学水平占7.97%；其他占12.87%，其中有5.80%明确表示没有不满意的方面，提出食堂及伙食问题不满意的占1.95%，其他还包括学校的外部环境、学风校风、寝室、学生放假、心理辅导等方面。由上述数据可以看出，家长对学校硬件设施的不满意率最高，且明显高于其满意率。初步推断造成这种现状的原因，主要由于我国普通高中的生师比仍然较高[①]，这导致部分学校的公共教育设施紧张，特别是优质高中的学生较为拥挤，尽管其校园设施相对于薄弱学校而言更为先进精良，但其人均使用率和占有率较低，食堂、宿舍等生活设施尤其紧张，因此造成很多家长不满和抱怨。同时，可以看出，家长对学校管理和家长关系等方面的不满意率也相对较高，这也从另一方面印证了学校在特色创建和发展的过程中，需要尤其注重其软形象的树立及宣扬（见图2－88）。

（二）普遍认为学生的学习负担较重，但对其子女的整体素质持相对满意态度

《教育规划纲要》指出，“过重的课业负担严重损害儿童少年身心健康”。显然，学习负担过重与学生的全面发展是相互背离的。但由于高中学生面临升学压力，校际、校内间学习竞争激烈，不可避免地带来学习负担的加重。这种两难境地同样也出现在家长对学生学习情况的基本评估状况中。正如《教育规划纲要》所论述的，“减轻学生课业负担是全社会的共同责任，政府、学校、家庭、社会必须共同努力，标本兼治，综合治理”。可见，改进中小学生特别是高中学生学业负担较重的状况，仍面临严峻和长期的挑战。

---

① 根据《2011全国教育事业发展简明统计分析》中相关数据，2011年我国普通高中的生师比为15.77。

1. 学生学业负担相对较重，仍期盼孩子全面发展

根据调查，受访家长普遍认为孩子目前在学校的学习负担“过重”或“较重”，比例分别为8.62%和48.27%。也有37.49%的家长认为学生的学习负担合适，认为不重的占到4.87%。可见，过半数家长认为孩子的学业负担较重，结合前文数据得知，有81.98%受访家长的孩子就读高一和高二，由此可以初步推断，不仅仅是高三特殊阶段的学生，甚至整个高中阶段的学业负担都比较重，学生用于其他非学业活动的时间较少（见图2－89）。

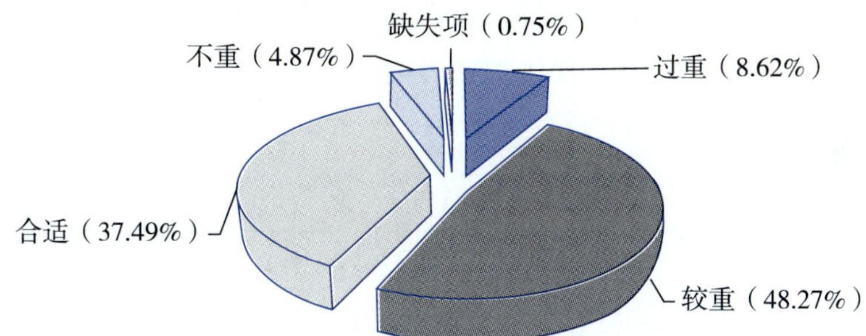

图2－89 家长对学生学习负担情况的看法

在学习负担较重的情况下，学生按照自己的兴趣主动、快乐学习的可能性很小。受访家长表示，认为孩子的学习生活“很快乐”的仅为13.88%；“一般”情况的占主流，为63.88%；认为学生不太快乐的占19.18%，近五分之一；不清楚学生学习状态的家长占2.2%。尽管家长的认知和感觉并不能完全代表学生的真实学习状态，但仍然具有很大的参考价值（见图2－90）。

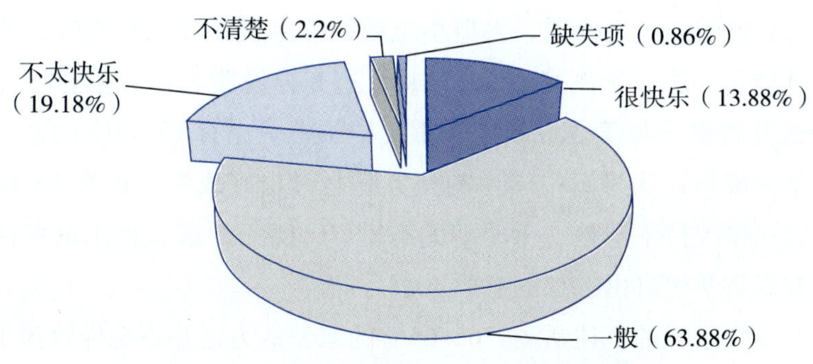

图2－90 家长对学生的学习状态情况的看法

学习负担同时与学习时间和休闲时间的安排也密切相关。通常而言，学习负担较重，用于休闲的时间就少。在关于一项学生在课余时间从事什么活动的调查中，31.65%的家长认为自己孩子花费时间最多的活动是继续学习；其次是上网，占31.58%；接着是看电视，占21.92%；从事体育活动的占12%；参加校外机构辅导班的有10.02%；学习各类艺术特长的有5.91%；其他诸如兴趣爱好、看书、休息、做家务等，占4.51%。综合上述数据可见，与学习相关的活动占据高中学生休闲生活的很大一部分，例如继续学习、参加校外辅导班等。这也与前文调查结果相互呼应，进一步证明学生的学习负担较重不仅体现在校内的课堂内外，也体现在校外的休息时间之中（见图2－91）。

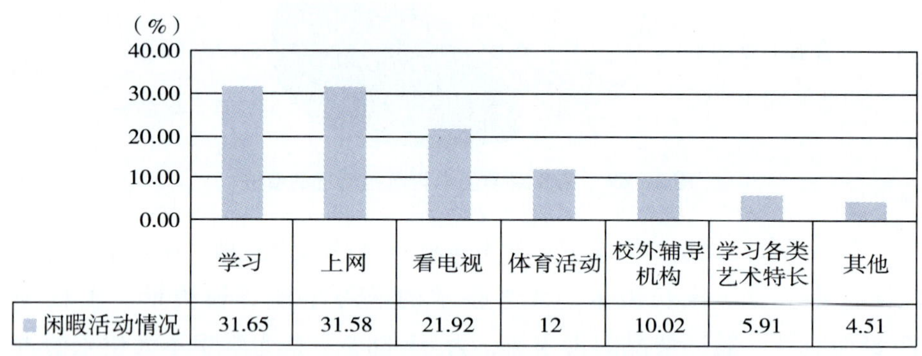

图2－91　家长对学生闲暇时从事的活动情况的看法

但是，家长对学生高中生活的期待显然并非只是学业成绩的提高。调查显示，在孩子的课余时间，绝大多数家长认为应该在紧张备战高考之余，还需要通过各类选修课、兴趣小组或课外实践活动来提高综合素质或发展某种特长，这一比例高达66.51%，这充分说明大部分家长已经把孩子的全面发展置于与学业成绩同等重要的位置。也有15.93%的家长仍然只关注学业成绩，认为高中学生的任务就是考出好成绩。还有13.88%的家长对这一情况持不清楚、不明朗的态度。0.90%的家长提出这些活动需要适度并尊重学生自由参加的意愿。

对于学校组织的上述活动，65.65%的家长认为这并不会导致孩子的考试成绩下滑，这一比例与支持学校开展类似活动的家长比例大致相当。11.14%的家长认为类似选修课、兴趣小组以及课外实践活动会导致孩子成绩下滑，这部分家长成为反对学校开展类似活动的主力军。19.9%的家长对两者关系认识尚不清楚。也有少量家长处于矛盾状态，既希望开设类似活动但又认为会影响成绩，因此更偏向于适度适量。

上述数据说明，如果学校仅仅关注升学率、过度加重学生的学业负担，显然并不能满足家长对学校教育教学结果的期望，做不到令人民满意的教育，从而进一步影响学校良好区域形象的树立，阻碍学校特色发展的进程。此外，从上述分析中也可以看出，现阶段，家长对高中学校教育提出了更高的要求，这一方面是近些年教育舆论导向的原因，另一方面也是高等教育大众化的结果，因此，高中学校需要调整自身理念，完善教育教学方法，减负增效，更多培养学生终身学习的能力而不是仅仅是应试教育技巧，更多促进学生全面发展而不仅仅是学业成绩的单方面提升。

2. 学生整体素质相对较好

对于孩子与其他同龄人相比其整体素质如何的调查，4.97%的家长认为自己孩子的整体素质比其他同龄人“高出很多”，32.44%的家长认为要“高出一些”，这说明37.41%的家长对孩子的整体素质很满意。认为“基本相当”的占58.62%，而认为“略差”的仅为3.50%。这可以在一定程度上证明，绝大部分家长对学校的教育成果——学生整体素质较为认可（见图2－92）。

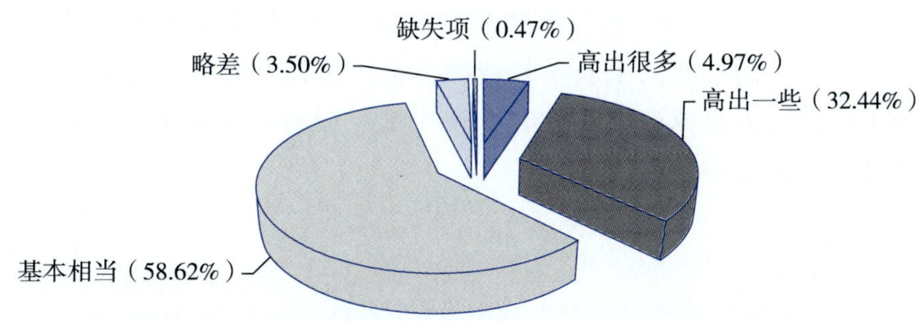

图2－92　家长对孩子与其他同龄人相比整体素质情况的看法

结合上文分析，可以初步推断，尽管大部分家长对当前学校学业负担较重的情况不甚满意，但对学生整体素质的评价仍较好，说明家长对学生的素质判断仍然主要依据可以量化的学习成绩指标，同时也说明区域内高中教育阶段的均衡发展程度不容乐观。

（三）家校互动仍处于低层次的表层交流

普通高中特色发展的过程同时也是学校提升自身品质、打造独特教育品牌的过程，社会尤其是家长对学校的了解、认可、支持甚至参与建设，十分必要且重要。美国学者哈德森（Henderson）等的调查研究表明，家长参与到学校教育中，不仅可以促进学生的学习，而且对整个学校的教育工作起到积极的推动作用。具体表现为：学生可以获得更高的学校等级和更好的学业成绩、学生出勤率高、参加补习的学生逐渐减少、学生在校态度更加积极、学校拥有更高的毕业率和升学率等。①

我国自 20 世纪 90 年代以来开始逐渐重视家长在学校教育中的地位和作用，越来越多的学校通过各种方式主动加强与家长的联系和沟通。但是相对于家校互动相对成熟的英美等发达国家而言，我国高中阶段学生与家长的互动更多处于低层次交流水平，即主要通过家长访问学校、参加家长会、家庭通信等方式来相互联系。调查表明，在家校沟通方式上，电话已经成为最主要的途径，有 53.01% 的家长主要通过电话来与学校进行沟通。较为传统的家长会或教师家访则成为第二种途径，家长的选择率为 37.74%。选择短信或邮件的家长占到 9.82%，其他诸如到学校与老师当面交流、QQ 网络交流等方式占到 0.70%。而更高层次的家长学校或委员会、家校学习成长档案以及目前西方国家较为成熟的家长教育资源库等家校合作交流方式，几乎没有涉及（见图 2－93）。

① 邹强．国外家校合作问题研究及其启示．教学与管理［J］，2011（4）：86.

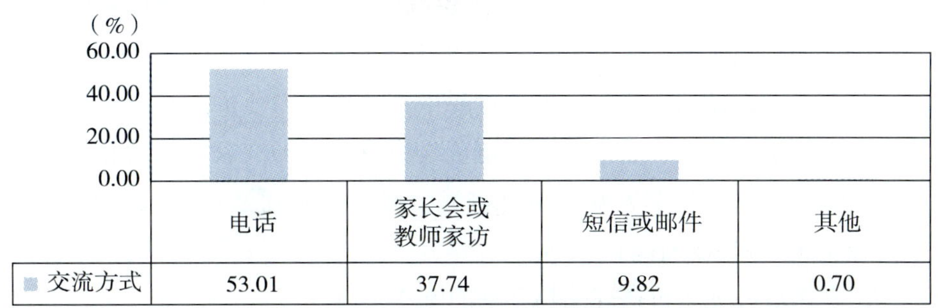

图 2－93　家校沟通方式情况

马卡连柯在论述学校教育和家庭教育的关系时认为，“学校应该领导家庭”。如前所述，目前我国高中生家长的文化素质参差不齐，教育素养总体偏低，因此学校应该主动承担指导家庭教育、建构家校交流合作的任务。调查数据表明，学校在家校双向交流和沟通中，往往占据更为主动的地位，更多是向家长通报学校及学生的情况。例如，有 50.94% 的家长表示学校每年能召开 2 次家长会，3 次及以上的占 27.94%，仅 1 次的占 17.48%，从未有过的占 1.22%。教师作为学校代言人，是家校合作的纽带和桥梁，既是家校合作活动的策划组织人和指导者，也是活动的实施者，更是家长的朋友和伙伴等。因此，教师在促进和构建家校合作活动的过程中，承担着更为重要的任务，需要站在家长的立场上看待问题，理解家长的想法和需要。这种理解是建立有效的家校合作关系的关键。

也有越来越多的家长主动参与到与学校共同促进学生成长的过程中。有 12.44% 的家长表示，曾在过去的一年里就孩子的教育问题与学校进行过很多次沟通联系，表现出较强的自主性。认为沟通联系程度一般的家长占 47.15%。认为较少联系的占 32.52%，从未联系过的占 6.02%。这也说明了家长对参与学校教育、全方位了解学生成长情况有越来越强烈的愿望，学校也需要创设良好的制度环境和氛围去鼓励家长这种主动参与学校建设的积极性，而不应视家长的合理建议和监督为挑毛病和干涉学校教育教学活动，转变陈旧观念，认识到参与学校教育即是家长的权利又是义务，同时也是改进学校的有效途径，这样才能确保家校合作共同推进学校特色发展的顺利实施。

可见，在普通高中特色发展的过程中，学校还需要进一步重视并开拓家长在促进学校提升、学生成长的角色地位，逐渐提高家校互动和合作的参与层次和频率，从单方面交流、宣讲，逐渐过渡到家长参与学校决策，参与课堂教学和课外活动等高水平合作方式，充分发挥家长咨询委员会的作用，多角度、全方位搭建家校互动的流通渠道。

三、对学校未来发展的期待和建议

（一）期望学校将提高学生综合素质作为首要办学目标

经过三年的高中教育，家长最关注孩子能够得到提高的方面依次是：综合素质 51.29%、道德品质 18.06%、学习能力 9.81%、身体素质 7.93%、考试成绩 5.55%、动手实践能力 3.28%，某种特长 1.12%。但出现频次最高的前三个选项却分别为综合素质 76.82%、学习能力 60.45%、道德品质 59.48%。考试成绩以 47.01% 的比率位居第四位（见图 2－94）。

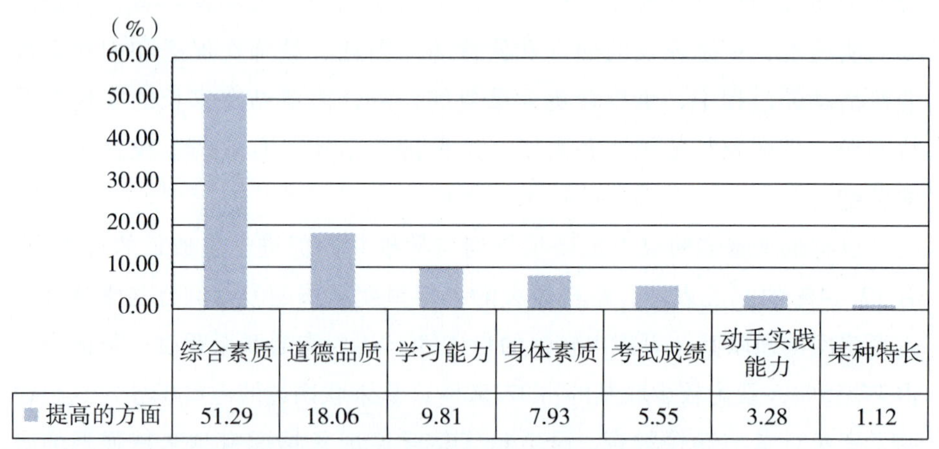

	综合素质	道德品质	学习能力	身体素质	考试成绩	动手实践能力	某种特长
■ 提高的方面	51.29	18.06	9.81	7.93	5.55	3.28	1.12

图 2－94　家长希望学生能够得到提高的方面

37.56% 的家长希望学校未来能培养出更多出类拔萃的学生，30.71% 的家长希望学校未来的升学率能够不断提高，24.98% 的家长希望学校未来办学能更加有特色，24.37%的家长希望学校的师资力量不断增强，17.70%的家长希望学校的管理更加科学规范，其他的为1.70%，主要包括希望学校是孩子的乐园，增加学生课外活动时间、应该关注学生能力而不是成绩，提高学生补助等（见图2－95）。

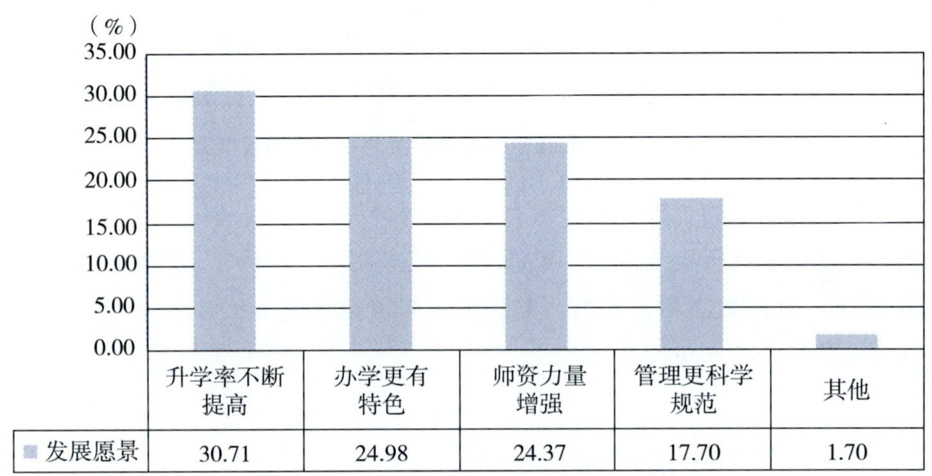

	升学率不断提高	办学更有特色	师资力量增强	管理更科学规范	其他
发展愿景	30.71	24.98	24.37	17.70	1.70

图2－95 家长对学校未来发展的期待情况

由此上述两个数据可以初步推断：现阶段，在学业成绩有一定保证的基础上，家长更多关注学生的综合素质和全面发展，考试成绩已经不是判断学生成就的唯一标准；学校的特色发展须以一定标准的学业成绩为基准，只有在此基础上高位发展，才能实现特色学校创建的目标。

（二）期望学校构建学术类特色活动或课程占主流

大部分家长希望学校能为孩子设置某些特色的活动或课程，其中希望是外语类课程的占30.82%，科技类的占27.14%，艺术类的占26.39%，体育类的占20.40%，其他的占2.20%，主要包括社会实践类、心理辅导类、自然环境类、军事类、人文类等课程，尚有2.81%的家长未填写此项。由此可见，家长希望学校能够提供多样化的、可选择的特色活动。其中，大约有57.96%的家长期望特色活动和课程是学术类的，实用主义的观点占上风，对学生人文素质的培养一定程度上受到忽视（见图2－96）。

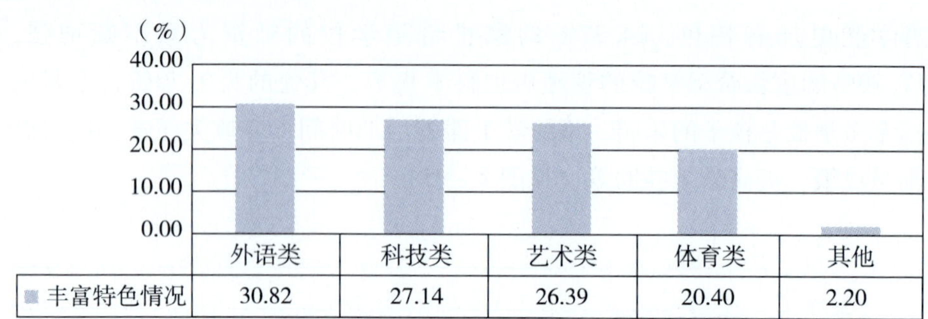

	外语类	科技类	艺术类	体育类	其他
丰富特色情况	30.82	27.14	26.39	20.40	2.20

图 2-96　家长希望学校能够设置的活动或课程情况

根据对孩子的了解，家长认为孩子最希望参与学校组织的活动类型分别是：社团及社会实践占 65.14%，学科竞赛类占 19.14%，体育比赛类占 14.53%，其他类诸如艺术类、电脑类、郊游类等占 2.23%，还有 3.17% 的人未填写此项（见图 2-97）。

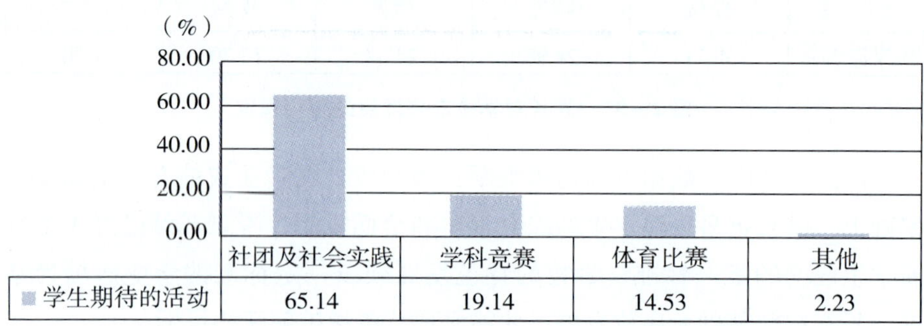

	社团及社会实践	学科竞赛	体育比赛	其他
学生期待的活动	65.14	19.14	14.53	2.23

图 2-97　家长认为孩子最希望参与学校组织的活动类型情况

可见，家长期望与学生兴趣仍存在一定偏差。因此，学校在开展特色活动时，在坚持独特办学目标的同时，既要加大与家长沟通交流的力度，又要在活动设计上下功夫，实现实施方式和途径多样化，激发学生主动参与的积极性。

（三）期望教师素质和水平进一步提高

家长也对学校的改进提出了意见，他们认为影响学校发展最主要的因素师资力量，占 39.26%；其次是学校管理制度和方法需要改进，占 25.88%；再次是学校的教学方法需要改革，占 23.11%；第四是校长的理念和能力需要进一步提升，占 18.78%；认为硬件设施仍需完善的占 7.28%；认为学校应该得到上级主管部门的进一步支持的，占 5.66%；其他意见的占 2.16%，主要认为现有的教育环境不利于学校未来发展，例如高考政策、国家教育制度等，其中也有部分家长对这一问题尚未认识清楚（见图 2-98）。

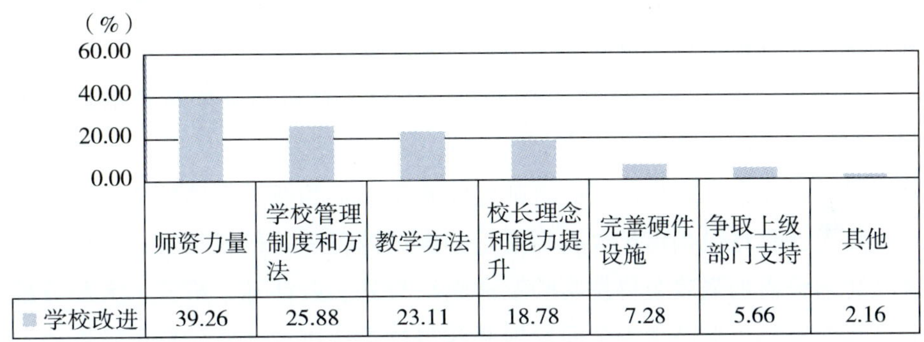

图 2-98　家长认为学校需要改进的方面

尽管前文提到，家长对学校教师的教育教学水平的满意度最高，有 31.04% 的家长选择了此项。但数据显示，也有 39.26% 的家长认为，学校要获得进一步的发展，首先应该加强师资力量。这也充分说明了高质量教育的关键是具有高素质的教师，素质教育的关键是师资力量。

通过调查并了解家长对普通高中教育教学质量的满意度，能够了解学校的区域认可度和影响力，特别通过了解家长最满意、最不满意以及最期望的方面，能够帮助学校扬长避短，充分利用已有优势，针对性弥补发展缺陷，对学校特色品牌的形成和创建大有益处。

值得一提的是，高达 76.82% 的家长期盼学生能够全面发展，综合素质得到提高，这显然与传统认识中高中学生家长最关注考试成绩（选择频次仅为 47.01%）的固有观念截然不同，尽管造成这种现状的原因十分复杂，但这也表明，普通高中特色发展已经初步具备了较为宽松而有利社会舆论氛围。学校应该充分利用抓住发展机遇，更为积极主动地推动特色创建的进程。

全力营造有利于普通高中特色形成的社会氛围，首先就要高度重视家长群体并充分利用家长资源。调查显示，目前，普通高中与家长之间的合作和交流还是低层次、低频率、不充分的，家长参与学校建设的机会和环境还不成熟。现阶段的家校之间更多是单向交流，还远远谈不上家校合作。例如，仅有 12.44% 的家长曾在过去用一年时间就孩子的教育问题与学校进行过很多次沟通联系，表现出较强的自主性。仍有大部分家长缺乏自主性和沟通联系的机会。学校有必要审思自身工作，调整思路和策略，在推动学校特色发展的过程中，照顾到多方群体特别是学生和家长的意愿和想法，为学校良性、健康发展奠定良好基础。

普通高中特色发展现状调查表明，在校长对普通高中特色的认知方面：第一，受历史传统和办学理念的影响，特色发展现状以人文类型居多；第二，特色发展仍需提高教师整体教学水平和改进教师绩效评价；第三，特色课程建设仍需扩大教师数量和提高课程评价的科学性；第四，校园文化建设需加强综合科技实验室和组织校外实践活动；第五，大部分校长认为学校特色促进学生全面发展并获得社会认可；第六，特色发展遇到的最大障碍是高考升学压力和外在单一的评价标准。

在师资队伍结构及教师对普通高中特色发展的看法方面，调查之后主要结论有四点：第一，普通高中学校特色发展领域教师队伍数量方面，由于各所学校规模及特色发展的领域数量不同，学校特色领域教师人数也不同，总体看，学校特色领域教师人数校际差异较大，且占全体教师人数的比例不等，比例最高的占全体教师人数的 96%，比例最低的仅占 7%。第二，在教师基本素质与结构方面，14 所学校本科及以上学历比例为 91%，略低于 2011 年全国普通高中专任教师本科及以上学历的比例；中教一级及以上职称占八成多，高于全国水平；师范院校背景的教师占七成，文科背景教师比例占五成多；近八成教师为中青年。第三，教师对所在学校特色发展及影响因素的看法方面，半数教师对自己所在学校评价为“好”；半数教师认为自己了解学校的特色办学目标及规划；教师对所在学校特色类型的判断集中于艺术、人文、体育和科技四个方面；教师认为特色办学模式确定主要依赖于校长智慧及科研项目；认为办学理念是影响学校特色形成和发展最重要因素的教师比例最高（33.2%）。第四，在教师参与培训与科研的状况方面，半数教师缺乏教育心理学与通识或跨学科培训；每学年参加 3 次及以上培训的教师比例为45.6%，不足一半；教学或行政事务繁多是影响教师参与培训的主要因素。此外，教师参与科研课题的覆盖面较小，46%的教师报告“很少”承担或参与高中特色构建相关的科研课题，25%的教师报告“从来没有”承担或参与高中特色构建相关的科研课题。

在普通高中课程与教学现状方面，相关调查研究发现：第一，在特色课程设置与选修方面，67.3%的教师参与设计并任教一门及以上校本课程，72.5%的学生选修过一门及以上校本课程；近半数学生喜欢特色校本课程的理由出于个人兴趣；学校选课系统设计与选课指导制度有待完善。第二，在特色选修课程资源的开发和利用方面，半数教师参与了一门及以上校本教材的开发和编写工作；六成学生认为学校选修课没有使用本校教师参与开发和编写的特色课程校本教材；近半数学生认为现有课程资源在为学生提供特色发展服务和满足学生发展需要方面较为一般。第三，在特色选修课程教与学方面，校外实践是学生最喜欢的特色选修课程学习方式，其次是以兴趣小组方式开展合作学习；师生在特色课程教学过程中的注重点较为一致，首先是注重综合素质的培养和提升，其次是注重学习方法的掌握；学生认为特色课程学习中存在的突出问题是学校不重视；在新课程改革背景下，教师普遍重视课程改革，开展了不同程度的课程体系和教学内容改革。第四，在特色选修课程考试与评价方面，学生更强调笔试的重要性，教师则把成果放在了第一位；在构建特色人才培养体系方面，师生均认为首先应加强特色课程设置和选择的灵活性，其次是加强课程内容的丰富性。第五，在对特色课程与教学的认知与满意度方面，教师认为特色课程或国家课程校本化教学过程中最突出的矛盾和问题，首先是教师对教学不够重视，其次是教师数量不够；关于学校各级各类课程体系建设中存在的主要问题，首先是特色方向定位不当，其次是结构布局不合理；教师对学校课程设置的合理性和科学性评价较高，近七成教师对自己所任教课程的教学方法表示满意。就学生而言，两成认为校本教材非常适合自己的发展；五成多学生认为特色课程教师的教学方法满意或者很满意。就家长而言，家长最希望学校为孩子设置的特色课程或活动中，选择外语、艺术和科技的比例依次排在前三位；多数家长认为应该通过各类选修课、兴趣小组或课外实践活动来提高孩子的综合素质或发展某种特长，并且认为不会因此导致孩子的考试成绩下滑。

在学生对学校特色发展及对教师、课程等满意度的看法方面，对学生的调查研究发现：第一，在对特色学校特色规划与管理认知方面，30%的学生对学校特色创建工作非常满意，学校层次越好学校特色创建工作满意度认可越高，有特长学生对学校特色创建工作的满意度更高，学校特色发展模式对学生产生较好影响。第二，在对特色课程教学的认知方面：仅有20%的学生认为校本教材非常适合自己发展，超过30%的学生认为学校课程资源能满足需求，30%的学生认为学校能很好利用相关资源为学生提供特色服务。第三，在对特色师资队伍的满意度方面：学生对特色教师数量满意度较高，近半数学生认为担任特色选修课程教师整体教学水平较高，近80%的学生认为学校特色教师是专职教师，近30%的学生认为本校教师对学校特色发展产生非常大的影响。第四，在对校园文化的认同与期望方面：超过半数学生认为学校建筑风格贴合学校特色发展，30%的学生认为学校充分地挖掘了学校传统元素并形成校园文化，学生校服是学校特色发展最需调整的文化标识，多媒体演播室等是学校特色发展最需推进的校园文化建设，校外实践活动是学校最需加强的特色实践活动。

在家长对普通高中学校教育满意度及期望与建议方面，对家长的调查发现：第一，在满意度方面，45.20%的家长对孩子所在高中的区域形象比较满意，持肯定态度；家长较为满意方面是教师教育教学水平（31.04%）和“校园环境”（30.10%）；28.59%的家长最不满意的方面是学校的教学场地、仪器、图书、网络设备等硬件设施。第二，在孩子学习负担及整体发展方面，半数家长认为孩子目前在学校的学习负担重（认为“过重”的比例为8.62%，“较重”的比例为48.27%），多数家长对孩子的整体素质表示满意。第三，在办学发展和期望方面，39.26%的家长认为影响学校发展最主要的因素是师资力量；51.29%的家长期望学校将提高学生综合素质作为首要办学目标；家长期望学校能为孩子设置的特色或活动类课程主要是外语类（30.82%）、科技类（27.14%）和艺术类（26.39%）课程。

第三章

普通高中特色发展类型调查

按照课题组对我国普通高中特色发展六个类型的划分情况（即“学术型、人文型、科技型、外语型、艺体型和普职融合型”等），结合调查中各学校类型自报情况①，我们对普通高中特色发展调查问卷（路径篇、校长篇、教师篇、学生篇、家长篇）进行了分类型统计，针对各类型学校在学校管理、师资队伍、课程资源、校园文化、学生发展和办学绩效等方面的基本状况进行了具体分析，概括出不同特色类型高中发展的基本特点，并就不同类型普通高中如何加强特色发展提出了有针对性的问题讨论及对策建议。

第一节　学术型普通高中调查

学术型普通高中是指以培养拔尖创新人才为目的的高中学校，具体指面向全体学生，通过丰富课程，给学生提供各种资源和机会，为各方面有

① 基于一些学校选择了两种及以上的复合型学校类型，各类型的案例学校中有个别与其他类型重复的学校。

潜质的学生成才搭建平台。我国有一批综合实力较强的高中致力于学术型高中的建设。本调查根据学校校长问卷和路径问卷中对本校特色类型的判断，选择湖北省、黑龙江省两地的2所学校作为学术（含拔尖创新人才培养）类型学校，对上述2所学校的《普通高中特色发展调查问卷》（教师篇、学生篇、家长篇）等进行统计分析，其中2所学校回收有效教师问卷80份、有效学生问卷424份、有效家长问卷426份。

一、学术型普通高中培养拔尖创新人才的使命

《教育规划纲要》指出，要推进培养模式多样化，满足不同潜质学生的发展需要，探索发现和培养创新人才的途径。拔尖创新人才不能简单地等同于超常学生和成绩优秀学生，所以，普通高中创新人才培养的目的，不是为了给少数学生贴上“天才”的标签，不是为了快出人才、早出人才，而是面向全体学生。①

当前世界各国的竞争愈来愈激烈，形式上是经济和政治的竞争，实质上是人才和科学技术的竞争。人才竞争的核心是拔尖创新人才的竞争，拔尖创新人才的竞争归根结底是拔尖创新人才培养的竞争。拔尖创新人才的培养已愈来愈受到世界各国的普遍重视。美国十分重视拔尖创新人才培养，他们把各中学5%左右的资优生单独划分出来予以特别关注和培养。这种培养从教学内容、教学方式、学习方式、培养模式和师资配备等许多方面，都不同于对一般学生的培养。英国在培养拔尖创新人才方面，也有其传统而独到的做法。他们利用全国最高水平的公学精心培养2%左右的资优生，为这些资优生创造最好的教育环境，配备最好的教育资源，特别是配备一些大师级的教师，可见其对拔尖创新人才的培养之重视。法国拔尖创新人才培养的制度设计比较完善。他们在一些高水平的中学设立了大学预科，有10%左右的优秀中学生在高中阶段就完成大学预科，并最终通过严格的笔试和面试进入法国大学深造。②

① 普通高中该如何培养拔尖创新人才？[N]. 天津教育报，2013-03-22.

② 王生. 普通高中培养拔尖创新人才的思考与实践 [N]. 中国教育报，2011-11-11.

我国也愈来愈重视拔尖创新人才的培养。温家宝总理在谈到教育改革时说，要激励学生学习的自觉性、创造精神和独立思考的能力，涌现更多的“拔尖人才”，这样我们的国家就有希望。《教育规划纲要》中明确提出“探索高中拔尖学生培养新路”。培养拔尖创新人才体现了人才培养的特殊性。青少年儿童在对知识的接受和领悟能力上存在差别，在教育上不能一刀切。教育平等，不仅是给每个人受教育的机会，而且要提供适合个人的教育方式。培养拔尖创新人才体现了人才培养的针对性。因此，我们应注重拔尖人才的培养。依据人才成长规律，从各个方面、各个环节尽最大可能营造能使优秀学生脱颖而出的环境，促进优秀学生的成长。

在高中特色发展中，国内有一批基础很好的高中都致力于培养拔尖创新人才，成为学术类高中。例如：中国人民大学附属中学刘彭芝校长认为，中学阶段是我国人才培养和选拔的最重要阶段，对创新人才的培养起着关键性作用；人大附中本着“面向全体、普及与提高并重”的原则，采取“个性化辅导发展学生特长、弹性化教学培养自主学习能力”等策略，着力培养基础教育阶段拔尖创新人才。① 华中师范大学第一附属中学的张真校长认为，对培养拔尖创新人才，我们这样的学校有着责无旁贷的使命；我们通过多元优质发展、多样化的校本课程、多层化的教学方式来培养未来中国各行各业的领军人物。黑龙江牡丹江市第一高级中学确立了“高素质多样化创新型人才”的育人目标和“关注每个人发展，追求最优化目标”的核心办学理念，以优化课程资源配置为切入点，促进学生发展的选择性、灵活性和多样性，满足不同基础、不同层次、不同潜质和不同特质学生的发展需求。②

二、学术型普通高中特色发展规划与管理的情况

特色发展规划与管理包括学校的整体水平评价、教师对特色规划的了

---

① 刘彭芝. 基础教育创新人才早期培养模式与策略研究［Z］. 特色高中专项科研简报，2011（3）：11－15.

② 卜祥林. 优化课程资源配置的特色抓手［Z］. 特色高中专项科研简报，2011（3）：11－15.

解以及特色发展的阶段、缘由等。各类问卷调查发现：教师、学生、家长对学校整体水平评价较高，接近90%的学生评价最好，学生的评价高于教师和家长；对特色发展作用评价很大的比例超过50%，且学生评价高于教师和家长；50%的教师了解学校的特色办学目标或特色规划；42%的教师认为学校特色发展处在形成模式或品牌的高级阶段；近50%的教师认为校长的智慧和历史传统是学校特色发展的缘由。总体来看，除了师生对学校整体水平评价较高外，学术类型高中在特色规划与管理的其他方面并不凸显。

（一）对学校整体水平评价大大好于平均，学生的好评大大高于教师和家长

关于学校在本地区普通高中范围内处于哪一层次，教师、学生和家长的问卷都分别有所涉及。如图3－1、图3－2所示，60.0%的教师和87.3%的

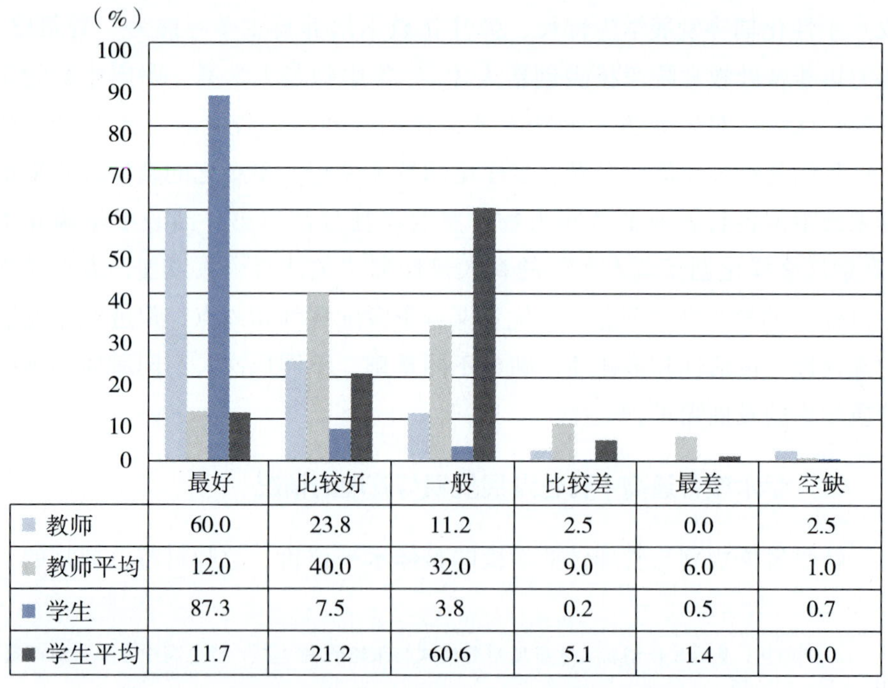

	最好	比较好	一般	比较差	最差	空缺
教师	60.0	23.8	11.2	2.5	0.0	2.5
教师平均	12.0	40.0	32.0	9.0	6.0	1.0
学生	87.3	7.5	3.8	0.2	0.5	0.7
学生平均	11.7	21.2	60.6	5.1	1.4	0.0

图3－1　教师和学生对学校整体水平不同评价的选择比例

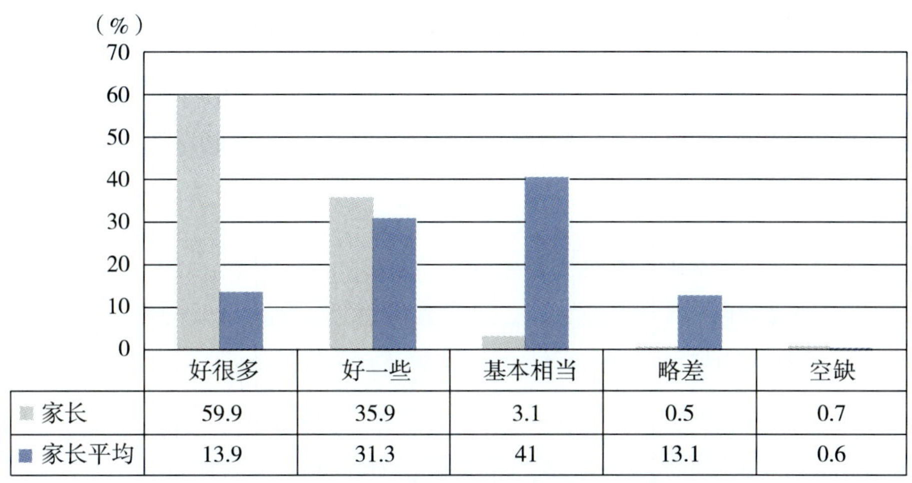

	好很多	好一些	基本相当	略差	空缺
家长	59.9	35.9	3.1	0.5	0.7
家长平均	13.9	31.3	41	13.1	0.6

图 3－2　家长对学校整体水平不同评价的选择比例

学生都评价“最好”。教师和学生评价“最好”的比例，都高出全体调查学校教师和学生的最好评价平均比例 5 倍和 8 倍，“好很多”的家长评价高出全体调查学校家长的好很多评价平均比例 4 倍多。由此可知，在被调查的全体学校中，对学术类型的学校整体水平教师、学生及家长一致评价较高，可见学校的综合实力较强，获得师生和家长较高的赞誉。

（二）50％的教师了解学校的特色办学目标或特色规划，和平均水平相当

如图 3－3 所示，只有 50％的教师了解学校的特色办学目标或特色规划，与被调查学校的教师平均参与程度相当，说明教师的参与面不是很大，学术类型学校教师的认知态度表现并不突出。

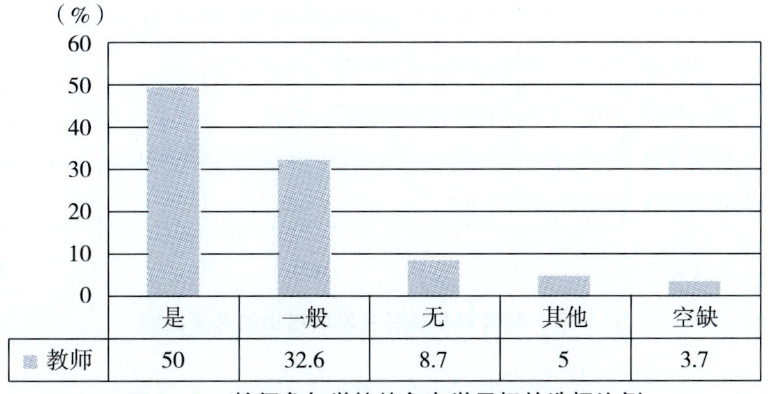

	是	一般	无	其他	空缺
教师	50	32.6	8.7	5	3.7

图 3－3　教师参与学校特色办学目标的选择比例

（三）42.6%的教师认为学校特色发展处在形成模式或品牌的高级阶段

如图3－4所示，42.6%的教师认为学校特色发展处在形成模式或品牌的高级阶段，可见教师对学校特色发展阶段并没有达成很高的共识，特色品牌和模式还有待深入人心。

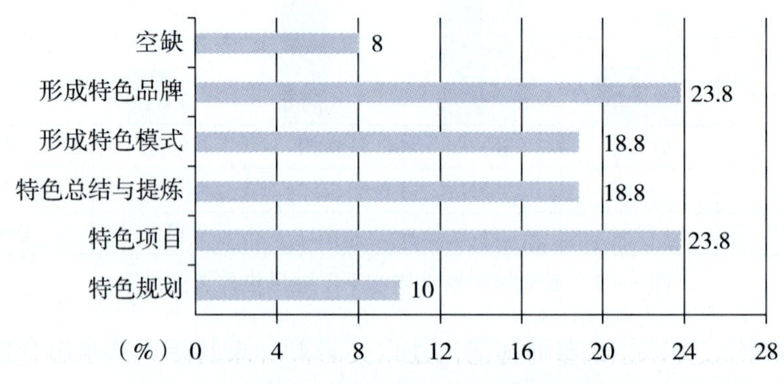

图3－4　教师对学校特色发展阶段的选择比例

（四）近50%的教师认为校长的智慧和历史传统是学校特色发展的缘由

如图3－5所示，教师选择最多的选项是校长智慧、历史传统。可见校长在学术型高中的特色发展中比较突出，学术型高中也是孕育教育家型校长的摇篮。

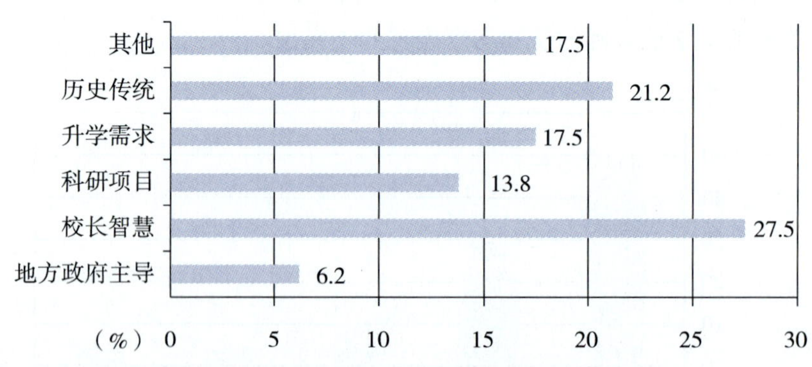

图3－5　教师对学校特色发展缘由的选择比例

三、学术型普通高中的师资队伍状况

师资队伍状况包括：师资总体水平、教师参与培训和承担课题、师资水平能否满足需要、师资对学校特色发展的影响力。各类问卷调查发现：高学历教师和具有高级职称的教师比例都大大超出全国平均水平和调查学校平均水平。学生认为特色教师的数量能够满足特色教学需要的比例，以及特色教师整体水平非常高的比例都高于被调查学校平均。近60%的学生认为教师对学校特色发展的作用非常大，高于被调查学校平均水平。30%左右的教师参与教育学心理学和通识或跨学科课程培训情况一般；60%的教师每年参与2次及以上培训；异地学习考察的培训形式高于被调查学校比例；50%的教师认为教学任务繁重是影响参加特色领域培训的主要因素；50%的教师承担或参与特色构建相关的科研课题较少。可见学术类型的学校师资水平较高，但在培训和承担课题方面仍显不足。

（一）高学历教师和具有高级职称的教师比例较高，师资力量雄厚

学术类型的学校无论是硕士以上高学历教师的比例，还是具有高级职称的教师比例都大大超出全国平均水平和被调查学校的平均水平。如图3－6所示，具有硕士以上高学历的教师比例是全国平均水平的5倍，在被调查的学校中也属于较高水平。具有高级以上职称的教师比例也是全国平均水平

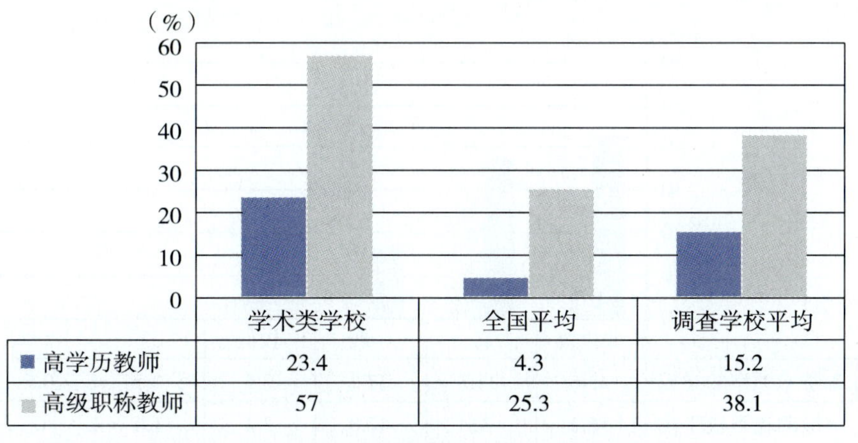

	学术类学校	全国平均	调查学校平均
高学历教师	23.4	4.3	15.2
高级职称教师	57	25.3	38.1

图3－6　高学历和高级职称教师占全体教师的比例

的2倍，在被调查的学校中也属于很高水平。综合教师学历和职称情况，说明学术类型学校师资不仅人数多，而且力量很强。在家长的问卷调查中，50%的家长对学校最满意的选择是“教师教育教学水平”，家长对学校最为满意的方面调查也印证了学校的师资水平较高。

（二）学生对特色教师数量和教学水平满足需要的评价高于被调查学校平均

如图3－7所示，66.3%的学生认为学校特色教师的数量能够满足特色教学需要，是被调查学校平均水平30.8%的2倍。如图3－8所示，81.3%的

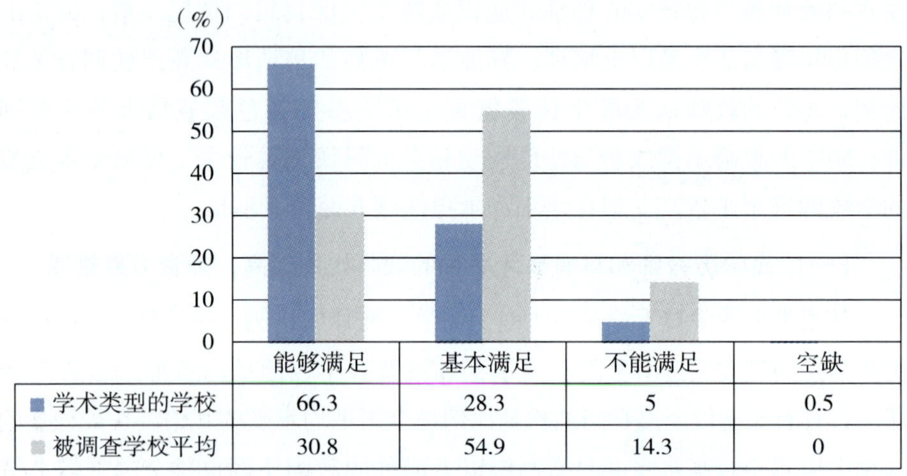

	能够满足	基本满足	不能满足	空缺
学术类型的学校	66.3	28.3	5	0.5
被调查学校平均	30.8	54.9	14.3	0

图3－7　学生对特色教师数量满足教学需要的选择比例

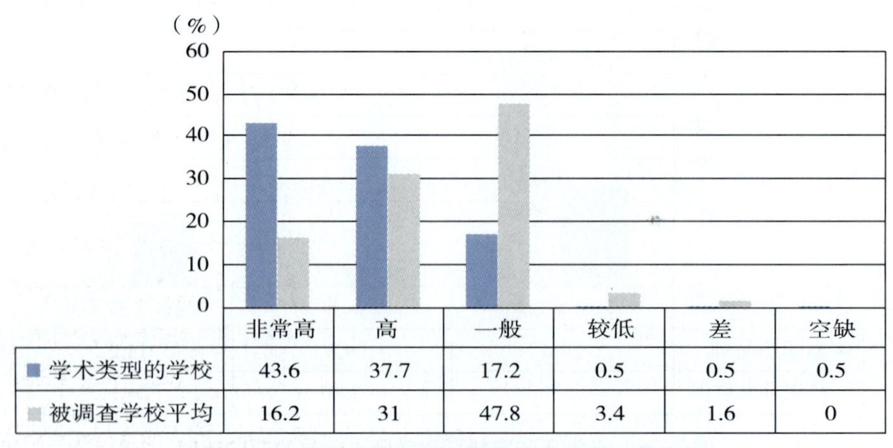

	非常高	高	一般	较低	差	空缺
学术类型的学校	43.6	37.7	17.2	0.5	0.5	0.5
被调查学校平均	16.2	31	47.8	3.4	1.6	0

图3－8　学生对特色师资整体教学水平评价比例

学生认为特色选修课程教师的整体教学水平高或非常高，特别是非常高的评价比例达到43.6%，大大高于被调查学校平均16.2%的比例。可见，学术类型的学校教师数量和教学水平很好地满足了特色教学的需要，为学校的特色发展提供了有力的师资保障。

（三）57.3%的学生认为师资对学校特色发展的影响力高于被调查学校平均

如图3－9所示，57.3%的学生认为本校教师对学校特色发展所产生的作用非常大，高于被调查学校平均29.5%的比例，可见学术类型的学校教师对特色发展的贡献得到大多数学生的认可。

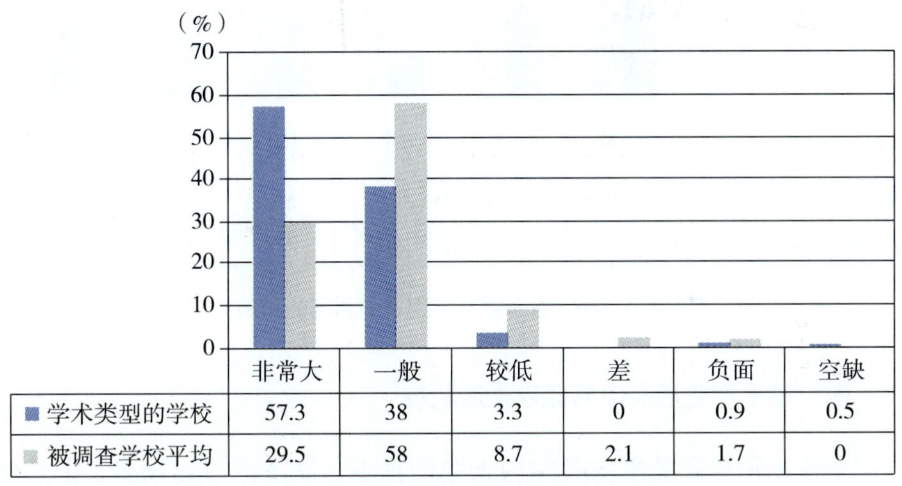

	非常大	一般	较低	差	负面	空缺
学术类型的学校	57.3	38	3.3	0	0.9	0.5
被调查学校平均	29.5	58	8.7	2.1	1.7	0

图3－9　学生评价教师对学校特色发展的影响比例

（四）教师参与培训机会不多，每年参与2次及以上的培训比例为60%

30%左右的教师参与教育心理学和通识或跨学科课程培训情况一般。如图3－10所示，教师参与学校或上级部门组织的教育心理学培训选择“一般”的比例是27.5%，而“偶尔”的比例则是26.2%；教师参与学校或上级部门组织的通识或跨学科课程培训选择“一般”的比例是31.2%，而“偶尔”的比例则是27.5%。而统计每年参与2次及以上培训的比例为60%，低于被调查学校69%的比例。可见，教师参与培训的机会不多或积极性不够。但同时，在培训的形式方面，异地学习考察的比例明显高于被调查学校平均水平。50%多的教师认为教学任务繁重是影响参加特色领域培训的主要因素，50%的教师承担或参与特色构建相关的科研课题较少，这些与被调查学校的情况类似。

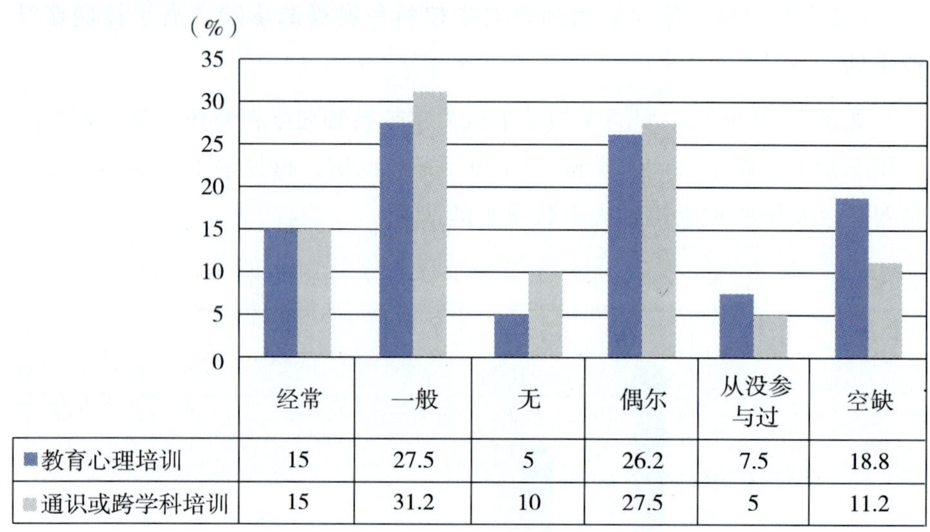

	经常	一般	无	偶尔	从没参与过	空缺
教育心理培训	15	27.5	5	26.2	7.5	18.8
通识或跨学科培训	15	31.2	10	27.5	5	11.2

图 3－10　教师参与不同类型培训的比例

四、学术型普通高中的课程资源状况

学校课程资源是本次各类调查中的重点，涉及的内容较多，主要包括：课程资源、选修课程和校本教材、课程教学和改革、教学中存在的问题、教学改革的具体措施等。通过各类问卷调查发现：在课程资源方面，60%的教师认同各类课程搭配合理和学校特色课程方案设计合理，与被调查的学校总体情况类似，但学生对学校课程资源满足学生发展需要的评价大大高于被调查学校平均；关于选修课程和校本教材方面，教师开发2门及以上校内选修课程的比例、学生选修2门及以上特色课程的比例、教师开发1门及以上校本教材的比例都高于被调查学校的平均水平，但在大部分学生选修课不使用校本教材，以及学生喜欢或不喜欢选修课程的主要因素是个人兴趣方面，学术类型的学校与被调查学校总体情况类似；关于课程教学和改革方面，80%的学生对教师课程教学方法很满意或满意的比例高出调查学校平均水平，而在选修课程教学和学习方式、教师开展课程体系和教学内容改革、教学中存在的问题、教学改革的具体措施等方面，学术类型的学校与被调查学校总体情况相似。

（一）学生对课程资源满足学生发展需要的评价大大好于被调查学校平均

60%的教师认同学校各类课程搭配合理和学校特色课程方案设计合理，与被调查学校平均水平相当。如图3－11所示，70%的学生认为学校课程资源满足学生发展需要的评价大大好于被调查学校平均水平，其中选择“是”的比例达到77.6%，是被调查学校平均水平37.7%的2倍。除了课程资源以外，关于学校能否利用图书馆、校园网、社区等资源为学生提供特色发展的平台，如图3－12所示，71.9%的学生认为很好，是被调查学校平均水平30.9%的2倍。可见，学术类型的学校的课程资源较好地满足了学生发展的需要。

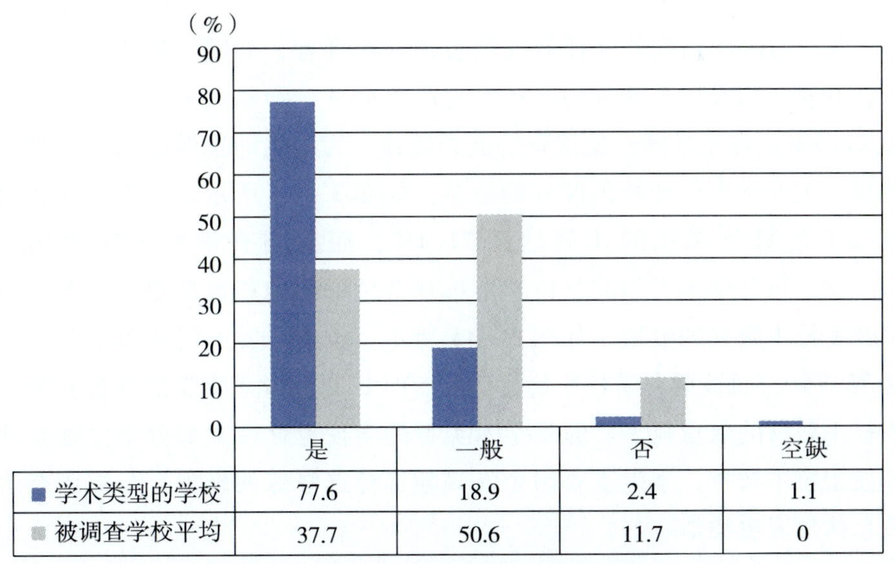

	是	一般	否	空缺
学术类型的学校	77.6	18.9	2.4	1.1
被调查学校平均	37.7	50.6	11.7	0

图3－11　学生对课程资源满足需要的评价比例

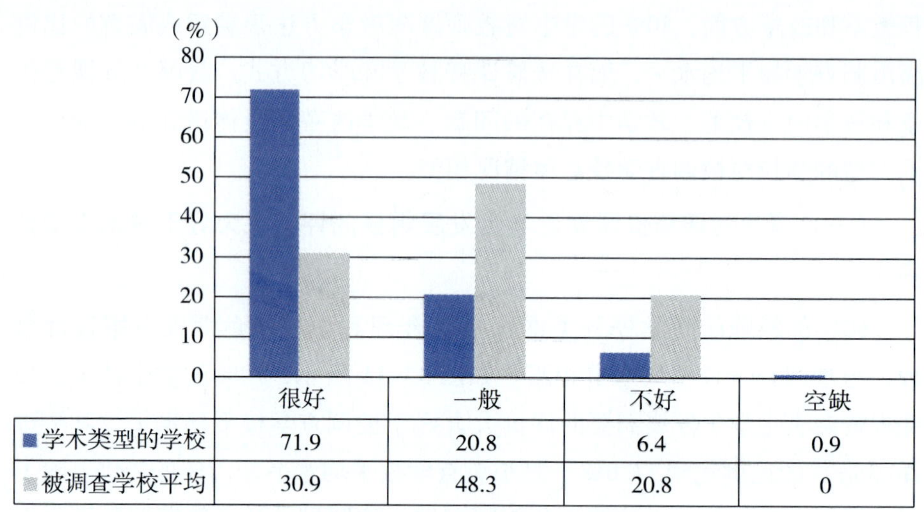

	很好	一般	不好	空缺
学术类型的学校	71.9	20.8	6.4	0.9
被调查学校平均	30.9	48.3	20.8	0

图 3－12　学生对图书馆等其他资源满足需要的评价比例

（二）教师开设选修课和开发校本教材数量的比例都好于被调查学校平均

关于教师参与设计并任教几门校内选修课程，如图 3－13 所示，教师在开发 2 门及以上课程的选择比例达到 45%，而被调查学校平均比例是 27.3%，可见教师开发课程的能力较强，为学生的选课提供了较多的选择。关于学生选择特色课程的数量，如图 3－14 所示，学生选择 2 门及以上的特色课程的比例达到 71.4%，而被调查学校平均比例是 47.8%，可见学术类型的学校学生选择特色课程的积极性更高。关于教师开发校本教材的数量，如图 3－15 所示，教师开发 1 门及以上的比例是 73.7%，而被调查学校平均比例是 50%，可见学术类型的学校教师开发校本教材的数量较多。但是学术类型的学校也存在大部分学生选修课不使用校本教材、学生主要因个人兴趣选择选修课的现象，与被调查学校总体情况也类似。

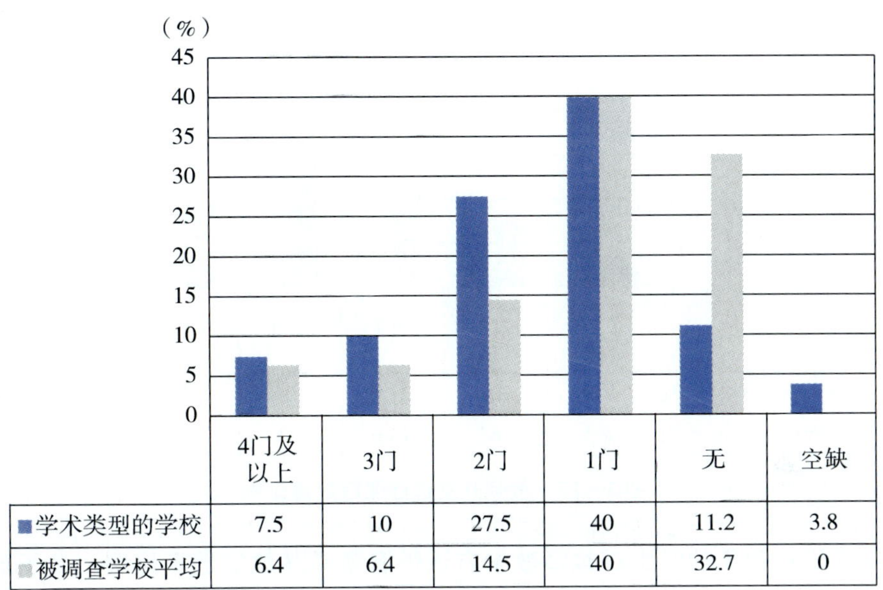

	4门及以上	3门	2门	1门	无	空缺
学术类型的学校	7.5	10	27.5	40	11.2	3.8
被调查学校平均	6.4	6.4	14.5	40	32.7	0

图 3－13　教师开发选修课程数量比例

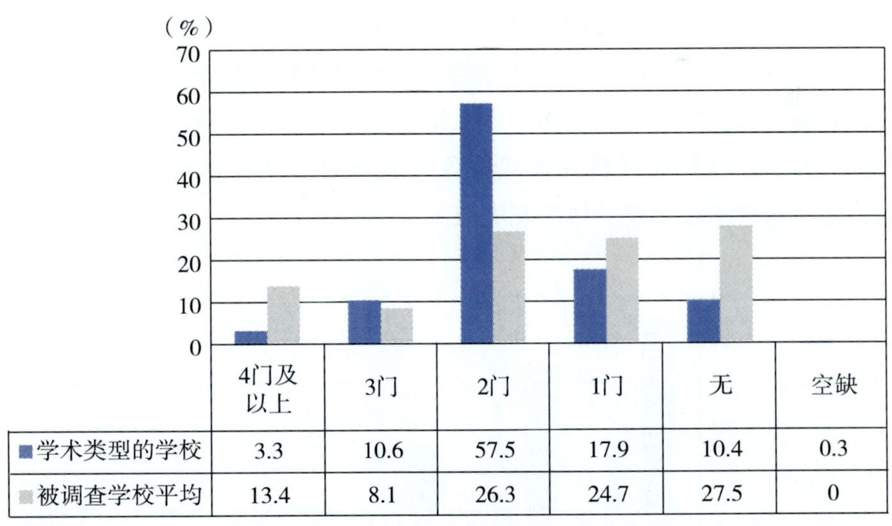

	4门及以上	3门	2门	1门	无	空缺
学术类型的学校	3.3	10.6	57.5	17.9	10.4	0.3
被调查学校平均	13.4	8.1	26.3	24.7	27.5	0

图 3－14　学生选择选修课程数量比例

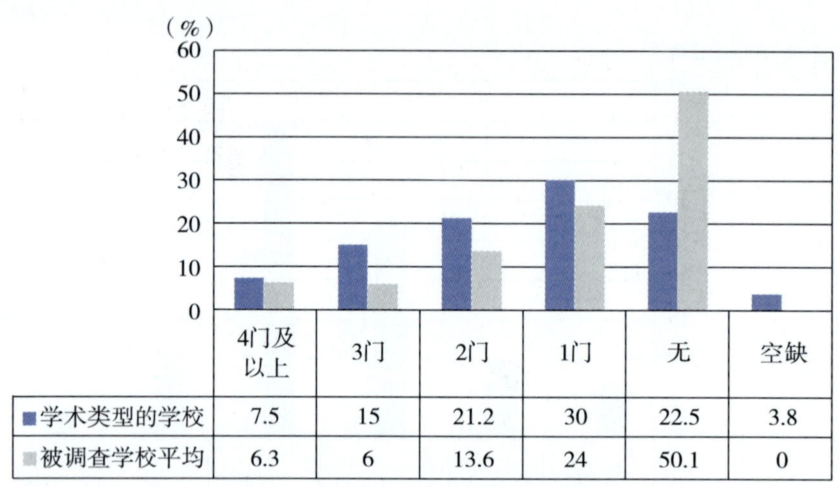

	4门及以上	3门	2门	1门	无	空缺
学术类型的学校	7.5	15	21.2	30	22.5	3.8
被调查学校平均	6.3	6	13.6	24	50.1	0

图 3－15　教师开发选修课程数量比例

（三）79%的学生对教师教学方法很满意或满意的选择比例，高于被调查学校平均

如图 3－16 所示，79% 的学生对任课教师的教学方法感到很满意或满意，而被调查学校平均比例是 56.4%，可见学术类型的学校的教师教学方法得到学生的广泛认可。而 50% 的学生喜欢的选修课程学习方式是校外实践和兴趣小组，50% 的教师和学生在特色课程学习中注重综合素质和学习方法，大部分教师在任教课程或特色领域开展了课程体系和教学内容改革，这些与被调查学校总体情况类似。

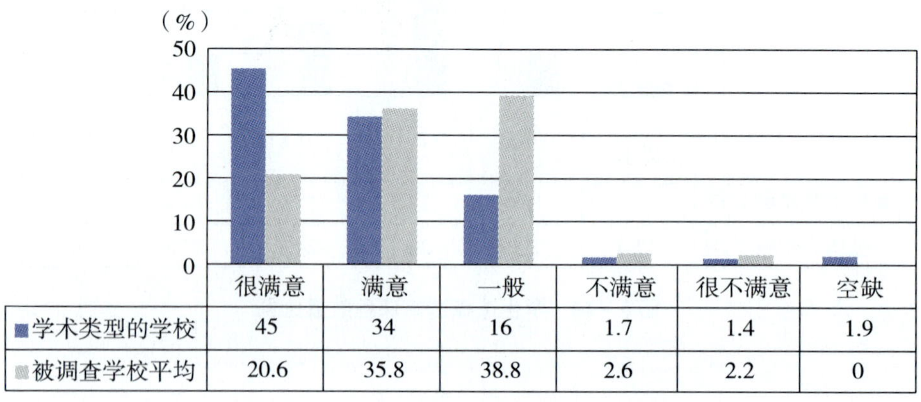

	很满意	满意	一般	不满意	很不满意	空缺
学术类型的学校	45	34	16	1.7	1.4	1.9
被调查学校平均	20.6	35.8	38.8	2.6	2.2	0

图 3－16　学生对教师教学方法的评价比例

五、学术型普通高中的校园文化软硬件建设状况

校园文化建设最能体现学校的特色，各类问卷调查涉及：文化标识和硬件建设、校园文化活动的形式和特色形成、适合学生的管理模式等。问卷统计发现：42.4%的教师认为建筑风格与特色发展贴合，而学生评价高出教师47%；近60%的学生非常愿意进行班级或学校间互动交流，48.8%的教师顾虑耽误时间；46.9%的学生认为导师制是最适合学生个性发展的管理模式，33.8%的教师则认为是学分制；49.3%的学生认为学生参加课外社会活动的量合适，而教师认为合适的比例只有33.8%。可见，在校园文化的建设上，师生还需要进一步达成共识。

（一）学生比教师更认可建筑风格与特色发展贴合，学生更愿意互动交流

如图3－17所示，42.4%的教师认为学校建筑风格与学校特色发展非常贴合或贴合，89.4%的学生认为是非常贴合或贴合，学生的评价大大高于教师的评价。如图3－18所示，关于本班同学是否愿意与其他班级或学校的老师、同学交流互动，将近60%的学生非常愿意互动交流，48.8%的教师顾虑交流会耽误学习时间。

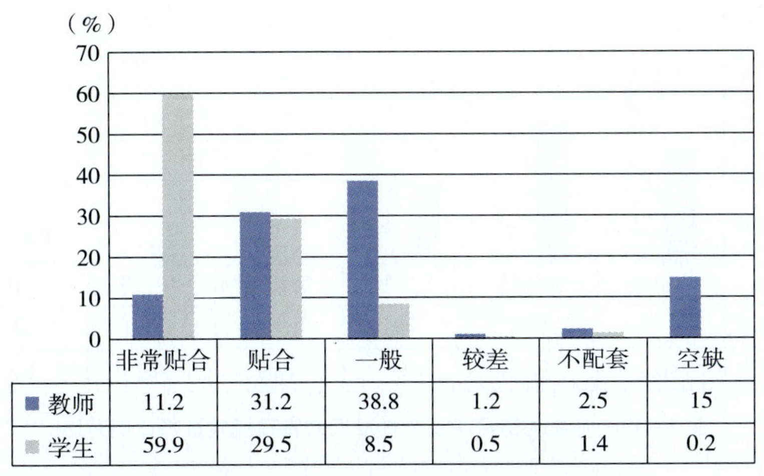

	非常贴合	贴合	一般	较差	不配套	空缺
教师	11.2	31.2	38.8	1.2	2.5	15
学生	59.9	29.5	8.5	0.5	1.4	0.2

图3－17　教师和学生对学校建筑风格评价的比例对比

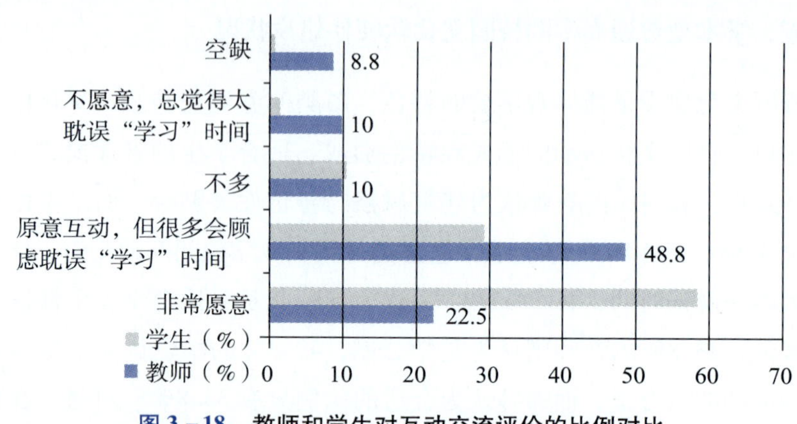

图3－18　教师和学生对互动交流评价的比例对比

（二）学生认可最适合的管理模式是导师制，49.3%的学生认为社会活动量合适

如图3－19所示，关于最适合学生个性发展的特色教育管理模式，学生选择最多的选项是“导师制”，其次是“走班制”；教师选择最多的选项是“学分制”，其次是“导师制”。如图3－20所示，关于本校学生参与课外社会活动提高学生自主管理能力的调查，49.3%的学生认为合适，教师认为合适的比例是33.8%，且教师对量多或量少存在认识分歧。

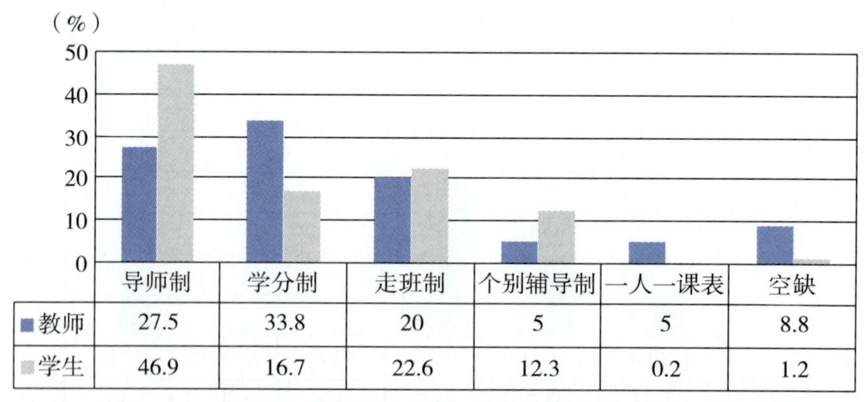

	导师制	学分制	走班制	个别辅导制	一人一课表	空缺
教师	27.5	33.8	20	5	5	8.8
学生	46.9	16.7	22.6	12.3	0.2	1.2

图3－19　师生对适合学生个性发展的管理模式选择比例对比

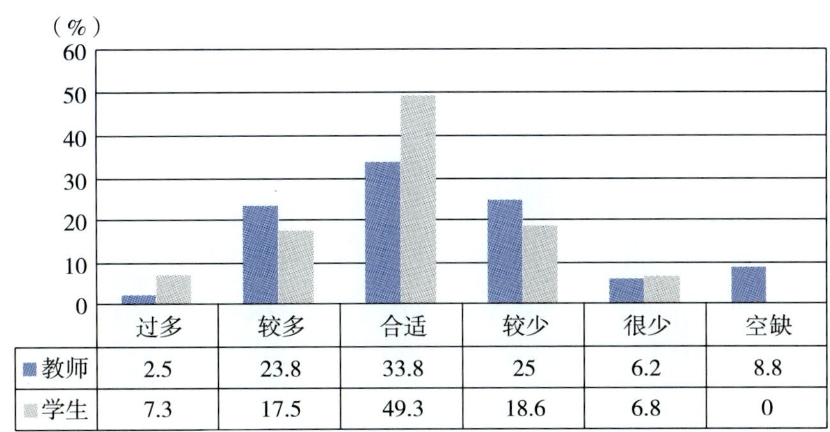

	过多	较多	合适	较少	很少	空缺
教师	2.5	23.8	33.8	25	6.2	8.8
学生	7.3	17.5	49.3	18.6	6.8	0

图 3－20　师生对学生参与社会活动量的选择比例对比

六、学术型普通高中特色发展的影响力

关于学校特色发展的影响力，各类问卷调查涉及：特色发展对学生发展的影响力、社会对本校特色及办学水平认可度等。问卷统计发现：71.4%的学生认为学校特色发展使大多数学生获得了个性发展，高于教师评价；80.9%的学生认为社会对本校特色及办学水平认可度很高，高于教师评价。

（一）71.4%的学生认为特色发展使大多数学生获得了个性发展，高于教师评价

关于学校特色发展对学生发展的影响，在学生和教师问卷中都设计了5个选项，分别是：第一，达到了全面参与的状态；第二，在所构建的特色领域，全校学生基本上人人都会；第三，量身定做，大多数学生都获得了个性发展；第四，影响较差，学生收获较少；第五，对学生的全面发展产生负面影响。如图3－21所示，学生选择最多的是“大多数学生都获得了个性发展”，其次是“达到了全面参与的状态”，上述两项比例总和是71.4%；教师选择最多的是“人人都会”和“大多数学生都获得了个性发展”，上述两项比例总和是60%。可见，学生评价大大高于教师评价。

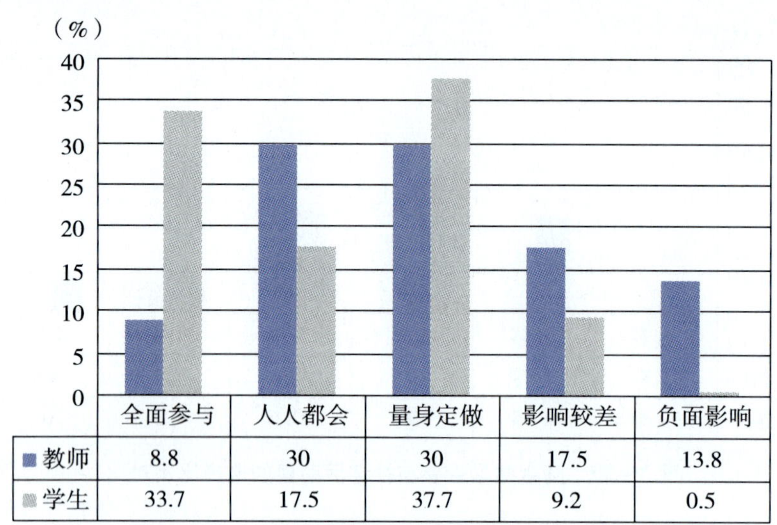

	全面参与	人人都会	量身定做	影响较差	负面影响
教师	8.8	30	30	17.5	13.8
学生	33.7	17.5	37.7	9.2	0.5

图 3－21　师生对特色发展影响的选择比例对比

（二）80.9%的学生认为社会对本校特色及办学水平认可度很高，高于教师评价

关于社会对本校特色及办学水平的认可度，如图 3－22 所示，80.9%的学生认为很高，而教师认为很高的比例接近 40%。可见，学生的评价大大高出教师的评价，学生和教师之间的选择差异很大。

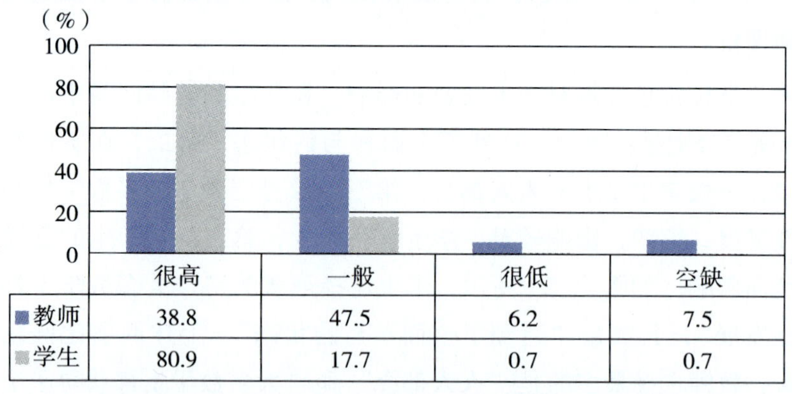

	很高	一般	很低	空缺
教师	38.8	47.5	6.2	7.5
学生	80.9	17.7	0.7	0.7

图 3－22　师生对社会认可度的评价选择比例对比

第二节　人文型普通高中调查

人文型普通高中即指以人为本、注重人文精神和人文关怀并以此作为其办学理念和特色的学校。人文型普通高中在特色发展中较为重视学校的历史、文化传统以及区域文化资源的开发与利用，具体实践中往往以德育或学校文化建设作为重点和抓手，以学校深厚而独特的人文底蕴培养和造就具有学校精神特质的人才。本次调查抽样的校长中，70%以上的校长将本校特色定位为人文型，在所有类型中占比最高。本调查根据学校自主申报的特色类型，从江苏、浙江、四川、重庆四个地区选取了6所人文型高中，对其中421位教师、910位学生以及1038位家长进行问卷调查，回收问卷全部有效。

一、人文型学校管理现状

（一）61.9%的教师认为学校特色缘于校长个人智慧和科研项目，办学理念和师资力量是师生认为影响特色发展的主要因素

调查发现，61.9%的教师认为学校特色办学模式的确定主要依靠校长个人智慧和科研项目，另外，学校的历史传统也是确定学校特色办学模式的重要初衷（见图3-23）。

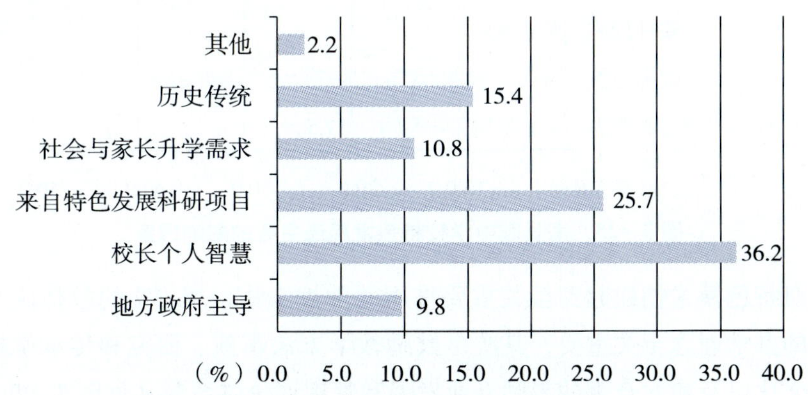

图3-23　教师对学校特色办学模式影响因素的看法

关于本校特色模式形成和发展的最重要影响因素，28.2%的教师认为办学理念是最重要的影响因素，其次是地理位置、政策环境以及办学历史等因素，而我们一向比较注重的师资队伍和学生素质因素相比较而言却显得并不那么重要。但是，42.1%的家长却认为第一影响要素还是师资力量（见图3－24、图3－25）。

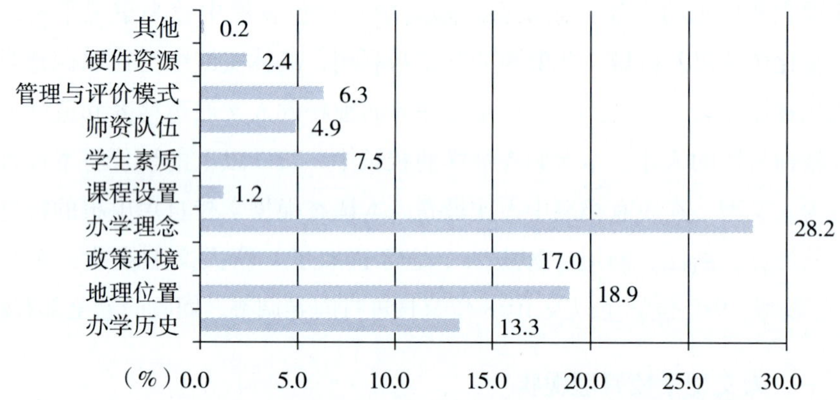

图3－24　教师眼中学校特色模式形成和发展的最重要影响因素

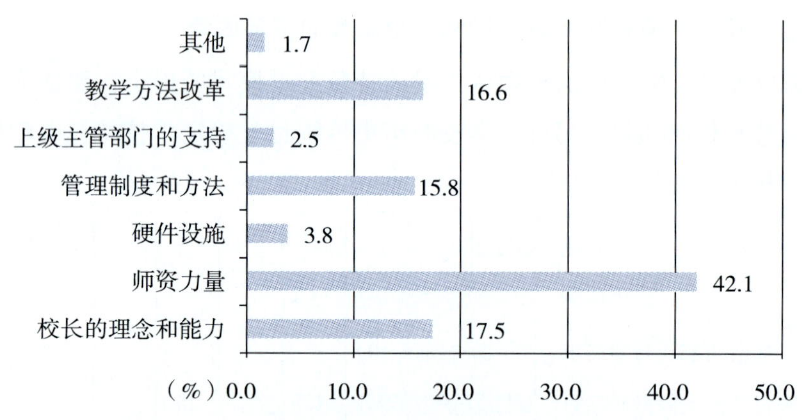

图3－25　家长眼中学校特色发展最主要的影响因素

对特色模式创建起到至关重要作用的学校工作，38.2%的教师认为确立新的办学理念至关重要，其次是鼓励教学方法革新、研究和传承学校的传统文化以及建立合理的教师专业发展和管理评价体系等（见图3－26）。

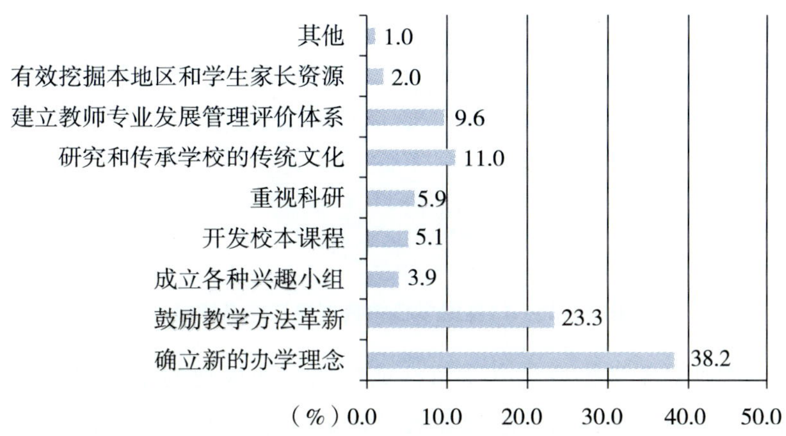

图 3－26 对特色模式创建至关重要的学校工作的认识

（二）60%左右的师生虽对学校特色建设满意度一般，但大部分师生仍普遍希望学校能够坚持特色办学或者多种特色办学

在关于特色发展模式对学校建设和发展的作用问题上，只有四成不到的教师认为特色发展模式对学校建设和发展的作用很大，而一半以上的教师认为作用一般或作用很小，甚至认为对学校建设和发展毫无作用。学生对学校特色创建工作的满意度不是很高，只有 32.7% 的学生表示非常满意，近七成学生表示满意度为一般或不满意（见图 3－27、图 3－28）。

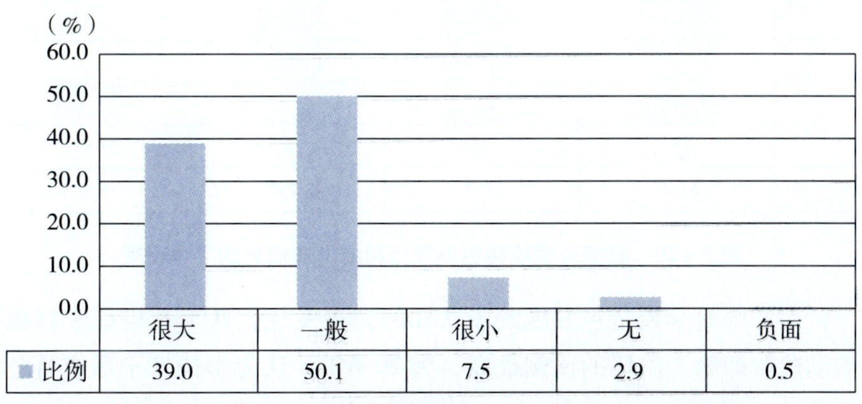

	很大	一般	很小	无	负面
比例	39.0	50.1	7.5	2.9	0.5

图 3－27 教师关于特色发展模式对学校建设和发展的作用

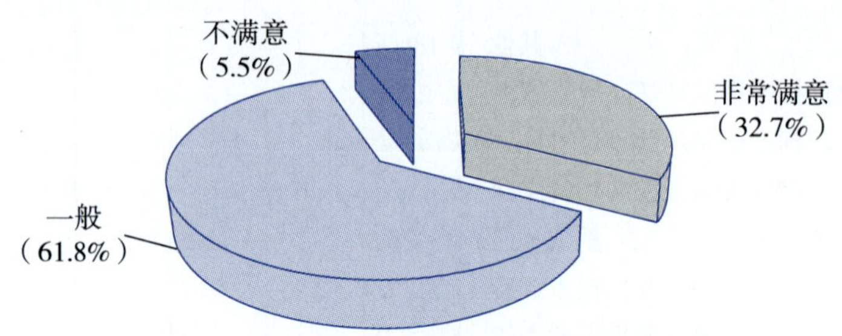

图 3－28　学生对学校特色创建工作满意度

关于教师对于学校特色办学目标或特色发展规划的了解和参与程度，调查发现，只有四成左右的教师表示了解学校特色办学目标或特色发展程度，说明校务公开程度不够，或者说教师对于学校工作的参与程度不够，甚至有二成左右的教师对于学校特色办学目标或特色发展规划毫不知情。这很不利于学校教育教学工作的开展以及教师专业化发展（见图 3－29）。

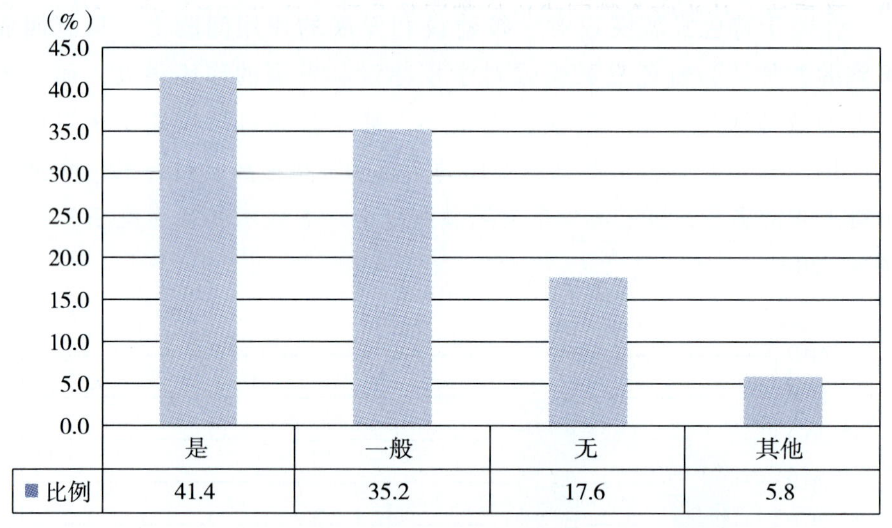

	是	一般	无	其他
比例	41.4	35.2	17.6	5.8

图 3－29　教师对学校特色办学目标或发展规划的了解程度

针对教师对学校特色发展阶段认知的调查发现，认为学校处于特色项目启动阶段即第二阶段的比例最高，为 29.6%；认为学校处于形成特色模式阶段的比例其次，为 25.9%；而成效得到学生、教师、家长及社会认同阶段占比 12.7%，说明教师对学校特色发展阶段的认识很模糊，或者说不同学校特色发展进程很不一致（见图 3－30）。

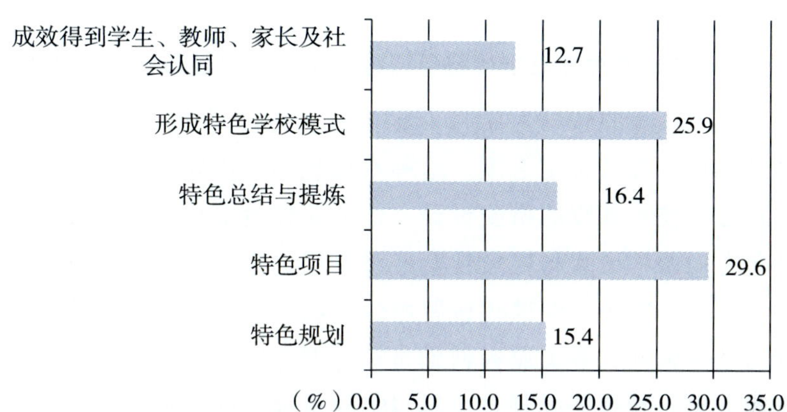

图 3－30　教师对学校特色发展阶段的认识

关于是否赞同学校增加另外一种或多种特色办学的观点，师生基本达成一致看法，认为完全赞同或比较赞同的分别占比 68. 3%、62. 5%，也就是说，六七成师生普遍希望学校能够坚持特色办学或者多种特色办学（见图 3－31）。

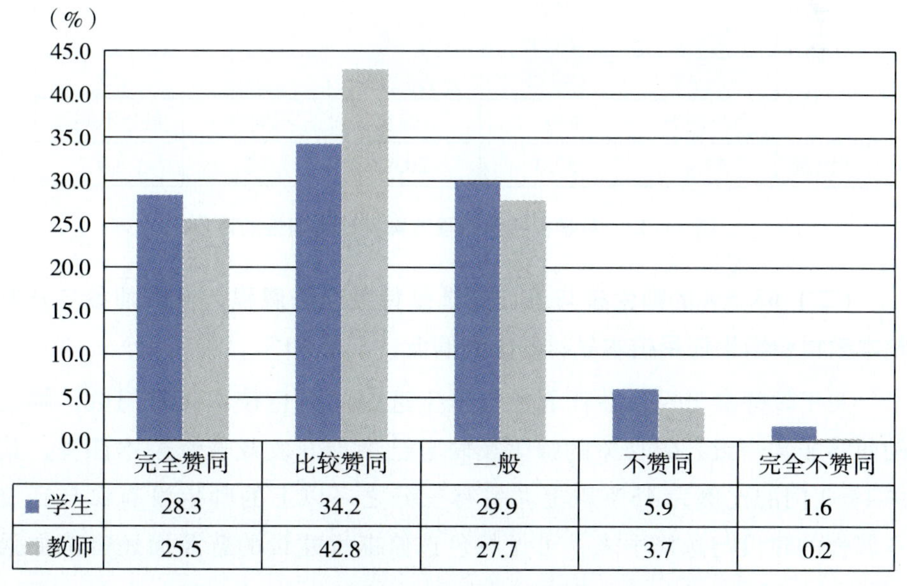

	完全赞同	比较赞同	一般	不赞同	完全不赞同
学生	28.3	34.2	29.9	5.9	1.6
教师	25.5	42.8	27.7	3.7	0.2

图 3－31　对学校增加另外一种或多种特色办学的看法

二、人文型学校课程资源状况

（一）74.4%的教师对学校特色课程设置的合理性和科学性持肯定态度

三分之二以上的教师对学校课程设置（教学计划与选课系统安排）的合理性和科学性持肯定态度。这种看法包括对国家课程、国家课程校本化、地方及校本课程的搭配设计、各类课程设置与高校专业的对接情况、特色方向课程设置与区域社会经济发展的需求、特色方向课程设置与家长的诉求、特色方向课程设置与学生的个性化需求、各类课程设置前后衔接的逻辑性、各类课程特别是选修课课时安排等方面。关于学校特色课程方案非常合理的观点，74.4%的教师持同意或完全同意的态度（见图3－32）。

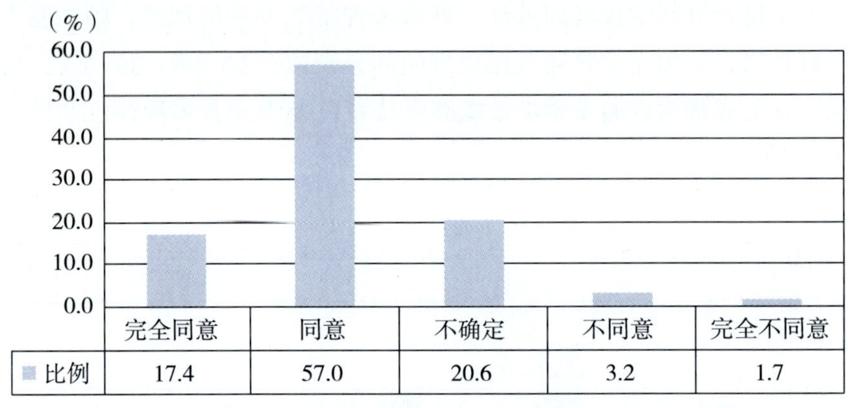

	完全同意	同意	不确定	不同意	完全不同意
比例	17.4	57.0	20.6	3.2	1.7

图3－32　对学校特色课程方案设计合理性的评价

（二）63.5%的师生参与设计或选修特色选修课程，但教师参与开发校本教材和学生使用校本教材的比例偏低，不足50%

关于教师参与设计并任教的与学生选修的特色校本课程门数，师生的回答非常一致，63.5%的师生反映自己参与开发或选修校本课程，其中1—2门的比例为45%以上。另有三分之一以上的师生没有参与到校本课程的建设与选修中来，可见特色选修课程建设的普及面还有待加强（见图3－33）。

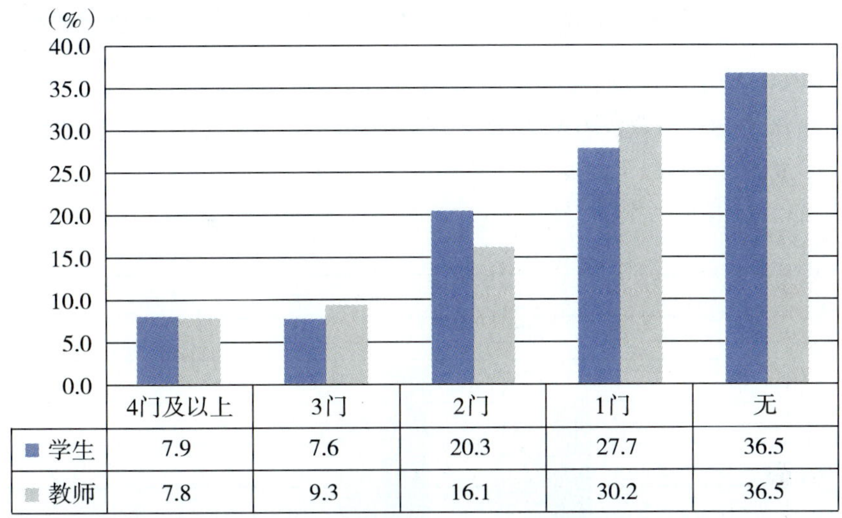

	4门及以上	3门	2门	1门	无
■ 学生	7.9	7.6	20.3	27.7	36.5
■ 教师	7.8	9.3	16.1	30.2	36.5

图 3－33　教师参与设计并任教的与学生选修的校本课程门数比例

关于教师参与开发和编写的、学生选修课程使用的特色校本教材的本数，62.1%的教师反映没有参与校本教材的开发和编写，大大高于被调查学校的平均比例（32.7%）；51.1%的学生反映没有使用本校教师开发的校本教材，大大高于被调查学校的平均比例（27.5%）。可见，人文型学校校本教材的开发与使用状况不容乐观（见图 3－34）。

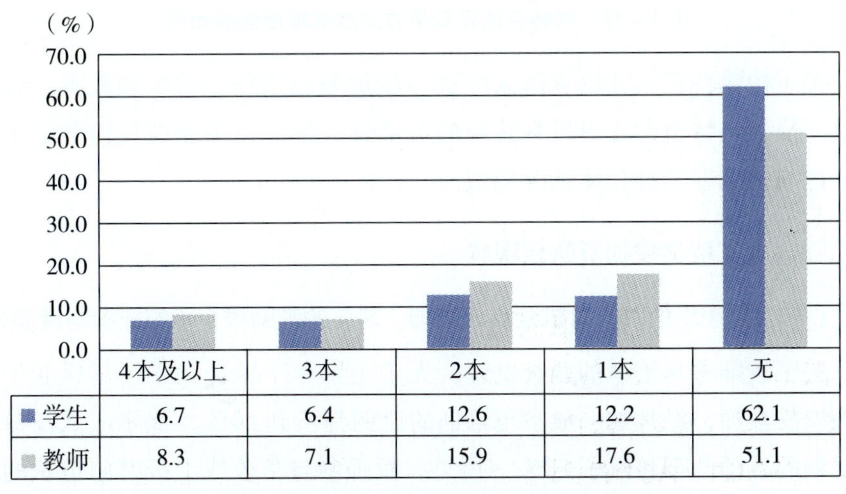

	4本及以上	3本	2本	1本	无
■ 学生	6.7	6.4	12.6	12.2	62.1
■ 教师	8.3	7.1	15.9	17.6	51.1

图 3－34　教师参与开发和编写的校本教材本数比例

（三）60%左右的教师和学生对特色课程教学方法感到满意或很满意

师生对特色课程教学方法的满意度基本保持一致，即，教师为 58.9%，学生为 55.7%。可见，在教育教学方法的改进上，人文型学校仍有提升的需要（见图 3－35）。

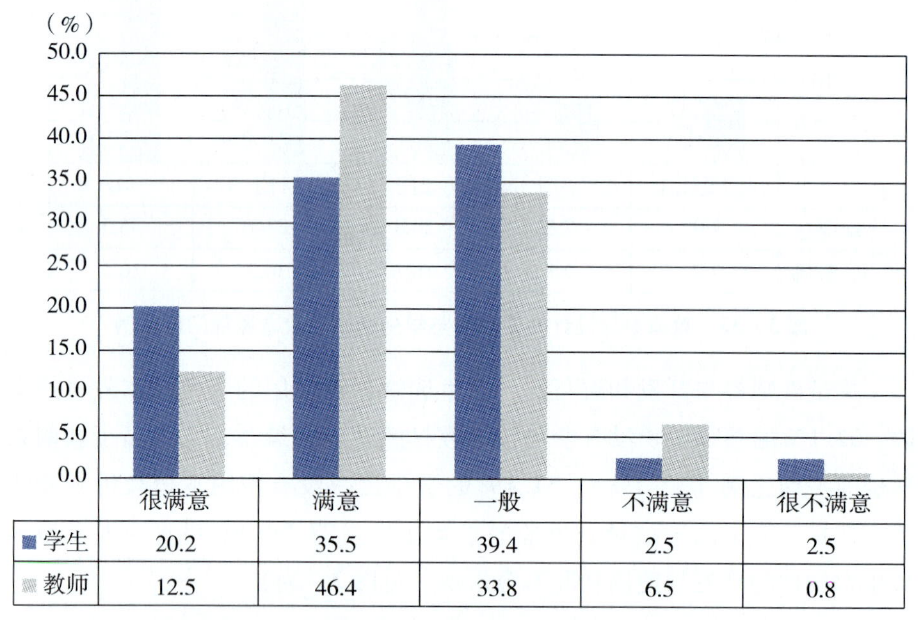

	很满意	满意	一般	不满意	很不满意
学生	20.2	35.5	39.4	2.5	2.5
教师	12.5	46.4	33.8	6.5	0.8

图 3－35　对特色课程教学方法的满意度选择比例

关于构建特色人才培养体系应进一步加强的工作，学生和教师一致认为第一位的是特色课程设置和选择的灵活性，第二位的是课程内容的丰富性。这与被调查学校总体情况类似。

三、人文型学校师资队伍现状

（一）近 50%的教师有机会参与培训，70%的教师很少承担或参与课题研究

关于教师参与培训的调查发现，无论是毕业于综合大学还是毕业于师范院校的教师，经常或一般参与培训的比例都不到 50%，偶尔或从没参与过培训的教师却都超过了 50%，可见，教师参与学校或上级部门组织的培训机会不多（见图 3－36）。

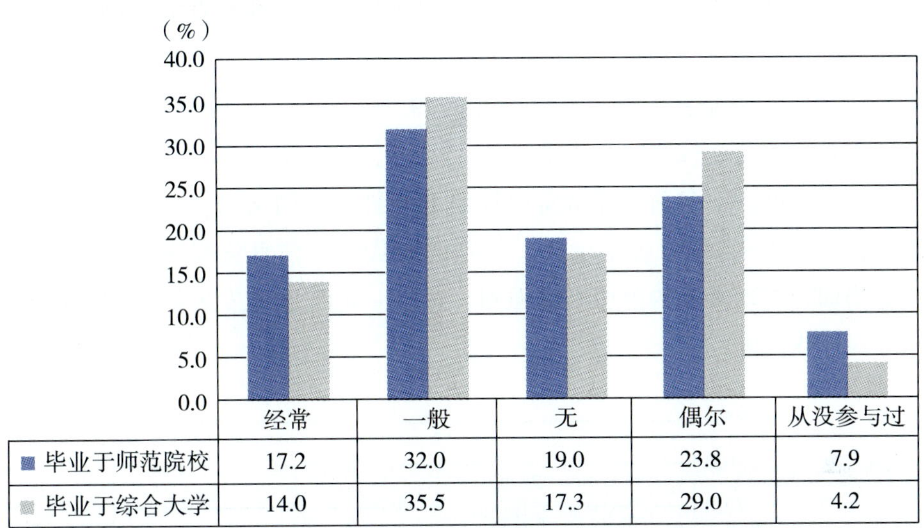

	经常	一般	无	偶尔	从没参与过
■ 毕业于师范院校	17.2	32.0	19.0	23.8	7.9
■ 毕业于综合大学	14.0	35.5	17.3	29.0	4.2

图3－36 教师参与学校或上级部门组织的培训比例

影响教师参加培训的因素很多，经调查发现，最主要的因素是教学或行政事务繁多，精力有限（见图3－37）。建议学校或上级部门能切实给教师“减负”，包括教学负担和经济负担；同时，努力给教师提供或创造更多的培训机会，妥善安排，保证教师的培训时间；再就是学校要重视、支持特色培训，加强特色师资力量；注重特色培训内容的针对性和形式的丰富多样性，大力提高培训质量和成效。

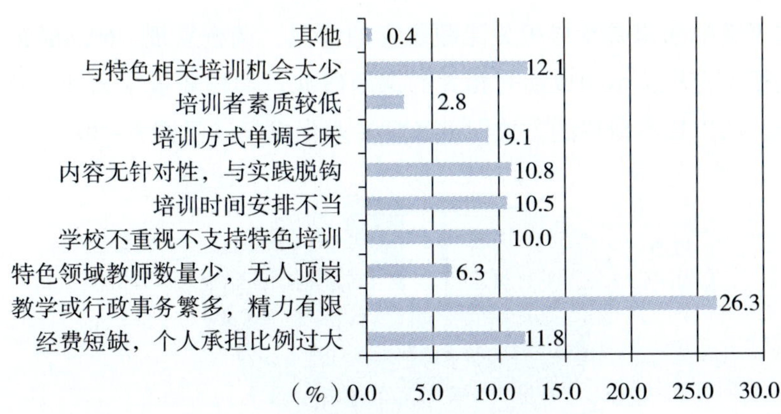

图3－37 影响教师参加培训的因素选择比例

关于教师的培训方式，调查发现，在教师接受过的培训方式中，参与研讨会的比例最高，接近30.0%，其次是师徒结对制和专家讲座形式，各占21.4%，再就是异地学习考察，占比19.1%。这些都是比较传统的教师培训方式，由于比较费时费力费经费，因而会在一定程度上限制教师培训的规模和力度。而目前最经济实用且信息量最大的网络培训方式，最不受重视，只占比9.2%，说明学校、教师的现代化、信息化程度很低，教师自主培训、主动发展的愿望不够强烈，存在一定程度的发展依赖和职业惰性（见图3－38）。

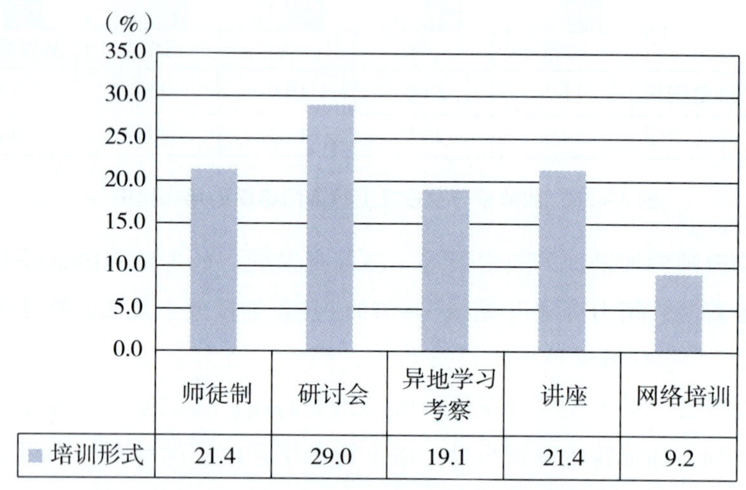

图3－38　教师接受过的培训形式选择比例

关于教师承担或参与相关课题研究的情况，调查发现，69.4%的教师没有或很少有机会承担或参与相关的课题研究。学校要重视和加强这方面的工作，或以校本研修的方式促进教师专业化成长（见图3－39）。

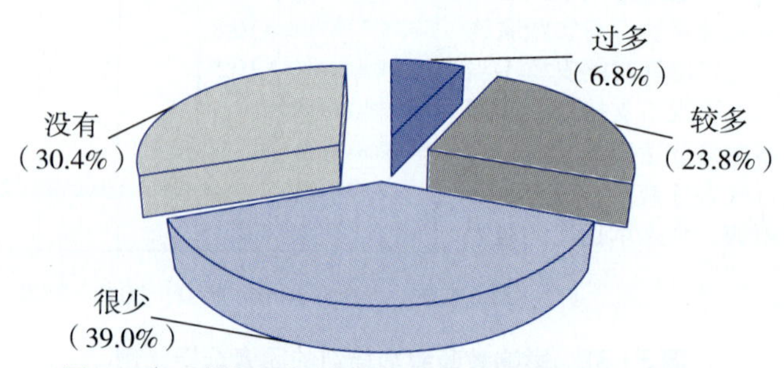

图3－39　教师承担或参与特色构建课题研究的比例

（二）学校特色教师数量基本能够满足特色教学需要，但质量和整体水平不高阻碍了学校的特色发展

关于学校特色教师的数量能否满足特色教学的需要，调查发现，虽然有 86.7% 的学生认为学校特色教师数量能够满足或基本满足特色教学需要，但 54.7% 的学生只是认为基本满足，而且仍然有 13.3% 的学生认为不能满足，因此，学校还要努力加强特色师资队伍建设（见图 3－40）。

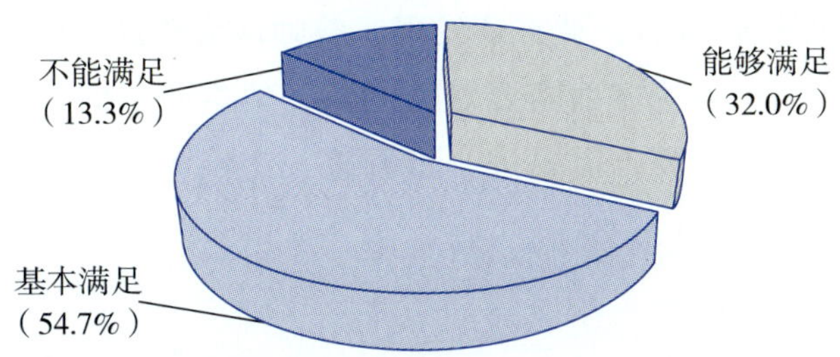

图 3－40　学校特色教师数量满足特色教学需要的选择比例

关于学校特色方向教师队伍的质量和整体水平的评价，调查发现，教师认为学校特色方向教师队伍的整体水平高或非常高的只占教师比例的 41.7%，而 52.1% 的教师认为本校特色师资的整体水平一般，这就为学校特色发展设置了很大障碍。而从学生的评价来看，50.1% 的学生认为学校特色选修课程教师的整体教学水平高或非常高，近一半学生认为一般或较低及以下水平，可见，特色选修课程的师资水平有待提高（见图 3－41）。

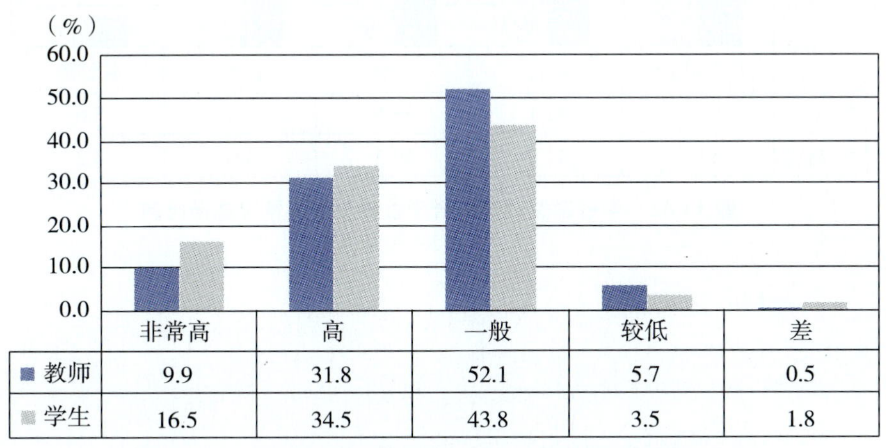

	非常高	高	一般	较低	差
教师	9.9	31.8	52.1	5.7	0.5
学生	16.5	34.5	43.8	3.5	1.8

图 3－41　学校特色选修课程教师的整体教学水平选择比例

四、人文型学校校园文化建设状况

（一）大部分师生认可学校建筑风格贴合学校特色发展度，但建筑风格的活泼度以及特色课程活动场所仍需改进

调查发现，只有55.9%的学生认为学校建筑风格贴合或非常贴合学校特色发展，53.5%的教师持同样态度，可见，大部分师生认可学校的建筑风格（见图3－42）。调查还发现，教师认为建筑风格活泼度以及特色课程活动场所凸显等方面需要着力调整，学生同意前者的同时，认为建筑色彩协调也很重要，需要进一步调整。比较而言，学生更关注外在的东西（见图3－43）。

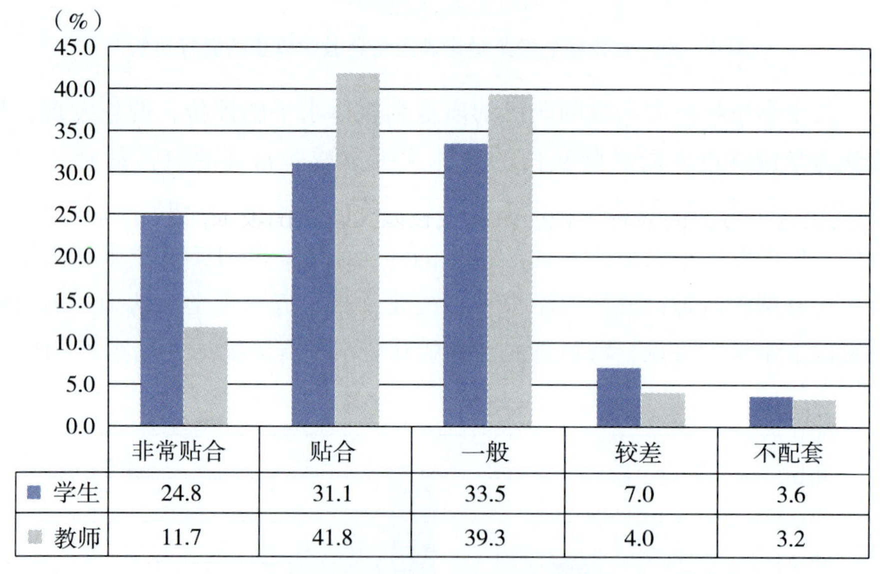

	非常贴合	贴合	一般	较差	不配套
学生	24.8	31.1	33.5	7.0	3.6
教师	11.7	41.8	39.3	4.0	3.2

图3－42　学校建筑风格贴合学校特色发展情况选择比例

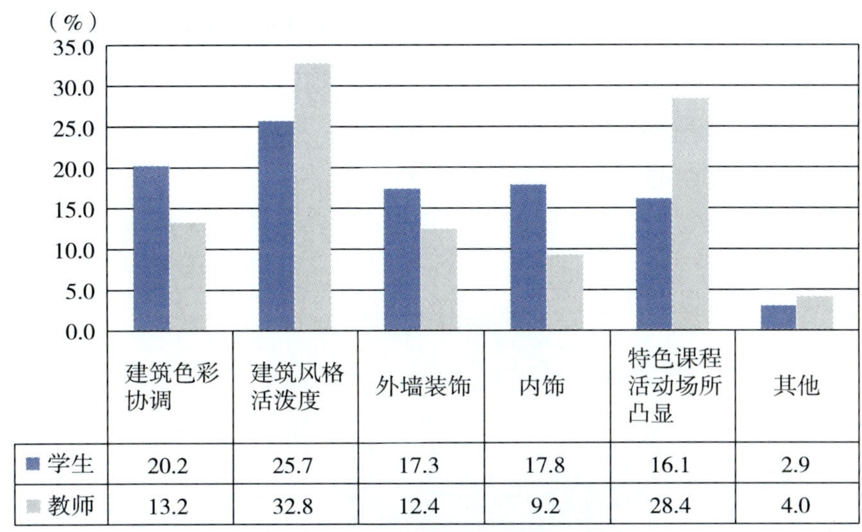

	建筑色彩协调	建筑风格活泼度	外墙装饰	内饰	特色课程活动场所凸显	其他
学生	20.2	25.7	17.3	17.8	16.1	2.9
教师	13.2	32.8	12.4	9.2	28.4	4.0

图 3-43　对学校建筑风格调整的看法

（二）76.5%的学生愿意与其他班级或学校的老师、学生交流互动

调查发现，76.5%的学生表示愿意与其他班级或学校的老师、学生交流互动，而且84.4%的教师也对此持肯定态度，甚至比学生自己还更认可他们在这一方面的表现，说明班级或校园文化氛围较浓郁（见图3-44）。

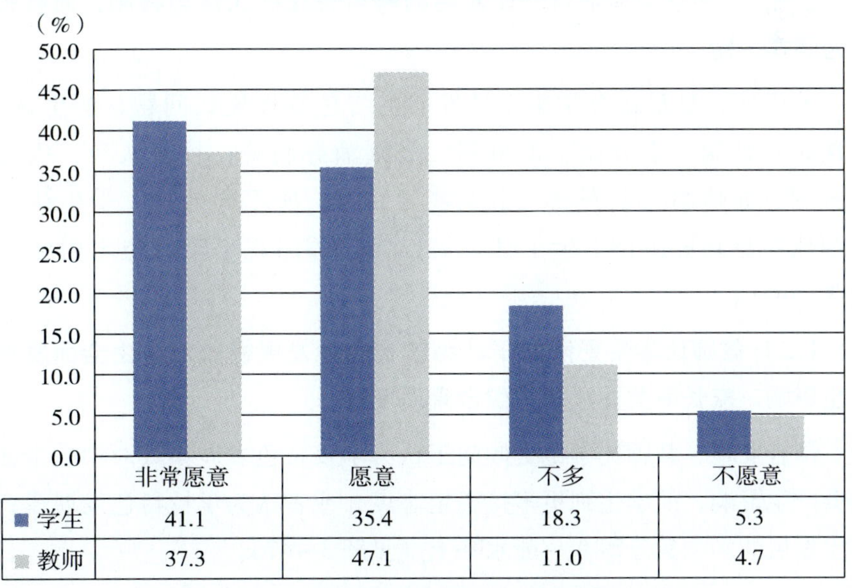

	非常愿意	愿意	不多	不愿意
学生	41.1	35.4	18.3	5.3
教师	37.3	47.1	11.0	4.7

图 3-44　学生与其他班级或学校的老师、同学互动情况

（三）校园文化建设还有待进一步挖掘本校传统特色元素

调查发现，只有34.7%的学生认为校园文化中很充分地挖掘了本校传统特色元素，大部分学生认为挖掘情况一般，更有9.9%的学生认为挖掘不充分（见图3-45）。

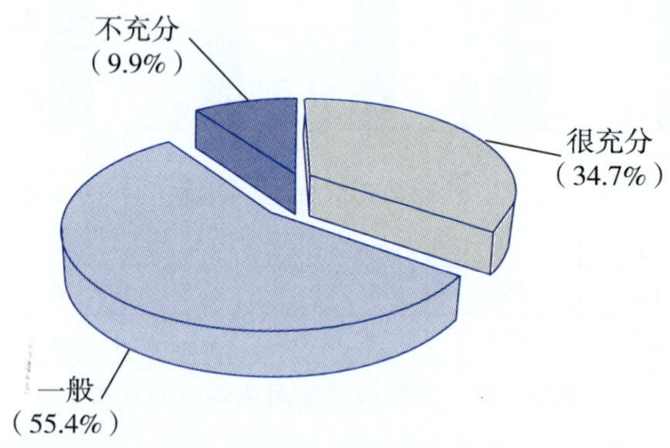

图3-45　学生对于校园文化建设中挖掘本校传统特色元素情况的看法

五、人文型学校学生发展状况

（一）学生认为最适合个性发展的特色管理模式是导师制，而教师却认为是学分制

关于什么是最适合学生个性发展的特色管理模式问题，学生认为，依次是导师制、学分制、走班制、个别辅导制等；教师认为，依次是学分制、导师制、走班制、个别辅导制等。所不同的是，学生认为导师制比学分制更适合学生个性发展，而教师的观点正好与之相反（见图3-46）。

（二）教师比学生更倾向于认为学校特色发展模式对学生全面发展会产生影响，家长最关注孩子的综合素质发展

调查发现，教师比学生更倾向于认为学校特色发展模式对学生全面发展会产生影响，而学生则更多持否定态度，或者认为学校特色发展模式对学生发展的影响只停留在一般水平上（见图3-47）。

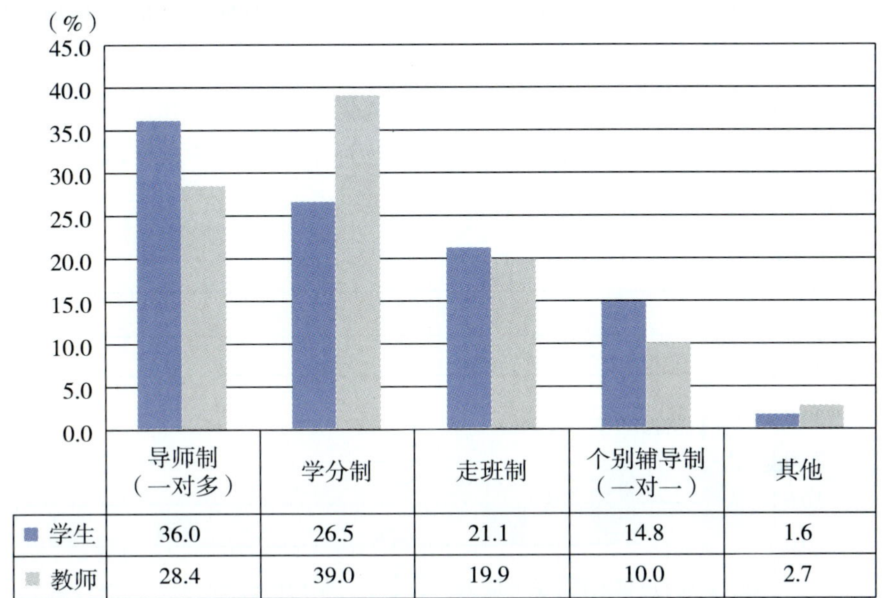

	导师制（一对多）	学分制	走班制	个别辅导制（一对一）	其他
学生	36.0	26.5	21.1	14.8	1.6
教师	28.4	39.0	19.9	10.0	2.7

图 3－46　适合学生个性发展的特色管理模式

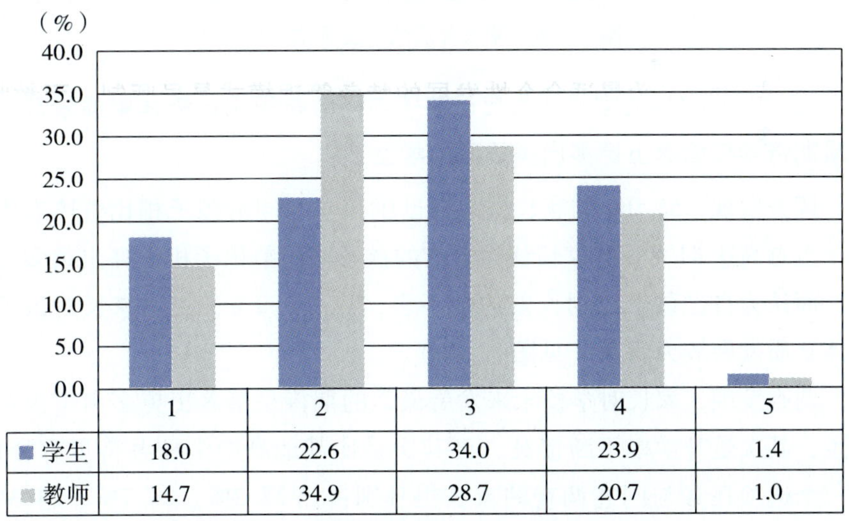

	1	2	3	4	5
学生	18.0	22.6	34.0	23.9	1.4
教师	14.7	34.9	28.7	20.7	1.0

图 3－47　学校特色发展模式对学生全面发展的影响

（注：图中序号分别代表：1. 达到了全面参与的状态；2. 在所构建的特色领域，全校学生基本上人人都会；3. 量身定做，大多数学生都获得了个性发展；4. 影响较差，学生收获较少；5. 对学生的全面发展产生负面影响）

调查发现，52.4%的家长表示，通过三年的高中教育，最关注孩子综合素质的提高，然后依次是道德品质、学习能力、学习成绩、身体素质、动手实践能力、某种特长等方面的发展。尤其不重视孩子在高中阶段发展特长，可见，家长对孩子高中阶段的发展目标不同于义务教育阶段（见图3－48）。

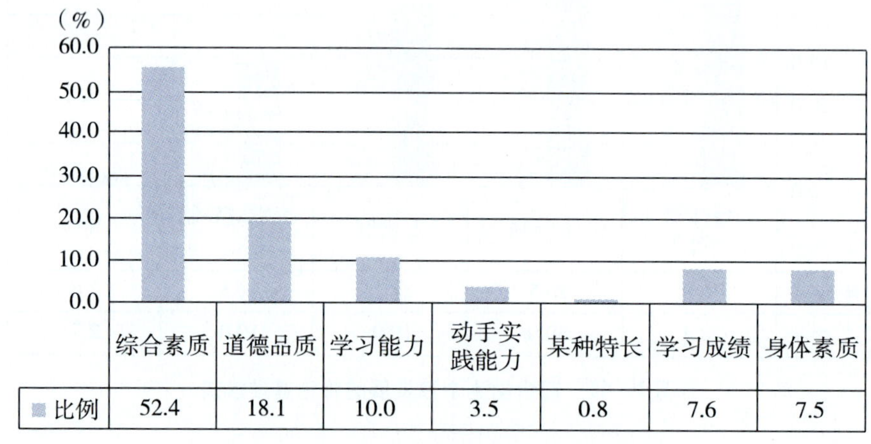

	综合素质	道德品质	学习能力	动手实践能力	某种特长	学习成绩	身体素质
比例	52.4	18.1	10.0	3.5	0.8	7.6	7.5

图3－48　家长关注的学生素质与能力

（三）41.80%的家长认为自己孩子与同龄孩子相比整体素质较高，家长最期待学校培养出更多出类拔萃的学生

调查发现，55.0%的家长认为自己的孩子与同龄孩子相比整体素质相当，也有高达41.8%的家长认为自己的孩子与同龄孩子相比高出很多或一些，而认为自己孩子比别人差的却不多，只占3.2%，说明家长对孩子的整体素质发展较为满意（见图3－49）。

调查发现，家长对学校未来发展最大的期待是培养出更多出类拔萃的学生，其次是升学率不断提高，再其次是比其他高中学校办得更有特色，这三个选项在参与问卷调查的家长中分别占比27.2%、24.7%、24.3%。可见，家长的认识在逐渐趋于理性（见图3－50）。

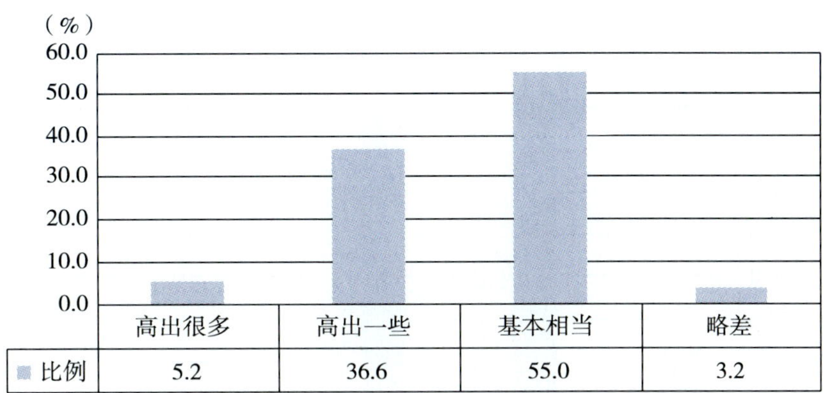

	高出很多	高出一些	基本相当	略差
比例	5.2	36.6	55.0	3.2

图 3－49 孩子的整体素质与同龄孩子比较

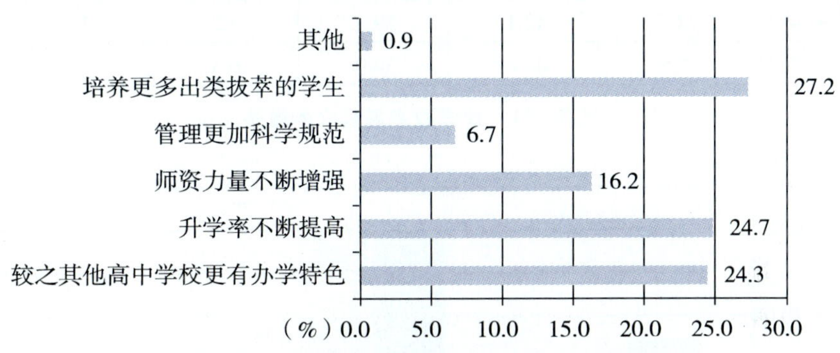

图 3－50 家长对学校未来发展最大的期待

六、人文型学校特色发展的评价

（一）虽然半数以上的师生都比较认可自己所在学校，但不如社会评价高

关于学校在本地区普通高中范围内处于哪一层次的问题，超过一半的师生都认为自己任教或就读的学校属于本地区最好或比较好的高中学校，很少有人认为自己学校比较差或属于最差的学校（见图 3－51）。调查还发现，在师生眼里，认为社会对本校特色发展模式及办学水平认可度一般分别占六成左右，比师生自我评价的占比要高（见图 3－52）。

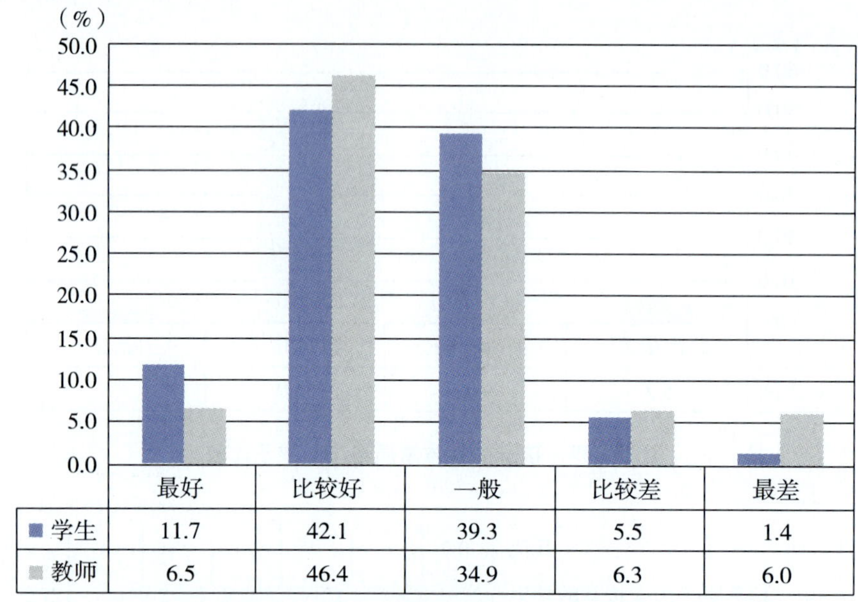

	最好	比较好	一般	比较差	最差
学生	11.7	42.1	39.3	5.5	1.4
教师	6.5	46.4	34.9	6.3	6.0

图 3－51　对学校发展层次的看法

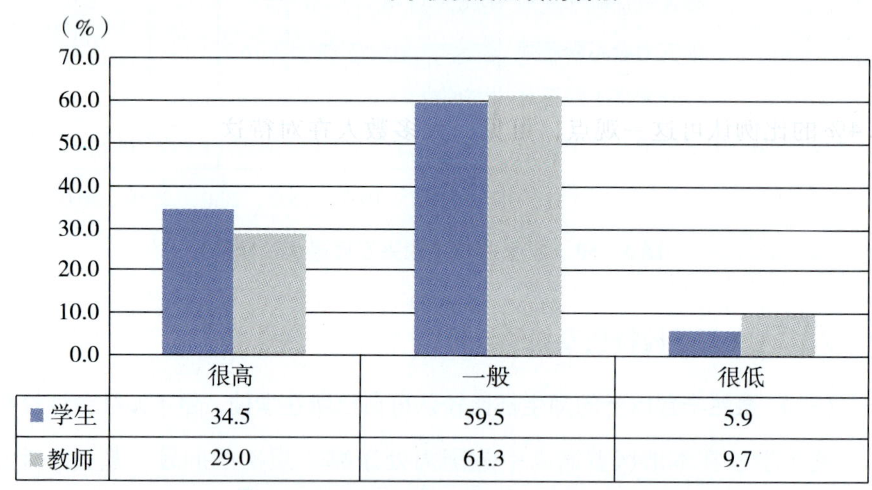

	很高	一般	很低
学生	34.5	59.5	5.9
教师	29.0	61.3	9.7

图 3－52　社会对学校特色发展模式及办学水平的认可度

（二）家长比较认同孩子所在学校的办学水平和办学特色

调查发现，47.3%的家长认为孩子所在学校与其他同类学校相比好很多或好一些，认为基本相当的，占比38.2%，认为略差的只占比14.4%，说明家长还是比较认同孩子所在学校的办学水平和办学特色（见图3－53）。

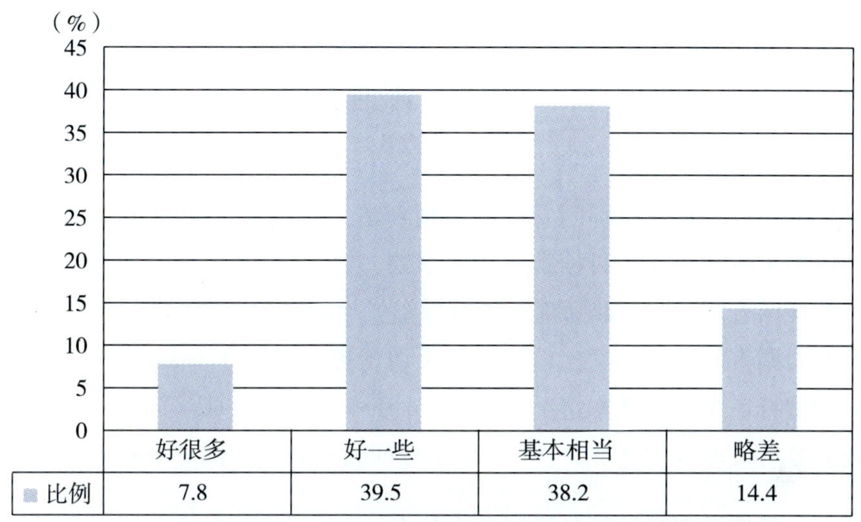

	好很多	好一些	基本相当	略差
比例	7.8	39.5	38.2	14.4

图 3－53　家长对孩子所在学校与其他同类学校比较的评价

（三）大多数师生不赞同学校特色发展会降低高考升学率这一观点

调查发现，虽然教师比学生更认可学校特色发展会降低高考升学率这一观点，但只有 32. 8% 的教师持比较赞同或完全赞同态度；而学生中只有 19. 4% 的比例认可这一观点，可见，大多数人在对待这一问题上还是持否定态度（见图 3－54）。

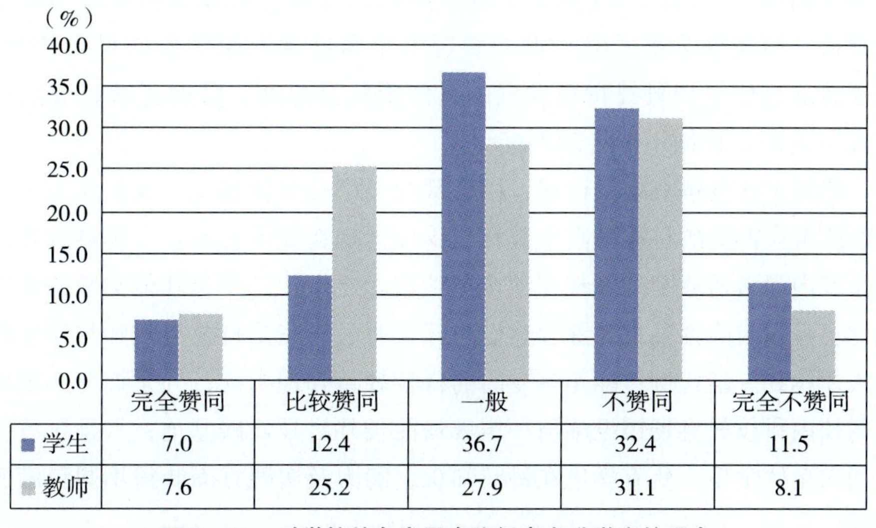

	完全赞同	比较赞同	一般	不赞同	完全不赞同
学生	7.0	12.4	36.7	32.4	11.5
教师	7.6	25.2	27.9	31.1	8.1

图 3－54　对学校特色发展会降低高考升学率的观点

第三节　科技型普通高中调查

根据学校自荐及教师问卷中的类型判断，课题组选择湖北、江苏、重庆三地的4所学校作为科技类型特色学校，对上述4所学校的《普通高中特色发展调查问卷》（教师篇、校领导篇）和其中3所学校的《普通高中特色发展调查问卷——学生篇》及相关访谈资料进行了分析，进一步探寻科技类型特色学校的基本情况。其中，4所学校回收校领导问卷4份，4所学校回收有效教师问卷275份，3所学校回收有效学生问卷600份。

一、科技类型学校特色发展基本特点

什么是科技型高中，或者说在高中教育中，学校的科技特色指的是什么？目前没有统一的概念。但在实践层面，学校介绍自身科技特色发展一般会从理念、管理、课程、师资队伍、硬件设施及学生发展方面综合展开。例如，长春市第四十七中学在《用科技特色引领学校全面发展》一文中，从明确科技特色办学之路、科技课程开发和建设推进学校课程全面改革、科技人才队伍引领教师团队发展、科技活动促进学校德育建设、科技馆丰富了学校课程资源五个角度来介绍学校的科技特色。至于普通高中学校科技特色发展的具体指标及标准，目前还缺乏专门的研究与论证，我们不能主观判断。

依据上述基本概念及论述，结合部分高中的具体特点，我们认为，理想的或者说典型的科技型高中教育至少应体现在如下方面：一是科技教育理念或内涵渗透或明确体现在学校办学理念之中；二是与其他类别的课程相比，显性与隐性科技类课程建设与开发明显；三是科技类教师与校外科技人才达到一定比例；四是有专门的科技教育管理机构；五是拥有一定规模的校内科技教育场馆设施与一定数量的校外科技实践基地；六是科技教育面向全体学生，所有学生在科技知识、能力及实践方面获得不同程度的发展。

（一）科技类学校的办学理念、师资队伍、课程与教材开发特色明显

实践中，4 所学校在上述科技类特色方面均有不同程度的探索。例如，湖北 B 校特色如下：以为学生构建多元化发展立交桥为思想指导，以机器人控制技术、航天航海模型研制、电子信息、新能源应用、环境监测等现代科学技术为教学载体，使学生在科学实践过程中，巩固数、理、化及其他人文基础学科的理论知识，拓宽视野，真正学会思考问题，创造性地解决问题，形成以扎实的基础理论教学与实验实践活动相结合的科研育人的特色。在科技特色校本课程方面，开设了机器人控制技术、航模研制、光伏发电及控制、土质水质分析、影视剧制作、动漫制作等课程。在机构设置方面，设有实践育人研究室，该研究室下设技术设计室、技术实践室、电子实验室、水土质分析实验室、光伏实验室、机器人竞技培训室。

又如，江苏 E 校在“依法治校、特色立校、质量强校”的办学思路指导下，以“特色办学，追求卓越”为办学理念，沉淀学校文化，促进内涵发展，提升办学品质。该校确立“以生态环保为重点的科技教育”作为学校的办学特色，成立科技教育领导小组，制定科技教育规章制度。在师资队伍方面，学校有一批市级学科教改带头人、学科学术带头人和教坛新秀以上骨干教师。近年来，每年有 1—2 名教师被评为江苏省科技教育先进个人，每年有多名教师被评为市级优秀科技辅导员。此外，学校采用“请进来，走出去”的方式强化专家引领，加强校际交流。如先后邀请南京大学等专家学者来校讲学，公派教师先后赴加拿大、英国、美国等进修。在教材开发方面，学校利用校内外资源开发了《盛泽丝绸文化》、《环境问题与可持续性发展》、《地面沉降监测》、《气象观测》等 18 本科技类校本教材，并且开设了多项校本选修课和研究性学习课，逐步形成了“校内科技资源、科技研究小组、科技特色校本课程”的实施模式。

（二）选修课程开设体现科技特色

从所调查学校的选修课程开设状况来看，各学校开设的选修课类别较为丰富，以其中的 3 所科技类学校为例，均开设了 4—6 类选修课，在每一类选修课之下又设有 1 门或多门课程。从科技类选修课程开设状况看，3 所学

校均开设了多门科技类课程，学生选修规模及比例也高于其他选修课程。例如，江苏E校开设有12门科技类选修课，门类最多。重庆C校科技创新类选修课人数占全校在校生人数的比例为12.9%，高于其他选修课人数规模；湖北B校科技类选修课人数占全校在校生人数的比例为16.8%，远高于其他选修课人数规模。另外，部分学校除科技类课程之外，还有其他较为明显的特色，如C校的体育选修课程和江苏E学校的艺体活动类选修课程门类也较多，学生选修规模仅次于科技类的课程（见表3－1）。

表3－1　3所学校2012年选修课程类别及学生选修规模

	选修类别	具体科目（门）	选修学生规模（人）	在校生总数（人）	占总在校人数（%）
重庆C校	美术培训	1	80	2738	2.9
	体育	4	200	2738	7.3
	科技创新	3	353	2738	12.9
	烙画	1	25	2738	0.9
	舞蹈	1	30	2738	1.1
	合唱	1	50	2738	1.8
湖北B校	科技类	9	327	1950	16.8
	实用类	2	78	1950	4.0
	艺术类	2	98	1950	5.0
	体育	4	49	1950	2.5
江苏E校	人文类	11	646		
	自然科学类	12	1724		
	应用类	7	907		
	外语类	5	617		
	艺体活动类	12	1613		

注：江苏E学校部分数据缺失，湖北A学校单独以案例形式介绍。

另外，举例来看，湖北A校2012—2013学年度上学期高二学科类选修课安排显示，该校高二学生第一学期开设了9类选修课程，每类课程又分为1—4门不等的科目，其中，数学、物理、化学、生物之下共分11个选修门类，如数学专题研究、数学方法选讲、数学建模；高中物理专题研修、高中物理方法指导、物理实验；高中化学专题研究、高中化学反应原理探究、化学实验；生物与生活、生物实验。另外，该校的语文、英语选修课程也较为丰富。该校活动类选修课安排显示，体育学科方面的选修课程开设最多，共9门，其次是综合（6门）、信息技术（5门）和通用技术（4门）等。另外，在心理学科方面，还开设了3门选修课。总体来看，选修课程较为多样。上述选修课程均安排在周二下午4：00—5：00。选修课开始时间比较集中，每位学生选修的门类会受到限制，一个时间段内只能选修某一科目。

二、教师对学校科技特色发展的认知状况

（一）五成教师认可所在学校的科技特色

调查显示，如果把高中学校特色分为科技、人文、艺术、拔尖创新人才培养、体育、外语、学术等类别，这4所学校参与问卷调查的教师中，有50.2%的教师认为自己所在学校的特色类型是科技，此外，28.7%的教师认为自己所在学校的特色类型是人文，23.3%的教师认为自己所在学校的特色类型是艺术，18.9%的教师认为自己所在学校的特色类型是拔尖创新人才培养。选择综合（普职）、理工、学术、外语的教师比例较少。说明这4所学校的科技特色较为明显（见图3－55）。

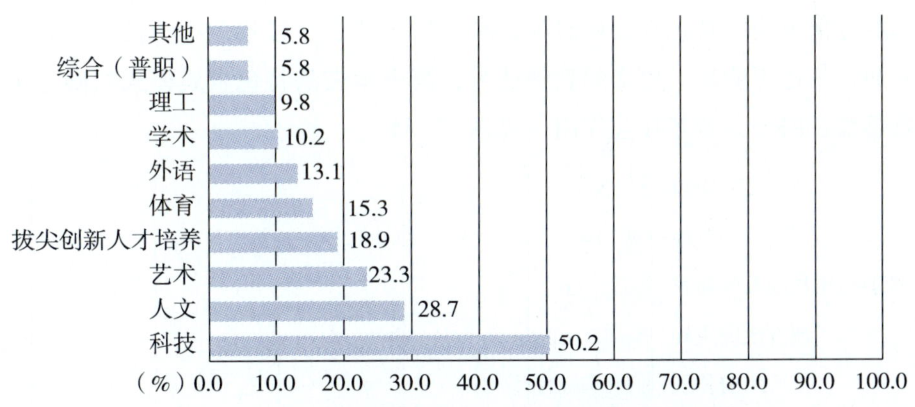

图3－55　4所学校教师对所在学校特色类型的判断

（二）教师对学校的特色办学目标或特色发展规划了解不够

在回答“您了解贵校的特色办学目标或特色发展规划吗”这一问题

时，34%的教师选择了“了解”，33%的教师选择了“一般”，23%的教师选择了“不了解”，选择其他及没有回答这一问题的教师合计占10%。可见，仅有三成多的教师比较了解自己所在学校的特色办学目标或特色发展规划，另有三成多的教师对自己所在学校的特色办学目标或特色发展规划了解一般，即使二者合计，比例也不足七成。从实际情况来看，凡是注重总结与宣传特色发展的学校，教师就较为了解学校特色，反之，教师了解就少。如江苏省吴江市盛泽中学在学校网站中有专门的科技教育办学特色简介，同时专门设有“科技教育”专栏，专栏内有组织机构、科技活动、科技成果等次级栏目，这样的宣传与定期总结利于教师对学校特色的认同与感知，值得其他学校借鉴。

（三）教师认为校长个人智慧对学校特色办学模式影响较大

在回答“贵校的特色办学模式是如何确定的”这一问题时，45.5%的教师选择了“校长个人智慧的结晶”，即四成多的教师认为学校的特色办学模式是校长个人智慧的结晶。此外，选择“来自特色发展科研项目”的教师比例为18.9%，选择“历史传统”的教师比例为12.7%，选择“地方政府主导”与“社会与家长的升学需求”的教师比例都低于10%。教师们的选择说明，特色发展科研项目和学校传统在学校特色办学模式的确定方面作用还不明显。更多的教师认为，高中学校的特色发展模式的确定主要是校长的个人智慧在起作用（见图3－56）。

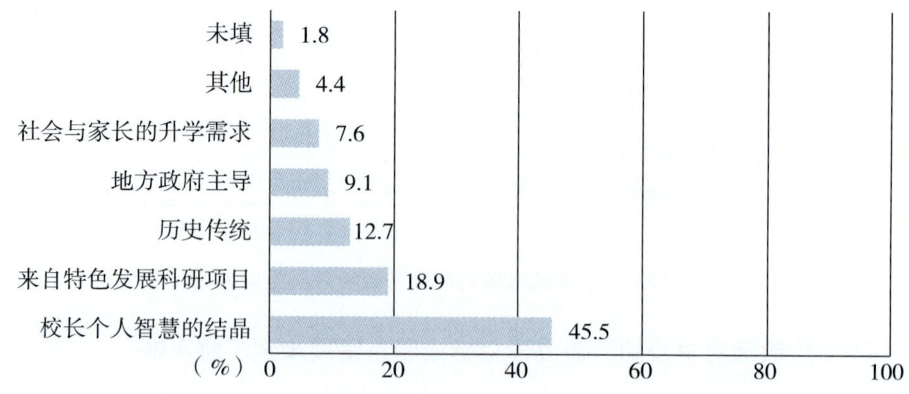

图3－56　4所学校教师对所在学校特色模式确定的看法

(四) 教师认为办学理念和地理位置是影响学校特色发展的重要因素

在回答“您认为影响本校特色模式形成和发展的最重要因素是”这一问题时，科技类4所学校参与调查的教师中，30.5%的教师选择了“办学理念”，25.1%的教师选择了“地理位置”，16%的教师选择了“政策环境”，选择“办学历史”、“学生素质”及其他因素的教师比例均低于10%。科技型学校与参与调查的14所学校（包括科技型4所学校在内）教师的看法相比，选择“办学理念”最重要的比例较为接近，而在选择“地理位置”最重要方面，科技类型学校教师的人数比例（25.1%）要明显高于14所学校教师的人数比例（13.3%），大约高出12个百分点。就实践而言，许多学校的特色发展确实受到了办学理念、地理位置等的影响，例如，江苏E校利用本土资源优势，先后建立了5个校外科技教育基地，包括：吴江华佳集团丝博园、吴江市青少年科技活动中心、恒力集团、盛泽自来水厂、联合污水处理厂（见图3－57）。

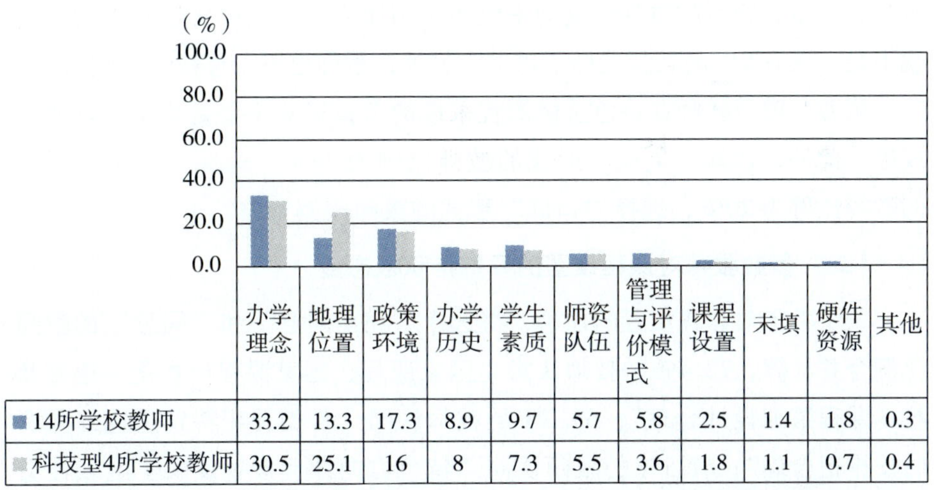

	办学理念	地理位置	政策环境	办学历史	学生素质	师资队伍	管理与评价模式	课程设置	未填	硬件资源	其他
14所学校教师	33.2	13.3	17.3	8.9	9.7	5.7	5.8	2.5	1.4	1.8	0.3
科技型4所学校教师	30.5	25.1	16	8	7.3	5.5	3.6	1.8	1.1	0.7	0.4

图3－57　4所学校教师对影响本校特色模式形成和发展的因素的看法

三、科技型学校教师参与课程改革状况

（一）近七成的教师参与设计和任教1门及以上选修课程；近六成教师参与开发和编写校本课程

第一，参与设计和任教1门及以上课程的教师接近七成。调查显示，五成教师参与设计并任教的选修课程为1—2门，具体而言，31%的教师参与设计并任教的选修课程为1门，20%的教师参与设计并任教的选修课程为2门。参与3—4门选修课程设计与任教的教师比例合计为17%。此外，28%的教师未参与设计和任教选修课程。

第二，参与开发和编写校本课程的教师接近六成。具体而言，37%的教师参与开发和编写的校本课程为1—2本，20%的教师参与开发和编写的校本课程为3—4本。此外，39%的教师未参与开发和编写校本课程。

第三，在特色课程教学中，36%的教师注重学习方法，23%的教师注重综合素质，19%的教师注重动手能力。相比之下，教师对创新能力的重视不足，仅有9%的教师选择了该项。另外，教师也不太重视学习成绩。

第四，四成教师在特色选修课程采取的考试形式主要是论文、制品等成果。此外，选择“笔试”形式的教师比例为23%，选择“操作”形式的教师比例为20%，选择“口试”形式的教师比例为7%。

（二）多数教师对课程设置的评价持积极态度

关于教师对课程设置的评价，将选择“完全同意”和“同意”的教师比例合并计算，72.4%的教师认同“国家课程、国家课程校本化、地方及校本课程搭配设计合理”；63.0%的教师认同“各类课程特别是选修课课时安排很合理”；61.1%的教师认同“特色方向课程设置反映了区域社会经济发展的需求”；61.1%的教师认同“各类课程设置前后衔接具有一定的逻辑性”；60.4%的教师认同“特色方向课程设置反映了学生的个性化需求”；59.3%的教师认同“各类课程设置体现了与高校专业的对接”；52.8%的教师认同“特色方向课程设置反映了家长的诉求”。总体而言，教师们评价最为积极的一个方面是国家课程、国家课程校本化、地方及校

本课程搭配设计合理。在学校课程设置、课时安排等方面有待进一步改进（见图3－58）。

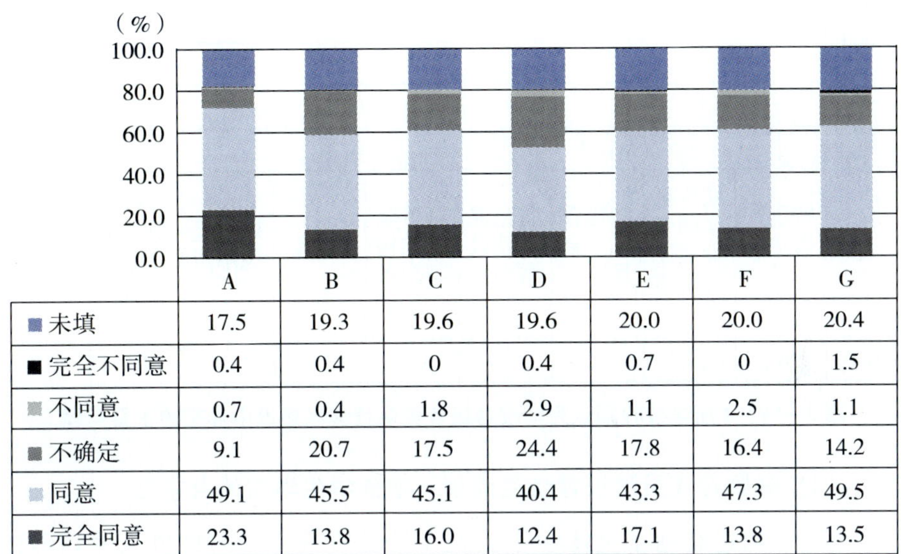

	A	B	C	D	E	F	G
未填	17.5	19.3	19.6	19.6	20.0	20.0	20.4
完全不同意	0.4	0.4	0	0.4	0.7	0	1.5
不同意	0.7	0.4	1.8	2.9	1.1	2.5	1.1
不确定	9.1	20.7	17.5	24.4	17.8	16.4	14.2
同意	49.1	45.5	45.1	40.4	43.3	47.3	49.5
完全同意	23.3	13.8	16.0	12.4	17.1	13.8	13.5

图3－58　4所学校教师对学校课程设置的评价

注：A＝国家课程、国家课程校本化、地方及校本课程搭配设计合理；B＝各类课程设置体现了与高校专业的对接；C＝特色方向课程设置反映了区域社会经济发展的需求；D＝特色方向课程设置反映了家长的诉求；E＝特色方向课程设置反映了学生的个性化需求；F＝各类课程设置前后衔接具有一定的逻辑性；G＝各类课程特别是选修课课时安排很合理。

（三）部分教师认为课程体系建设中仍存在定位不当等问题

关于学校各级各类课程体系建设中存在的主要问题，26.2%的教师选择了“特色方向定位不当”；18.9%的教师选择了“缺少科学的专业建设评价体系”；17.8%的教师选择了“结构布局不合理”；16.4%的教师选择了“特色课程建设薄弱”；另外，还有9.8%的教师选择了“师资队伍结构不合理”。总体而言，问题集中于前四个方面（见图3－59）。

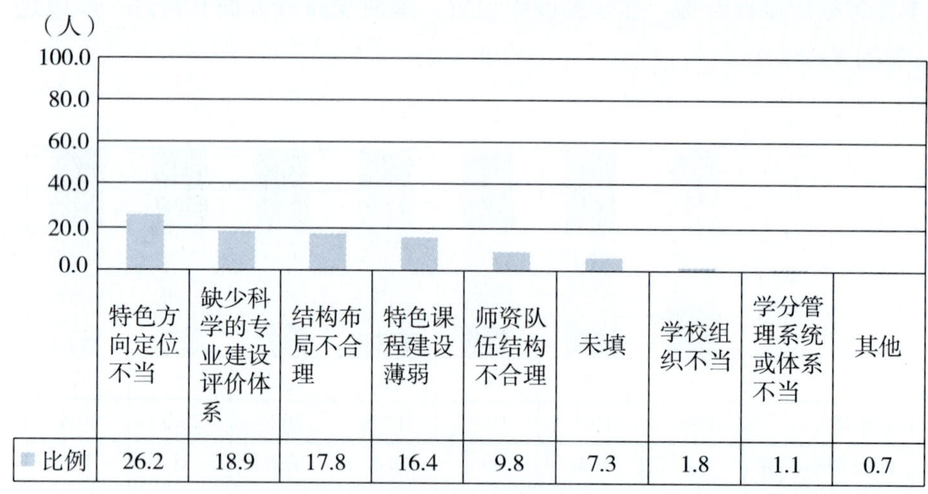

	特色方向定位不当	缺少科学的专业建设评价体系	结构布局不合理	特色课程建设薄弱	师资队伍结构不合理	未填	学校组织不当	学分管理系统或体系不当	其他
比例	26.2	18.9	17.8	16.4	9.8	7.3	1.8	1.1	0.7

图 3－59　4 所学校教师认为学校各级各类课程体系建设中存在的主要问题

（四）教师建议灵活设置特色课程，增强学生学习的自主性

关于“构建有利于全体学生成长、教学质量提高的特色人才培养体系，应进一步加强”的方面，32.4%的教师认为排第一位的是“特色课程设置和选择的灵活性”；20.7%的教师认为排第一位的是“学生学习的自主性”；19.6%的教师认为排第一位的是“课程体系内容的丰富性”；另外，12.0%的教师认为排第一位的是“实践教学比重”（见图 3－60）。

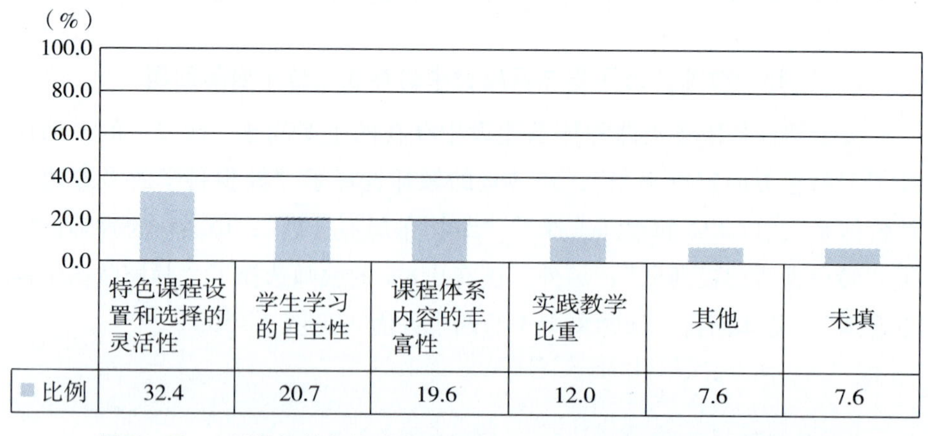

	特色课程设置和选择的灵活性	学生学习的自主性	课程体系内容的丰富性	实践教学比重	其他	未填
比例	32.4	20.7	19.6	12.0	7.6	7.6

图 3－60　4 所学校教师认为构建特色人才培养体系应首先加强的方面

四、科技型学校教师队伍参与培训和科研的状况

（一）教师参与教育心理学及通识与跨学科方面的培训不足

关于教师参与学校或上级部门组织的教育心理学培训情况，接近五成（47%）的教师只是偶尔参加，经常参加的仅有11%，另有23%的教师从来没有参与过相关培训。4所科技类型学校综合大学毕业背景教师大约高出14所学校21个百分点，但是教育心理学方面的培训相对不足，今后应加强。

此外，就教师参与学校或上级部门组织的通识或跨学科课程培训情况而言，五成多（52%）的教师偶尔参加，经常参加的仅占9%，25%的教师从来没有参加过相关培训。

（二）每学年参加2次及以上培训的教师比例合计73%

就教师参与各级各类培训的频率而言，每学年参与4次及以上的教师比例为17%，每学年参与3次的教师比例为33%，每学年参与2次的教师比例为23%。此外，16%的教师每学年仅参加过1次培训，6%的教师从未参与相关培训（见图3-61）。

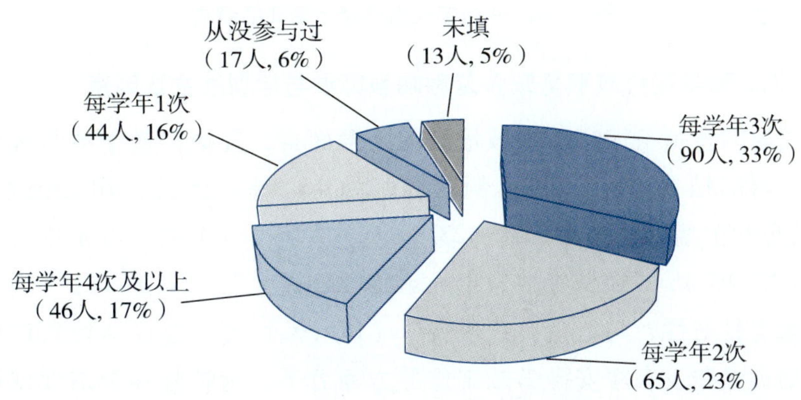

图3-61　4所学校教师参与培训的状况

（三）4 所学校教师参加研讨会和网络培训的比例略高，参加异地学习考察的比例较低

就培训形式而言，从教师职称来看，科技型 4 所学校教师与 14 所学校（包括科技型 4 所学校在内）教师总体对比，二者参加讲座培训和师徒制培训的比例较为接近。另外，科技型 4 所学校教师参加异地学习考察的比例高（23.3%），（见图 3－62）。

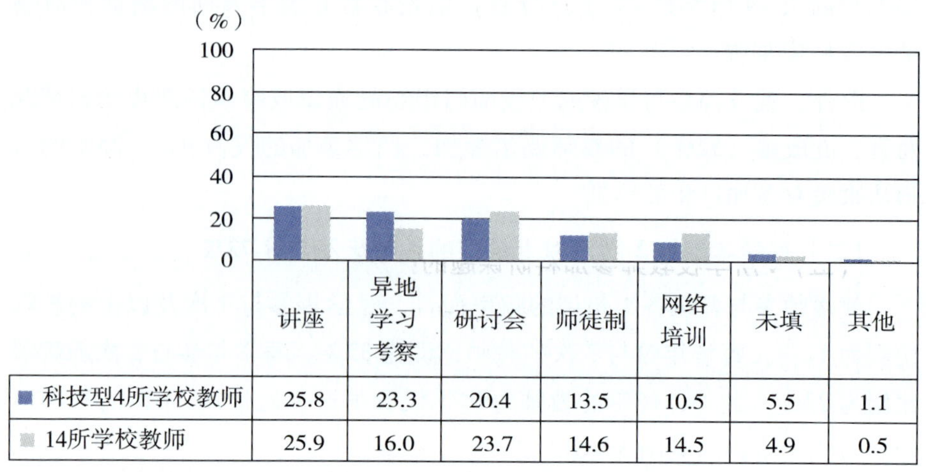

	讲座	异地学习考察	研讨会	师徒制	网络培训	未填	其他
科技型4所学校教师	25.8	23.3	20.4	13.5	10.5	5.5	1.1
14所学校教师	25.9	16.0	23.7	14.6	14.5	4.9	0.5

图 3－62　4 所学校教师参与培训的形式

（四）教学或行政事务繁多是影响教师参与培训的主要因素

就影响教师参加特色领域培训的因素而言，选择“教学或行政事务繁多，时间精力有限”的比例最高，为 46.9%。此外，相关因素有：“与特色相关培训机会太少”（23.3%）；“学校不重视、不支持特色培训”（22.9%）；“经费短缺，个人承担比例过大”（22.2%）；“内容单调，毫无针对性，与特色实践脱钩”（17.1%）等。建议学校从培训时间、培训经费及有序安排学校工作等方面着手，为教师参与培训创设机会（见表 3－2）。

表 3－2　教师对影响自身参加特色领域教师培训的因素的看法

序号	项　目	频数	%
1	教学或行政事务繁多，时间精力有限	129	46.9
2	与特色相关培训机会太少	64	23.3
3	学校不重视、不支持特色培训	63	22.9
4	经费短缺，个人承担比例过大	61	22.2
5	内容单调，毫无针对性，与特色实践脱钩	47	17.1
6	培训时间安排不当	45	16.4
7	培训方式单调乏味	30	10.9
8	特色领域教师数量少，如果参加培训，没有教师顶岗	25	9.1
9	培训者素质较低	11	4.0
10	其他	1	0.4

（五）4 所学校教师参加科研课题的比例较高

关于教师承担或参与的高中特色构建相关的科研课题情况，与 14 所学校（包括科技型 4 所学校在内）教师总体对比，科技型 4 所学校教师参加科研课题的比例较高，“非常多”与“较多”比例合计为 40%，高出 14 所学校教师总体 15.5 个百分点，从来没有参加过科研课题的教师比例为 14.9%，低于 14 所学校教师总体 9.7 个百分点（见图 3－63）。

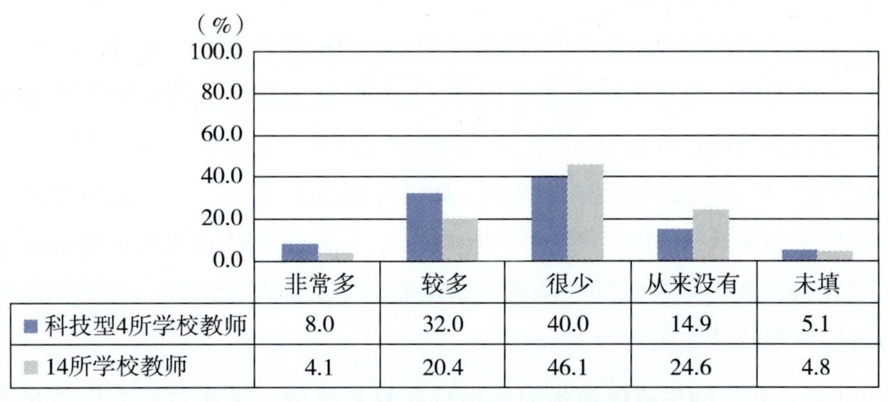

	非常多	较多	很少	从来没有	未填
科技型4所学校教师	8.0	32.0	40.0	14.9	5.1
14所学校教师	4.1	20.4	46.1	24.6	4.8

图 3－63　4 所学校教师参加科研课题的情况

五、科技型学校师生对校园文化建设的看法

（一）六成教师认为学校建筑风格与特色发展模式贴切，近五成学生认为学校建筑风格与学校特色发展贴切

首先，关于本校建筑风格与特色发展模式贴切情况，就教师而言，选择“非常贴切”与“贴切”的教师比例合计为60%。另外，33%的教师认为本校建筑风格与特色发展模式贴切情况一般，认为“不配套”与“较差”的比例合计为5%。就学生而言，选择“非常贴切”（18%）与“贴切”（29%）的学生比例合计为47%，接近五成。另外，37%的学生认为学校建筑风格与特色发展贴切情况一般，认为“不配套”与“较差”的比例合计为9%。未来学校建筑风格设计与完善需听取师生意见与建议。其次，关于本校建筑风格与特色发展模式不够贴切的问题，28.0%的教师认为在学校建筑风格方面需要改进，14.2%的教师认为在特色课程活动场所凸显方面需要改进。此外，少数教师认为学校外墙装饰（8.7%）、建筑色彩（6.9%）、内饰（6.5%）等方面需要调整。当然，特色发展重在内涵，建筑风格是否贴切不应一概而论。

（二）三成左右教师建议班级标识与教师校服需要调整，近六成学生认为学生校服需要调整

关于本校特色的文化标识设计哪一方面需要调整，就教师而言，32.7%的教师认为班级标识需要调整，28.0%的教师认为教师校服需要调整，21.1%的教师认为学生校服需要调整。此外，也有部分教师（10.5%）认为校徽校标需要调整。就学生而言，选择学生校服需要调整的学生比例高达58.0%，接近六成。其次，选择班级标识需要调整的学生比例为28.8%，选择教师校服需要调整的学生比例为22.5%，选择校徽校标需要调整的学生比例为19.3%。

（三）四成师生建议加强综合科技实验室建设，学生对室内体育馆建设呼声最高

关于本校还需建设或加强哪些设施建设以推进特色化校园文化建设

（多项选择），建议加强综合科技实验室建设的教师和学生比例都达到了四成，比较一致，同时，师生对多媒体演播室的建设需求一致。此外，学生对室内体育场的建设需求最强烈，46.5%的学生认为应加强室内体育场建设。体质健康对学生而言非常重要，无论学校属于何种特色，在改善办学条件时，均应根据实际情况，加强室内体育馆建设，为学生体育运动开展提供良好条件（见图3－64）。

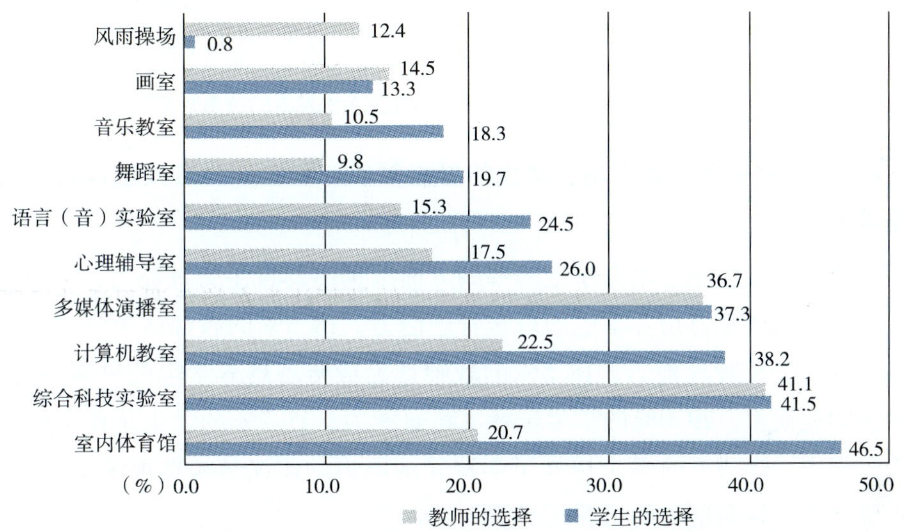

图3－64　4所学校教师和3所学校学生认为推进特色化校园文化建设应加强的设施

六、科技型学校师生对学生管理及发展状况的看法

（一）师生推荐学分制、导师制和走班制管理模式

关于最适合学生个性发展的特色教育管理模式，学分制和导师制均排在师生选择的前两位，略有不同是，教师选择学分制的比例最高（35.6%），学生选择导师制（一对多）的比例最高（31.8%）；在促进学生发展方面，对学校特色发展促进学生发展持积极态度的师生均占到了七成。建议学校在推进管理的过程中，尊重学生的需求，创造条件适当增加导师制形式的管理（见图3－65）。

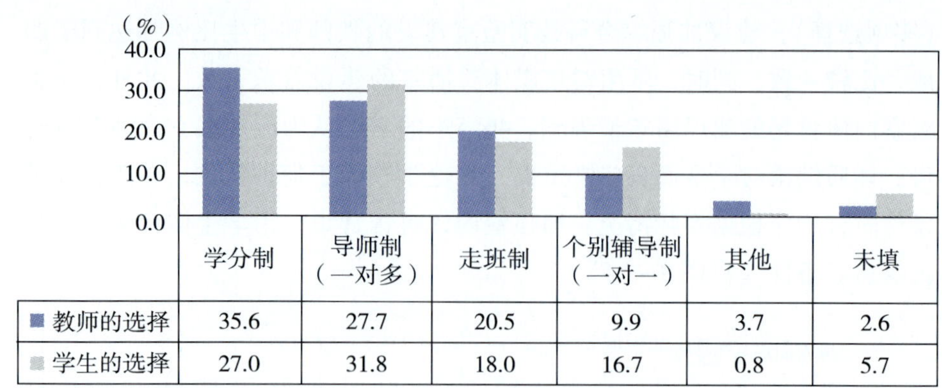

	学分制	导师制（一对多）	走班制	个别辅导制（一对一）	其他	未填
教师的选择	35.6	27.7	20.5	9.9	3.7	2.6
学生的选择	27.0	31.8	18.0	16.7	0.8	5.7

图 3－65　4 所学校教师和 3 所学校学生对最适合学生个性发展的特色教育管理模式的看法

（二）教师建议重点培养学生的班级管理，学生认为应该重点培养科研能力

对于学校应重点培养学生的哪些方面以提高其自主管理能力，36.9%的教师认为应重点培养学生的班级管理能力，18.8%的教师认为应重点培养学生的学校管理能力，18.5%的教师认为应重点培养学生的科研能力。对于学生而言，29.0%的学生选择了科研能力，25.2%的学生选择了班级管理能力，16.8%的学生选择了学校管理能力。建议学校尊重学生看法，加强对学生科研能力的培养（见图 3－66）。

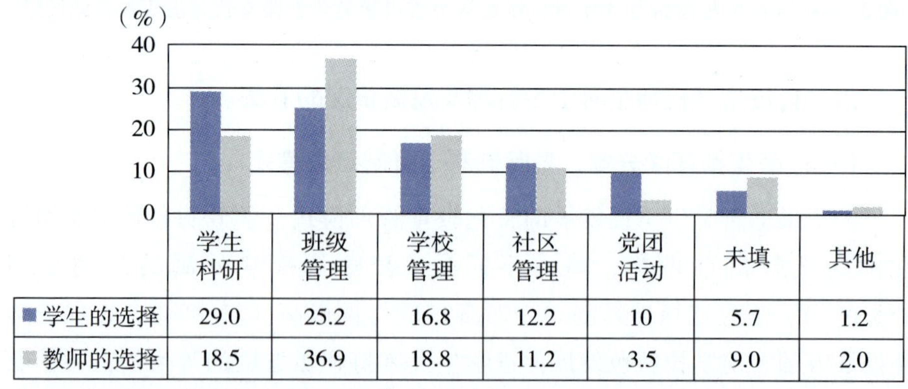

	学生科研	班级管理	学校管理	社区管理	党团活动	未填	其他
学生的选择	29.0	25.2	16.8	12.2	10	5.7	1.2
教师的选择	18.5	36.9	18.8	11.2	3.5	9.0	2.0

图 3－66　4 所学校教师和 3 所学校学生认为应重点培养的学生能力

（三）七成多师生对学校特色发展促进学生发展持积极态度

关于本校特色发展模式对学生全面发展的影响体现在哪些方面，教师和学生选择“达到了全面参与的状态”，“在所构建的特色领域，全校学生基本上人人都会”，“量身定做，大多数学生都获得了个性发展”三项合计的比例分别是76.3%和72.3%。此外，部分师生认为学校特色发展使学生收获较少。可见，学校特色如何更好地服务于学生，还有待进一步深入研究与实践（见图3－67）。

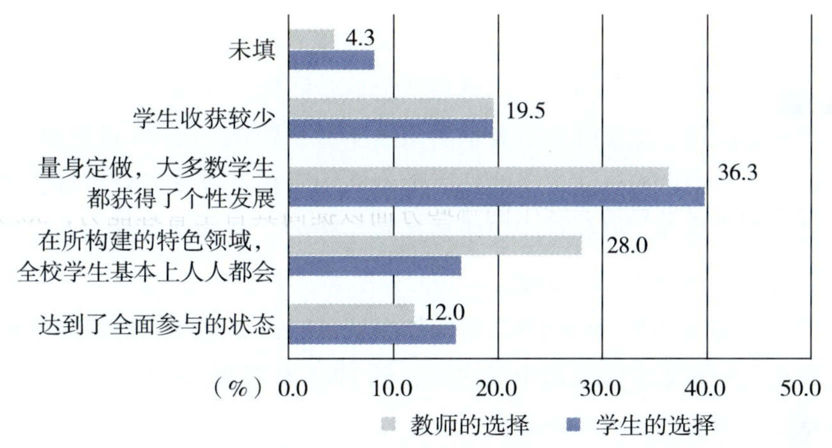

图3－67　3所学校师生对学校特色发展促进学生发展的看法

第四节　外语型普通高中调查

外语型普通高中一直是我国高中阶段很重要的一种类型学校，缘起于新中国成立初期的外国语学校。现阶段该类型学校呈现出如下新的特征：第一，走向以质量求发展的办学机制，校际间竞争主要应体现于实验研究与教学互补互促之上；第二，办学目的开始突出培养外语相对见长的合格的中学毕业生；第三，教学内容立足于目的语语言，教学途径多元化；第四，语种呈现多样化选择；第五，学校生源基本是当地最好的初中毕业生；第六，办学条件，包括教师质量，比区域内一般普通高中学校的整体实力强；第七，重视建设目的语语言氛围，拓展学生使用目的语的空间。根据学校自身的类型归类，我们选择 2 所具有代表性的外语型普通高中，对校长、教师、学生和家长进行访谈和问卷调查，其中回收有效教师问卷 55 份、学生问卷 205 份、家长问卷 201 份。围绕外语型学校的规划与管理、课程教学、师资队伍、校园文化、学生管理和开放办学等方面进行调研、统计分析。

一、外语型普通高中的发展历程

外语型高中学校一直是我国高中阶段很重要的一种类型学校。缘起于新中国成立初期的外国语学校，该类型学校是我国为了培养外语类应用型人才的重要措施，也是外国语大学的重要生源来源地。至 20 世纪 90 年代后，外国语高中学校与新出现的外语类型高中学校并存于教育市场，其相关称号也沿袭至今，但其育人功能是基本一致的。纵观外语型高中学校的发展，大致可划分为如下阶段：

第一阶段为 1959 年至 1965 年，其中从周恩来、廖承志等领导人倡议设立的北京外国语学院附属中学之后，到 1965 年发展到 14 所，大多从初中起点，个别从小学三年级起点。

第二阶段为 1978 年至 1990 年，经过 1978 年起教育部大力整顿，到 1982 年恢复了 8 所。这就是“老牌”外语学校。它们的特点是为培养高级外语人才打下基础，定点分配招收学生，仅学文科课程，住校学习。毕业后升入对口外语院系继续学习，如不能升入，由政府安排工作。所以这批外语学校的实质是由国家计划安排的中等专业教育机构。但自 1980 年起，停办小学，中学逐渐兼学文、理学科，终至纳入全日制中学体制的框架内办学，不再带有专业教育的性质，而仅是侧重外语。不过，由于国家对外语专才和兼才的需求日益扩大，普通中学全面开设外语以及人们的外语价值观日益提高，1980 年以后经国家教育部批准又陆续恢复和新办了一些外语学校。① 20 世纪 90 年代以后，教育部不再审批外语学校的创办。

① 张正东. 中外外语特色学校的回顾与前瞻［J］. 基础教育外语教学研究，2007（3）：20－23.

第三阶段是1990年至2010年，这期间由于改革开放引发的多样化教育需求，各种新办的外语学校、外语特色学校以及普通中学的外语特色班一批一批地出现，因而国家基础教育实验中心外语教育研究中心发展了一批全国外语实验学校。但所有这些校、班与“老牌”外语学校一样，也在普通中学学制框架内办学，也侧重外语，生源也是普招，大多数均住校学习，升学也无对口学校。其外语特色与外语学校的差异只是因办学经验多少而形成不同的教学质量，外语实验学校则强调在各科均优的基础上，追求外语教学质量突出。与此同时，20世纪末期和21世纪初期，出现了一批“公有民办”形式的私人资本注入的外语特色学校。而这批办学的“有钱人”大多并非教育家，其志在投资赚钱，并在短期赚钱；外资进入这类外语特色学校，其主要目的也是为了赚钱。少数外语特色学校或特色班则再通过收费向学生融资。

第四阶段是2010年之后，《国家教育规划》颁布实施后，倡导的高中办学多样化，引发了外语类高中学校的新发展。这一批学校呈现出系列新的特征：（1）走向以质量求发展的办学机制，校际间竞争主要应体现于实验研究与教学互补互促之上；（2）办学目的开始突出培养外语相对见长的合格的中学毕业生；（3）教学内容立足于目的语语言，教学途径多元化；（4）语种呈现多样化选择；（5）学校生源基本是当地最好的初中毕业生；（6）办学条件，包括教师质量，比区域内一般普通高中学校的整体实力强；（7）重视建设目的语语言氛围，拓展学生使用目的语的空间。

二、外语型普通高中的管理现状

（一）外语型学校在区域内的认可度比较高

特色学校的特色都是逐步形成的，具有稳定的个性特点。这种个性体现出外语类特色的时代内涵，蕴含了高水平教师的群体智慧。因此，外语型的普通高中在区域内的教育质量比较高，教师和学生对这一类型学校比较认可。如图3－68所示，针对外语类特色学校在普通高中的层次情况，教师选择“最好”和“较好”的占92%，学生选择“最好”和“较好”的占95%。不过，当问及学生是否对学校工作满意时，只有60%的学生选择了非常满意。

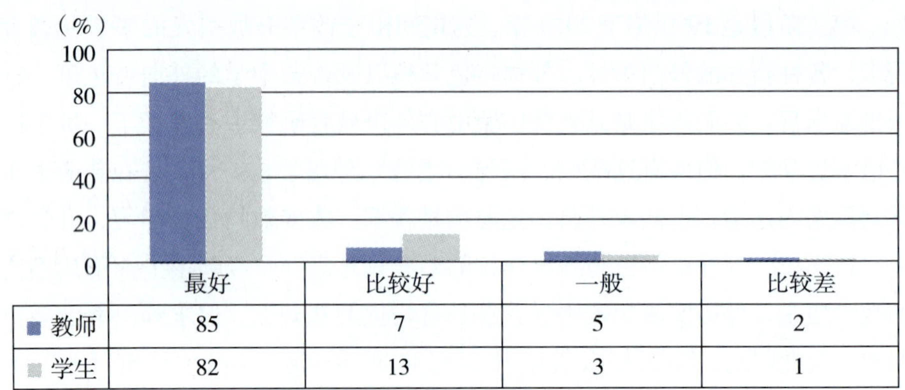

	最好	比较好	一般	比较差
■ 教师	85	7	5	2
■ 学生	82	13	3	1

图 3-68 外语型学校的区域认可度

（二）外语作为学校特色特征鲜明

目前，全国各类外国语学校与外语特色学校的总量已接近1000所，但教授一门以上外语的外国语学校不超过50所。① 外语教学突出不仅是外国语学校的鲜明特征，也是其与普通中学相比的优势所在。外语型学校的特色比较鲜明，紧紧围绕外语推动学校教育教学工作。如图3-69所示，教师和学生选择外语型学校的外语特色选项分别达到91%和84%。其次

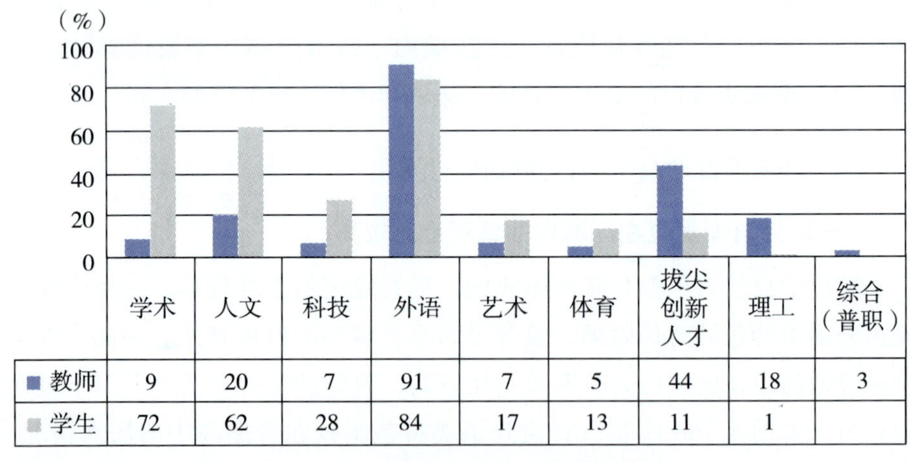

	学术	人文	科技	外语	艺术	体育	拔尖创新人才	理工	综合（普职）
■ 教师	9	20	7	91	7	5	44	18	3
■ 学生	72	62	28	84	17	13	11	1	

图 3-69 师生眼中的学校特色类型

① 吴永奎. 外国语学校特色优势面临挑战［J］. 21世纪英语教育，241（http://paper.i21st.cn/story/23995.html.）

是拔尖创新和人文倾向比较明显。与此同时，很多外语型的中学在以英语为特色办学的基础上，也开始关注“外语特色、文理兼强”的办学目标，呈现出外语与学科并重的特色。

（三）教师熟悉学校特色规划，有利于促进学校特色发展

学校特色规划不仅要阐释学校的发展方向，清晰准确定位学校；还要围绕方向列出任务表，把实现学校目标的行动具体化；更要配合方向与任务，制定出相应的办法和措施。有“想法”才有“做法”，前者是方向性的，后者是程序性的。当学校里的教师参与制订并熟悉特色规划时，将会更有利于推进学校的特色建设进程。如图 3－70 所示，占 71% 的教师了解并熟悉学校的特色办学目标和发展规划。正因为如此，在此基础上形成的特色发展模式对学校特色建设发挥了重要作用，并且 74% 的教师认为作用很大。

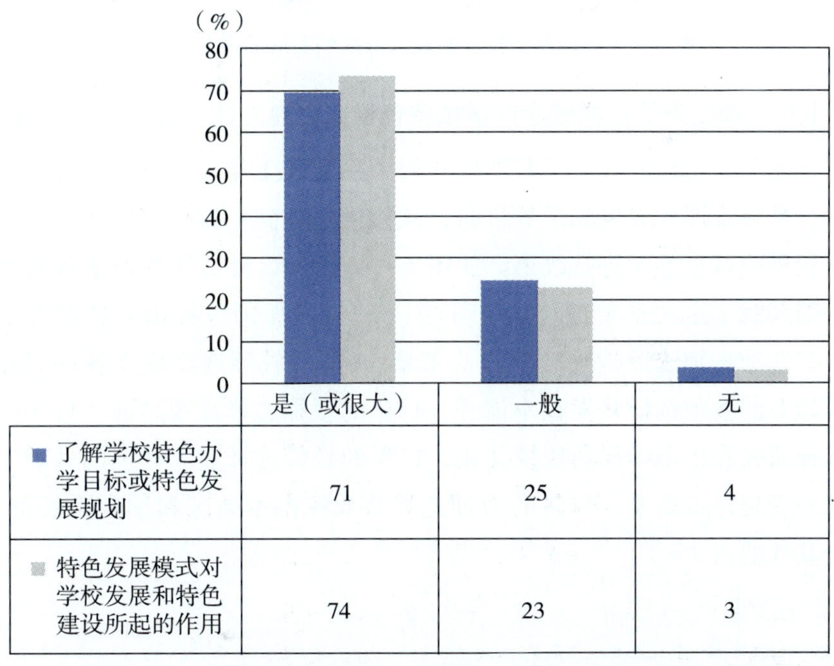

	是（或很大）	一般	无
■ 了解学校特色办学目标或特色发展规划	71	25	4
■ 特色发展模式对学校发展和特色建设所起的作用	74	23	3

图 3－70　特色学校的办学目标和规划及其对特色学校建设的作用

（四）学校特色模式是校长个人智慧的结晶，也是办学理念的具体表现

由于我国基础教育实行校长负责制，校长个人的智慧在学校特色模式的形成和发展过程中必然发挥关键作用。许多外语型普通高中，在建校之初都受到政府政策的支持。如图 3－71 所示，在特色学校发展模式确定的选项中，45% 的教师认为办学理念是影响特色发展模式形成和发展的最重要因素。

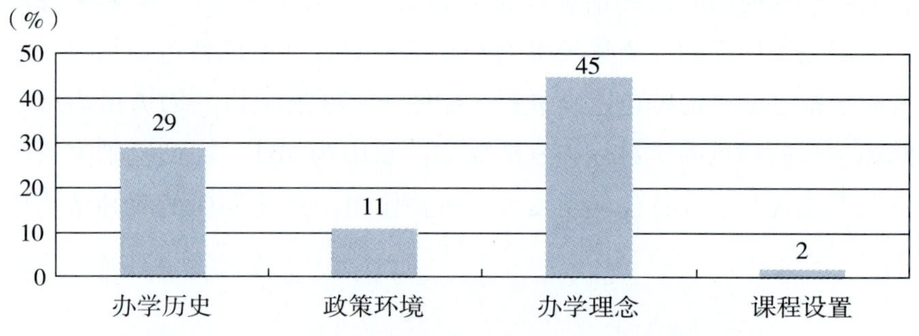

图 3－71　特色学校发展模式形成和发展的重要因素

（五）确立新的办学理念对学校特色模式创建发挥了最重要的作用

创建学校特色模式，学校需要开展一系列的工作。从办学理念到教学方法，从校本课程开发到学校科研，从校内管理到挖掘外界资源等，都需要学校围绕特色办学进行改革。如图 3－72 所示，什么工作对学校特色模式创建起到了至关重要的作用，其中占 53% 的教师选择确立新的办学理念，27% 的教师选择鼓励教学方法革新，9% 的教师选择成立各种兴趣小组，22% 的教师选择开发校本课程，13% 的教师选择重视科研，11% 的教师选择研究和传承学校的传统文化，13% 的教师选择建立合理的教师专业发展与管理评价体系，11% 的教师选择有效挖掘本地区和学生家长资源，选择其他的占 2%。

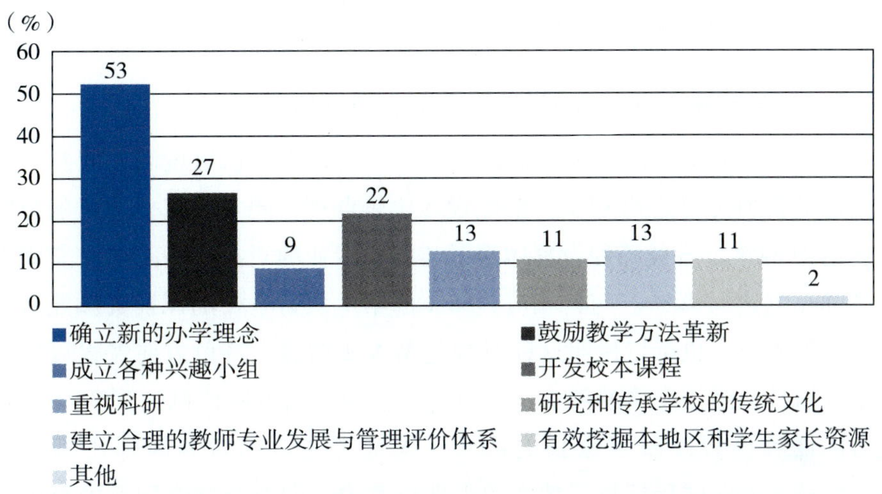

图 3－72　对学校特色模式建设起至关作用的条件

（六）大部分外语类型学校特色已形成

特色学校需要经过不同的发展阶段而逐步形成。一般而言，特色学校的标志性特征至少具有独特性、领先性、示范性、稳定性、长期性与认可度高等特征。其中认可度成为衡量特色学校最显著的标志性特征。如图 3－73 所示，9% 的教师认为本校还处在特色规划之中，20% 的教师认为本校已进入特色总结与提炼阶段，29% 的教师认为本校已形成特色学校模式，38% 的教师认为学校特色办学的成效得到学生、教师、家长及社会认同。

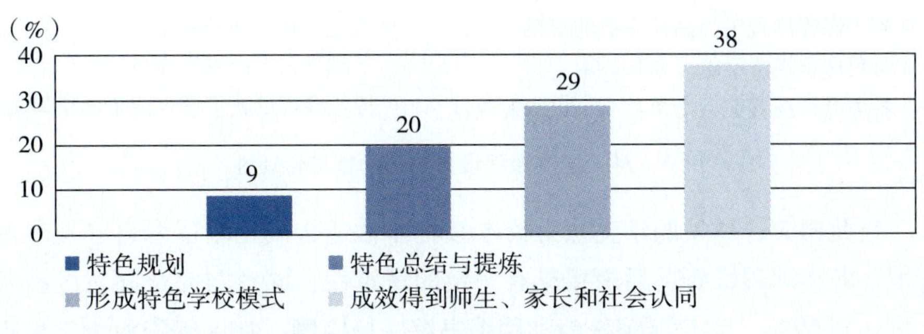

图 3－73　学校特色发展阶段情况

三、外语型普通高中的课程资源

（一）学校课程设置的合理性和科学性得到体现

如图3－74所示，国家、地方、校本三类课程的认可度高，同意与完全同意的教师比例达到87%。搭配设计比较合理，同意与完全同意的教师比例达到64%。各类课程设置体现了与高校专业的对接，同意与完全同意的教师比例达到76%。与此相应，58%的学生认为学校的课程资源能满足自身发展需要，也可以说明这种对接是基本成功的。特色方向课程设置反映了区域社会经济发展的需求，同意与完全同意的教师比例达到78%。特色方向课程设置反映了家长的诉求，同意与完全同意的教师比例达到71%。特色方向课程反映了学生的个性化需求，同意与完全同意的教师比例达到64%。

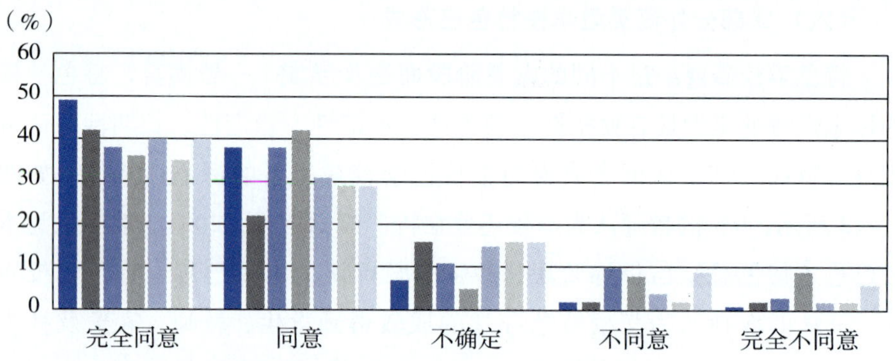

图3－74　学校课程设置的科学性与合理性

与此相应，78%的学生认为校本教材非常适合或比较适合自己发展的程度。各类课程设置前后衔接具有一定的逻辑性，同意与完全同意的教师比例达到69%。学校能很好地利用图书馆、校园网、社区等资源为学生提供特色发展的平台，只有50%的学生选择很好，42%的学生选择一般，这意味着学校在特色资源的有效利用上需要进一步改善。

（二）教学方法比较妥当

教学方法是完成教学任务、实现教学目标和提高教学质量的关键所在。选择适合师生的教与学的方法，不仅有助于实现教学的目的和任务，还有助于以所有学生接受的方式呈现教材，运用强化来调节学生的行为，解决可能妨碍教与学的智慧问题和情绪问题，从而扩大因学习成就带来的满足感。

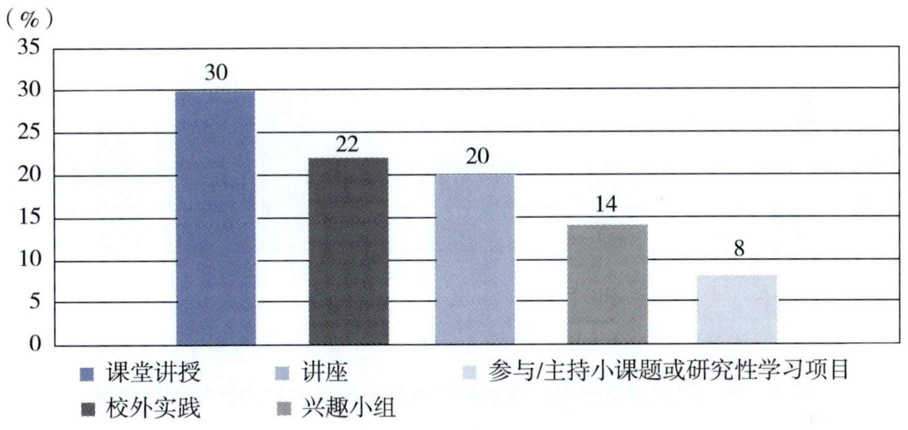

图 3－75　学生最喜欢的选学课学习方式

与教师的教学相比，在学生的选修课程学习方式题项中，如图 3－75 所示，学生最喜欢的类型依次是课堂讲授（30%）、校外实践（22%）、讲座（20%）、兴趣小组（14%）和参与/主持小课题或研究性学习项目（8%）。

（三）选修课程与校本教材开发不足

选修课程是指在教育系统或教育机构法定规则内，学生可以自由地选择学习的课程种类。选修课程具有多重功能：一是选修课程使学校具有社会分层功能，即升学和就业；二是知识容量呈几何级增长，且学校教育计划难以全面覆盖，此时的选修课程有助于扩大学生的知识深度和广度；三是对于感兴趣的事物，学生需要更多的课外经验知识，因而选修课程在一定程度上能填补学生的社会与生活经验。这些选修课程都是可供学生在一定程度上自由选择的课程。选修课程的开设反映出一个学校的素质教育情况。如图 3－76 所示，参与设计并任教校内选修课程 1 门或者没有的教师比例达到 73%，参与开发并编写校本教材 1 本或者没有的占 84%。很显然，外语型高中的教师对开发校本课程的重视程度不够或者是开发能力没有跟上，导致这类课程或教材呈现出明显的不足。

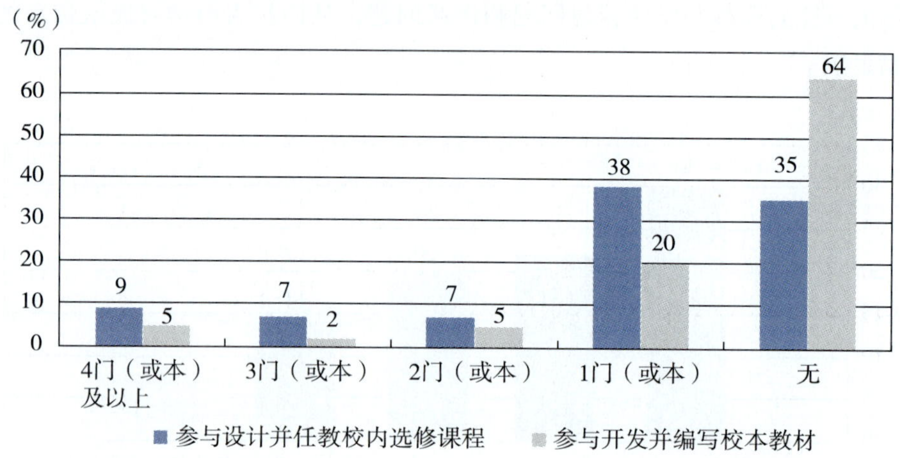

图 3－76　教师参与开发、设计的校本教材及任教校内选修课程情况

与此相应，特色课程配备的校本教材显然也不足，62% 的学生认为校本课程没有配套的校本教材；不过选择 2 门及以上的校本课程的学生比例达到 73%。

（四）特色课程体系和教育教学改革在深化

学校的课程体系与教学改革是学校改革的核心任务，是提升学校教学质量的关键环节。改革旧的教育观念，就需要建立与新观念相适应的课程体系。特色学校建设最终都落实在特色课程的开发与实施层面。紧接着，推进特色课程建设的同时，教学方式与学习方式需要进行调整，采用与课程体系建设相应的教与学的方式，加速教育教学改革。调查结果显示，60% 的教师认为近三年来所任教的课程或特色领域开展了课程体系和教学内容的改革。在这种改革过程中，47% 的教师注重学生综合素质，29% 的教师注重学生的学习方法，15% 的教师注重学生的创新能力，注重学习成绩和动手能力的教师比例各占4%。很显然，在新课程改革背景下，教师在特色领域课程的教学过程中关注学生的综合素质、学习方法和创新能力的意识在增强。

同时，学生在特色课程学习过程中更加注重的综合素质排在首位，选择该项的学生比例达到40%，往后依次是创新能力（17%），学习方法（15%），学习成绩与动手能力齐名，各占12%。

（五）笔试依然是选修课考核的主要形式

选修课考核成为学校课程体系建设中出现的新难点。当前，很多学校由于选修课的选课制、导师制没有建立，其考核容易流于形式；而且选修课的学生来自不同班级甚或不同年级，给教师对学生进行考勤、管理带来很多客观问题。因而，针对特色选修课的考核，如图3－77所示，教师采取的主要形式依然是笔试，其比例达到58%，往后依次是成果（如论文、制品等）16%、操作11%，口试5%。

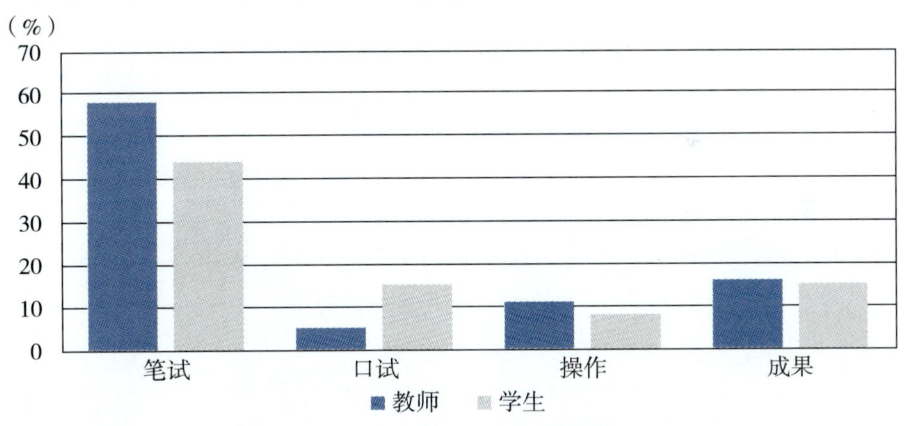

图3－77　选修课考核的主要形式

学生认为特色选修课学校采取的考核形式主要是笔试，选取该项比例的学生达到44%，往后依次是口试（15%）和成果（如论文、制品等）（15%），操作（8%）。

（六）特色课程或国家课程校本化教学过程中最突出的矛盾和问题是教师素质低和学生学习兴趣不足

影响特色课程或国家课程校本化教学过程中最突出的矛盾（排在第一

位）的是教师进修机会太少，选择这一题项的教师比例达到56%；排在第二位的矛盾是学生学习兴趣低，选择这一题项的教师比例达到33%。

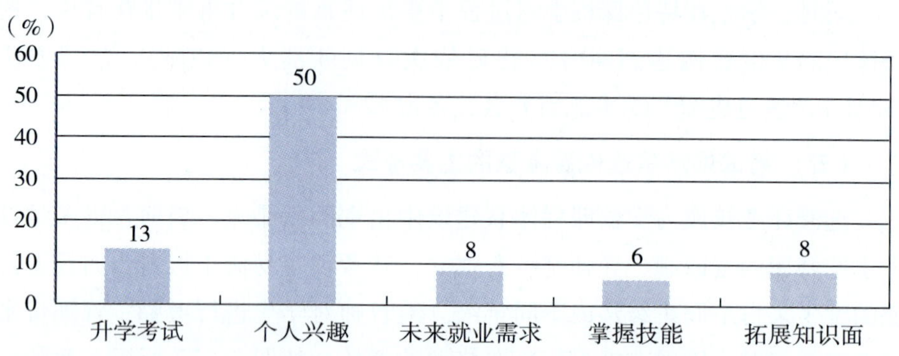

图3－78　学生最喜欢的特色选修课程的理由

如图3－78所示，在学生选择最喜欢的特色选修课程时，排在首位的理由则是个人兴趣，其比例达到50%；而在选择最不喜欢的特色选修课程时，排在首位的理由则是对课程内容不感兴趣（见图3－79）。

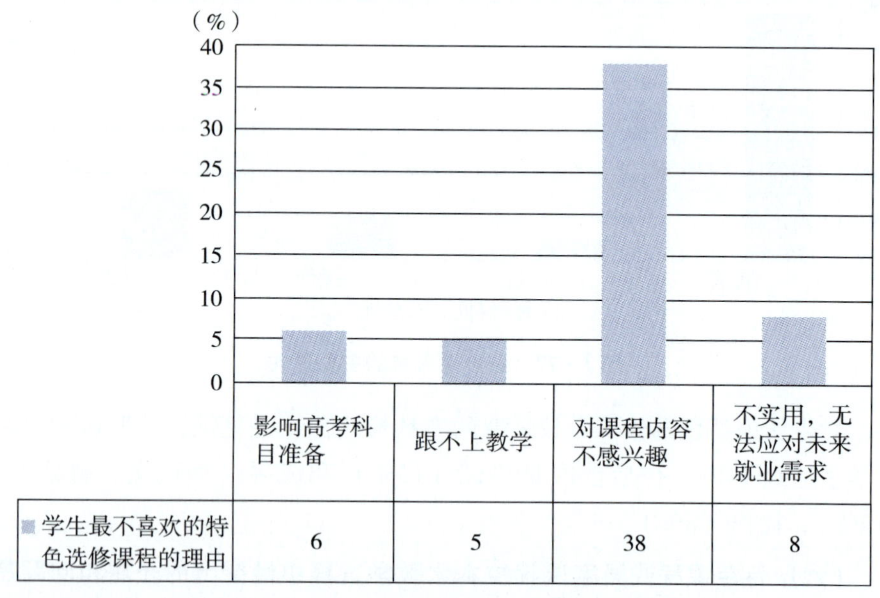

	影响高考科目准备	跟不上教学	对课程内容不感兴趣	不实用，无法应对未来就业需求
学生最不喜欢的特色选修课程的理由	6	5	38	8

图3－79　学生最不喜欢的特色选修课程的理由

（七）学校各级各类课程体系建设存在的主要问题是专业评价体系

建设学校课程体系，包括国家课程、地方课程和校本课程，缺乏一套可操作的评价标准，尤其是校本课程评价涵盖的内容颇为丰富。从纵向上看，主要是指对校本课程开发过程各个阶段的评价。从横向上来说，包括对课程方案本身的评价和教师课堂教学评价以及学生学业成就评定。针对这些不同阶段，需要采取不同的评价方式与标准。英语类特色学校就出现了校内课程建设评价的多元标准。面对各种课程的开发及其评价没有参照点，没有国家课程的标准评价体系，很多学校都是摸着石头过河。当涉及这一问题时，排在第一位的矛盾就是科学的专业建设评价体系，排在第二位的依然是专业建设评价体系，其选择的教师比例分别达到 27% 和 22%。

（八）特色课程设置和选择的灵活性是推进特色人才培养体系建设的抓手

构建有利于全体学生成长、教学质量提高的特色人才培养体系，应进一步加强的工作中，排在第一位的是特色课程设置和选择的灵活性，选择这一选项的教师比例达到 38%，其后依次是课程体系内容的丰富性（27%），学生学习的自主性（24%），实践教学比重（4%）；排在第二位的是学生学习的自主性，选择这一选项的教师比例达到 33%，往后依次是课程体系内容的丰富性（29%），学生实践机会（15%），实践教学比重（9%），特色课程设置和选择的灵活性（5%）。

对于学生而言，加强该项工作，排在第一位的也是“特色课程设置和选择的灵活性”（28%），往后依次是，课程内容的丰富性（27%），课程选择的自主性（13%），学生实践机会（12%），教学督导制度的建立（2%）；排在第二位的则是课程内容的丰富性（20%），往后依次是特色课程设置和选择的灵活性和学生实践机会（各占 17%），课程选择的自主性（15%），教学督导制度的建立（5%）。

（九）在特色课程学习中最突出的问题是特色课程资源不够丰富

学生特色课程学习的有效性，取决于多个层面。其中排在第一位的问题则是特色课程资源不够丰富，选取该题项的学生比例达到 20%，往后依次是学校不重视占18%，学生学习兴趣低与基础差占15%，特色课程教学质量不高占9%，师资力量不足与大量非专业专职教师占4%。排在第二位的则是特色课程资源不够丰富，选取该项的学生比例达19%，往后依次是学生学习兴趣低与基础差（11%），特色课程教学质量不高（8%），学校不重视（6%），师资力量不足与大量非专业专职教师（5%）。

（十）特色选修课程想上的上不了

学校在选课系统与选课指导及学分管理上还存在一些问题。其中，排在第一位的问题是“特色课程选修名额有限，想上的课选不上”，选取该项的学生比例达到28%；往后依次是网络拥挤，秩序混乱，选课困难的占15%；选课系统有问题，设计不够科学的占15%；缺乏选课指导制度的占12%；学分管理系统或体系不当（选修学分未占1/3以上）的占1%。排在第二位的问题还是“特色课程选修名额有限，想上的课选不上”，选在该题项的学生比例达18%；往后依次是缺乏选课指导制度的占17%；学分管理系统或体系不当（选修学分未占1/3以上）的占13%；网络拥挤，秩序混乱，选课困难的占10%；选课系统有问题，设计不够科学的占6%。

四、外语型普通高中的师资队伍

（一）教师队伍来源渠道拓宽，在大学期间的教育相关培训比较少

现在教师队伍引进渠道比较宽，改变了过去单一的师范院校来源。29%的教师毕业院校为综合大学，65%的教师毕业院校为师范院校。不过，如图3－80所示，这些教师在大学期间的相关教育培训情况都不理想，其中来自综合大学的教师在大学期间没有参与过学校或上级部门组织的教育心理学培训的比例达到36%，一般的达到16%；来自师范院校的教师在大学期间没有参与学校或上级部门的通识或跨学科课程培训的比例达到39%，一般的达到22%。

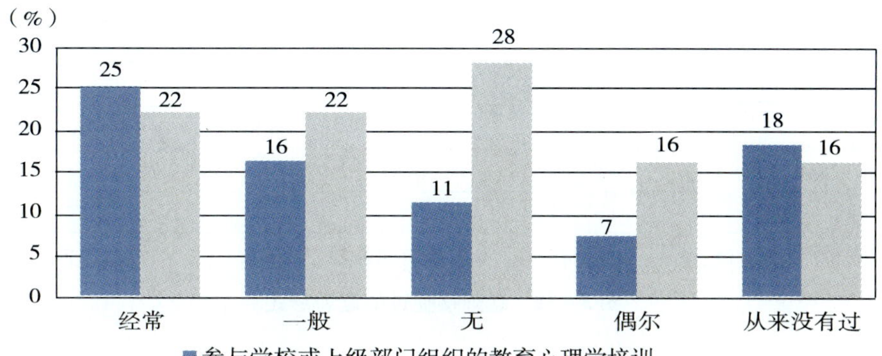

图 3－80 教师大学期间的受教育培训情况

（二）教师培训频率较高，培训形式多样化

伴随着国家教师政策的落实和学校的重视，教师参与各级各类培训的频率有了较大改善，每学年教师培训基本全覆盖。如图 3－81 所示，每学年参与培训 2 次及以上的教师比例达到 38%。培训形式与培训频率相比，形式多样化更能满足教师的不同需求。在培训形式上，如图 3－82 所示，40% 的教师接受过师徒制，27% 的教师培训形式为研讨会，15% 的教师接受过网络培训，9% 的教师参与过异地学习考察，5% 的教师接受过讲座培训。

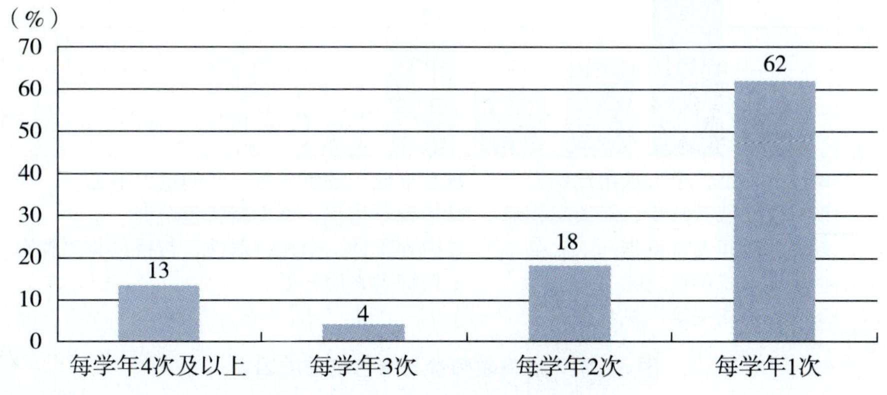

图 3－81 教师参与培训的频率

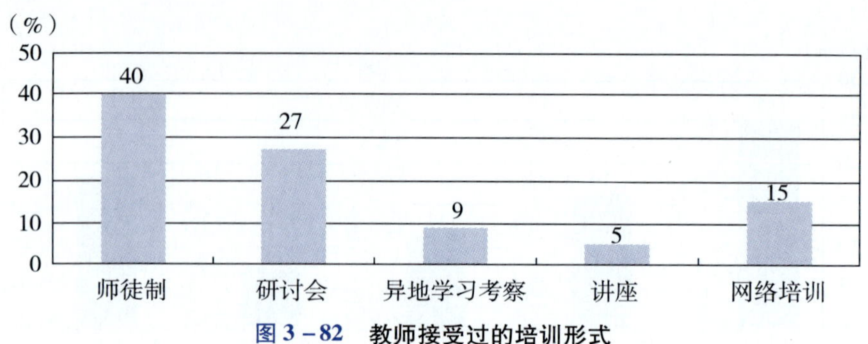

图 3－82　教师接受过的培训形式

（三）教师参与特色培训的障碍比较多

普通高中的教师因教学任务重，升学压力大，导致教师难以有效地接受特色领域的专门培训。如图 3－83 所示，其突出问题体现在：(1) 认为“经费短缺，个人承担比例过大”的教师占 11%；(2) 认为“教学或行政事务繁多，时间精力有限”的教师占 55%；(3) 认为“特色领域教师数量少，如果参加培训，没有教师顶岗”的教师占 22%；(4) 认为“学校不重视、不支持特色培训”的教师占 16%；(5) 认为“培训时间安排不当”的教师占 27%；(6) 认为“内容单调，毫无针对性，与特色实践脱

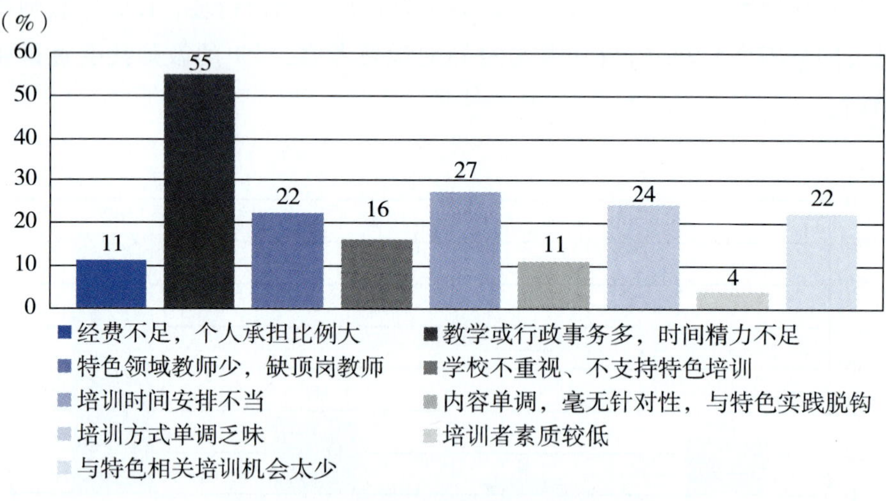

图 3－83　影响教师参与特色培训的因素

钩”的教师占 11%；（7）认为“培训方式单调乏味”的教师占 24%；（8）认为“培训者素质较低”的教师占 4%；（9）认为“与特色相关培训机会太少”的教师占 22%。

（四）教师整体水平较高，科研能力相对较弱

教师教学水平是衡量一所学校教育质量的核心指标，教师教学水平越高，教育质量越高，教师自身与群体的认可度越高。据调查结果分析，外语类学校的教师认为校内教师队伍的整体教学水平比较高，其比例达到 55%。79% 的学生认为学校特色选修课程教师的整体教学水平非常高和高，只有 1% 的学生认为差。

不过，教师承担或参与特色构建的相关科研课题比较少，其中 44% 的教师认为少，44% 的教师没有参与过，只有 7% 的教师认为较多，2% 的教师认为过多。

（五）教师绩效评价对学校特色模式构建的影响不明显

开展教师绩效评价工作是当前我国基础教育阶段推行绩效工资制度改革的必然要求，有助于加强中小学校教师队伍建设，推进基础教育改革，促进教师、学生的全面可持续发展。英语类特色学校开展的教师绩效评价对学校的特色模式建设也发挥了一定的促进作用。如图 3－84 所示，37% 的教师认为教师绩效评价对学校特色模式构建产生积极或正向的影响，40% 的教师认为影响一般，20% 的教师认为影响较低或差。

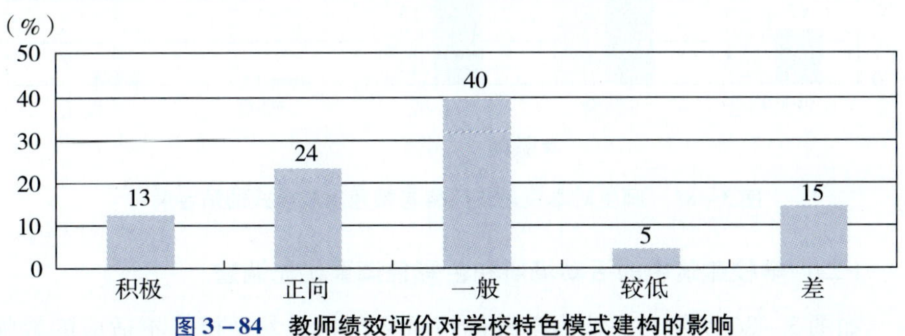

图 3－84　教师绩效评价对学校特色模式建构的影响

（六）教师数量充足，对学校特色发展作用大

依据调查数据发现，89% 的学生认为学校特色教师的数量能满足特色教学的需要，而且 68% 的学生指出特色选修课程任课教师是专职教师；50% 的学生认为教师对学校特色发展产生很大的作用。需要指出的一点是，特色选修课程任课教师做公开课、示范课的频率比较低，每学年 1 次的占 14%，从没做过的占 39%。

五、外语型普通高中的校园文化

（一）学校建筑风格适合特色发展模式

学校建筑是人们为了达到特定的教育目的而兴建的教育活动场所，其品质的优劣直接影响到学校教育活动的正常开展，关系到学校人才培养的质量，同时它作为载体还是一个社会的教育思想与价值观念、经济与文化面貌等的具体体现者，其重要性不言而喻。学校建筑是学校文化的外显部分，也是学校特色标识的重要内容。如图 3－85 所示，58% 的教师和 79% 的学生都认为本校的建筑风格与特色发展模式非常贴合和贴合，认同度比较高。

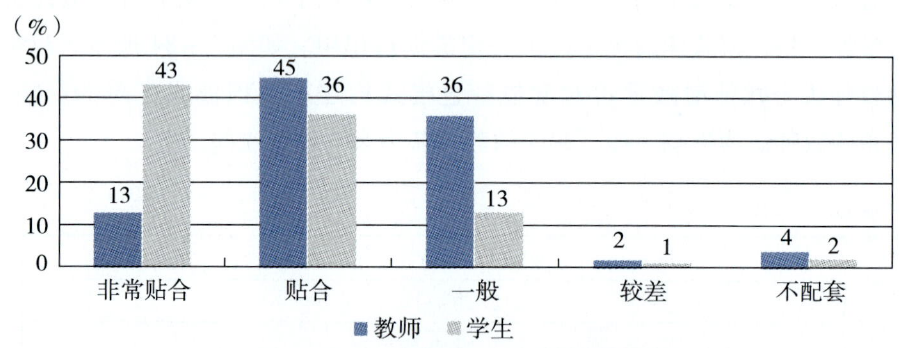

图 3－85　师生对本校建筑风格与特色发展模式的贴合度

（二）学校建筑中的活动场所和色彩色调要优先调整

如图 3－86 所示，在认为学校建筑风格与特色发展模式不适应的教师和学生中，教师认为特色课程活动场所凸显需要调整的比例达到 31%，师生都认为建筑色彩协调方面需要改进。

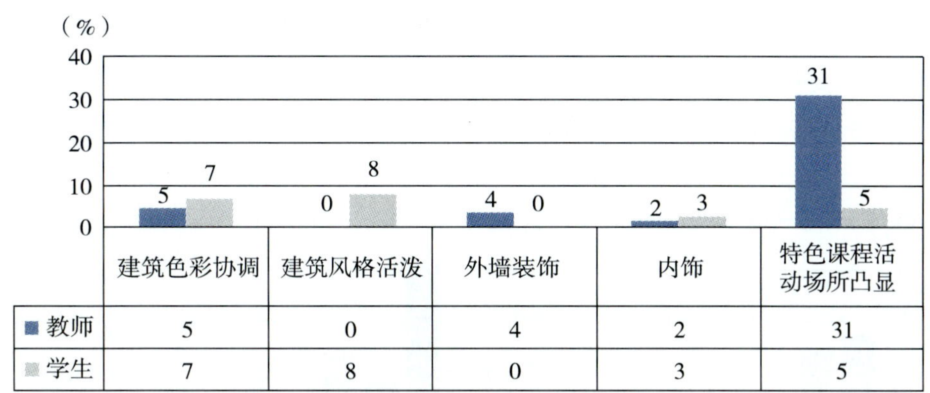

	建筑色彩协调	建筑风格活泼	外墙装饰	内饰	特色课程活动场所凸显
■教师	5	0	4	2	31
■学生	7	8	0	3	5

图 3－86　学校建筑改进部分

（三）特色文化标识设计最需要改进的是校服

学校文化是学校管理与品牌建设的重要内容，而文化标识和核心理念则是学校文化互为“表”“里”的两个精髓：如果说核心理念是学校文化的“心灵”，那么文化标识则是学校文化的“窗户”——学校文化标识应该而且必须是学校核心理念的形象诠释。① 如图 3－87 所示，对于学校文化的标识，师生都认为要首先改进校服的设计，其比例分别达到 58% 和 61%。其次是校徽校标，教师和学生的比例分别为 18% 和 21%。

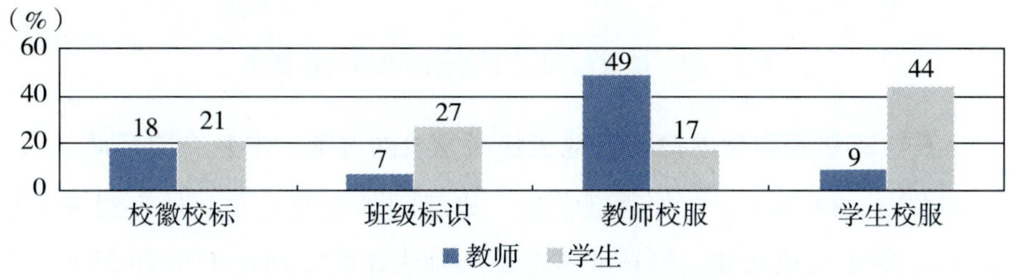

图 3－87　学校特色文化标识最需要改进的方面

（四）综合科技实验室和室内体育馆成为推进特色化校园文化建设的重点

强化校内资源建设，推进特色文化建设，需要对校内各种资源进行整

① 徐金才. 文化标识是核心理念的形象诠释［J］. 教育发展研究，2008（Z4）.

合。如图 3－88 所示，其中综合科技实验室和室内体育馆成为师生关注的重点，教师和学生关注综合科技实验室的比例分别为 29% 和 36%，关注室内体育馆的比例分别为 31% 和 26%。

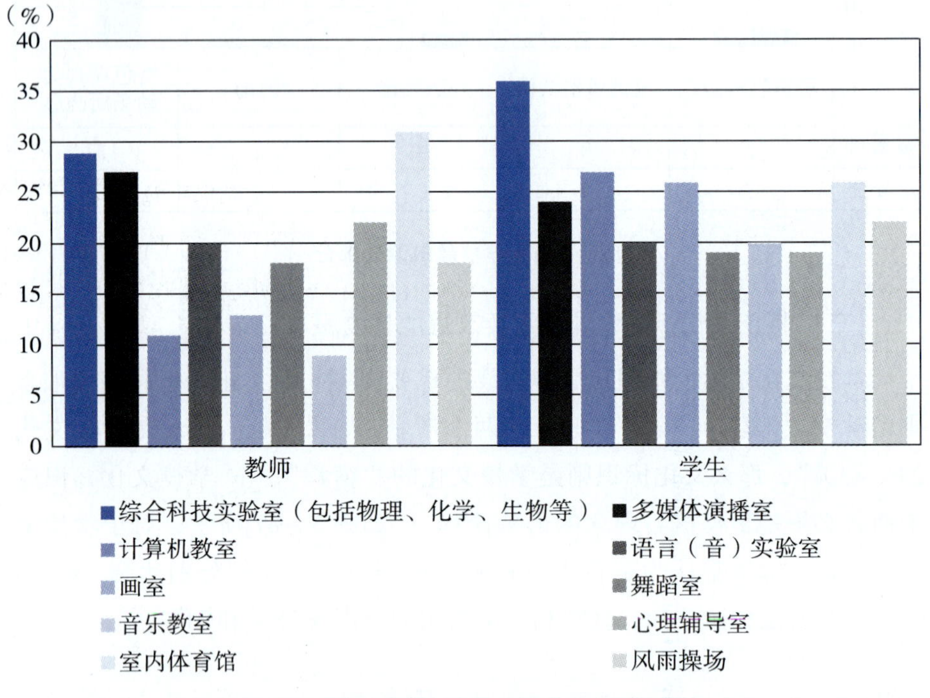

图 3－88　推进校园文化建设的设施设备情况

（五）班级间学生愿意与其他班级或学校的老师、学生交流互动

如图 3－89 所示，在外语型学校，班级间学生愿意与其他班级或学校的老师、学生交流互动，选择非常愿意的师生比例分别是 47% 和 53%，选择愿意互动的师生比例分别是 42% 和 28%。

（六）校外实践活动需要进一步加强

校外实践是教育教学内容的重要组成部分，是巩固所学知识、吸收新知识、发展智能的重要途径。它不受教学大纲的限制，学生可以在这个课堂里自由驰骋，发挥自己的才能，充分利用在校期间以学习为主、学好和掌握科技知识的有利条件，在社会实践中拓展知识面，真正锻炼和提高

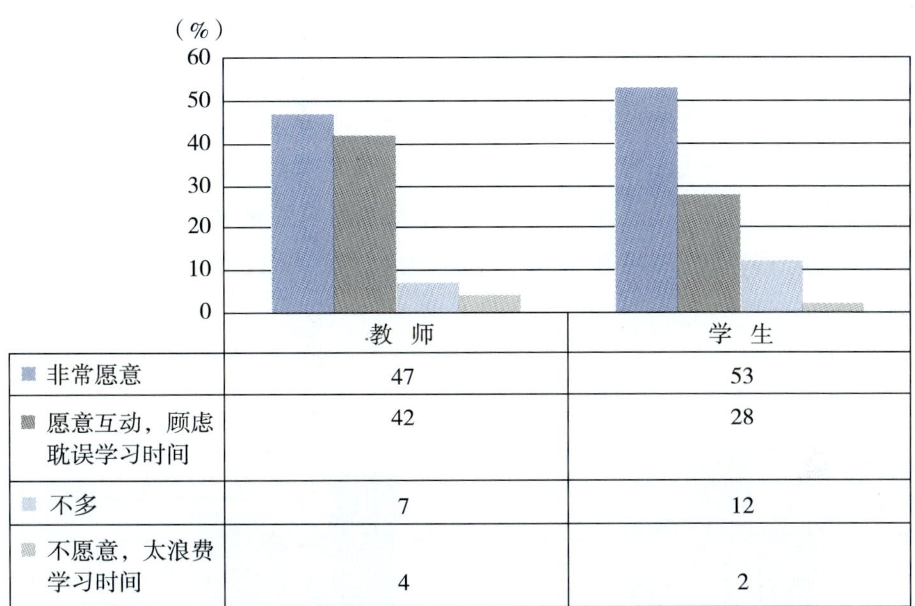

	教 师	学 生
非常愿意	47	53
愿意互动，顾虑耽误学习时间	42	28
不多	7	12
不愿意，太浪费学习时间	4	2

图 3－89 班级间的学生愿意与其他班级的教师、学生的互动情况

自己的知识应用能力。为了适应外语型高中学校的发展需要，为促进学生全面发展，学校要多创造条件和环境，必须切切实实地把实践活动纳入到教学中去。如图 3－90 所示，在课外或特色实践活动制度中，教师和学生认为开展校外实践活动的比例分别达到 38% 和 23%；其次是实验活动，教师和学生选择该项的比例分别是 22% 和 19%。

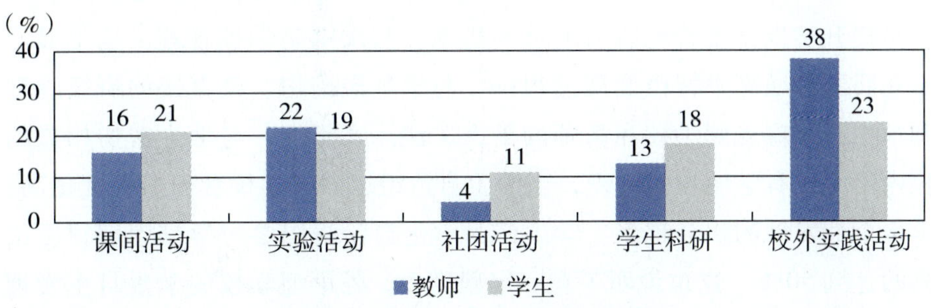

图 3－90 课外或特色实践活动制度

六、外语型普通高中的办学绩效

（一）学生个性发展的特色教育管理模式

如图3－91所示，在特色学校中，教师和学生都认为学分制、走班制和导师制（一对多）是最适合学生个性发展的教育管理模式，教师选取的比例分别是45%、25%和22%；学生选取这三项的比例分别是22%、27%和36%。

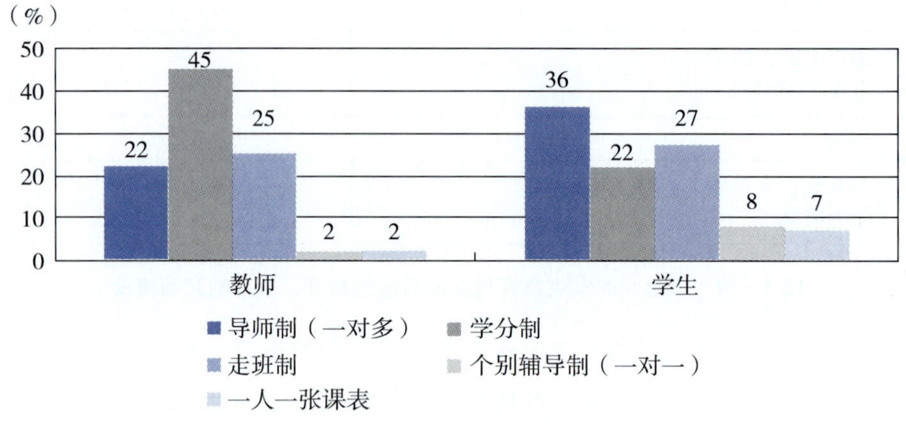

图3－91　最适合学生个性发展的特色教育管理模式

（二）班级管理和学生科研有助于提高学生的自主管理能力

在调查中，如图3－92所示，教师和学生都认为班级管理和学生科研是提升学生自主管理能力的重要措施。其次则是学校管理。这也显示出在我国普通高中特色发展过程中，与学生最密切、最直接的班级管理和学生科研应受到学校和教师的更大关注。实际上，与学生密切相关的校内组织还有学生自治组织，当学生自治组织参与学校管理的程度越高，学生个性发展的机会越多。学生认为学生自治组织参与学校管理程度很高的达到50%，这也说明了在一定程度上，外语型学校的学生自主管理能力比较强。

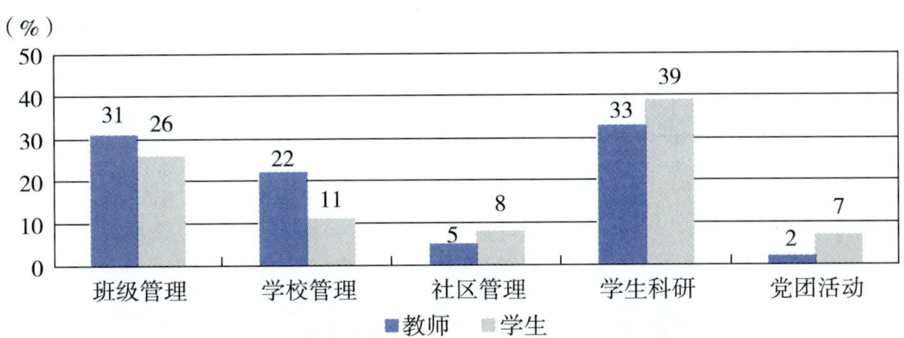

图 3－92　提高学生自主管理能力的措施

(三) 课外、校外活动成为学生生活的一部分

如图 3－93 所示，学生参与课外、校外活动的频率比较高，教师认为较多以上的占 34%，合适的占 29%，较少及很少的占 31%；学生认为较多以上的占 44%，合适的占 28%，较少及很少的占 24%。显然，教师和学生认为学生参与校外、课外活动合适及较多以上的都达到 60% 以上，虽然学生参与这些活动已成为一种常态，但是还需要学校做更多的合理安排。

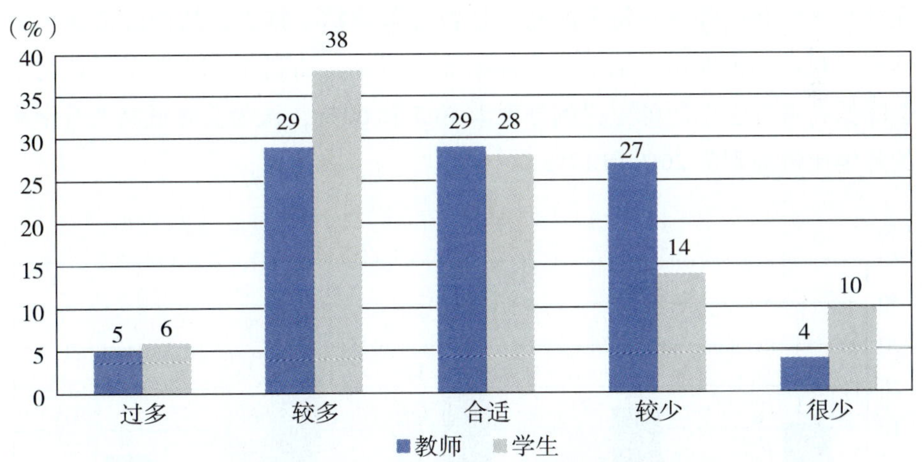

图 3－93　学生参与校外课外社会活动示意图

(四) 量身定做的特色活动促使学生个性获得更好发展

如图 3－94 所示，针对特色活动的设置情况，量身定做有利于学生个

性的发展，其中27%的教师和37%的学生认可这种方式。学校的特色领域学生参与度不高，教师认为学生都会的达到31%，学生认为都会的达到19%。不过，学生全面参与学校特色发展的，教师认为学生参与比例达到22%，学生认为参与比例达到28%。

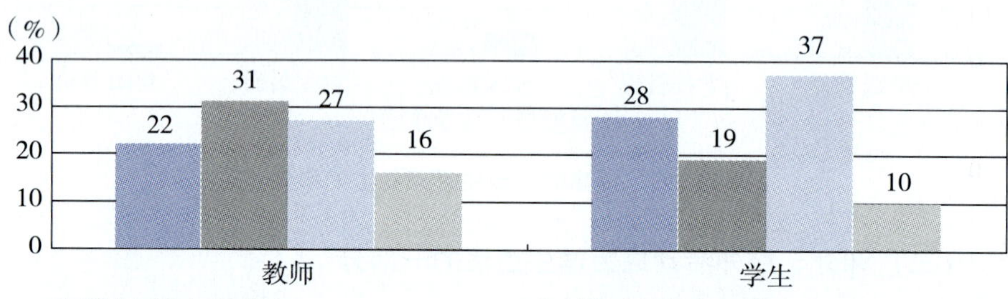

图3-94 学校特色模式对学生全面发展的影响

（五）学校特色发展不会降低高考升学率

学校特色发展需要学生和教师的全面参与，才能真正体现学校特色。在针对学生和教师参与特色活动，是否会影响师生精力，从而降低高考升学率的观点，依据调查结果，这种担忧不明显。如图3-95所示，认为不会降低高考升学率的师生比例分别为46%和60%，认为会降低高考升学率的师生比例分别为26%和17%。

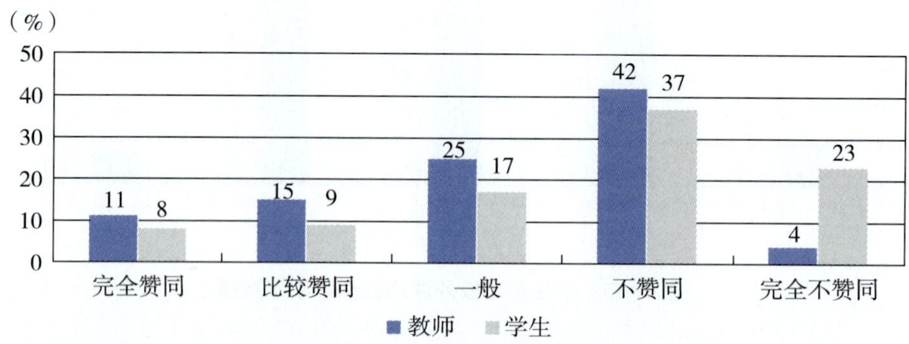

图3-95 学校发展特色会降低升学率

七、外语型普通高中的开放办学

（一）社会认可学校特色发展模式及办学水平

外语型学校的办学绩效受到社会的广泛认可。如图 3－96 所示，教师和学生认为社会认可度很高的比例分别达到 55% 和 78%，一般的比例分别为 40% 和 15%。

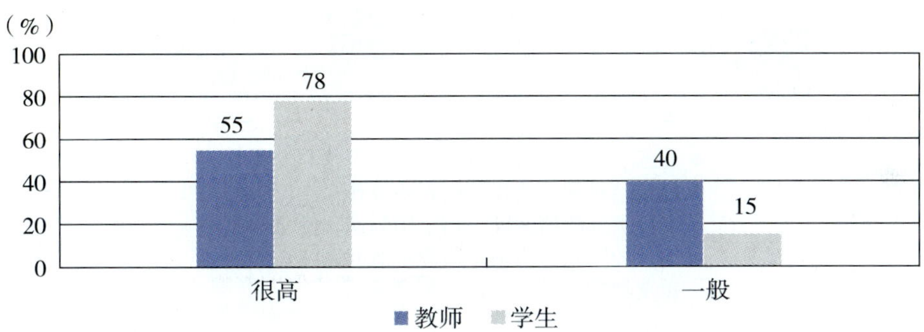

图 3－96　师生认为本校特色发展模式及办学水平的社会认可度

（二）多种特色办学成为师生共识

由于学生身心发展需要，以及教师自身专业发展和教育教学需要，多种特色学校发展模式远超过单一的特色发展领域。如图 3－97 所示，教师和学生赞同本校增加另外一种或多种特色发展领域的比例分别达到 73% 和 69%。

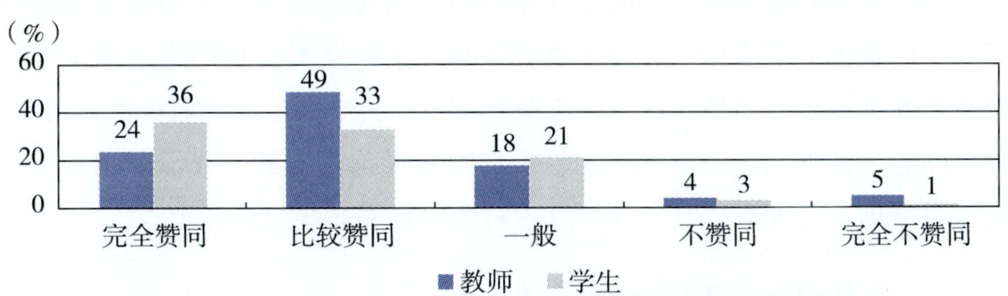

图 3－97　师生是否赞同增加另外一种或多种特色发展领域情况

（三）要扩大影响力最需要改进的是校际间交流和实现资源共享

如何开放办学和扩大学校影响，教师和学生的观点趋向一致。如图

3－98所示，一是加强校际间校长和教师流动，选取该项的教师和学生比例分别是24%和30%；二是加大校际间、国内外信息资源共享共建，选取该项的教师和学生比例分别是24%和29%。

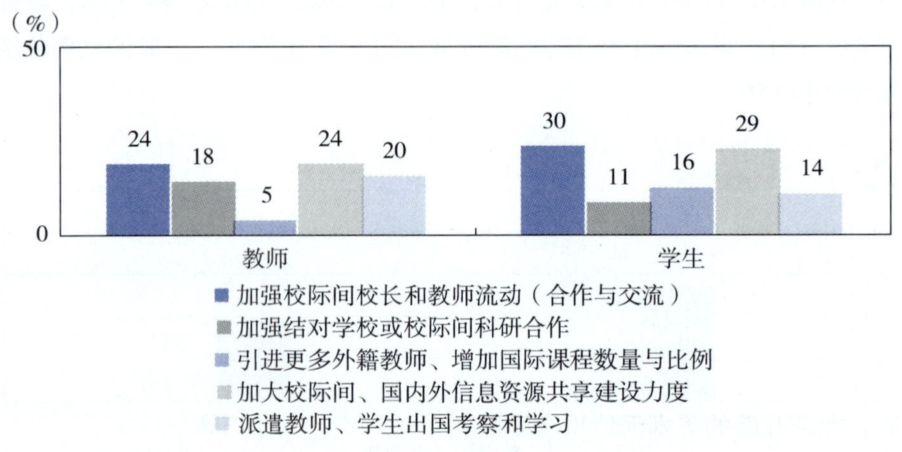

图3－98　为扩大对外开放和学校影响师生希望学校改进的方面

第五节　艺体型普通高中调查

艺体型普通高中是指以艺术、体育等特色课程为主，打造艺术品牌，全面提升学生的人文情怀、艺术素养和审美情趣的学校。在课题组选取的普通高中特色发展学校中，以吉林省A校、上海A校、四川省A校3所学校在艺术和体育方面最具特色，本节选取这3所学校，分别通过校长访谈、校长问卷、教师问卷、学生问卷、家长问卷等调查工具，并依据调查工具所获得数据，开展对以艺术和体育为特色的普通高中学校调查。

一、艺体型普通高中的学校管理

（一）注重历史、结合实际、准确定位

任何学校的特色发展都不是一蹴而就的，从吉林省A校、上海A校、四川省A校3所学校确立艺术或体育为特色来看，都是在遵循历史、结合

现实的情况下确立的。

吉林省A校，前身曾为一所师范学校，后改为一所中学，2005年更名为现在的校名。尽管更名后为一所普通高中，但其前身师范学校的特点一直保持至今，就是坚持德、智、体、美全面发展，同时注重音乐、美术和体育。因此，吉林省A校高级中学建立后，在面临生源不够理想的前提下，充分发挥原有学校和教师的特质和优势，准确定位，形成了具有自身特征的艺体类型普通高中学校。

建立于1996年的上海A校，作为转制进而民办的高中来说，生源质量不理想，学生进校成绩远低于公办高中。但面对有一部分学生有美术等技能方面的爱好和特长，学校于1997年根据社会需要和学校实际，开设了高中美术班，并确立“关注差异、开发潜能、多元发展”的办学理念，学校充分发挥师生的主动性、积极性和创造性，从单一学科文化高考中跳出来，在新开辟的美术天地里辛勤耕耘，错位竞争，走多元发展之路。截至2012年，美术班已连办了15届，毕业学生计470多名。上海A校的美术特色班以其鲜明的教育教学特色和较高的办学质量赢得了社会及家长的广泛赞誉，成为该校办学特色的一个品牌。

四川省A校，是一所集人文、科技、艺术、体育于一身的多元特色发展普通高中学校。在体育方面，该校不仅是四川体育传统项目示范学校，而且是中国中学生体育协会田径分会会员学校。基于此，体育一直是该校特色发展的领域之一，即使更换校长，体育特色办学之路依然坚持不改，形成了独具特色的普通高中发展之路。

（二）改革教育教学传统推动学校特色发展

改革是发展的源泉和动力。普通高中学校特色发展同样离不开改革。调查数据显示，校长认为通过改革教育教学方式来推动学校特色发展的比例占66.7%，认为不用通过改革的占33.3%。

为有效推动改革，艺体类型普通高中学校在教育改革中注重提升学生综合素质的占41%，提升学生创新能力的占39%，提高学生动手能力的占12%，改进学习方法的占8%，而以提高学生成绩为直接目的的为0（见图3－99）。

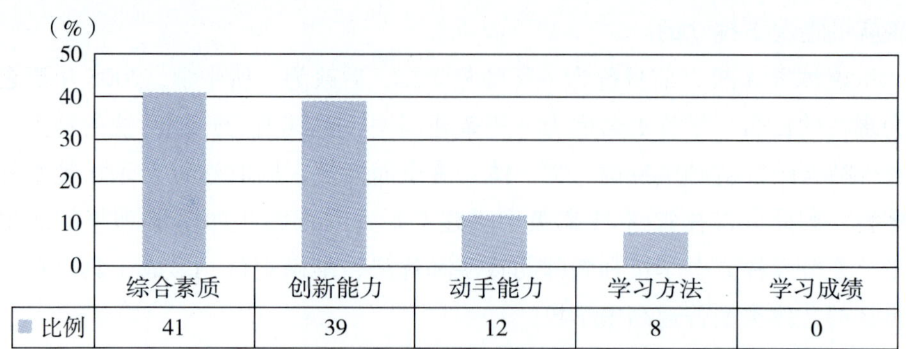

图 3－99　改革教育重点排序

为构建有利于全体学生成长、教学质量提高的特色人才培养体系，艺体类型普通高中学校主要通过提高学生学习自主性、丰富课程内容、特色课程设计和选修特色课程相对灵活等改革途径，其中排序第一的是提高学生学习自主性的比例占 50%，第二是通过丰富课程内容体系的占 33%，第三是通过特色课程设置和选择的灵活性的占 17%（见图 3－100）。

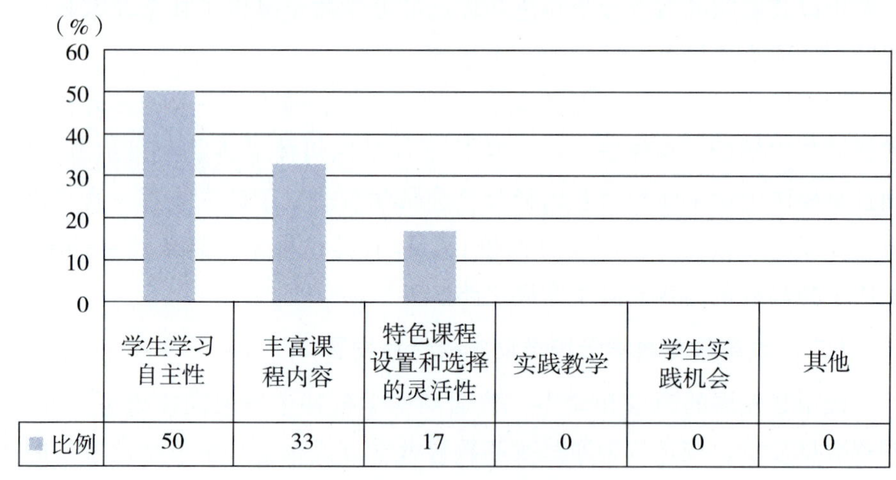

图 3－100　改革主要措施排序

（三）科研引领提升学校特色发展水平

教育教学科研是促进学校发展，促进教师成长，提高教学质量，实现学校由外延式向内涵式特色发展转变的重要途径。科研引领使学校全体员工都带着问题、以研究的方式科学地推动普通高中特色发展。在特色办学模式发展中，70%的艺体型普通高中学校反映获益最大的就是特色发展科研项目。

以科研带动教学，以教学促进科研。艺体型普通高中学校重视教学模式、教学策略、教学方法的研究，提倡教师将教学过程中遇到的共性问题立项为研究课题，有利于提高教师对学校特色的认识和把握。调查数据显示，无论校长，还是教师，承担和参与课题研究的比例越来越多，其中校长较多次参与特色学校建设课题的比例占67.3%，较少参加课题的占33.7%；教师较多次参与特色学校建设课题的比例占16.8%，较少参与的占69.6%，没有参与课题的仅占13.6%。可以说绝大多数教师都主持或参与了学校特色的科研项目，提升了教育教学能力（见图3－101）。

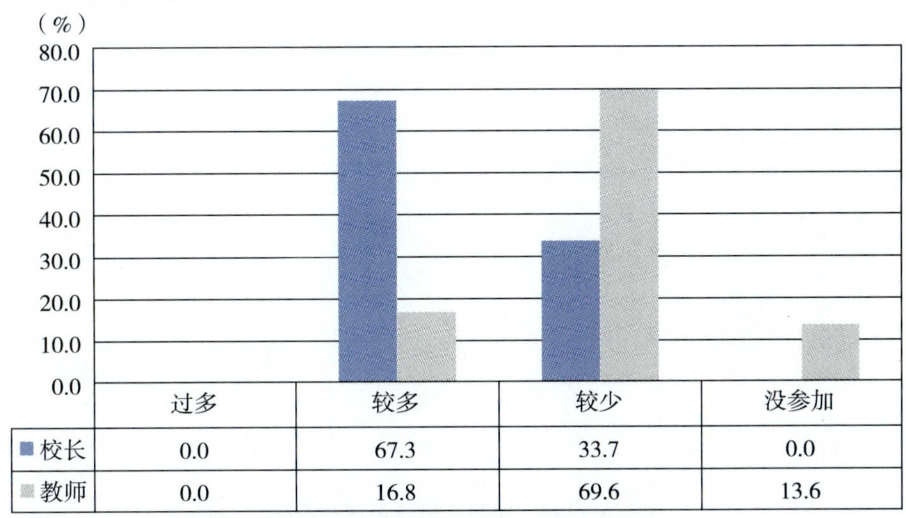

	过多	较多	较少	没参加
校长	0.0	67.3	33.7	0.0
教师	0.0	16.8	69.6	13.6

图3－101 校长和教师主持或参与学校特色科研项目

二、艺体型普通高中课程资源

（一）合理设置选修课程满足学生发展需求

艺体型普通高中选修课程丰富，不仅有艺体型选修课程，还广设科普教育、学校文化、文理科拓展课程、心理健康、国际课程、社会实践等课程，并呈逐年上升的趋势。如上海A校选修课程2010年时为15门，2011年增加到21门，2012年增加到24门，三年增加了9门选修课。

而以艺体为核心特色的吉林省A校，音乐、美术、体育学科的选修课设置最为丰富，能够满足学生的选课要求。其中音乐选修课有5门，2010—2012年的选课人数平均每年在120人左右；美术选修课有3门，2010—2012年的选课人数平均每年在160人左右，体育类选修课6门，2010—2012年选修课人数平均每年在160人左右。

艺体型普通高中近75%的学生都曾选修特色课程。其中选修4门及以上课程的学生占34.7%，选修3门课程的学生占2.5%，选修2门课程的学生占5.3%，选修1门课程的占31.3%，其中没有选修课程的占26.3%（见图3－102）。

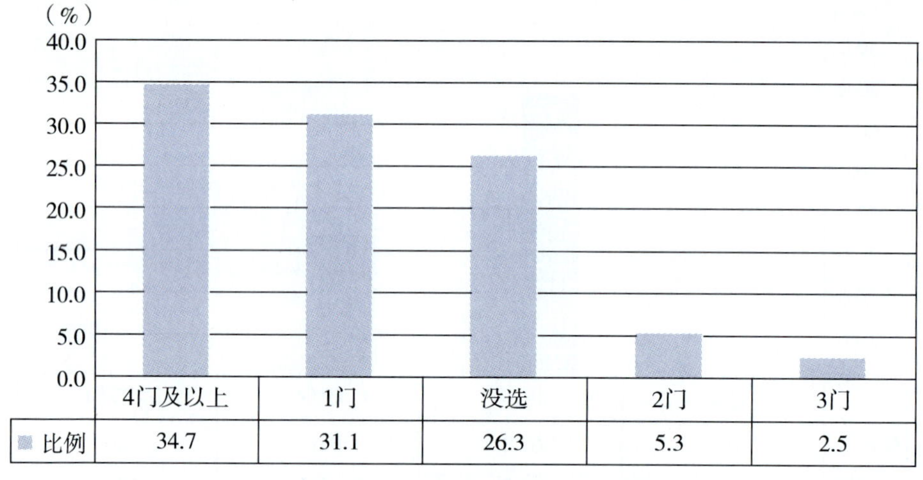

	4门及以上	1门	没选	2门	3门
比例	34.7	31.1	26.3	5.3	2.5

图3－102　学生选修特色课程情况

艺体型普通高中教师对学校课程设置的合理性和科学性评价很高。其中，课程设置在国家课程、国家课程校本化、地方及校本课程搭配设计合理性上老师完全同意的占33.9%，同意的占61.3%，不同意的仅占0.8%；认为对是否反映学生个性化需求完全同意的占31%，同意的占58.4%，完全不同意的仅占1.8%；认为对各类课程是否前后衔接具有逻辑性完全同意的占 31.6%，同意的占 52.6%，不同意的仅占 1.8%。

但与教师不同的是，学生对学校现有课程资源满足需求的认可度一般。其中学生认为能够满足发展需要的仅占 25.7%，认为一般的占 59.6%，认为不能满足发展需要的占 14.7%。这表明，艺体高中课程资源有待进一步提高。

（二）校本教材有效促进学生学习

为有效促进校本课程的开发和学习，艺体型普通高中依托教师资源编辑校本教材，以此促进学生更好地学习选修课程。半数以上教师参与了编辑校本教材，其中参与 4 门及以上校本教材编写的教师占 1.0%，参与 3 门校本教材编写的教师占 11.0%，参与 2 门校本教材编写的占 22.0%，参与 1 门校本教材编写的占 66.0%（见图 3－103）。

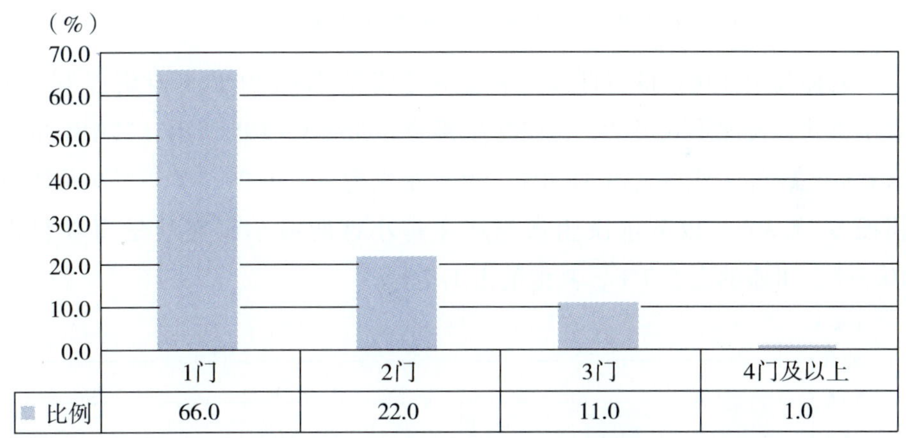

图 3－103　教师参与编写校本教材比例

绝大部分学生选修课程使用了本校教师编写的校本教材。其中选修 4 门及以上课程使用校本教材的学生占 48.8%，选修 3 门课程使用校本教材的学生占 2.9%，选修 2 门课程使用校本教材的学生占 3.6%，选修 1 门课程使用校本教材的占 9.8%，其中没有使用校本教材的学生占 35.0%（见图 3－104）。

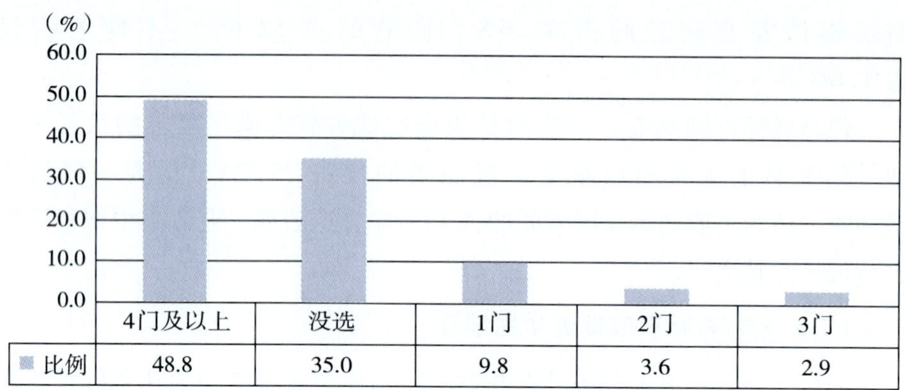

	4门及以上	没选	1门	2门	3门
比例	48.8	35.0	9.8	3.6	2.9

图 3－104　学生使用校本教材比例

学生对校本教材是否适合自己发展的认可度一般。其中，认为校本教材非常适合自己发展的占 18.7%，认为一般适合的占 75.7%，认为不适合的占 5.7%。这表明，学校在校本教材的编写上还有待进一步提高。

（三）灵活授课及考试方式吸引学生自主选修

艺体高中在选修课授课方式上基本打破常规课程中以课堂讲授为主的教学方式，授课形式灵活，深受学生喜爱。如图 3－105 所示，其中学生最喜欢的是校外实践方式占 31.4%，其次是兴趣小组占 29.5%，再次是课堂讲授占 21.3%，以下依次为参与或主持小课题或小研究性学习项目占 10.5%，讲座的占 5.7%，其他的占 1.7%。

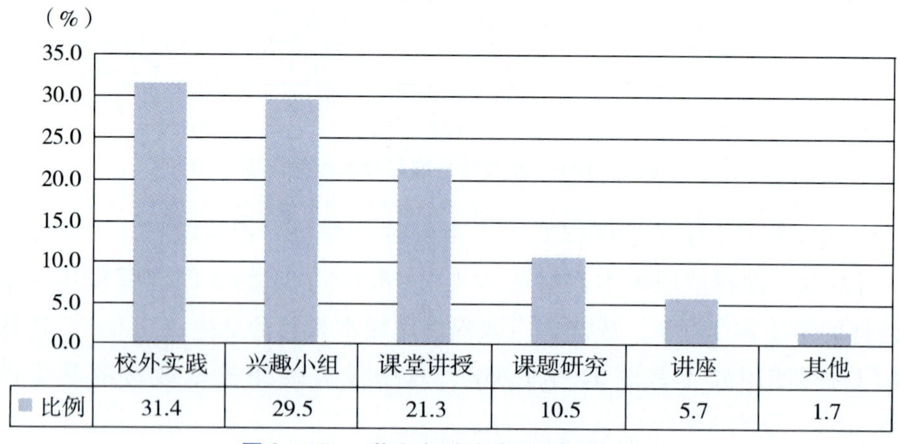

	校外实践	兴趣小组	课堂讲授	课题研究	讲座	其他
比例	31.4	29.5	21.3	10.5	5.7	1.7

图 3－105　学生喜爱的选修课授课方式

不再拘泥于笔试的考试形式，也让特色选修课成为学生喜爱的课程。就考试形式而言，教师采取多样的评价形式，其中笔试的占37.7%，口试的占4.4%，操作的占35.1%，成果的占19.3%，其他的占3.5%（见图3－106）。

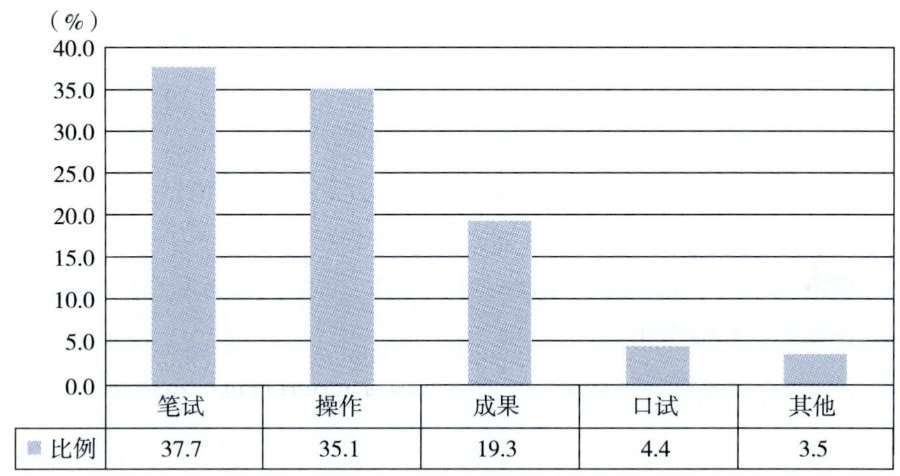

	笔试	操作	成果	口试	其他
比例	37.7	35.1	19.3	4.4	3.5

图3－106　教师对学生选修课评价方式

三、艺体型普通高中教师队伍建设

（一）合理规划特色教师队伍

艺体型普通高中特色发展需要特殊的专业团队，各学校都努力规划、打造适合自身特色发展的教师队伍。吉林省A校有音乐、美术专业教师10名，体育和健康专业教师15人。特色领域教师中具有中学高级职称的教师有5人，具有中学一级职称的教师有8人。特色领域专任教师年龄上也以中青年教师为主，其中18—25岁的教师有5人，26—35岁的教师有13人，36—45岁的教师有7人。这些都为学校艺体类型高中发展打下坚实基础。

上海A校也不断加大特色教师队伍建设，目前，学校有艺体专任教师5人。特色领域专任教师毕业于师范专业的有16人，毕业于综合大学的有2人，其中具有中学高级职称的有11人，中学一级职称的有7人；特色领域兼职教师有17人毕业于师范专业，毕业于综合大学的有1人，其中具有中学高级职称的有11人，中学一级职称的有6人。特色领域教师年龄分布较为均衡，并以中青年教师居多。其中专任教师中26—35岁的有2人，36—45岁的有9人，46—55岁的有4人，56岁以上的有3人；兼职教师中26—35岁的有3人，36—45岁的有5人，46—55岁的有3人，56岁以上的有7人。

（二）提高教师对学校特色发展认知

艺体型普通高中绝大部分都明确本校的特色是艺术或体育，其中对所在学校办学目标或特色发展规划非常明确的占77.5%，一般明确的占20.9%，不明确的仅占0.8%，其他的占0.8%。

绝大部分教师认为本校特色发展模式在对学校发展和特色建设中产生了很大影响。其中认为作用很大的教师比例占73.3%，认为作用一般的教师比例占25.2%，认为作用很小教师比例占1.5%，认为没有作用或产生了负面作用的教师为0。

（三）加强教师专业培养

艺体高中针对教师不同特征采取多方位培训，其中针对综合大学毕业的教师，经常参与学校或上级部门组织的教育心理学培训的比例占17.0%，一般参加的教师比例为38.6%，偶尔参加的教师比例占34.1%，从未参加的教师比例为10.2%（见图3－107）。

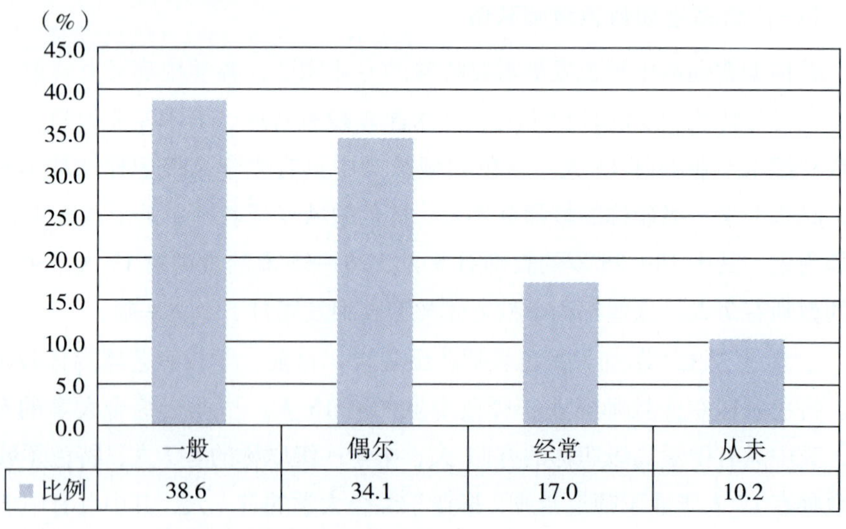

	一般	偶尔	经常	从未
比例	38.6	34.1	17.0	10.2

图3－107　综合大学毕业的教师参加培训的频率

针对师范院校毕业的教师，教师经常参加学校或上级部门组织的或跨学科课程培训的占19.3%，一般参加培训的教师比例占31.1%，偶尔参加培训的教师比例占32.8%，从未参加培训的教师比例占16.8%。可见，所有教师参加培训的频率相差并不明显。

教师培训次数略有不同，其中每学年参加4次及以上培训的教师比例为19.0%，每学年参加3次培训的教师比例为9.5%，每学年参加2次培训的教师比例为32.5%，每学年参加1次培训的教师比例最多为34.9%，从未参加过培训的教师比例占4.0%（见图3-108）。

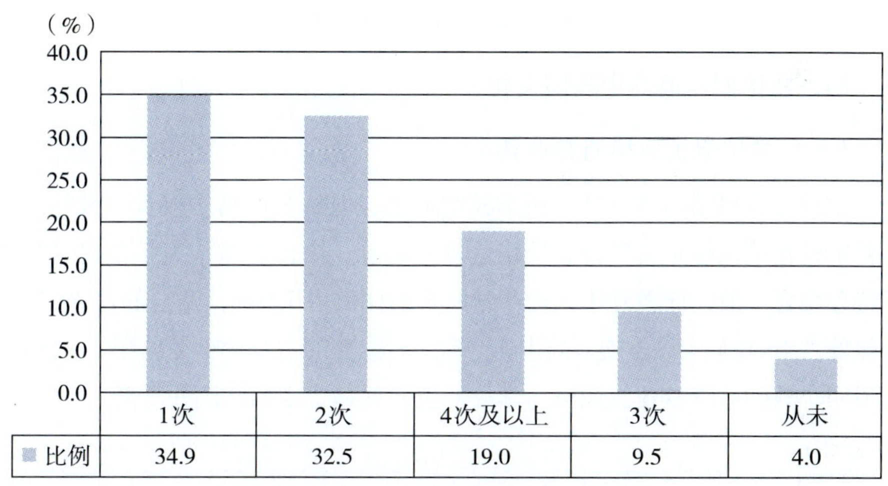

	1次	2次	4次及以上	3次	从未
比例	34.9	32.5	19.0	9.5	4.0

图3-108　教师每学年参加培训次数

如图3-109所示，在培训形式上，接受师徒制培训的教师比例为3.7%，研讨会形式培训的教师比例为26.9%，参加异地学习考察的教师比例为12.0%，通过参加讲座培训的教师比例为20.4%，参加网络培训的教师比例为27.8%，其他途径培训的教师比例为9.3%。可见，网络培训已经成为教师培训的最主要形式之一。

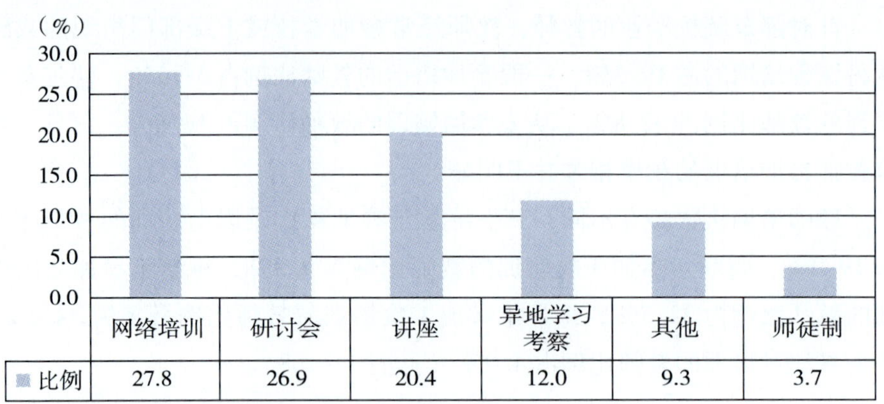

	网络培训	研讨会	讲座	异地学习考察	其他	师徒制
比例	27.8	26.9	20.4	12.0	9.3	3.7

图 3－109　教师参加培训的主要形式

四、艺体型普通高中校园文化

（一）学校建筑风格有待改善

学校建筑风格通常反映一所学校的特色，但从艺体高中校长、教师、学生对本校建筑风格是否符合学校特色发展来看，校长普遍认为学校建筑与学校特色贴合一般，而教师中认为非常贴合的比例占 7.9%，贴合的占 39.7%，一般的占 46.0%，贴合较差的占 4.0%，不配套的占 2.4%（见图 3－110）。这说明，教师对学校建筑风格与学校特色发展贴合度的认同并不高。

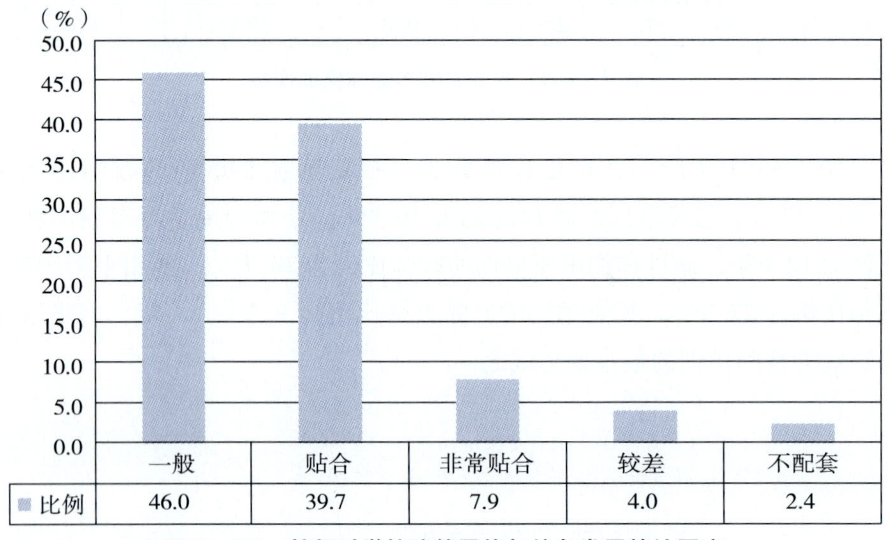

	一般	贴合	非常贴合	较差	不配套
比例	46.0	39.7	7.9	4.0	2.4

图 3－110　教师对学校建筑风格与特色发展的认同度

艺体型普通高中学生对学校建筑风格与特色发展的认同度也不高。其中认为学校建筑风格与本校特色模式非常贴合的比例为16.1%，认为贴合的占26.8%，认为一般的占45.6%，认为贴合较差的占7.7%，认为不配套的占3.8%（见图3－111）。可见，学校建筑风格有待改善以符合学校特色发展模式。

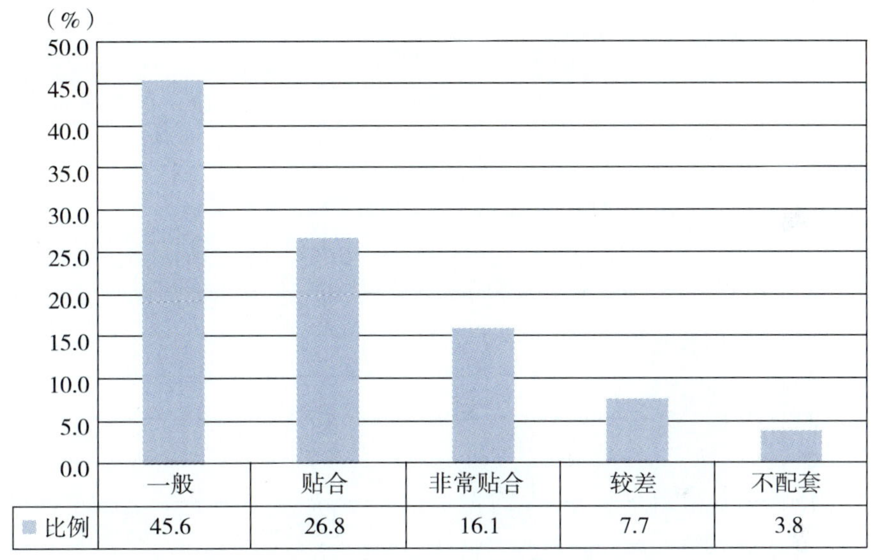

	一般	贴合	非常贴合	较差	不配套
比例	45.6	26.8	16.1	7.7	3.8

图3－111　学生对学校建筑风格与特色发展的认同度

（二）文化标识调整认知有待进一步统一

在文化标识调整中，学校校长、教师和学生的认同度并不一致。其中，校长普遍认为校徽校标不仅清晰，也符合学校特色发展，最需要调整的是班级标识。但就教师而言，认为校徽校标需要调整的占22.5%，班级标识需要调整的占5.0%，教师校服需要调整的占7.5%，学生校服需要调整的占7.5%，其他的占57.5%（见图3－112）。

就学生而言，认为代表学校特色发展的文化标识中，需要调整校徽校标的比例为31%，需要调整班级标识的比例为11%，需要调整教师校服的比例占9%，需要调整学生校服的比例占49%（见图3－113）。

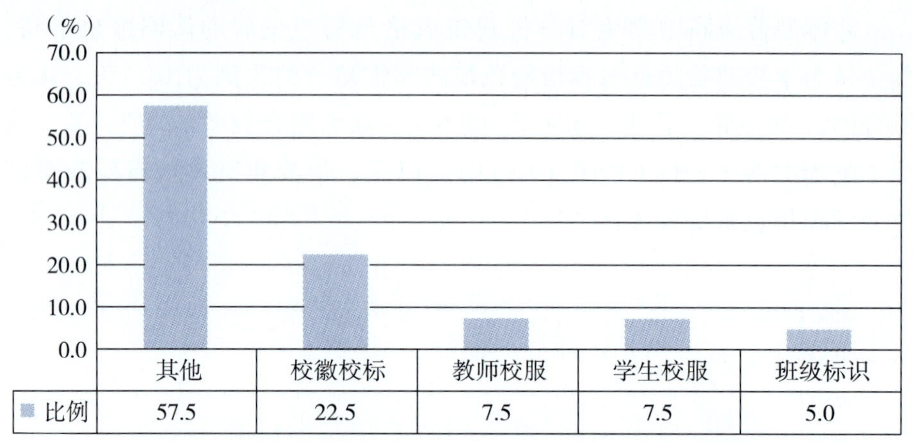

	其他	校徽校标	教师校服	学生校服	班级标识
比例	57.5	22.5	7.5	7.5	5.0

图 3－112　学生认为需要调整学校文化标识

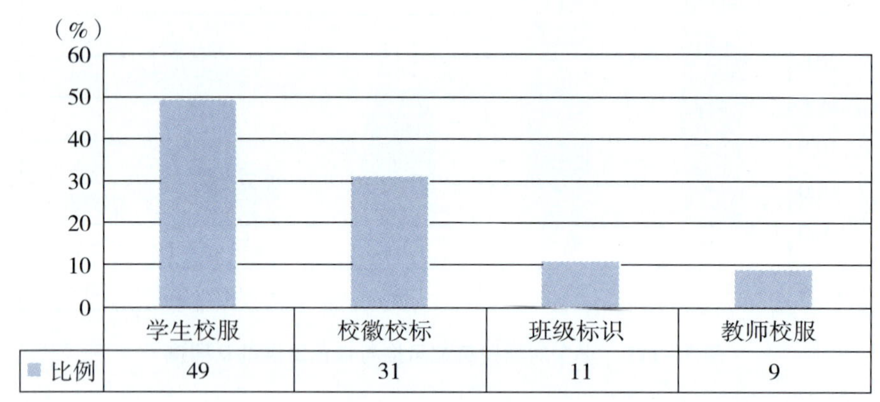

	学生校服	校徽校标	班级标识	教师校服
比例	49	31	11	9

图 3－113　教师认为需要调整学校文化标识

文化标识是校园特色文化的重要组成部分，作为学校的最主要群体校长、教师和学生在调整文化标识上存在的差异一方面说明不同群体认知的差异，但另一方面也表明三个群体之间并没有形成针对特色发展的共同认知，这不利于学校文化的特色发展，因此，在文化标识调整上有待进一步统一。

（三）班际交流与特色实践活动有待进一步提高

班际间的学生交流体现了一个学校校园文化的开放程度，艺体高中学生在班际交流中有待进一步提高。调查数据显示，本班同学是否愿意与其他班级或学校的老师、同学交流互动时，非常愿意的学生比例为37.3%，愿意互动，但怕耽误学习时间的学生比例为30.8%，交流不多的学生比例占29.6%，不愿意交流的学生比例占2.3%。

加强校外实践活动是艺体型普通高中学生最渴望学校加强的课外或特色实践活动。选择课间活动的学生比例为18%，选择实验活动的学生比例为20.4%，选择社团活动的学生比例为20.2%，选择学生科研的比例为9.1%，选择校外实践活动的比例为31.2%，选择其他的比例占1.1%（见图3－114）。

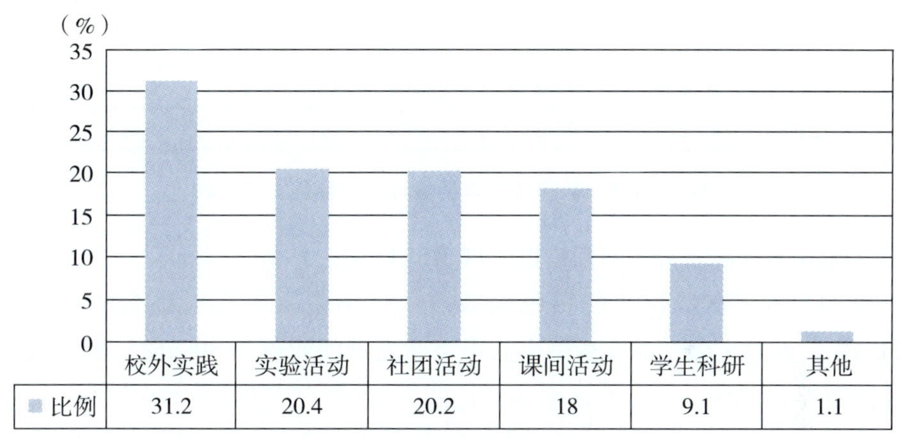

图3－114　学生特色时间活动渴望

学校传统中的特色元素有待进一步挖掘以体现特色元素中的校园文化。学生认为学校充分挖掘学校传统的特色元素的比例占24.3%，认为一般的占62%，认为挖掘不充分的比例占13.7%。这表明，艺体高中需要进一步挖掘学校传统中的特色元素以形成自己的校园文化。

五、艺体型普通高中办学绩效

（一）大部分学生参与到学校特色发展建设中

普通高中多样化、特色化发展就是让所有学生都能得到全面发展。艺体型普通高中特色化建设，学生参与度不断提升。教师认为学校特色发展模式使学生达到了全面参与状态的比例为15.1%，在所构建的特色领域，全校学生基本人人都会的比例为22.2%，量身定做，大多数学生获得个性发展的比例为49.2%，影响较差的比例为13.5%，产生负面影响的比例为0（见图3－115）。

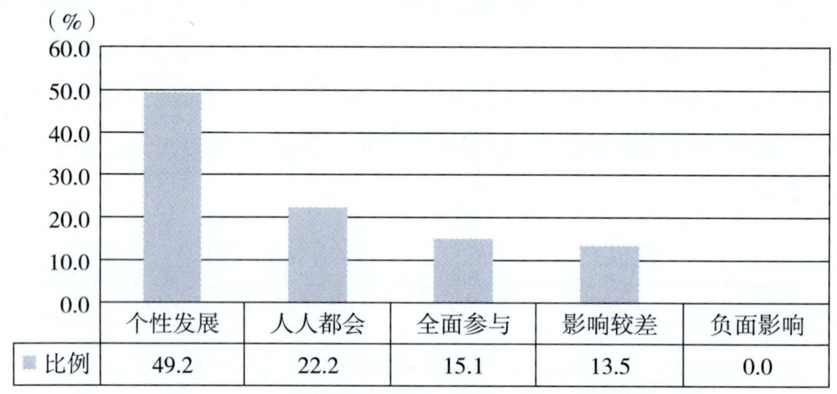

	个性发展	人人都会	全面参与	影响较差	负面影响
比例	49.2	22.2	15.1	13.5	0.0

图3－115　教师认为学生参与学校特色发展影响

就学生而言，认为学校特色发展模式使学生达到了全面参与状态的比例为24.2%，在所构建的特色领域，全校学生基本人人都会的比例为20.3%，量身定做，大多数学生获得个性发展的比例为30.0%，影响较差的比例为22.5%，产生负面影响的比例为3.0%（见图3－116）。

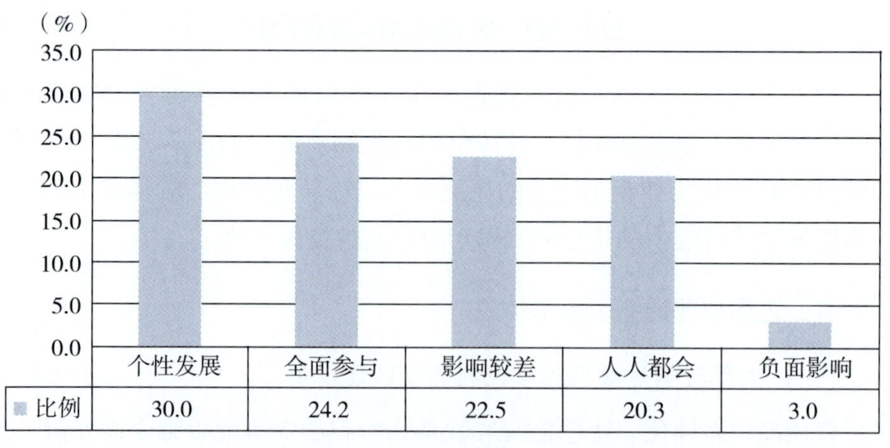

	个性发展	全面参与	影响较差	人人都会	负面影响
比例	30.0	24.2	22.5	20.3	3.0

图3－116　学生自身认为参与学校特色发展影响

（二）学生升学比例稳中有升

艺体高中在推进学校特色化发展中，学生升入大学的比例不断提高。上海A校，近3年来，高考特色领域一本升学人数2010年为2人，2011年为4人，2012年为3人；高考特色领域二本升学人数2010年为13人，2011年14人，2012年为15人。综合评价优秀率2010年为51%，2011年为54%，2012年为53%（见表3－3）。

表3－3　上海A校特色领域升学人数

年　份	2010	2011	2012
在校生总数（人）	425	428	436
高考一本升学人数（人）	1	1	4
高考二本升学人数（人）	78	53	59
高考特色领域一本升学人数（人）	2	4	3
高考特色领域二本升学人数（人）	13	14	15
高中综合素质评价合格率	100%	100%	100%
高中综合素质评价优秀率	51%	54%	53%

（三）提高了学生自主管理意识

越来越多的学生通过学校特色化发展建设，意识到自主学习、自主管理的重要性，并渴望学校不断加强自主管理能力上的培养。其中，希望通过班级管理培养的占28.8%，希望通过学校管理培养的占18.4%，希望通过加强社区管理培养的占11.3%，希望通过学生科研培养的占30.9%，希望通过党团活动加强培养的占9.2%，希望其他途径的占1.4%（见图3－117）。

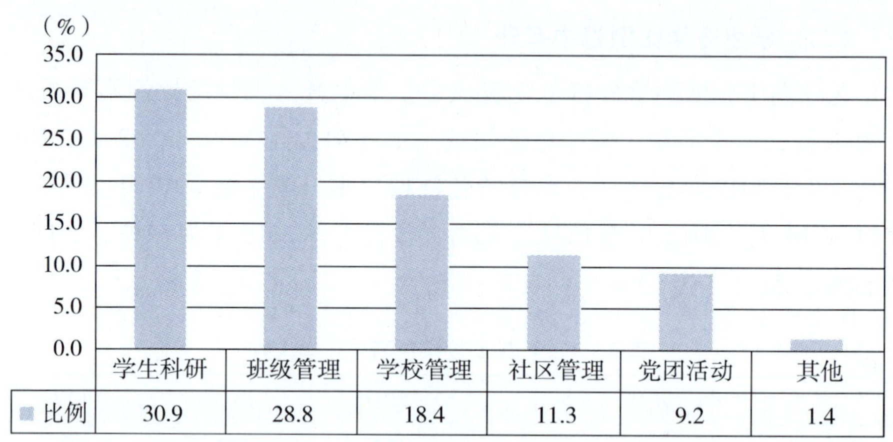

	学生科研	班级管理	学校管理	社区管理	党团活动	其他
比例	30.9	28.8	18.4	11.3	9.2	1.4

图 3-117　学生希望加强自主管理能力培养

第六节　普职融合型普通高中调查

普职融合作为普通高中特色发展的一个方向，能够较好地结合普通高中升学与就业的基本功能，是培养学生全面发展、接受最适合的教育的重要体现。广义的普职融合教育，指的是通过普职资源整合这个平台来转换普通高中教育的学习模式，通过“做中学”的方式来激活学生的学习兴趣，提高动手操作能力，挖掘多方潜能，最终提高学生继续升学或选择就业等所应具备的综合素质。在教育实践中，开展普职融合教育的普通高中数量还相对较少，并且普职融合往往作为学校多样化发展的方向之一而不是独立特征来予以推行。课题组选取的 32 所普通高中特色发展学校中，有吉林 A 校、上海 B 校、江苏 D 校以及浙江 C 校都采取了普职融合发展方向，本节选取这 4 所学校，对其校长访谈和校长、教师、家长以及学生的问卷调查结果予以分析和归纳，对普职融合特色发展的现状、特征、相关举措以及存在问题进行评述和总结。

一、普职融合特色发展的政策分析

高中教育是我国教育体系中的特殊阶段。它介于义务教育和高等教育之

education

四大教育研究书系

由“教育”的英文首字母“e”演变而成，分别代表“国情”“国视”“国菁”“国际”四大教育研究书系，图案以象征教育文化的竹简和书案为图形结构，以传统的回形纹样为表现形式，抽象、凝练地诠释了古今融通、中西合璧的理念。

间，担负着继续升学和就业准备两种职能。普通高中同样也肩负着这两种职能，但长期以来，在传统观念的影响下，普通高中往往过于重视学生的学业成绩，升学与就业的关系始终未能理顺，从而导致普通高中教育目标过于片面、单一，学生高分低能的现象较为普遍。我国《教育规划纲要》（2010—2020年）提出，要“探索综合高中发展模式。采取多种方式，为在校生和未升学毕业生提供职业教育”，再次强调了高中教育肩负的两大职能，为普通高中探索普职融合教育提供了政策依据。2012年，南京市作为国家普通高中多样化办学改革试点地区之一，在未来10年计划投入两亿元重点建设“综合改革高中”、“学科创新高中”、“普职融合高中”以及“国际高中”四种模式的普通高中，重点推进高中多样化、特色化发展工程。可见，普通高中向普职融合方向发展，已经成为我国实践领域里高中多样化、特色化发展的重要探索，其相关经验和现状值得总结和分析。

普通高中教育具备普职融合特征，这并非现阶段的普通高中改革发展的创新点。普通高中一直兼具培养高一级学校新生及社会就业人才储备的双重任务，但长久以来因为传统观念及办学体制等多因素影响，普通高中的根本任务往往偏向于升学而忽视了就业的准备需要。现阶段强调普职融合理念和实践，不仅仅是回归高中教育的育人本位，也是对社会需要多样化基础人才的呼应和准备。《教育规划纲要》也再次强调，普通高中要积极开展研究性学习、社区服务和社会实践。可见，现阶段，探索具有时代意义的普职融合教育、促进普通高中转型发展的时机已经初步成熟。正如已经率先开展普职融合教育的南京市教育局负责人所提到的，“普职融合”是一种“高中普及基础上的人才多规格培养模式。不能机械化理解‘普职融合’就是学生在普通高中和职业高中之间互换，更主要目的是实现两种学校资源共享，打破教育同质化‘瓶颈’，提供多样化、个性化教育平台”。[①] 可见，现阶段的普职融合教育，不仅标志着我国普通高中多样化、特色化发展迈出实质性一步，也说明了普通高中的根本任务得到了形式、

① 李润文. 南京高中多样化办学“破冰”推进特色化发展［N］. 中国青年报，2012-03-16（6）.

体制以及政策上的切实保障。

二、对普职融合的基本理解

普职融合类高中教育不能仅仅理解为普通教育职业化，或者职业教育普通化。各级各类学校都应该把培养学生具有基本文化知识和动手操作能力作为自己办学的目标。也不能简单地将普职融合教育等同于在普通学校中开展职业教育。普通高中通过开设技术教育课程，或者开设专门的职业班，可以视为是探索普职融合特色教育的第一步，但并不能准确诠释其基本内涵。普职融合教育的基本内涵可以分为狭义和广义两种。狭义的普职融合教育即是在普通高中课程中融入职业教育的因素，在一定程度上可视为初步的职业定向。学生通过学习相对系统的职业专门知识，掌握一定职业技能，甚至取得相关技能等级考试资格，为直接就业做好准备。这种教育是针对特定目标学生的，以便为他们提供多样化的选择。广义的普职融合教育，指的是通过普职资源整合这个平台来转换普通高中技术教育的学习模式。由于综合实践活动中的技术课程更多具有动手操作的内容，通过"做中学"的方式来激活学生的学习兴趣，拓展学生的生活视野和学习视野，提高学生的动手操作能力，挖掘学生多方潜能，最终提高学生继续升学或选择就业等所应具备的综合素质。这种广义的普职融合教育是面向全体学生的，以促进学生全面发展为导向。

在不同的发展阶段，普职融合教育也存在不同的表现形式。现有的实践经验已经证明了这一点。南京的普职融合高中的发展具有三个层次：一是普通高中开职业课程、渗透职教因素；二是如果有学生对职教感兴趣，可以通过学分互认方式换到职校；三是高中生和职校生可以互转学籍，进入普通高中或职业学校完成学业。综上，尽管新中国成立以来的中等教育中长期具备普职融合教育的因素，但现阶段对其赋予了新的内涵和挑战，普职融合教育需要促进普通高中育人功能的完善和提升，还需要经历政策支持和实践的探索及检验。

三、普职融合现状调查分析

在本次调查选取的32所普通高中特色发展学校中，有4所学校采取了普职融合发展方向，本部分以4所学校的情况为基础，对其校长访谈和校长、教师、家长以及学生的问卷调查结果予以分析和归纳，对普职融合特色发展的现状、特征、相关举措以及存在的问题进行评述和总结。

（一）学校原有基础整体上较为薄弱，校内特色管理还有待进一步加强

1. 学校原有基础整体上相对薄弱

首先，生源条件较差。4所学校选择普职融合作为特色发展方向，既有其历史传统和社区环境因素，也有其现实条件所限。根据问卷调查和访谈内容整理可以看出，学校的生源条件大都较差，部分好学校的生源质量极不均衡。根据部分数据表明，2012年，受访学校的高考升学率整体上水平一般，特别是部分学校的成绩较差，如江苏D校，2012年考取重点本科学生数仅为6人，占在校生总数的0.6%，这说明他们与形成优质教育资源的目标还有一段差距，在谋求良性、特色发展方面困难重重。根据校长访谈提纲也可以看出，部分学校校长指出，学校作为经济欠发达地区的县级普通高中，缺乏优质教育资源和优秀的生源。面对中考分数相对较低，说明学生整体素质不高。有的学校认为，学生基础较差，主动学习的意识和自主学习的能力较薄弱。即使是省级重点中学，也存在生源基本素质多层次、多样化的现状，需要予以分类指导和开展教育教学活动。

其次，部分学校的区域形象较差。根据吉林A校、江苏D校的问卷调查显示，尽管教师（99名）、家长（399名）、学生（400名）对学校的评价不完全一致，但总体认为学校在本地区的普通高中内处于一般或较差的层次，家长对学校的评价略高（见图3-118）。

在“较好或很好”层面，家长选择的百分比最高，但学生的评价最低。大部分学生和家长认为所在学校“一般”，而教师对本校的评价更多是“一般”或“较差或很差”，占比都为39.4%。其中，学生评价不高的原因主要是因为“高考成绩差”、“生源质量低”，还有环境、管理不到位

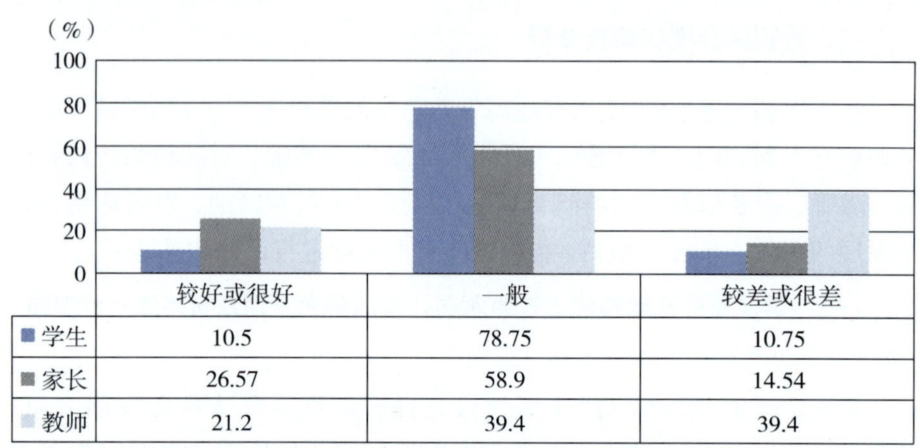

	较好或很好	一般	较差或很差
学生	10.5	78.75	10.75
家长	26.57	58.9	14.54
教师	21.2	39.4	39.4

图 3－118　利益相关者对学校区域形象的评价

等。教师评价低的原因几乎全是“学生素质不高，生源质量差”。而认为学校层次较好的原因主要集中在学校“多元办学”、“特色办学”方面。由此可见，尽管学校的原有基础较弱、起点较低，但学校经过努力走特色发展的道路，使得学校在一定程度上得到社会特别是家长的认可，特色发展带动学校教育质量提高的效益初步显现。

2. 学校普职融合特色发展的理念还有待进一步统一和明确

学校特色应该融于学校办学理念之中。办学理念是学校办学思想、价值追求、育人特色的集中体现，蕴涵在学校大多数师生的行为意识和价值观念之中，是在实践经验的基础上提炼而成，同时又指导学校进一步发展的基本方向。围绕学校办学理念可以衍生出学校的育人目标、校园文化等精神追求，同时也可以产生一系列操作可行的规章管理制度。可见，明确办学理念，统一全校师生的价值观念，对学校特色的创建与形成有极大的推动作用。调查发现，普职融合型相关案例学校均认为“办学理念”是影响本校特色类型形成和发展的最重要因素，而“确定新的办学理念”则对学校在创建特色类型的过程中起到了至关重要的作用。

首先，学校特色类型的定位源自升学需求。江苏 D 校的问卷中，明确回答实施普职融合教育的初衷即是满足社会与家长的升学需求。

其次，校内对学校特色发展类型的界定尚不清晰（见图 3－119）。由学生和教师对“您认为本校的特色类型大致属于何种类型”的回答可以看出，两类群体在“艺术（含音乐、美术）”、“体育健康（含心理）”以及“综合（普职融合、职业类）”的选择上高度一致，但在“学术（含拔尖创新人才）”、“人文（含德育、文学或文化）”、“语言（含外语或文学）”和“科技（含理工）”的选择上差异较大。根据校长问卷和路径问卷，结合校长访谈的相关信息可以看出，校长在不同场合、不同问卷调查中对特色办学类型的回答并不完全一致（见表3－4），同时与教师、学生的选择也存在出入。例如，上海B校在校长问卷中回答包含“科技（含理工类）”，而教师问卷的这一选项则为0。尽管在对教师的问卷调查中显示，有75.76%的教师认为自己了解学校的特色办学目标和特色发展规划，但这种校内主要群体间的认识不一致，在一定程度上说明校内教师和学生两大群体对本校的办学理念、办学特色的认识尚不明确，需要在学校管理层面加大统一的力度。特别是受访群体对问卷所提供的八类特色类型选项几乎都有涉及，过多的类型反而显示不出其真正的特色，这也说明学校需要从管理角度认真审视这一现象，真正明确目标，办出特色。

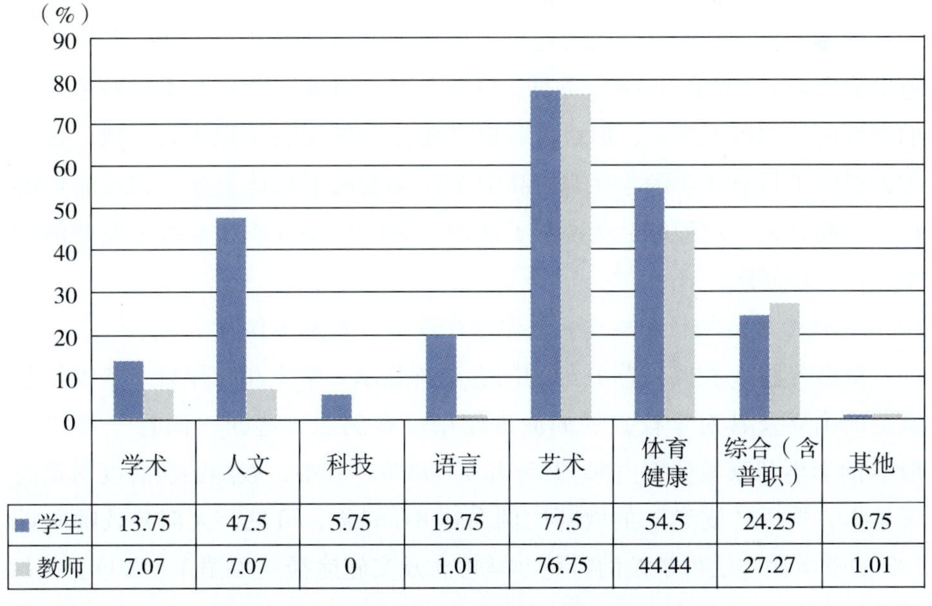

	学术	人文	科技	语言	艺术	体育健康	综合（含普职）	其他
■学生	13.75	47.5	5.75	19.75	77.5	54.5	24.25	0.75
■教师	7.07	7.07	0	1.01	76.75	44.44	27.27	1.01

图3－119 学生、教师对特色办学类型的认识

表 3－4　学校特色发展方向的不同的调查结果

学校名称	申报类型	校长问卷	路径问卷	校长访谈
吉林 A 校	多元培养	艺术、体育	艺术（含音乐、美术）、体育、综合（普职融合，职业类）	艺术、体育
上海 B 校	信息化特色	人文（含德育、文化类）、科技（含理工类）	信息化、综合（普职融合，职业类）、心理健康教育	信息化
江苏 D 校	—	综合（普职融合，职业类）	综合（普职融合，职业类）	综合（普职融合）
浙江 C 校	科技、普职	—	—	科技、普职

最后，普职融合是学校多样化发展类型的辅助特色。结合学生和教师对特色办学类型的认识可以看出，综合类（含普职融合）的选择率集中在 24%—28% 之间，位列第三或第四（见图 3－119）。此外，根据校长问卷和路径问卷，结合校长访谈的相关信息，可以看出，四所学校的特色创建均将普职融合置于相对较弱的地位，而更强调诸如科技、人文、艺术等特色发展方向。（见表 3－4）可见，尽管校长、教师、学生对本校特色发展的类型的认识尚不统一，但对普职融合地位和作用的认识相对一致，这一方面说明了目前普职融合在普通高中多样化发展中总体上处于相对弱势的位置，同时在一定程度上也说明了这四类学校推动普职融合特色发展的效果已经初步显现。

3. 校内群体对特色类型促进学校发展的作用基本满意

根据吉林 A 校和江苏 D 校的问卷调查显示，学生和教师对于本校特色类型的确立及其对学校发展的促进作用基本满意，选择“满意”及“一般”的学生和家长分别占 95. 25% 和 97. 98% 。其中，教师的满意度明显高于学生，选择“满意”的教师比例高达 81. 82% ，可见，大部分教师和近 1/3 的学生比较认可学校的特色办学理念及实施途径（见图 3－120）。

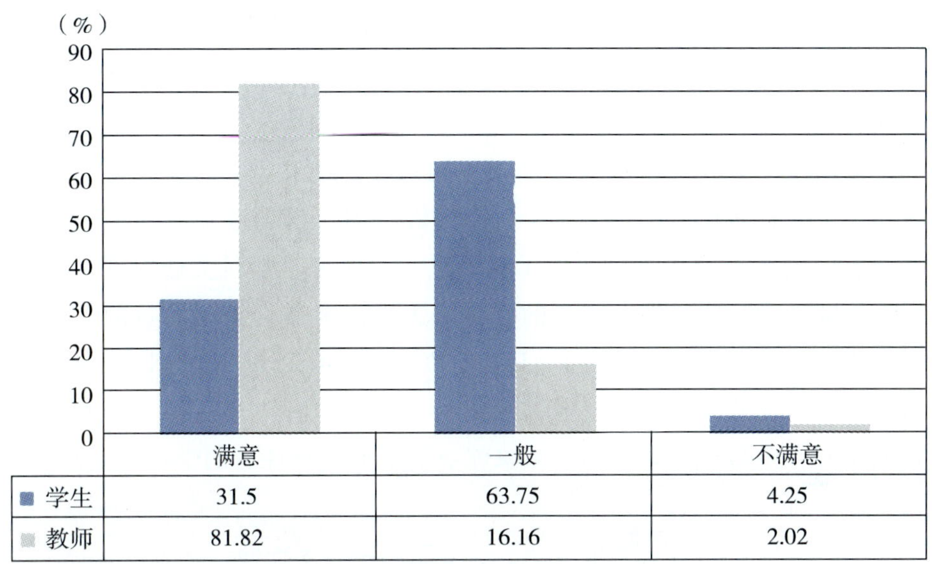

	满意	一般	不满意
学生	31.5	63.75	4.25
教师	81.82	16.16	2.02

图 3－120　学生、教师对特色办学类型促进学校发展的满意度

（二）选修课程设置符合部分家长和学生的需求

课程是教育教学的主阵地。为实现普职融合的特色发展方向，尽管不同的学校之间，其创建路径和阶段进展不同，但都选择课程建设和课堂改革作为实施特色办学理念的主渠道。

1. 必修课和选修课并重

职业类技能课程主要通过选修课和必修课的途径加以实施。受访学校都十分重视必修课和选修课的衔接与配套。

根据访谈分析，江苏 D 校将职业班学生的课程配套为三大体系，即文化课程、特长课程、实践课程。文化课程：开设国家规定的普通高中所有科目，高考选考科目侧重文科类；特长课程：艺术特长、英语交际口语、形体训练、游泳、文明礼仪与化妆、航空专业知识讲座等必修、选修课程；实践课程：社会公益活动、航空基地实践等。上海 B 校紧密围绕信息技术教育，构建选修和必修课程体系。浙江 C 校目前已经形成了 15 门职业技能类选修课程，包括电子商务、创业指导、标志设计、CAD 机械二维制图、食品营养与检验、电工技能和单片机、钳工技能等。可见，涉及普职融合的四所学校，尽管其在实施职业技能教育课程的广度和深度各不相同，但都十分重视课程建设，注重校内选修和必修课程的衔接与结合。

2. 职业技能类选修课符合部分学生和家长的需求

根据江苏 D 校、吉林 A 校的学生问卷调查结果显示，有 30% 的学生选择过“形体训练”、“化妆”、“计算机应用”等与职业技能相关的选修课，但仅有 8.75% 的学生表示对除艺术、体育、学科类选修课之外的职业技能课程最感兴趣。25% 的学生认为自己参加选修课的目的是未来就业需求和掌握技能（见图 3－121）。但也有 14.25% 的学生因为所选课程不实用、无法应对未来就业需求而讨厌某些课程。这从另一个侧面也说明了有一定数量的学生出于未来就业需要而进行课程的学习和实践。

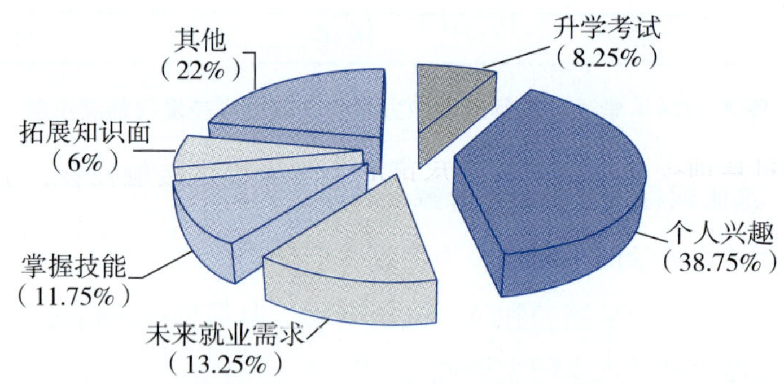

图 3－121　江苏 D 校、吉林 A 校学生喜欢选修课的原因情况

家长对孩子参加选修课的态度也十分明朗，认为在备战高考之余，应该通过各类选修课、兴趣小组或课外实践活动来提高综合素质或发展某种特长，这一比例高达 62%。认为选修课等活动不会影响高考成绩的家长也占主流，占 56%；对此感到困惑的家长也较多，占 29%（见图 3－122）。由此可见，两校开展的职业技能类选修课程不仅满足了部分学生的发展需求，也得到了大部分家长的支持和认可。学校需要加强这类选修课程的实用性、技能性，紧跟职业发展的潮流，才能得到有需求学生的认可和喜爱。

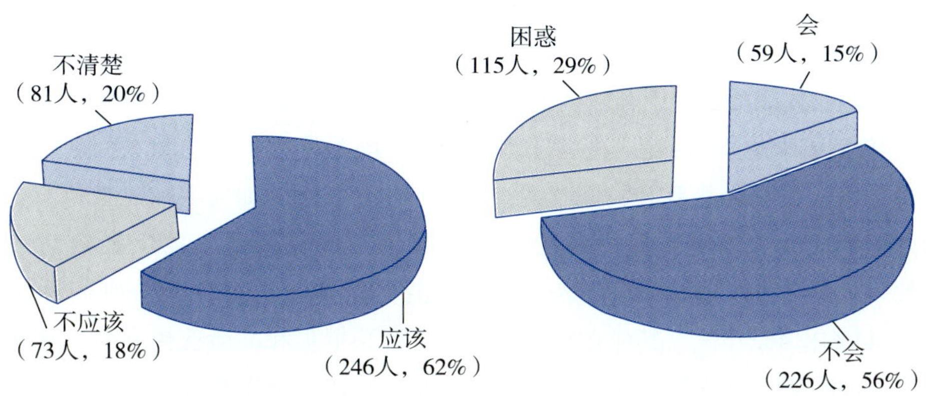

图 3－122　家长对学生参加选修课等活动的支持力度和对高考成绩影响的情况调查

3. 积极拓展校外职业技能基地建设

职业技术与科学技术的前沿紧密相关。因此，普职融合特色发展的普通高中在设计和安排课程体系时，都会积极与校外社会实践基地合作，引进最新的科技理念和技能要求，尽可能为学生提供接触社会、了解前沿、把握时代最新潮流的机会。此外，普通高中往往根据自身历史发展基础、生源质量、区域特征等方面来综合衡量本校特色发展的方向，在突出普职融合的学校中，往往与职业高校或周边企事业单位保持良好的关系。这能够促使毕业生继续就读职业高校的比率升高，如江苏 D 校；或更便于与周边企事业单位开展合作教学等，如浙江 C 校、吉林 A 校。特别是浙江 C 校，努力拓展校外教育基地，扩大资源共享范围，为普职融通的顺利推进创设良好条件。该校为充分挖掘区域职业教育的课程资源和当地社会课程资源，学校通过与区域内的职业中专（首批国家级重点中等职业学校）、职业技术学院、研究院所等多家单位的合作，引入了职业教育课程，并将上述职业学校作为学生技术技能课程的校外实践基地。该校在 2010 年和 2011 年暑期，组织学生开展了“学一门生活中的技术”活动。活动以即将升入高二年级的高一学生为对象，安排 4 天时间在职业中专集中进行职业技能课程学习，这一活动受到学生的热烈欢迎，2010 年暑期，共 101 名学生参加了电子、电工、钳工三个专业的培训，到 2011 年，培训专业增设了计算机 CAD、Photoshop、网页制作等专业，参加学生人数为 208 人，实现成倍增长。

4. 对实践动手能力的教学已经引起师生重视

职业技能类课程因其较高的实践机会、较多的操作技能、较强的实用技巧而受到学生的喜爱，这也是体现职业技能类课程价值的基本特征。在对吉林 A 校、江苏 D 校的问卷调查中，学生和教师对如何“构建有利于全体学生成长、教学质量提高的特色人才培养课程体系”的反映较为一致（见图 3 – 123）。“增加学生实践机会”的师生选择比例分别高达为 44.44% 和 46.75%，其他在特色课程的设置、丰富和灵活选择方面，师生的观点和认识也较为一致。可见，两校师生对动手操作实践的教学方式十分认可，认识统一，这显然有助于普职融合教学的顺利实施。

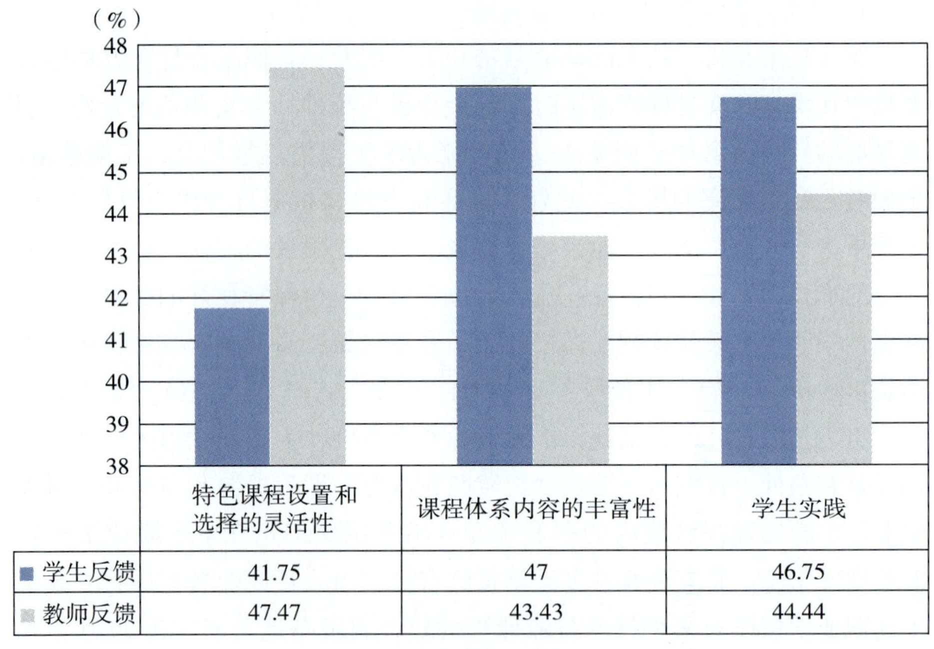

	特色课程设置和选择的灵活性	课程体系内容的丰富性	学生实践
学生反馈	41.75	47	46.75
教师反馈	47.47	43.43	44.44

图 3 – 123　师生对课程体系构建的反馈

综合实践活动作为一种联系学习与生活、科学技术和公民责任感的重要方式，在推进普职融合教育中具有特殊且重要的地位。综合实践活动的内容主要包括：信息技术教育、研究性学习、社区服务与社会实践、劳动与技术教育 4 大板块。强调学生通过实践，增强探究和创新意识，学习科学研究的方法，发展综合运用知识的能力。

（三）师资水平尚不能满足学校普职融合特色发展的需要

拥有一支高素质的师资队伍，是成为一所优秀普通高中的关键所在，也是以普职融合特色发展为目标的普通高中的努力方向。普职融合教育由于其兼具行业特殊性和内容前沿性，所以尤其需要结构合理、体系完备、思想开放的教师队伍。但仅靠学校本身，短时期甚至很长一段时间内难以实现师资建设目标，因此需要统筹、协调、规划、联合校内外教师资源，才能建立一支高素质的专兼职师资队伍。

1. 现有师资水平无法满足学校特色教学需要

根据校长访谈及问卷的调查结果显示，部分学校认为，影响特色课程或者国家课程校本化教学过程最重要的前提条件是“教师需要一专多能”；突出的矛盾和问题是“教师对教学不够重视”；而在学校各级各类课程体系建设中最突出的主要问题，首先就是“师资队伍结构不合理”，其次是“特色课程建设薄弱”。上述问题的出现，都与教师的素质密切相关，特别是职业类师资力量相对薄弱有关。

首先，职业类教师数量较少（见图 3 – 124）。调查显示，普通高中职

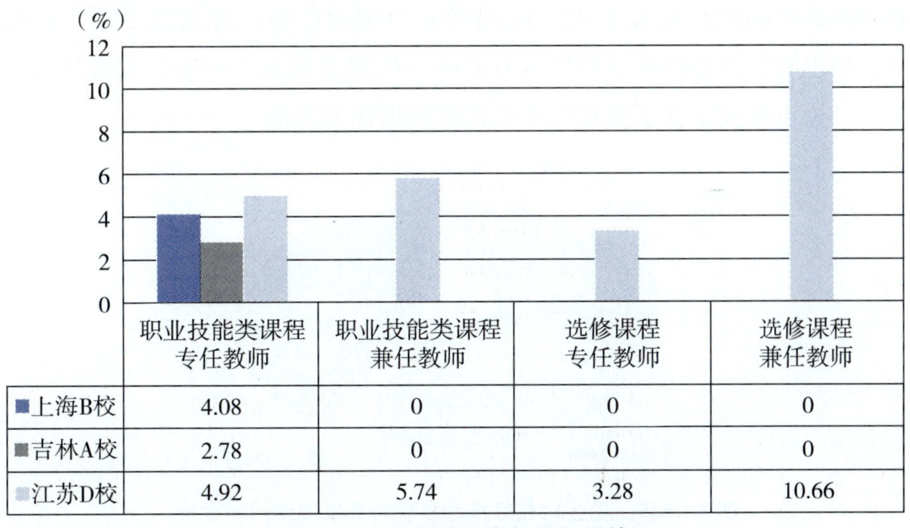

	职业技能类课程专任教师	职业技能类课程兼任教师	选修课程专任教师	选修课程兼任教师
上海B校	4.08	0	0	0
吉林A校	2.78	0	0	0
江苏D校	4.92	5.74	3.28	10.66

图 3 – 124　职业技能类教师配置情况

业技能类课程教师占比最高的是江苏 D 校，这与该校开设职业班有很大关系。而对其他主要通过技术、综合实践和选修课程来实施普职融合教育的两校而言，该类教师的比例较低，且配置相对不全。

其次，职业特色类教师水平较低。教师是设计、实施课程教学的主要承担者。在普职融合教育中，不仅负责国家教学课程大纲规定的必修课及选修课程，而且还承担科学技术和职业技能领域知识与技能的引领。因此，需要一专多能、全面发展。如前所述，三所学校中有两所学校校长在问卷调查和访谈中表示了对师资水平亟待提高的期盼。在对江苏 D 校和吉林 A 校的教师问卷调查中，认为本校特色教师队伍的整体教学水平较高的占 49.49%，一般或较低的占 50.51%，基本持平。但在两校的学生问卷调查中，关于此项问题的调查结果体现出相对矛盾的心态。21% 的学生认为学校的特色教师数量能够满足特色教学需要，基本满足的占 61.75%，不能满足的占 17%，即大部分学生认为本校教师在数量上能够保证特色教学的正常运转。但在关于学生对本校教师对学校特色发展产生的影响的调查中，认为“作用非常大的”仅为 23%，“一般”的占 20%，“较低”和“差”的占 44%，甚至有 13% 的学生认为教师对特色发展的作用是负面的（见图 3 - 125）。可见，这一方面说明了学校内教师素质参差不齐，部分优秀教师对学校的特色发展确实起到巨大的推动作用，并赢得了师生的认可，但也有很多教师对学校特色发展的理解和重视水平不够，其素质亟待提高，这也再次印证了校长对本校教师的担忧和评价。

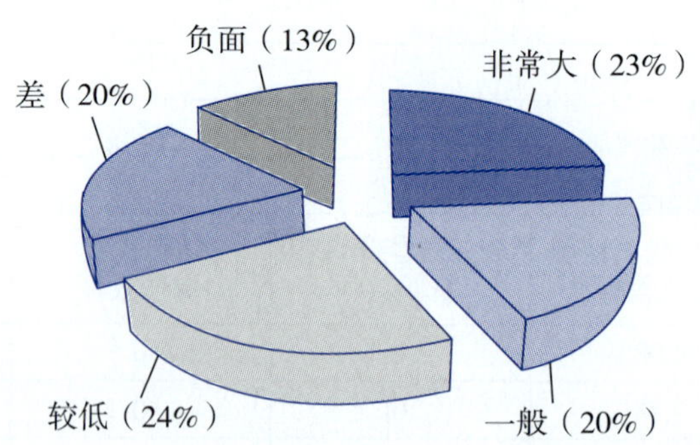

图 3 - 125　学生对教师推动学校特色发展作用的评价

2. 职业类师资以兼职为主

校外教师资源能够带来行业的最新资讯和可操作的实际技能，因此是开展普职融合特色发展学校所必需的师资。如图 3－124 所示，在专设职业班的江苏 D 校中，兼任类教师的比例较专任教师比例高出 8.2 个百分点，其中选修课程中的兼职教师比例最大，为 10.66%，而这部分教师主要为校外专业人员兼任。浙江 C 校则主要通过与职业学校合作引入职业学校专职教师，或与区域研究所、企事业单位合作引入职业领域的专家资源等方式构建校外教师队伍。例如在“学习一门生活中的技术”实践活动中，学校让学生分批走进职业技术学校，请职业技术学校的专业课老师及优秀学生当指导。这种模式不仅实现了与职业技术学校大量的实践教育资源、设备的资源共享，而且开拓了与职业学校教师联合教学的新途径，为双师型、实践型教师提供了成长的环境和条件，也为普通高中多样化、特色化发展开拓了一个新的实践视角。

（四）普职融合的品牌效应初步显现

1. 校内大部分师生认可学校的特色创建活动

校长对特色创建带动学校发展的效果评价较高。四所学校的校长在访谈或问卷调查中都提及这一点。学生和教师尽管对此评价不一，但大部分比较认可学校的特色发展方向与效果。

在对“学校特色发展对学生全面发展的影响”的调查中，大部分学生和教师都十分认可学校特色发展的效果，认为其“达到了全面参与的状态”、“在所构建的特色领域，全校学生基本上人人都会”、“量身定做，大多数学生都获得了个性发展”（见图 3－126）。

同样，大部分师生同样赞同并支持学校推行和创建特色活动，但也有部分学生和教师存有疑虑。针对“学校特色活动会降低高考升学率”的观点调查中，不赞同这一观点的教师有 58.59%；而学生则持谨慎态度，35.75% 的学生认为两者的联系一般，尚不清楚；其他的学生对此持乐观态度，不赞同这一观点。也有一部分教师和学生比较担心学校特色活动会降低高考的升学率，这一比例分别为 15.15% 和 34%，特别是学生群体，持悲观态度的高于乐观态度的 5 个百分点。（见图 3－127）尽

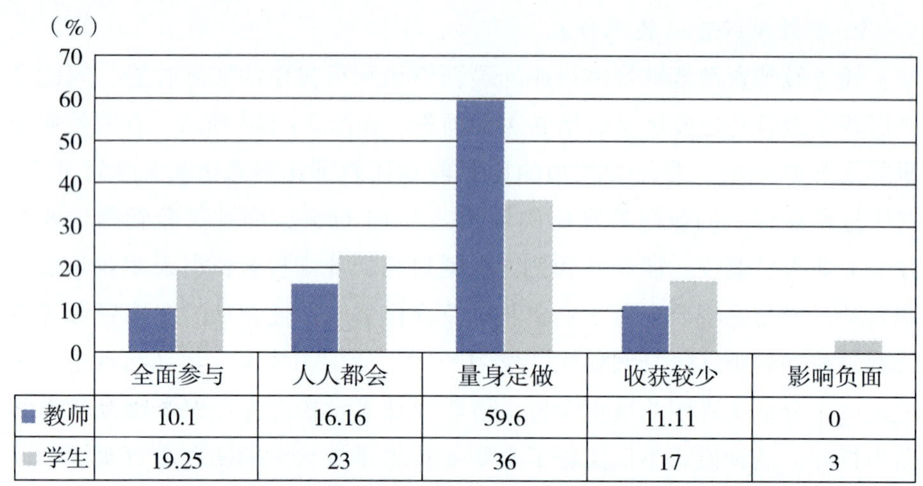

	全面参与	人人都会	量身定做	收获较少	影响负面
教师	10.1	16.16	59.6	11.11	0
学生	19.25	23	36	17	3

图 3－126　学校特色发展对学生全面发展影响效果的师生评价

管如此，图中数据表明，大部分教师和学生仍然比较认可学校实施的各项特色活动。

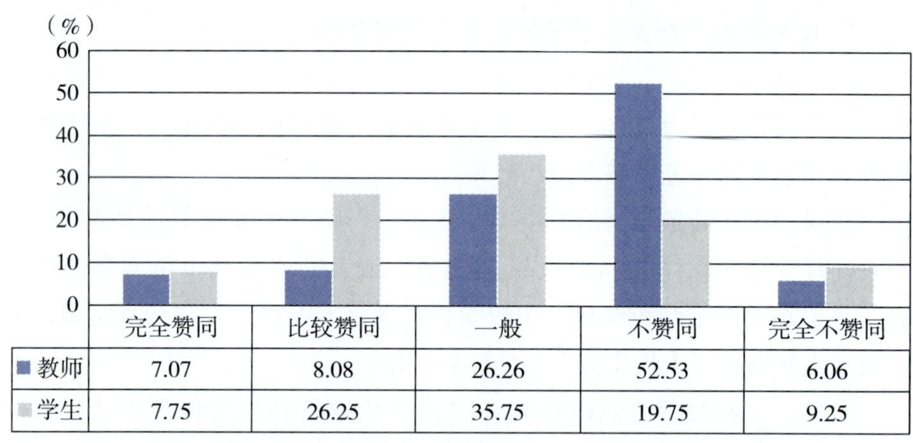

	完全赞同	比较赞同	一般	不赞同	完全不赞同
教师	7.07	8.08	26.26	52.53	6.06
学生	7.75	26.25	35.75	19.75	9.25

图 3－127　师生对“学校特色创建活动会降低高考升学率”的看法

这一情况从教师的评价中也可以得到印证。59.6% 的教师认为社会对本校特色发展及办学水平的认可度很高，26.26% 的教师认为认可度一般，仅有 4.04% 的教师认为社会对学校的特色发展及办学水平的认可度很低。这从教师的自我认知和判断角度，侧面反映了学校特色发展所取得的较高的社会评价和区域影响。

2. 办学绩效大幅提高

普职融合教育能有效结合普通高中升学任务和学生综合素质的培养两项重要教育任务。首先，学生保持了较高的学习兴趣和主动性，获得了更多的成功体验，有效提升了学生学习的自信心。调查表明，案例学校组织普高学生参加职业技能实践不仅没有对其学业成绩产生不利影响，在一定程度上反而促进其学业进步。学生们普遍认为自己参加职业技能实践后有所收获，其中认为“收获很大”的占57%；近半数（42%）的学生表示参加职业技能实践对学科学习很有意义。87.5%的学生认为学校有必要举办此类活动，而教师认为普通高中学生有必要学习职业课程的比例高达81%。其次，学生的总体学业成绩持续、稳步提高，毕业生的出路多元化。例如，江苏D校的入学生源的学业成绩水平较低，毕业生一、二本高考升学率较低，但特色班学生升入职业高校以及未来工作的录取率较高，并持续攀升。参加特色专业面试合格率达96.29%，高校特色专业录取率达94.3%，特色专业本科录取率达45.3%。浙江C校则对309名参加过职业技能实践课程的学生做小型调查，结果表明，参加职业技能实践对学生学业成绩的提高产生了积极的影响。以2011年参加计算机Photoshop实践课程的学生为例，学业成绩有所上升的比例就达到71.4%。

3. 效果初显赢得家长支持和认可

家长对学校的满意程度，在一定程度上代表了学校的整体形象，并能反映出学校各环节的优势和继续改进的地方。根据对江苏D校和吉林A校的家长调查问卷显示（见图3－128）：家长对校园环境最满意，占27.39%；其次是很满意教师的教育教学水平，占24.12%。此外，选择对师资水平不满意的仅为9.8%，排在第四位；最不满意的是学校的硬件设施，高达34.67%，同样，对硬件设施的满意率仅为9.55%，可见，两所学校未来在硬件设施建设方面还需要下功夫提高和改进。由于相关学校在近些年通过在职培训、相互交流等方式，大力提高教师的专业素质并带动了一批教师的成长，因此尽管两所学校均为普通中学，但其师资水平也得到了部分家长的认可。

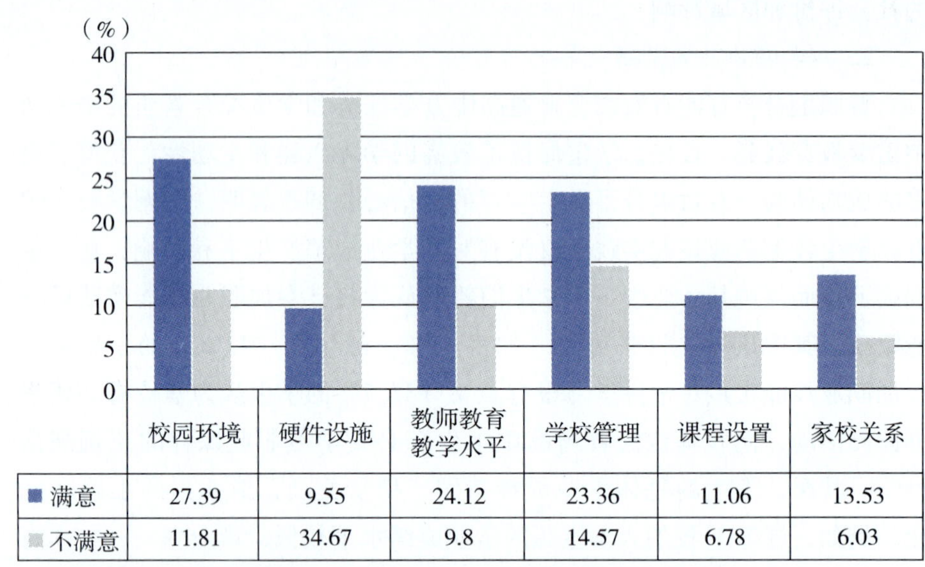

	校园环境	硬件设施	教师教育教学水平	学校管理	课程设置	家校关系
满意	27.39	9.55	24.12	23.36	11.06	13.53
不满意	11.81	34.67	9.8	14.57	6.78	6.03

图 3－128　家长对学校教育各环节的满意度情况

在对学校未来发展的最大期待方面，家长也并不单纯关注学校的升学率，而是更多关注学生的综合素质和全面发展。（见图 3－129）更多家长希望学校能培养出更多出类拔萃的学生，这部分家长比例最高，占 36.68%；

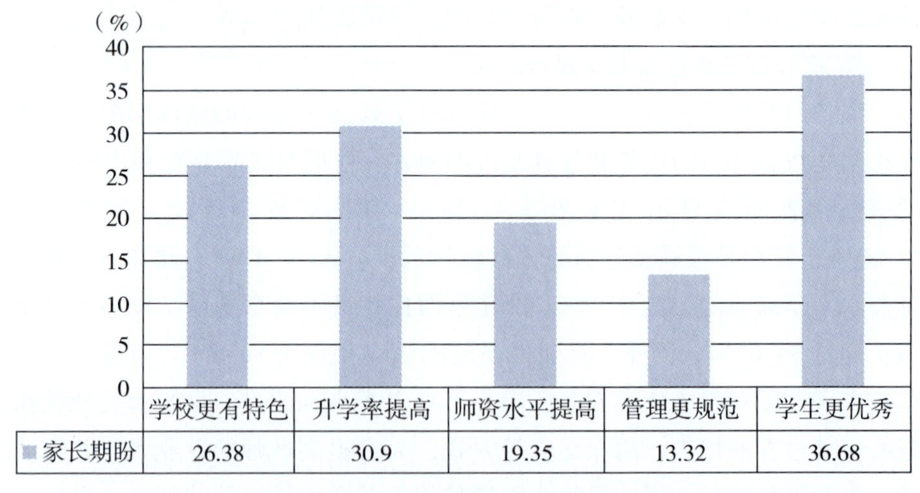

	学校更有特色	升学率提高	师资水平提高	管理更规范	学生更优秀
家长期盼	26.38	30.9	19.35	13.32	36.68

图 3－129　家长对学校未来发展的期盼

也有很多家长仍然希望学校的升学率能够不断提升，达 30.9%，由此也可以看出，两所学校在提供优质教育方面仍未满足家长的需求，在如何实现优质基础上的特色发展，还面临着严峻的挑战。26.38% 的家长选择了希望学校未来发展能更有特色，仅次于升学率提高这一选项，这同时也印证了特色学校的形成必须以优质教育的提供为基础。

4. 学校区域影响力得到提升

区域影响力除学生家长对学校的评价和认可程度外，还包括社会评价和学校优质教育资源的辐射程度。经过普职融合特色发展的办学努力，4 所学校都不同程度地取得了一定的办学成绩，并得到了社会的认可。江苏 D 校培养的学生在参加区域各种比赛或社会服务时，得到了相关部门负责人的高度赞扬和认可。随着学校知名度的提升以及输出学生素质的不断提高，部分企业向学校提出校企合作要求，出台了定向委培计划。如浙江 C 校在普职融合课程开发中得到了周边相关部门和单位的大力支持，该校与当地职业高中“破墙办学”的开创性探索，还荣列 2012 年度浙江省十大教育新闻。这种与职业中学合作开发和实施面向普通高中的职业技术校本课程，既提高了本校的办学绩效，也使得职业中学教师的校本课程开发能力得到相应的提高，实现了优秀教育资源向外部辐射的办学效应。此外，学校通过开展科技教育和普职融合教育，在过去二十多年来积累了各种丰硕的奖励和荣誉，这也为学校在当地获得良好社会赞誉奠定了坚实的基础。而这种良好的社会氛围所形成的各方合力，又为学校持续推进普职融合特色发展道路提供了良好的社会氛围，成为学校未来的持续竞争力。

四、面临的挑战

4 所学校在推进普职融合特色发展的过程中，面临诸多困难，主要包括以下几个方面：

首先，教师素质亟待提高。“师资短缺”是学校在特色办学过程中遇到的最大困难。普职融合教育尤其需要教师能够“一专多能”，尽管经过前期多次师资培训的努力，但学校教师的知识结构狭窄、宽度不够，有些问题无法依靠本校教师解决，因此需要采取聘请校外专业技术人员、科技干部担任科技教育辅导员，以及共享职业学校“双师型”专业教师的方式来弥补校内教师资源不足的现状。

其次，学校及当地的教育隐性资源未充分利用。有案例学校认为，现有的物质资源和人文资源，以及一些社会资源都将潜移默化地影响学生的日常行为，这些是普职融合教育的一种隐性资源，但目前因为种种原因还未得到充分利用。在使用一些校外技术教育实践基地的时候，往往存在学生安全、师资配备、时间安排等方面的诸多顾虑和限制，有时会引起部分教师的畏难情绪，也造成了部分校外基地的闲置浪费。

最后，学分管理体系需要不断创新。例如，探索普通高中与职业学校的学分互通管理体系，加强选课指导等，并为实施破解政策难题，提供良好的制度环境。

通过上述分析可以判断，普职融合教育为提升学校特别是部分薄弱学校的教育质量和区域影响力发挥了较大的作用，得到了家长和社会的认可，有利于学校逐渐聚合优质教育资源，并在此基础上实现高位特色发展。但若进一步推进普职融合特色发展的教育，普通高中仍需要更强有力的政策支持、更高效的教育教学环节和更宽广的资源整合平台。

综合各个分类型调查数据及结果，本章课题组通过调查得出的主要问题及结论如下。

学术型普通高中是指以培养拔尖创新人才为目的的高中，具体指面向全体学生，通过丰富课程，给学生提供各种资源、机会、鼓励和支撑，为各方面有潜质的学生成才搭建平台。国内一批综合实力较强的学校都致力于建设学术型特色的高中。围绕学术型学校在特色发展规划与管理、师资水平、课程设置、校园文化建设、特色发展影响力等方面的问卷调查，得出如下基本结论：第一，规划与管理不凸显，但师生对学校整体评价大大好于平均；第二，师资水平大大高于全国或被调查学校平均水平，培训显不足；第三，课程资源和教师教学方法获得学生好评，校本教材使用欠缺；第四，师生对校园文化的软硬件建设存在认知差异，有待提高共识；第五，学生对特色发展影响的评价高于教师，师生赞同增加特色。特别说明的是，从调查数据的分析以及和全国特别是14所被调查学校的对比来看，学术类高中在师资水平、课程设置、特色发展的学生满意度和社会评价看，确实是处在普通高中发展的排头兵行列，特色鲜明，即便是想进一步增加特色，也是要在各类拔尖创新人才的早期培养方面成为卓越的学校，为各方面有潜质的学生全面而有个性的发展提供优质、多元的教育。

人文型普通高中即指以人为本、注重人文精神和人文关怀并以此作为其办学理念和特色的学校。人文型普通高中在特色发展中较为重视学校的历史、文化传统以及区域文化资源的开发与利用，具体实践中往往以德育或学校文化建设作为重点和抓手，以学校深厚而独特的人文底蕴培养和造就具有学校精神特质的人才。围绕人文型普通高中调查，得出如下基本结论：第一，学校特色发展主要依靠校长的个人智慧和办学理念；第二，教师和学生虽对学校特色建设满意度一般，但大部分师生仍普遍希望学校能够坚持特色办学或者多种特色办学；第三，教师对学校课程设置的合理性和科学性大都持肯定态度，但师生对特色选修课程的数量及其教材教法的满意度偏低；第四，教师队伍的数量基本能够满足特色教学需要，但整体水平低阻碍了学校的特色发展；第五，体现校园特色发展的建筑文化要加强，同时校园文化传统还有待进一步挖掘利用；第六，大部分师生和家长对学校办学水平和特色发展成效较为认可。需要强调的是，学校类型部分的量化调查只是调查的一个组成部分，在量化调查的结果上不是很突出，但在质性访谈中，人文型高中在校园文化、办学理念等方面则表现出较为鲜明的特色，这点在本书案例部分有较为充分的论述。

科技型普通高中有如下基本特点：一是科技教育理念或内涵渗透或明确体现在学校办学理念之中；二是与其他类别的课程相比，显性与隐性科技类课程建设与开发明显；三是科技类教师与校外科技人才达到一定比例；四是有专门的科技教育管理机构；五是拥有一定规模的校内科技教育场馆设施与一定数量的校外科技实践基地；六是科技教育面向全体学生，所有学生在科技知识、能力及实践方面获得不同程度的发展。围绕科技型普通高中调查，得出如下基本结论：第一，在学校特色发展方面，五成教师认可所在学校的科技特色；三成多教师了解学校的特色办学目标或特色发展规划；教师们认为办学理念、地理位置与政策环境是影响学校特色发展的主要因素。第二，在课程资源及教师们参与课程改革方面，样本学校选修课程开设体现科技特色；近七成的教师参与设计和任教1门及以上选修课程；近六成教师参与开发和编写校本课程。第三，在师资队伍结构及参与培训和科研状况方面，与14所学校总体情况相比，4所学校教师本科及以上学历比例略低，特级教师与中教二级及以下教师比例略高；四所学校教师参加研讨会和网络培训的比例略高，参加异地学习考察的比例较低；参加科研课题的比例较高。第四，在校园文化建设方面，建议加强综合科技实验室建设的教师和学生比例都达到了四成；近六成学生认为学生校服需要调整，只有两成教师认为学生校服需要调整。第五，在最适合学生个性发展的管理模式方面，学分制和导师制均排在师生选择的前两位；在促进学生发展方面，对学校特色发展促进学生发展持积极态度的师生均占到了七成。

外语型普通高中一直是我国高中阶段很重要的一种类型学校，缘起于新中国成立初期的外国语学校。现阶段该类型学校呈现出如下新的特征：第一，走向以质量求发展的办学机制，校际间竞争主要体现于实验研究与教学互补互促之上；第二，办学目的开始突出外语相对见长的合格的中学毕业生；第三，教学内容立足于目的语种语言，教学途径多元化；第四，语种呈现多样化选择；第五，学校生源基本是当地最好的初中毕业生；第六，办学条件，包括教师质量，比区域内一般普通高中学校的整体实力强；第七，重视建设目的语种语言氛围，拓展学生使用目的语的空间。围绕外语型普通高中调查，得出如下基本结论：第一，外语类学校在区域内影响力较大、社会认可度较高，校长个人智慧在特色构建中发挥重要作用；第二，特色课程设置比较合理和科学，特色课程资源不足，学生想选的课程不足；第三，教师整体素质较高，但数量不足、科研能力相对较弱；第四，学校文化适合特色学校的发展，班际间的师生互动意愿比较强，校外实践活动需要进一步加强；第五，学分制和走班制最适合学生个性发展，量身定做的特色活动更有利于学生个性发展；第六，师生一致认可学校的特色发展模式，认为特色学校的教育水平较高。

普职融合作为普通高中特色发展的一个方向，能够较好地结合普通高中升学与就业的基本功能，是培养学生全面发展、接受最适合的教育的重要体现。广义的普职融合教育，指的是通过普职资源整合这个平台来转换普通高中教育的学习模式，通过“做中学”的方式来激活学生的学习兴趣，提高动手操作能力，挖掘多方潜能，最终提高学生继续升学或选择就业等所应具备的综合素质。在教育实践中，开展普职融合教育的普通高中数量还相对较少，并且普职融合往往作为学校多样化发展的某一方面而不是独立特征来予以推行。围绕普职融合型普通高中调查，得出如下基本结论：第一，学校原有基础整体上相对薄弱，普职融合的特色发展理念还有待进一步明确；第二，必修课和选修课并重，职业技能类选修课程符合部分学生和家长的需求；第三，现有师资水平无法满足学校特色教学需要，职业类师资以兼职为主；第四，大部分师生认可学校的特色发展，办学成效初显而赢得家长的支持和认可；学校特色发展面临师资短缺、教育隐性资源欠充分利用、学分管理体系亟待创新等障碍。

艺体型普通高中是指以艺术、体育等特色课程为主，打造艺术品牌，全面提升学生的人文情怀、艺术素养和审美情趣的学校。围绕艺体型普通高中调查，得出如下基本结论：第一，在学校管理方面主要采取注重历史、结合实际、准确定位，改革教育教学传统推动学校特色发展、科研引领提升学校特色发展水平等措施提升学校管理水平；第二，在课程资源建设中主要通过合理设置选修课程基本满足学生需求、校本教材有效促进学生学习、灵活授课及考试方式吸引学生自主选修等方式丰富了课程资源；第三，在教师队伍建设中通过施行合理规划特色教师队伍、提高教师学校特色发展认识、加强教师专业培养等方式提升了特色教师素养；第四，办学绩效有明显改善，主要表现在使大部分学生参与到学校特色发展建设中、学生升学比例稳中有升、提高了学生自主管理意识等。但需要说明的是，艺体型普通高中学校校园文化还需在建筑风格、文化标识调整、班际交流与特色实践活动进一步改善，以此有效促进普通高中特色化、多样化发展。

第四章

普通高中特色发展的典型经验

本章主要基于对30所普通高中特色发展专项课题项目实验校校长的访谈和特色学校建设经验的提炼，从“校长视点”和“学校案例”两个方面，以“质性”调查的方式呈现受访谈学校普通高中特色发展的基本做法与典型经验。

第一节　典型经验访谈抽样标准与方法

一、校长访谈抽样的基本情况与结构

课题组根据访谈学校特色类型和地域分布，从306所特色高中项目校中选择了30所普通高中，对学校的校长进行了访谈，访谈最终整理文字稿件字数约15.7万。这些校长大多具有较高的教育理论水平和丰富的教育实践经验，而且有能力、有胆识、有爱心，始终致力于为教师发展和学生成长创造和谐、高效的氛围。他们对普通高中特色发展进行过深入的研究和思考，具有自己的理解和体悟。他们带领各自学校的师生坚持不懈地探索本校的特色发展之路，在不断总结、修正、提炼和升华的基础上，最终确立了为学校全体师生和家长认可的特色发展方向（见表4－1）。

表4-1　校长访谈抽样的基本情况

序号	姓名	职务	学校	访谈时间	脚本字数
1	符景海	校长	黑龙江省大庆实验中学	2012. 12. 20	4557
2	卜祥林	校长	黑龙江省牡丹江市第一高级中学	2013. 3. 1	5647
3	张　威	校长	吉林省通榆县实验中学	2012. 12. 26	2538
4	丁延才	校长	辽宁省大连市第八中学	2013. 3. 14	1326
5	谢丽光	校长	江苏省丰县民族中学	2012. 12. 20	893
6	柳袁照	校长	江苏省苏州市第十中学	2012. 11. 22	14004
7	张剑华	校长	江苏省苏州市第四中学	2012. 11. 22	5156
8	张建华	书记	江苏省吴江盛泽中学	2012. 12. 28	3507
9	董正璟	校长	江苏省南京外国语学校	2012. 11. 22	7767
10	易　红	校长	江苏省南京玄武高级中学	2012. 11. 23	3949
11	张　真	校长	湖北省武汉市华中师范大学第一附属中学	2012. 12. 17	7323
12	姚玉清	校长	上海市民星中学	2013. 1. 24	2161
13	陈青云	副校长	上海市育才中学	2013. 3. 7	2349
14	唐胜发	校长	上海市桐柏高级中学	2012. 12. 31	813
15	褚林根	校长	浙江省德清县第一中学	2012. 12. 25	6133
16	毛伟民	校长	浙江省杭州长河高级中学	2012. 12. 18	3888
17	任俊信	校长	甘肃省靖远县第四中学	2012. 12. 31	7580
18	姜野军	校长	湖南省株洲市第四中学	2013. 2. 27	2710
19	祝长水	校长	四川省双流县华阳中学	2013. 2. 28	13953
20	方良元	校长	四川省仁寿县第一中学	2013. 2. 15	3450
21	甯　洪	校长	四川省德阳市第五中学	2012. 12. 31	6216
22	邹　勤	原校长	重庆市实验中学(原巴县中学)	2012. 11. 14	11064
23	廖万华	校长	重庆市田家炳中学	2012. 11. 13	7874
24	黄兴力	校长	重庆市铁路中学	2012. 11. 12	4005
25	于秀娟	校长	北京航空航天大学附属中学	2013. 3. 26	6400

续表

序号	姓名	职务	学校	访谈时间	脚本字数
26	李希贵	校长	北京市十一学校	2013. 11. 7	3928
27	张德庆	校长	北京市陈经纶中学	2013. 3. 19	4056
28	邓存东	校长	广西灵山县第二中学	2012. 12. 13	4316
29	王中立	校长	河南省郑州市外国语学校	2013. 3. 23	6429
30	田宝宏	校长	河南省郑州市第九中学	2013. 3. 23	3674
合计					157666

（一）访谈学校基本情况与结构

课题组访谈的 30 所普通高中分布在我国的 14 个省（市），其中处于东部地区的有 14 所，处于中部地区的有 9 所，处于西部地区的有 7 所；省级重点中学 20 所，市（区）级重点中学 5 所，一般学校 5 所（如图 4 -1 所示）。

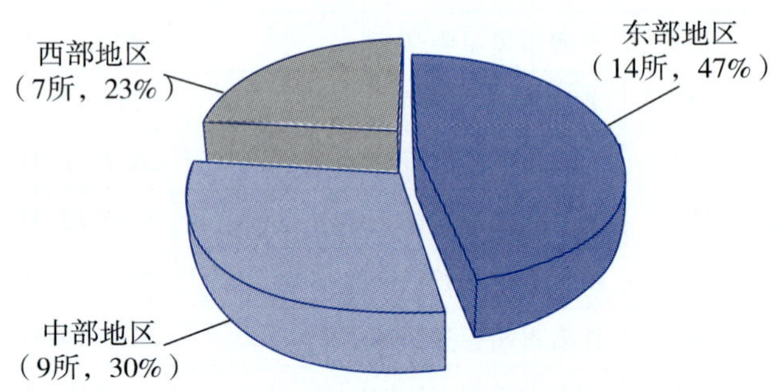

图 4 -1　学校所在地区分布图（所）

这些学校经过长期的探索和实践，初步形成了各自的特色类型。其中，人文类特色学校有 12 所，科技类特色学校有 5 所，艺体类特色学校有 4 所，学术类特色学校有 4 所，外语类特色学校有 2 所，其他类特色学校有 2 所，普职融合类特色学校有 1 所（如图 4 -2 所示）。

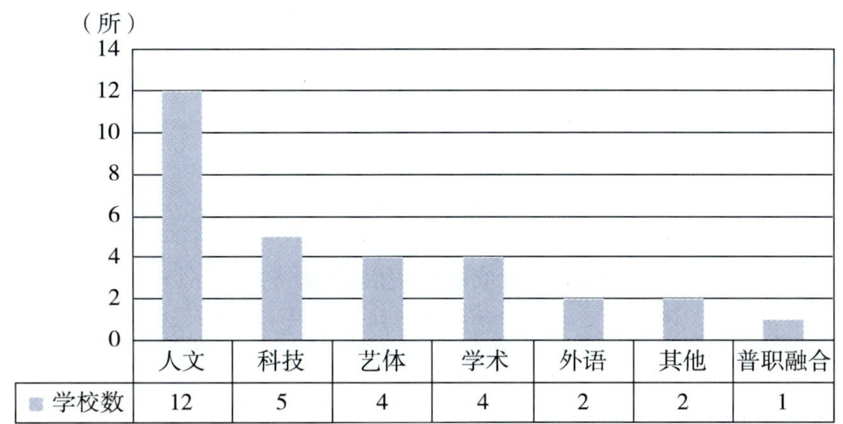

	人文	科技	艺体	学术	外语	其他	普职融合
学校数	12	5	4	4	2	2	1

图 4-2　学校特色类型图

（二）访谈校长基本情况与结构

课题组访谈的 30 位校长中，男性为 26 人，女性为 4 人。年龄在 36 岁至 45 岁之间的有 8 人，46 岁至 55 岁之间的有 18 人，56 岁以上的有 4 人（如图 4-3 所示）。

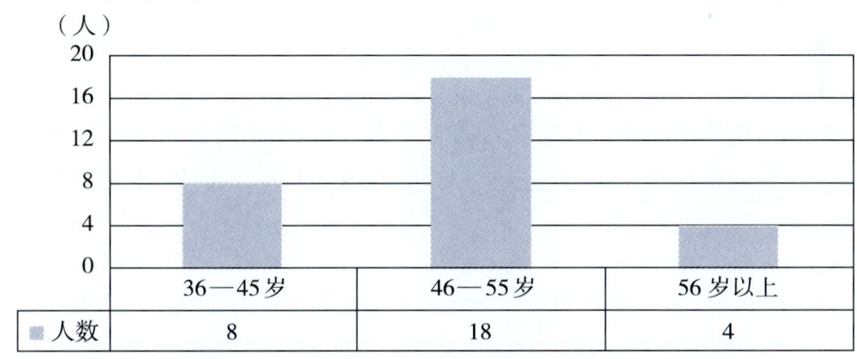

	36—45 岁	46—55 岁	56 岁以上
人数	8	18	4

图 4-3　校长年龄结构图

有 21 位校长的最高学历为本科，有 9 位校长的最高学历为研究生（如图 4-4 所示）。

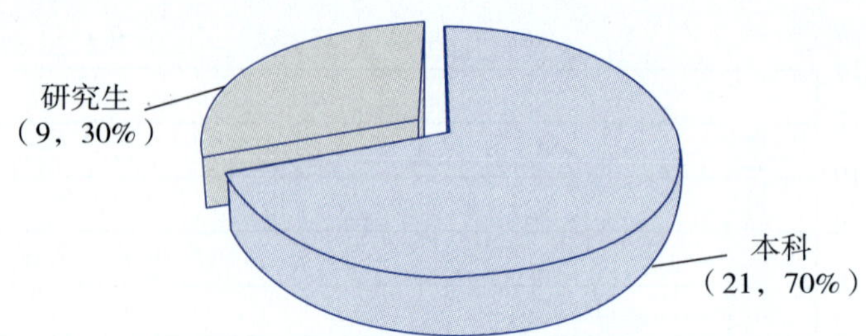

图 4－4　校长最高学历结构图（人）

这些校长中，毕业于师范院校文科的有 15 人、师范院校理科的有 12 人；毕业于综合大学文科的有 2 人；通过自学考试获得学位的有 1 人（如图 4－5 所示）。

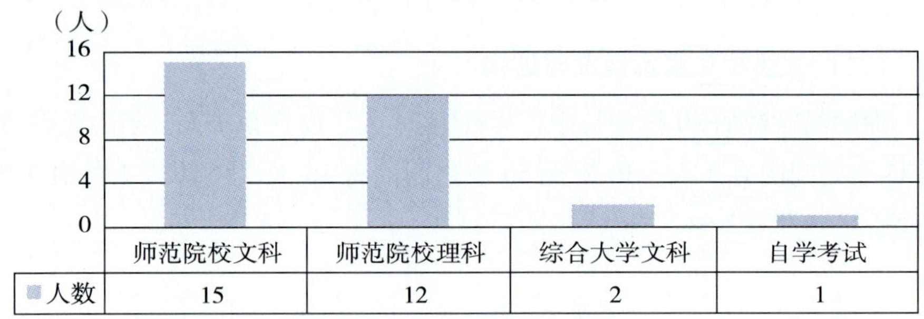

图 4－5　校长学科背景图

校长任现职的年限，1 年以内的有 2 人，1—3 年的有 6 人，3—5 年的有 4 人，5—10 年的有 6 人，10—20 年的有 10 人，20 年以上的有 2 人（如图 4－6 所示）。

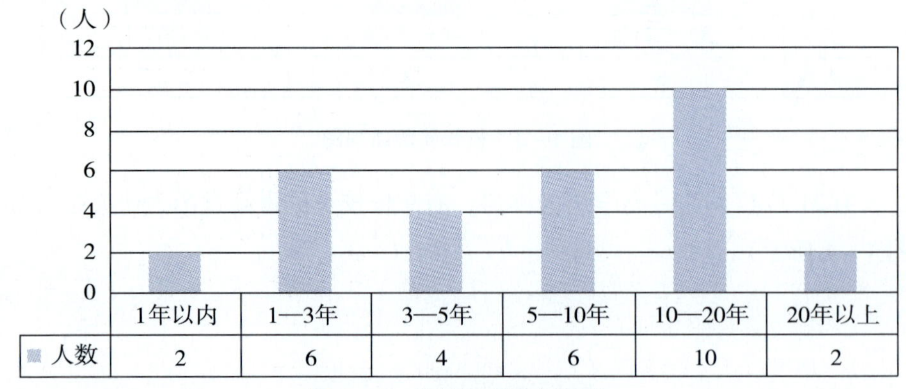

图 4－6　校长任现职年限图

二、案例学校抽样的基本情况与结构

为给全国普通高中提供特色学校建设的经验，课题组从306所“特色高中”项目校中选择了几所有代表性的学校作为案例校。学术类选择了华中师范大学第一附属中学，人文类选择了江苏省泰州中学，科技类选择了重庆市实验中学，外语类选择了江苏省南京市外国语学校，普职融合类选择了苏州市第四中学，艺体类选择了湖南省株洲市第四中学（见表4－2）。

表4－2　案例学校抽样基本情况

序号	学校	特色类型	选修课程		自编教材	发展特色初衷	遇到的困难
			门数	类别			
1	华中师范大学第一附属中学	学术	71	自然科学、人文、体育、艺术、社会实践	多部	科研项目	缺少专业资源
2	江苏省泰州中学	人文	80	理科实践、思维训练、美育、学生自选等	多部	历史传统	
3	重庆市实验中学	科技	70	人文文化、科技文化、艺术、体魄锻炼	1	学生适应时代发展的需要	经费紧张、升学压力
4	江苏省南京市外国语学校	外语	40	外语、文科、理科、应用和探究等	多部	专业学校政策	特色科研
5	苏州市第四中学	普职融合	11	中文朗诵与表演、英语沙龙、游泳、健美、舞蹈、武术、篮球、合唱、木兰扇、画信、高三面试指导	4	升学需求	师资短缺
6	湖南省株洲市第四中学	艺体	49	校本文化、德育、艺体素养、社团活动、学科能力培训	32	学校发展需要	升学压力

这些学校有着共同的做法。一是在认真分析各种教育资源的基础上，从学校的培养目标和实际情况出发，找准“突破口”，确立特色方向；二是通过建章立制来固化学校的特色，把特色转化为对师生的要求；三是开设丰富多彩的校本课程，将特色融入课程中；四是设计各种活动载体，使师生在践行学校特色的过程中受到启发和教育。当然，这些学校在特色构建过程中可能不是做得最好的，但应该说是比较有代表性的。正如一位校长所说：“我们不是已经做得如何，而是在于我们已经知道要怎么做。”

第二节　校长视点

一、普通高中特色发展的理念构建

（一）创建“特色高中”非常必要，而且刻不容缓

社会的发展需要不同的人才，而培养不同的人才则需要有不同特色的学校。特色学校的建设不是一蹴而就的，是建立在学校的历史、文化基础上，经历一段时间才能建成的。在迅猛发展的时代背景下，很多学校意识到了学校特色建设的必要性和紧迫性，并开始了自己的探索之路。

浙江省杭州市长河高级中学毛伟民　从宏观层面来看，如果一个国家、一个地区，不同的学校各有不同的特色，百花齐放百家争鸣，就可以满足当下人民群众日益多样化的教育需求。同时，一个社会的发展，需要各种不同的人才，而人才是需要培养的。多样化的人才就需要由多样化的学校来培养。从中观层面来讲，每所学校都有自己的历史传承，都有自己的文化特色。学校特色的形成，一定是一个长久的过程，不是今天搞一个项目、明天搞一个创新就成了某一种特色。学校的特色，一定是基于学校的传统，经历一个孕育、诞生、成长、成熟的过程。它是在学校现有的师资条件下，从学校的管理风格乃至学校的文化意义上来讨论学校的办学特色。另外，学校的特色建设，绝不能是为学校装门面、贴金块，或者是为了一两个荣誉，而是要把影响学生发展、促进学生成长作为最基本的诉

求。它的一切目的是在最大程度上促进学生的个性化发展。如果只是部分学生参加竞赛拿名次，这就把特色学校定位于对个别学生的培养上了，违背了素质教育全面、全体的发展宗旨。

（二）特色学校建设要有学校独特的文化内涵

有校长说："学校特色就是一所学校在长期的办学过程中积淀的、与其他学校不同的独特风貌。"特色学校建设的灵魂，就是这所学校经过长期积累逐渐形成的教育文化。这种教育文化是一所学校血脉里的东西，是一所学校的发展历史、办学理念、育人模式、教育风格和行为范式，以及独具特色的校训、校风。特色学校呈现出来的就是这所学校独特的文化内涵，对于学校的特色建设，各位校长都有自己独到的认识。

四川省双流县华阳中学祝长水　特色是学校文化的整体表现，是学校理念和精神由内而外的自然呈现与自然生成，而不是外加的；是与学校文化的整体协调，与制度文化、组织文化、行为文化相一致的，而不是相抵触的，或毫不相干的；是全体师生共同认可，并能够表现为师生基本行为的，而不是与师生无关的；是在学校氛围中能够感觉到并形成明显学校标识的，而不是需要刻意讲解和阐述的。因此，建设学校文化就是形成特色，形成特色就是在建设学校文化。学校文化应该是基于学校的，是校本化和特色化的；特色应是文化的、内涵的、品质的，是在学校文化建设的过程中自然形成的。学校文化建设与特色学校建设是同一个概念的不同表述。

华中师范大学第一附属中学张真　过去我们提出"特色高中"建设的时候，往往停留在表层、单一的方面，各个学校搞体育、文艺、管理的特色，但这个特色是外延的东西、点上的东西。特色发展还要有内涵的东西，应该是形成全校师生共同追求和行为取向的一种学校的特色文化。特色学校就是指学校的特色的文化，落实特色的育人理念、育人风格、育人模式，包括育人途径。因此，我们一定不能把"特色高中"的建设只找到一个点就停在那里，应该从点入手，把点和学校的办学理念结合起来。

河南省郑州市第九中学田宝宏　特色学校不能单纯以硬性标准来确定，要用文化内涵来办出特色。"教育务本，本立而道生"，就是说教育必须找到根本问题。当我们找到教育的根本问题了，怎样教也就解决了。几年来，我校始终坚持学校文化建设，深化“科学发展、人文见长”的办学特色，以先进的文化和教育理念引领学校健康发展。

浙江省德清县第一中学褚林根 学校特色就是一所学校在长期的办学过程中积淀的、与其他学校不同的独特风貌。这既有物质层面的校舍建设、布局装修、校园美化，更有精神层面的办学理念、学校管理与行为模式、课程文化等，是一所学校总体办学思路在其各项具体工作中所显示出来的积极的、与众不同的特色普通高中；是在全面贯彻党的教育方针和长期的教育教学实践过程中，凭借自身的传统优势逐步形成的办学水平较高、育人效果显著、整体风格鲜明稳定的学校。

黑龙江省牡丹江市第一高级中学卜祥林 从学校传承的办学传统中挖掘、提炼、分析、聚焦学校既有优势，引进先进的教学理念，深入改革创新。一所学校要反映出当地社会经济发展的总体水平和时代特征。在办学的历史沿革和理念传承的过程中，必然有这所学校自身的办学烙印，这种烙印就是体现出来的文化内涵，这种文化内涵包括办学理念、培养目标、育人模式、组织结构、课程建设、发展路径、办学传统和风格等。

四川省仁寿县第一中学方良元 “特色高中”是有着独具特色的教育文化的高中，其主要表现为学校的特色教育。特色教育文化指学校经过长期发展积淀而形成的价值观念、办学理念、群体意识、行为范式。学校文化有传统与现代的成分，传统文化要秉承，现代文化要创造。具体为学校群体普遍认同并在教育教学实践中自觉贯彻，不同于其他学校的校训、校风、学风、教风等。特色教育是学校区别于其他学校的教育教学的目标、内容、方式等。

上海市民星中学姚玉清 特色就是一所学校鲜明的个性特征，是在某一方面有别于其他学校，或者高于其他学校；特色就是一种文化，是一所学校血脉里的东西，它应该涵盖学校发展的方方面面。关于学校特色的创建，应该有一定的层递性，如果以从低级阶段到高级阶段的标准去判定，就是特色项目—办学特色—特色学校。

湖南省株洲市第四中学姜野军 学校文化的构建是特色学校建设的灵

魂、关键和基础，也是特色学校建设成功的标志。

（三）建设特色学校是基于以人为本的理念，全体学生都能得到发展

学校教育的最根本目的是培养人，建设特色学校是为了给学生提供更广阔的发展空间和成长机会。目前，许多高中“千校一面”、学生“千人一面”，片面追求升学率，忽视学生的个性化发展。在普及高中教育之际，建设特色学校不但可以促进教育繁荣，而且还可以解决教育难题。特色高中建设强调以人为本，尊重教育规律，回复教育本质，根本目的和出发点在于适应学生的个性特征，促进全体学生的发展。

重庆市田家炳中学詹万华　普通高中特色发展是基于以人为本理念在教育领域的具体体现，是基于普及高中教育到来之时，学生个性和教育需求多样化的一个必然选择。因此，创办“特色高中”的根本目的和出发点在于适应学生的个性特征，满足学生的个性需求，也是为了破解目前普通高中“千校一面”、无法满足教育需求的难题。普通高中特色发展，可以促进学生个人潜能的开发、学校的健康发展和教育模式的改革。

江苏省南京外国语学校董正璟　坚持以人为本的个性化和全员教育的理念，努力构建符合学生个性发展与潜能发掘需要的特色现代课程体系，构建科学有效的课堂教学模式，加强教师与学生的人文素养、科学素养和外语素养的特色建设，建立科学有效的特色评价制度，不仅使学生的素质得到全面、高效的提升，身心也能得到健康的发展。

重庆市实验中学邹勤　让每一个学生适应时代的发展。具体为“人文立魂、科技树人”，以学生为本，帮助师生实现自身的发展，教育者和受教育者都要力求使自己的人生历程幸福和谐。

华中师范大学第一附属中学张真　首先，从学校来讲，主要是针对普通高中培养的同质化、“千校一面”的办学模式，各个学校培养目标的单一化，无论是城市还是农村，基础好还是基础差的学校，哪怕学校只有一个学生要升学，也要和重点高中比拼。同质化就是指片面追求升学率，一切围绕考试的目标，而牺牲大多数学生。特色发展，针对学校就是推动学校发掘各自的优势，推动高中学校百花齐放的教育繁荣。其次，从学生来讲，就是针对学生发展的单一性，就是“千人一面”，一个模子套所有的

学生。学生横向的发展应该是不同的领域，从纵向来讲应该有不同的层次。克服“千人一面”的培养模式，适应学生个性发展需要。最后，从整个教育体制的方面来讲，特色发展切中了高中发展的要害。过去的高中教育功能异化、目中无人，只是强调社会功能，特别是政治功能，没有强调育人的功能。普通高中特色建设强调育人的根本，尊重教育规律，回复教育的本质，落实到人的方面。

重庆市铁路中学黄兴力 办特色，它是深入每一个人心里面的，是从人的心灵里面长出来的，而不是个体的、某部分人选出来的。学校特色是全体学生和教师共同显示的。

湖南省株洲市第四中学姜野军 建设特色学校，就是让教育回归简单、回归人本；让学校回归个性、回归自我。

（四）创建特色学校的关键在课程设置

学生是通过课程来学习知识、实现成长的。特色学校需要有特色鲜明的精品课程。一个领域或几个领域的特色课程，不但可以使一所学校有别于其他学校，形成自己的学科特色，而且还有利于能力不同的学生实现个性化发展。特色学校与课程设置的关系是相辅相成的。在特色课程的设置方面，不同的学校有各自不同的定位，这种定位也让学校的特色凸显出来。

浙江省杭州市长河高级中学毛伟民 高中人才培养多样化的关键是校本课程。课程的开设要根据学生的需要，要让不同个性和能力各异的学生都能得到适合的教育。学科特色是普通高中特色形成的重要导向和基础。学科特色存在于教师队伍、教材体系、课程体系、教学内容和环境氛围之中。普通高中学科特色大体可分为基于学校课程体系的学科特色、基于优势学科的学科特色、基于优势课外教育形成的学科特色。推进普通高中发展更具特色，关键是要努力创造某一个或几个领域的卓越，打造精品课程，提高课程的领导力和执行力。

重庆市田家炳中学詹万华 “特色高中”通常应有鲜明的特色，应直接对人才的培养产生重要影响，主要表现在以下五个方面：一是课程特色，这是学校特色的主要内容。首先是课程设置的科目及内容上要有特色，要有独特的利于学生个性发展的课程；其次是课程设置的效果上要有特色，同一课程要取得明显好于其他学校的教学效果。二是方式特色，主要表现在学校的育人模式、育人手段、育人风格等方面。三是质量特色。好的高考质量是质量特色，特殊人才的培养同样也是质量特色。包括学校文化建设特色、创新人才培养特色、综合实践育人特色。我们的育人一定要具有幸福教育的特征。四是文化特色。学校文化涵盖学校的各个方面，是一种综合性的特色，但也可以在某些方面形成特色，比如师生的行为准则和价值追求等。五是体制特色。通过办学体制机制改革创新等呈现特色，包括办学机制特色、学校管理特色、队伍建设特色等。

上海市育才中学陈青云 “特色高中”建设最好的办法是以课程改革来推进，将特色融入学校课程中，以特色影响课程，以课程彰显特色。

二、创建特色学校的路径措施

（一）提炼学校特色文化

很多校长都意识到了学校的特色建设不但要源于学校的历史，更要结合时代的需要。建设特色学校不是一蹴而就的，是需要在实践中不断积累、不断摸索、不断总结、不断提炼才能完成的系统工程。为此，很多学校把提炼特色文化，形成自己的校训、校风、教风和学风作为建设特色学校的一项重要措施。

四川省仁寿县第一中学方良元 普通高中的特色建设是一个系统工程，需要顶层设计、倾力打造，需要从办学实践中摸索、总结和提高。仁寿一中在多年的办学历程中，形成了极具特色的学校文化，其核心精神有：“向学好善，思进有为”的办学理念，“自强不息，报效祖国”的校训，“勤、诚、勇、朴”的校风，“自育育人”的教风和“自治治事”的学风。

河南省郑州市第九中学田宝宏 九中在继承学校办学发展历史的同时，顺应时代要求，进一步确立了新的办学理念，提出了“精一执中”的精神和“修己达人，九德惠风”的校训，努力打造具有九中特色的理念识别系统、环境识别系统和行为识别系统，重在用“中”文化的思想来指导和引领学校的发展，逐步形成了自身的特色。

（二）建设特色校园

校园作为学校教与学的主要场所，焕发出来的气息不但可以带给学生润物无声的教育感受，而且可以最直观地呈现出一所学校的特色。学校的布局、建筑、道路、环境、设备都是形成特色校园的重要组成部分。为打造底蕴深厚、温馨和谐、生机勃勃、独具特色的校园环境，校长们都有自己的规划和策略。

四川省仁寿县第一中学方良元 校园文化建设体现特色学校建设，为特色办学提供硬件支持。仁寿一中北校区占地259亩，建筑面积6.8万平方米，绿化面积4万平方米。校园布局合理、交通畅达、配套完善、设备一流、环境幽雅、宜教宜学，充分体现了科学人文、绿色生态的设计理念，表现出一中深厚的历史文化积淀和面向未来的青春朝气。学校打造人本校园、书香校园、阳光校园、生态校园、平安校园。崇文重教，特色办学。师有特点，生有特长，校有特色。书香校园：“以好书为伴，与经典同行。文化浸润，塑造美好心灵。”阳光校园：“健全人格、健康心理、强健体魄，富有活力、彰显魅力!”人本校园：“以生为本、以师为本，主动发展、生动发展、持续发展。”

江苏省苏州市第十中学柳袁照 特色学校不光是物质层面的，更主要是精神层面的，要有文化精神，这种文化精神不是外加的、说教的，而是像苏州园林一样，是一种气息弥散在院子里，能够产生一种浸润和体验的效果，让一草一木都散发出教育的意义，焕发出美，焕发出真，形成一种超然的教育。学校就是一本书，孩子进到学校来，首先遇到这本书，进行一种学校历史的、本土的、文化的教育，那是洋溢在血脉中的一种文化、一种体验。因此，我们的校园有几个主题词：一是要有感恩的思想，二是要有充满爱的校园，三是校园要充满美。

重庆市田家炳中学詹万华 一是构建幸福校园，即精美雅致、温馨和谐、促学净思、书声琅琅；二是彰显幸福文化，即底蕴深厚、品位高雅、助人自助、暖意绵绵；三是成就幸福教师，即身正学高、诚仁博达、敬业乐教、文质彬彬；四是培养幸福学生，即德馨学实、明理诚信、智慧阳光、生气勃勃；五是打造幸福课堂，即因材施教、教学相长、民主合作、其乐融融；六是开展幸福活动，即体艺熏陶、张扬个性、才艺双全、意趣洋洋。

（三）开发特色课程

学校的特色课程能够反映出学校的办学特色、办学理念和教学优势。特色课程体系的建立，应关注学生的精神成长，并能促进学生的个性化发展。为此，不同学校结合各自不同的校园历史和文化，在学科教学中渗透人文精神和科学文化教育，开发出各自与众不同的特色课程。促进学生高位发展的“种子”计划、采用特色鲜明的三大板块课程来实施构建的“品格教育”课程、以促进学生自主而全面发展的“三自”课程、以“信息技术支撑下的校本课程建设”作为特色发展项目的“信息化”课程……不同的探索和尝试使很多学校的特色课程异彩纷呈。

甘肃省靖远县第四中学任俊信 办学特色是普通高中发展的持久动力。学校坚持“以学生发展为本”的教育理念，关注每一个学生的个性发展，为学生的发展提供多样化选择，满足每一个孩子的特点和需要，努力使每一个学生能有所知、有所思、有所获、有所长。普通高中办学特色以校本课程建设为依托，因此我校以校本课程建设为重点，构建多元化学校课程体系，改变普通高中“千人一面，千校一面”无差别的教育模式，促进普通高中教育优质发展、多样化发展。只有形成有特色的校本课程体系，才能凸显学校的办学理念和优势，才能全面提升学校的办学质量和水平，才能满足学生个性发展的需求。

四川省仁寿县第一中学方良元 学科教学中，渗透人文精神教育，自觉地传播与弘扬为全人类所普遍尊崇的价值理念，如民主、科学，自由、平等、博爱，法制、人权，敬畏生命、尊重自然，追求真善美等。在学科教学中，渗透学科文化教育，深入地发掘学科中宝贵的文化思想和文化精神，将学科的知识、技能和学科的文化思想、文化精神相结合。加大课程开发开设力度，尊重学生的兴趣爱好，发展个性特长；培养学生的实践能力和创新能力；课程注重人文精神、科学素养培育，理想人格塑造。

黑龙江省牡丹江市第一中学卜祥林 学校实施促进学生高位发展的“种子”计划，开展百家讲坛、科技原创比赛和头脑奥林匹克竞赛等活动。构建了以英语特色课程拓展的国际文化交流课程，积极开展国际合作交流活动，与美国威斯康星州布鲁克菲尔德市建立教育交流合作关系，与国家汉办对接在美国西雅图市两所高中建立孔子课堂，并开设具有国际视野的国际高中班。强化实践课程，统整学生研究性学习、社区服务、社会实践课内容和学生动手动脑、生存生活、做人做事的能力，重点加强研究性学习课题管理、学生社团建设和社区实践基地建设，完善综合实践活动课开设制度、实施办法和评价标准，促进学生将学习的间接经验和直接经验有机结合。

浙江省杭州市长河高级中学毛伟民 学校按照精神教育的整合性、全盘性等原则，把一系列相关活动规范化、科学化，以精神成长理念为依托，开设了涵盖知识拓展、职业技能、兴趣特长、社会实践四个类别，渗透真、善、美三个领域的校本课程体系。如职业技能类选修课程重点落实精神教育中的“善”。“善”是一种合目的性，即人的各项活动要符合人、社会、自然的和谐关系。兴趣特长类选修课程重点落实精神教育中的“美”。“美”是合规律性和合目的性的统一，并要符合审美的要求。社会实践类选修课程包括调查探究活动、社会实践活动等课程，旨在引导学生关注社会，培养学生的实践能力、科学人文素养和社会责任感。具体课程有电子百拼、皮具制作、中国传统文化系列、折纸与剪纸艺术、职业规划等。

江苏省苏州市第四中学张剑华 建设特色学校的核心是课程。学校按照新课程的理念，培养学生的知识、情感、态度和价值观。我们提出品格教育，采用特色鲜明的三大板块课程来实施构建：一类是文化课程，普通高中所有的科目，即国家法定课程；在此基础上我们开设了选修课程和实践课程。选修课程叫特长课程，主要围绕“空乘”的特色展开，根据学生将来的升学目标培养，如艺术、英语口语、形体、游泳、化妆、航空等；我们还有实践课程，主要培养学生的航空实践，锻炼学生的社交能力，通过社会活动和航空实践开展，参与的都是一些重大的公益性活动。苏州的很多活动都有我们的学生参与。第三届体育大会上我们的学生都参与了这个活动。我们的学生将来主要是从事服务行业，参加这些活动，对于锻炼他们的心理素质和能力有很大的帮助。我们把这些活动上升到了课程建设层面，学生、家长和教师都可以接受这一点。你不要以为只有课本知识最重要，社交礼仪、讲演等这些也都是知识，我们有意识地安排了很多这类活动。

上海市育才中学陈青云　我校的特色是“三自”，即自治自理、自学自创、自觉体锻，本质是学生自主而全面发展。我们的做法是在分析国际高中课程改革趋势，总结和提炼20世纪60年代以来学校课程教学改革经验，在此基础上实施凸显“三自”教育特色的课程改革，以促进每一个学生自主、全面地发展。具体措施：一是构建新的课程体系，增加了课程多样性；二是设置“学程”、“模块”，提高了课程组织与实施的灵活性；三是完善学生评价，激励学生全面且个性化发展；四是提供个性化指导，帮助学生迎接学习的挑战。

上海市民星中学姚玉清　我校是以“创建信息化办学特色”作为特色发展的目标，以“信息技术支撑下的校本课程建设”作为特色发展的项目，以项目化的方式加以推进。我们的实施路径：一是国家课程校本化实施。以导学案教学为基点，建立具有本校特色、符合本校学生实际的国家课程校本化实施基本框架，该框架和讲义以信息技术为支撑点，体现学校特色，符合本校学生的学习要求。二是形成校本拓展型课程。根据学校的办学特色，形成特色品牌课程。以信息技术为支撑，建设具有信息化特色，能充分满足学生兴趣爱好和个性特长的校本拓展型课程。以学校原有的语文网上阅读、英语网络课堂、数码课等课程为基础，加快教材建设，打造一批特色品牌课程；利用信息资源，结合影视教育，初步形成“影视文化”课程。三是开发研究型课程。根据学生需求，开发几门学生感兴趣、有实效、可实施、能评价的短期课程。如网上交友现象分析、网上诈骗现象分析、网上信息甄别判断、网络与师生关系等课程。这些课程依托信息技术引导青少年的行为，促进青少年健康成长。四是推进课堂教学改革。根据本校学生的学习特点，从学生长远发展出发，进行课堂教学改革。以信息技术为支撑，改变教学方法，充分发挥学生的主观能动性，建设小组学习模式，改变学生的学习方式，挖掘学生的潜力，加大学生学习过程中的实践体验力度，提高教学效率。

（四）建设师资队伍

特色教师往往会是特色学校的“招牌”。建设特色教师队伍也是建设特色学校的重要手段之一。高素质的师资队伍，不但是学校教育教学质量的保障，更是培养高素质学生的重要基础。特色教师队伍的组建和成长，需要学校建立相应的培养机制、经费保障和奖励措施，这样教师才能通过自己的专业知识和教学行为促进学校特色的建立和发展。在特色教师的培养方面，很多学校都提出了适合自己的措施。

甘肃省靖远县第四中学任俊信 以教师队伍建设为基础，为创建“特色高中”提供人才资源保障，促进教师的特色发展，这是推进普通高中特色发展工程的重要内容和关键环节。创建“特色高中”离不开教师的专业成长，要为特色教师成长搭建平台，为创建“特色高中”奠定扎实的人才基础。我校为加强特色教师队伍建设：一是建立一系列教师选拔制度，通过适宜的政策引导，采取切合实际的举措，吸引那些具有特殊能力的优秀人才，尤其是文化、艺术、体育等领域的专业人士当教师。二是完善特色教师培养、培训体系，将一定额度的继续教育经费用以重点支持特色师资队伍建设。三是建立特色教师成长的激励保障机制，通过设立一定的奖励机制，奖励对于创建“特色高中”有特别贡献的教师，使“人尽其才，才尽其用”，鼓励教师能够更好地为我校创建“特色高中”而努力。

四川省仁寿县第一中学方良元 仁寿一中教师文化体系：“一个核心”即自育育人；“两个发展”即学生发展、教师发展；“三种育人观念”即育人的教育观、育人的学生观、育人的教师观；“四种自育文化”即学习文化、反思文化、合作文化、教研文化。仁寿一中以“教师文化自觉”的方式进行特色师资队伍建设。教师文化自觉要达到职业认同、专业自觉的目标，促进教师形成自主自强的专业发展文化、探究反思的教学行为文化、学习合作的工作行为文化。以师为本、自我觉醒、自我创建，遵从自主性、实践性、发展性原则。实施学校引领、个体行动、组织协同、制度保障策略。学校引领、制度保障策略是外部促进机制，个体行动、组织协同策略为内在主体机制，要发挥各自不同的作用。建立健全促进教师文化自觉的活动体系：抓校园文化建设和文明创建活动、抓校本培训和成长成名活动、抓课程开发和研究性学习活动、抓校本研究和教育反思活动、抓学习型学校建设和读书活动。

（五）科研引领建设

参与课题研究，通过科研引领教师队伍的成长并搭建交流平台，这也是创建特色学校的有效路径之一。科研引领包括组织教师参与课程研究、邀请专家指导教师发展、参与全国范围的高层次交流平台学习改革经验等，这些探索和尝试都十分有益于学校的特色建设。在积极探索科研引领的过程中，很多学校进行了不同的尝试，并找到了适合自己发展的道路。

河南省郑州市第九中学田宝宏 九中采取多种举措大力推动教师专业成长，以确保学校的持续快速发展。依托“博士工作室”的研究优势，以课题研究的形式整体带动教师群体科研能力的提高。分课型构建道德课堂教学模式研究始终立足课堂教学的主阵地，避免了教科研的虚化，使教学研究真正实现“校本”化，有效促进了教师的发展。三轮研究一百多项课题围绕主题开展，研究过程规范，成效显著，并已经受到不少专家的关注和越来越多兄弟学校的借鉴。学校积极参加全国高中课改联盟的活动，依托这一高层次的交流平台，组织广大教师不断走出去，放眼全国高中课改大局，紧跟时代发展步伐，开阔视野，转变理念，提升能力。学校还积极采取请进来的做法，邀请华东师范大学课程与教学研究所的专家来校做课改理论指导；与人大附中合作，让众多国内名师走进九中讲课交流，手把手指导九中教师的业务提升。学校还大力加强新课程制度建设，注重挖掘内部潜力，提高教研质量，使校本教研落到实处。

四川省双流县华阳中学祝长水 在当今教育改革与发展过程中，教育科研被视为推动教师专业发展、增强学校核心竞争力的根本动力和重要途径，其显性追求是绩效，是教师的专业成长、学生的自主学习和学校的特色创建；其终极追求是完善学校组织的心智，实现学校的生命价值。教育科研的作用有以下几个方面：一是有助于揭示普通高中特色发展的本质；

二是有助于积蓄学校可持续发展的竞争力；三是有助于改变学校发展的心智模式；四是有助于形成普通高中特色良性发展的管理机制；五是有助于有效整合学校现有教育资源。

三、学校推进特色发展的主要措施和经验

（一）师生主体，全员参与

学校特色建设是一项长期的系统工程，各校在推进学校特色建设的过程中都积累了丰富的经验。学校的特色是通过教师和学生的各种行为体现出来的，因此学校的特色发展需要调动全体师生的主动性，鼓励师生积极参与到学校特色的建设中来。在调动师生全员参与方面，下面各校采取的方法值得借鉴。

湖南省株洲市第四中学姜野军 学校是全体师生的学校，学校也是社会和全体学生家长的学校，特色学校建设需要教师、学生、家长和社会成员的参与。因此，我们通过全体师生动员大会、师生考评、全员家访、社区共建学生社会实践基地、创办家长学校、举办学校文化论坛等方式或途径，积极贯彻全员参与策略，真正做到了师生共建、学校与社区共建、学校与家长共建。

浙江省杭州市长河高级中学毛伟民 一所学校能形成某种特色，必定有着某种文化的传承。这就需要一所学校内的全体成员，至少是大部分成员，都能就特色达成共识，并能把共识付诸行动，最后在学校成员的各种行为中体现出特色来。要尊重师生的主体地位。学校的特色创建，最终将发生在教师和学生之间。学校要搭建各种平台，激发教师的“特色”热情，把学校的特色发展与教师的专业成长结合起来，既发展学校，也成就教师。要让特色真正成为师生共创、共享的文化家园。

华中师范大学第一附属中学张真 对学校的办学理念和教育教学特色，师生们都应该知道。我们的发动面很广，学校的文化比较深入人心。我们不是提出“特色”，然后请专家来做文章，而是真正发动全校师生，在教代会上讨论通过。在学生的开学典礼上，我还和学生就学校文化作了报告。

（二）科研引领，理论提升

在推进学校特色发展的过程中，教育科研活动在促进教师的专业化发展、推进学校提高教学质量方面表现出明显的优势。各校不断探索借助教育科研解决教学中的实际问题，积累了很多可以参考的经验。

华中师范大学第一附属中学张真　要上升到理论的高度。学校特色建设要理念化。转变全体教师的观念是实现特色办学的关键。要把办学特色变成全体教职工共同的价值追求，并进而上升为学校的精神文化。

黑龙江省大庆市实验中学符景海　课题研究是学校可持续发展的重要保证。学校通过“人生规划意识教育”的课题研究，更新了教师的教育教学理念，扩宽了学校的育人途径，提高了教学质量，学校精神面貌和文化内涵发生了根本性的变化，实现了学校向更高层次的发展。

浙江省杭州市长河高级中学毛伟民　科学研究在创建概念体系、调研等方面具有不可替代的作用。要把科学研究与教育教学实践紧密结合。利用科学研究，着力解决教育教学中的问题，并做好及时的总结和提炼。

（三）持续探索，制度保障

推进学校特色的另一个重要经验是建立健全相应的制度，这是坚持特色办学的有利保障。无论是学校的常规教学管理，还是教师的专业化培养，都需要各校建立相应的保障制度，使特色办学得以持续发展。下面几所学校的经验值得借鉴。

湖南省株洲市第四中学姜野军　当今时代是一个飞速发展变化的时代，社会在发展变化，文化在发展变化，人们对教育的理解和认识也在发展变化，学校教育也必将随之发展变化，这是不以个人意志为转移的客观规律。我们正是通过不断研究和探索这些变化，并在实践中不断研究和探索城乡结合部普通高中艺术教育特色的内涵与存在的问题，不断修正自己的办学理念，完善自己的办学条件，创新特色学校建设途径与方式，彰显自己的办学特色，提升自己的办学质量。

华中师范大学第一附属中学张真　过程要常态化、制度化。特色发展一定不能脱离学校的主阵地，要进入学校的常规教学、课堂，包括管理部门的行动。建设强有力的体制机制是实现特色办学的保障，尤其是评价机制。唯有建立坚实的保障机制，才能为特色建设保驾护航，特色办学才能不只是昙花一现。

浙江省德清县第一中学褚林根 校选修课程指导委员会制定了《德清一中选修课管理章程》、《德清一中选修课导师制试行办法》及《德清一中兴趣选修课程学分认定方案》，各学科都建立了《选修课管理工作手册》，一学年一册，保证了我校选修课活动有章可依、有序开展、正常运作。

第三节　学校案例

一、学术类学校——华中师范大学第一附属中学

华中师范大学第一附属中学创建于1950年9月，是全国著名的重点中学、省级示范学校、湖北省唯一的窗口学校。学校把“自主创新学习，多元优质发展”作为特色建设的理想追求，为学生优质发展提供平台。

（一）“自主创新学习，多元优质发展”的内涵及目标

学校确立了“自主创新学习，多元优质发展”的特色办学理念，把自主创新学习能力作为培养风格，把多元发展作为培养领域，把拔尖创新作为培养层次，努力实现从学校优势到品牌学校的四步跨越。从学生的角度来看，“自主创新学习”突出强调学生在教学过程中的主体地位，主要进行合作学习、反思学习、实践学习、发现学习、探究学习和批判学习；“多元优质发展”突出强调学生在课程领域中的选择权利，通过构建“多样化、选择性、有特色、高品位”的学校课程体系，为学生优质发展提供平台。从教师教学改革的角度来看，就是“把时间还给学生，把方法教给学生”。

（二）“自主创新学习，多元优质发展”的实施路径及成效

1. 机制保障

校长办学自主权。要实现学校自主发展，就必须建立有利于调动和激

活学校内部自主性力量的机制，将教育行政权力向学校、校长转移和下放。作为教育部所属师范大学附属中学，华中师大一附中是一所办学体制相对特殊的学校，与地方学校相比，校长在学校人事安排、经费使用、教学管理等方面有较大的办学自主权，能更好地贯彻特色办学的思想，实施特色学校设计。学校从 2005 年开始实行教师人事代理，2006 年实行教师岗位聘任，根据特色办学的需要聘用教师、培养教师、评价教师，彻底打破了教师岗位终身制。灵活的用人机制成为推动学校特色发展的重要保障。

年级管理自主权。学校实行“级部管理制”，将一个年级分成三个级部，实行教师—级部双向选择，常规教学自主管理，教育过程定期评价，全面质量目标考核。将年级自主管理与学校指导、督导相结合，将团队竞争与团队协作相结合，将目标管理与精细管理相结合，将特色建设与质量提升相结合，使学校特色建设具有持续发展的生命力。

教师教学自主权。学校在特色教学实践中既注意用统一的理念引领，又鼓励教师充分发挥教学的自主性和创造性。以培养学生自主创新学习能力为目标，以充满生命活力的“健康课堂”为中心，以“教给学生学习多元的方法”为途径，将教学的自主权交给教师，鼓励教师的教学改革百花齐放、百家争鸣。“大小班、长短课”、“任务驱动，小组教学”、“学科分层走班教学”、个性化教师“挂牌辅导”，“P&R（自主预习与复习）学习模式”等教学改革，让不同的教师有不同的教学风格，对不同的学生采取不同的教学方法。

学生选择自主权。“把时间还给学生”，给学生个性自主发展的时空，让学生能自主选择适合自己的发展方向、学习内容是学校特色建设的重要内容。三个不同层次的教学、九种班级类型、六十余门校本课程，每周十节课的选择性学习时间，让学生拥有多元的发展选择。

2. 课程建设

国家课程校本化。学校根据特色办学的目标，对国家课程进行二次开发，即国家课程的校本化改造：一是课程内容校本化，将学科课程教学内容分解为课前自主学习、课中交流学习、课后创新学习三个方面内容，编写了《华中师大一附中新课程学案》和《华中师大一附中创新作业》，体现自主、合作、创新学习的要求；二是课程实施校本化，学科领域课程根据学生的学习基础和学习能力分成 A、B、C 三个层次，体育、艺术、技术领域课程进行模块选修，实行分层分项走班制教学管理；三是课程评价校本化，考试科目课程实行“基础 + 发展 + 创新”的试卷结构模式，考查科目从参与活动、过程表现、创新成果三个维度进行定性评价，既体现国家课程标准的基础要求，又体现学校对学生多元优质的发展要求。

校本课程多样化。学校根据学生多样化发展需要，开发了 6 大类、60 余门校本课程，让学生自主选择学习。德育活动型课程有校会、班会、心理和各类社团活动，致力于培养学生领导力；体艺特长型课程通过体艺项目的选择学习，让学生个性充分张扬；学科拓展型课程是对国家课程的补充，给学生提供基础方法、知识拓展、专题探究三个层次的选择；实践创新型课程给学生提供进行小设计、小制作、小发明、小创造的时空，培养学生的实践能力和创新精神；高新科技型课程以武汉东湖高新科技企业为基地，以科技专家为老师，以光纤通信、医药基因、环保技术、数字技术为学习内容，为学生今后成为科技创新人才奠定基础；国际交流型课程通过德语、日语、法语课程学习和海外交流学习，让学生了解多元文化、拓宽国际视野。

班级课程特色化。学校根据学生的自主选择，将校内班级分为 9 种类型。不同类型班级在执行国家课程计划的基础上，根据不同的培养目标开设不同的特色课程。理科实验班开设分组竞赛课程，为培养基础科学精英奠基；人文实验班开设社会专题课程，培养学生的社会责任感；科技实验班开设“光谷课程”，培养未来的科技创新人才；艺术特长班开设艺术创作课程，培养有良好文化功底的艺术人才；体育特长班开设体育竞技课程，为一流大学输送优秀体育后备人才；留学实验班开设 AP 课程，为有出国发展意向的学生铺设国际化通道；“飞翔班”开设学法指导课程，让贫困学生也能享受优质的教育；常规理科班和常规文科班通过选修丰富多彩的校本课程培养学生个性特长、实践能力和创新精神。

3. 教学改革

自主创新学习的目标体系。在特色学校建设研究中，学校坚持“把时间还给学生，把方法教给学生”的教学理念，结合“自主创新学习，多元优质发展”的特色建设目标进行探索。明确教学改革的目标就是培养学生自主创新学习能力。学校将教学改革研究的重点从研究教师的“教”转到研究学生的“学”，从指导教师构建教学模式转到指导学生构建学习模式，制订了教学改革的三维目标体系：自主学习目标、交流学习目标、创新学习目标，将课堂教学延伸到课前和课后，教师从这三个目标出发进行教学设计，学生围绕三维目标完成学习任务。

自主创新学习的方法体系。学校大力弘扬“把方法教给学生”的优良教学传统，着力构建自主创新学习的方法体系，制订了 8 个环节（树立目标、制订计划、课前预习、参与课堂、提出问题、复习归纳、测验考试、总结反思）学习方法、15 个学科（语文、数学、英语等）学习方法、5 种方法论（发现性学习、探究性学习、合作性学习、反思性学习、批判性学习）学习方法。学习方法体系既指导学生学习，也指导教师教学。

自主创新学习的评价体系。学校开展“健康课堂”研究，“健康课堂”把师生的健康成长作为课堂的价值追求，重构课堂教学目标、组织形式、师生关系、教学方式，以学生的学习状况为评价出发点，制订了各类课程自主创新学习课堂评价标准。

二、人文类学校——江苏省泰州中学

江苏省泰州中学始于 1902 年在宋代著名教育家胡瑗讲学旧址上创立的泰州学堂，是一所历史悠久、文化底蕴深厚、具有优良办学传统的百年名校，中国百强之一。学校先后被评为省属重点中学、国家级示范高中、省四星级高中。自 2009 年成为全国教育规划“特色高中”项目校以来，学校以“发掘‘三名文化’，推进‘责任教育’的实践研究”这一立项课题为依托，积极开展“特色高中”建设，成果丰硕。

（一）“责任教育”的内涵及目标

“责任教育”是学校的办学理念，是以对自己负责为起始点，以对他人负责为支撑点，以对集体负责为基本点，以对国家、民族、人类负责为制高点的责任教育体系。此理念的鼻祖是宋代著名教育家、安定书院创始人胡瑗的“致天下之治者在人才，成天下之才者在教化，教化之所本者在学校”；其核心是责任情怀和担当精神。“责任教育”是学校百年理念的传承、弘扬和发展，是对泰州中学发展使命的担当和承载。

“责任教育”理念，从学校办学层面来讲，就是要办对学生、对教师、对社会、对未来负责任的教育；从学校教育教学管理层面来讲，就是对教师的师德修养、教育教学行为和自身专业发展负责，对学生的个性发展、全面发展和终身发展负责；从教师层面来讲，就是要不断强化对教育事业、对自己的教育教学行为、对每个学生的自主学习、健康成长与终身发展负责任的自觉意识，在自己的教育教学实践中强化落实这种责任意识；从学生层面来讲，就是要对自己的健康成长和美好未来负责，学会做人，学会学习，学会合作，学会创造，学会生存，牢固树立起完善自我、服务他人、回馈社会、造福人类的责任意识，做有责任情怀和担当精神的人。

（二）推进“责任教育”的实施路径及成效

1. 发掘“名人文化”，开发“责任课程”

学校精神鼻祖胡瑗以及百年来学校所培养和造就的名家、名师和名校友等，都具有崇高的责任情怀和担当精神。学校发掘和提炼他们的生平、贡献、思想和精神等，并把这些宝贵的精神文化财富开发成独具学校特色的“责任课程”，供师生学习和吸收，以提高精神境界，升华责任情怀，这也是我们的神圣使命。

2. 开发“校园名景”，营造“责任文化”

学校开发的老校区“十景”中的安定书院、胡公祠、千年古银杏、岳王庙、陈毅东进谈判旧址、总书记读书楼景观，都蕴涵着崇高的担当精神和责任情怀。开发和利用好这些校园名景，在营造“责任文化”方面收到了很好的效果。

3. 打造“精品活动”，贯穿“责任理念”

学校精心打造的“师生‘双十星’评选”、素质教育“个十百千万工程”、泰中“六节”等校园精品活动，都贯穿着“责任理念”，在推进“责任教育”中发挥着积极的作用。

4. 深化“三名”研究，提升“责任品位”

要想让“三名文化”的发掘能够真正促进学校“责任教育”理念的不断深化，就必须明确“名人文化”、“名景文化”、“名品文化”之间的内在联系，就必须找到“三名文化”与“责任教育”的交叉点，并在交叉点处把研究做到位，以真正形成推进学校办好“责任教育”的文化合力。以学校“三名”文化中所蕴涵的“崇高”和“伟大”来充实、激励、提升师生，是创建特色学校的一种必然选择。只有不遗余力地把“三名文化”的发掘和“负责任教育”理念整合在一起，才有可能把这些优秀文化传统中的“崇高”和“伟大”真正转化为学校师生“负责任”的精神和行为。通过深入研究，全体泰中人都已形成了这样的共识，这种理性认识的不断深化，也有力地促进了泰中人“责任品位”的提升。

通过几年来的探索和实践，学校明确了“责任理念”，内化了“责任意识”，培育了“责任主体”，打造了“责任平台”，建设了“责任团队”，营造了“责任文化”，铸塑了“责任校魂”，初步走上了一条切合学校实际的、高品位的特色学校发展道路。学校“打造‘责任教育’品牌”实践活动还被教育部创先争优活动领导小组办公室表彰为全国中小学创先争优活动优秀载体特别推荐奖，全国仅三所学校获此殊荣。

三、科技类学校——重庆市实验中学

重庆市实验中学（原重庆巴县中学）创办于1907年，是四川省首批办好的重点中学，重庆直辖后首批重点中学。学校以科技教育为办学特色，提出“人文立魂，科技树人”的办学理念，先后被命名为全国百强特色学校、全国科普教育基地、重庆市首批科技教育特色学校、首届重庆市科普工作先进集体。

（一）“人文立魂，科技树人”的内涵及目标

学校在科技教育特色学校的建设过程中，以学校“让每一个学生适应

时代发展”的办学理念为统领，以基础教育为依托，结合学校独特的环境资源和课程设置，传播科技思想、普及科技知识、倡导科学方法、树立科学态度、弘扬科学精神，实现科学教育与技术教育的融合，实现科技教育与人文教育的整合，以提高学生的科技素养和人文精神、培育学生的实践能力和创新习惯为教育目标，促进每一个学生全面而富有个性地可持续发展，促进学校稳定而优质的科技教育办学风格的形成。

（二）“人文立魂，科技树人”的实施路径及成效

1. 课程教学

学校特色的形成必须依赖于课程教学的变革。在科技教育特色建设过程中，学校打破了以课堂为唯一形式、以传授书本知识为唯一内容的单一课程结构体系，以社会需要、学校发展和学生成长为三个基本点，构建课内与课外，必修与选修，学科性课程、活动性课程和环境课程并行的课程模式，建立、优化与科技教育特色建设相适应的以校为本的新的课程体系。

充分发掘学科教学中的科教因素，加强科技教育在学科教学中的渗透，做到科技教育“学科化”。加强校本课程的建设，完善国家课程、地方课程、校本课程三级课程体系，开发与校本课程开设相适应的校本教材。增设高中的研究性学习、高中课程选修，以及初中的综合实践课程的学习，增加实践锻炼、动手操作实验和活动课程的分量。开展科技活动月、学科竞赛辅导、实验操作技能比赛、科技协会等活动，达到活动育人的目的。加强课程间的整合，开设专项问题的讲座、论坛及研究，让学生广泛接触各个学科领域，广泛接触前沿科学，培养对高新技术的兴趣和求知欲望，在更广阔的知识视野里发现自己的特长和才能之所在。在课程评价中建立健全旨在促进学生素质全面提高的课程评价体系和激励机制，实现评价目标多元化、评价手段多样化和评价主体多样化，既关注结果，更关注过程。同时，创造性地探索出了系列经典科技教育活动，开发了学校校本科技课程体系，成立了系列科技社团，如创造发明协会、天文爱好协会、网络工作室等。确立了每年十一月为学校科技活动月，集中进行科学技术普及和科技活动展示。

重庆市实验中学开展研究性学习的基本流程：

选题准备	学生主体	选题准备	课题选题	方案设计
	教师主导	思想动员、创设情境	开阔视野、问题诱导	指导方案撰写
	主要达成目标	作好问题准备、心理准备	诱发探究欲望，打开探索思路	提出假设，确定方案，制订计划

研究过程	学生主体	实验探究	阶段小结	成果提炼
	教师主导	讲授相关知识、传授研究方法	分析综合指导	指导学生理论联系实际，指导学生撰写研究报告
	主要达成目标	资料收集整理，实践操作训练，科学思维训练	信息加工处理，进行反思调整	分析数据，成果汇总与提炼

成果提炼	学生主体	课题结题	成果展示	课题评定
	教师主导	指导结题，组织答辩	搭建平台，交流沟通	教师点评、考核评价
	主要达成目标	成果的表述、鉴定	成果的展示与交流	获得研究体验，激发新的探究欲望

2. 师资队伍

科技教育特色模式的创建，离不开具有高科技素养的教师团队。科技教育特色的发展依赖于大批科技教师的专业化成长。学校凭借现有的人力资源优势，通过名师工程、青年教师培养工程等，采取师徒“传、帮、带”的“导师制”，通过“送出去”、“请进来”等有效培养途径，促进能胜任科技教育教师群体的形成。采取一系列的竞争机制、引进机制、奖励机制，为教师在教育教学中实施科技教育提供制度保障，为教师外出考察、参观、学习提供机会和条件，为晋级晋职、展示比赛搭建平台。力求做到各任课教师能积极参与学科课程改革，参与学生研究性学习和各类课外活动的辅导，具有科技特长的教师能参与科技创造发明协会、科技兴趣小组以及相关社团的指导。学校要求每位科技教师力求做到“四个一”，即订阅一本科技杂志、辅导一个科技兴趣小组、每周摘录一条科技信息、每学期写一篇科技论文。学校鼓励教师积极参与课题研究，探索科技教育与人文教育有效整合的新模式、新方法，以科研促进学科教育教学改革，以科研促进教师科技教育水平的提高，以科研促进自身的专业化发展。

3. 校园文化

学校把科技教育文化精神的培育放在校园文化建设的首位，以科技教育文化精神指导科技教育人文环境的建构。学校开展“三我”教育文化建设，即自我正信（认识自我，正确定位，塑造精神，培育信仰），人我礼义（推己及人，守礼尚义，互助合作，共同进步），物我和谐（心怀感恩，温馨人生，心中有爱，美好世界），把德育放在面向世界、面向现代化、面向未来的开放视野下开展研究，赋予德育更强的辐射、说服、熏陶功能。学校还总结了一条按“文化元素—文化力量—文化精神—文化信仰”这一由外显到内化、由低层次到高层次的校本化的文化建设路径，给科技教育特色学校建设工作以理性健康的指引。

4. 学生管理

学校科技教育特色，首先强调的不是教育的个体表现，而是一个学校的群体特征，追求的是科技普及基础上的提高。在科技教育特色学校建设过程中，学校的首要任务是引导、启迪大批甚至是全体学生去学科学、爱科学、用科学，让学生用科学的世界观和方法论去认识世界，用科学的态度、科学的精神、科学的方法去分析和解决问题，培养学生勤于动手、勤于思考、敢于创新的能力和习惯，促进学生普遍具备良好的人文精神和科技素养。同时，学校还着力于部分学生在某一领域、某一方面的培养，对具有科技钻研潜质的学生进行更高深的、专门化的训练，为他们创造更为有利的条件，提供更多自由选择和多元发展的机会，以激发他们对科学技术领域的兴趣，挖掘他们在这方面的潜能，使他们的兴趣爱好逐步地从泛化到集中，体现出科技教育的层次性，促进学生多元化趋势发展，为学生全面而富有个性的发展搭建平台。

5. 开放办学

学校坚持走出去，借鉴他校，整合社区教育的资源和力量，以拓宽视野，兼收并蓄，弥补教育资源的不足，丰富教育的内容和形式；坚持请进来，争取教育专家的帮助与指导，促进兄弟学校、友好学校的切磋交流，共谋特色发展的道路。

四、外语类学校——江苏省南京市外国语学校

南京外国语学校是在周恩来总理的直接关心下，于 1963 年 10 月 2 日正式成立的全国首批外国语学校之一。学校倡导“求实、奋进、博学、谦逊”的校风和“严、新、细、活”的教风，立足于培养“理想远大，热爱祖国，道德高尚，胸怀宽广，行为文明，气质高雅，外语扎实，学识渊博，勇于创新，学有所长，行知统一，脚踏实地，心理健康，体魄强健”的高素质人才，概括起来，就是以“有外语特长、文理兼通、综合能力强的国际化复合型人才”为培养目标。

（一）“以外语为特长，文理兼通的国际化复合人才”培养的内涵及目标

学校旨在培养新中国发展所急需的高级外语外事人才。改革开放以来，国际交流日益频繁，同时社会经济发展对人才综合素质提出更高要求，为了落实邓小平同志提出的“三个面向”的要求，学校将培养目标调整设定为培养“以外语为特长，文理兼通的国际化复合人才”奠定基础。

基础教育在传承和维护民族文化独特性与独立性中具有重大责任。学校面对中国特色、中华文化与世界潮流、全球文化，给予外国语学校一个理性的办学定位，即培养有中国灵魂和世界胸怀的现代人，包括以下三个目标：

——中国灵魂：与民族文化深入交融。对祖国的忠诚与热爱，对传统文化的理解与认同，对中华文明的继承与发展。

——世界胸怀：与国际社会相互贯通。熟悉国际环境，掌握国际语言，具有国际眼光，通晓国际知识，具备国际竞争力。

——现代人：与时代精神密切同步。独立的品格和开放的心态，民主的理念和法律的观念，诚信的习惯和守时的意识，自由的追求和责任的担当。

（二）“以外语为特长，文理兼通的国际化复合人才”培养的实施路径及成效

围绕“培养有中国灵魂和世界胸怀的现代人”这一基本定位，学校逐步走出了具有南外特色的办学路径。

1. 多元化的国际办学

学校与加拿大联合建立双学制、双学籍、双文凭的中加国际高中；多伦多大学为学校高三毕业生直接进入该校打开了通道；与英国剑桥大学合作，建立国际 A-level 高中课程实验基地；与澳大利亚新南威尔士大学联办预科班；在仙林分校引进了澳大利亚的 VCE 课程；为德语专业学生引进德福考试（目前国内仅上海、南京有此类考试），通过考试，学生在高中毕业后即可直接申请赴德国大学留学。学校与世界 20 多个国家的 34 所著名中学建立了友好学校关系，这些学校都是该国一流的学校。每年南外都要接待并送出近千人的师生教育互访团。

南外培养的学生引起众多国际名校的兴趣。近年来，多伦多大学、温莎大学、法国巴黎政治学院和巴黎十二大等都对南外开通了直接留学的绿色通道。

2. 富有成效的素质教育

学校远离一切口号的炒作和概念的翻新，避免了理论与实践的分离，一心一意开足、开齐、开好各类课程；努力实现南外学生素养与国际人才特征的高度契合。认真研究多所世界顶级名校和国内知名高校的生源要求和培养规格，分析、归纳、综合出 7 种能力和 12 种素养作为人才培养目标的基本模块；注重对学生的人性关怀，通过营造丰富多样的教育生态满足学生的不同需求。

3. 丰富多样的课程选择

学校校本课程的建设主要考虑满足学生的个性化发展和多样化需求，提出了“适当压缩必修课，增加选修课，规范劳技课，丰富活动课”的改革思路；充分利用学校的各种条件，包括广泛的校友、家长关系，开发课程资源，逐步建立了丰富实用的课程体系；与众多友好学校建立长期合作交流项目和相关遴选制度，包括 AFS、YFU 、AYA 以及美国、波兰、丹麦、日本、新加坡、法国、德国交流项目和其他各友好学校定期交换项目。

4. 独树一帜的外语教学

外语教学的特色和优势可以概括为四个方面：一是师资队伍；二是外语课程；三是教学方法；四是双语环境。

5. 日显强势的理科教学

在“文理兼通”的办学定位指导下，学校较以往更加强化了数、理、化学科建设，还专门设立理科实验班，确保在这方面禀赋优异、兴趣浓厚的孩子学有所教、学有优教。

6. 多姿多彩的校园生活

学校注重以丰富多元的校园文化培养学生兼容并包的气质、开放自信的性格以及尊重和理解差异的习惯。在校园生活中，注重以浸润、濡染、默化的方式来促进学生对民族文化的理解、认同与热爱；注重以积极、健康的文艺氛围熏陶、养成学生高雅的趣味与和谐的人格。

7. 宽松和谐的人际关系

和谐的干群关系和平等的师生关系是学校管理的两个重要支撑。多年来，学校在管理上渐渐形成了淡化行政色彩、强调家园归属，淡化科层管制、强调专业引领的习惯；自觉形成了广泛互动的对话机制，围绕每一项决策和实施，都有充分的对话和协商。

五、普职融合类学校——苏州市第四中学

苏州市第四中学始建于1902 年，经历了百年办学的历史，蕴涵着独特的人文景观和文化积淀，孕育和培养了“中国文化泰斗”钱钟书等一大批

杰出人才，桃李满天下。在近年来激烈的教育竞争中，学校立足校情，提出“进步就是成功”，“为每一个学生提供张扬个性的发展空间”。为探索符合生源状况的学校发展模式，在改革中求生存，在创新中求发展，学校在2004年与中国民航大学乘务学院合作，建立了当时全国唯一的“空乘生源基地班”。

（一）普职融合特色的内涵及目标

学校密切与中国民航大学等高校的联系，积极探索空乘专业生源基地班的办学模式、课程设置和管理特色，引领空乘班学生实现“飞天”梦想，并最大限度地辐射空乘办学的成功经验。

实施“素质培养，文化关怀”教育策略。在思想素质方面，突出优良品行、爱心服务、团队精神等培养；心理素质方面，突出积极健康向上的个性心理的培养；能力素质方面，突出学习能力、英语能力、生存能力、交往能力、才艺能力等培养；身体素质方面，突出健康、形体、运动能力等培养。

学校制订了《苏州市第四中学空乘班学生综合素质考核暂行办法》。突出学生综合素质考查，根据普通话和英语口语、身心素质、特长展示、个案分析、仪容仪表及文明礼仪五个项目，采取面试形式，每学期对每个学生进行综合素质考查。

（二）普职融合特色的实施路径及成效

1. 合理的普职融合教学模式推动特色

“切实适用”的特色教育课程。秉承百年老校“纯正高尚之品格，切实适用之学诣”的办学宗旨，学校把空乘班的教育教学内容分为三大板块，即文化课程、特长课程、实践课程。文化课程：开设国家规定的普通高中所有科目，高考选考科目侧重文科类；特长课程：艺术特长、英语交际口语、双语、形体训练、游泳、文明礼仪与化妆、航空专业知识讲座等；实践课程：社会公益活动、航空基地实践等。

发展性教育教学评估目标。学校制订了发展性的阶段教育目标。第一年，适应高中学习，树立空乘意识，培养特长爱好；第二年，掌握高中课程，增强空乘意识，特长初见成效；第三年，较好的学习成绩，较强的个人素质，较高的空乘和高校录取率。

特色教育校本课程的开发。基于“空乘”这一专业的特殊要求，学校开设了形体礼仪课程，教师搜集教学资料，共同研究编写形体课校本教材。

2. 精细的管理制度保障特色

学校专门设立空乘班教育教学管理处，具体负责空乘班的教育教学管理工作。首先，选派合适的干部加强管理，把不同特点、不同能力的人组合在一起，做到“人事相适，同频共振”，让干部在合适的岗位上做合适的事，让优化的组合产生优化的效果；其次，精心营造浓郁的空乘文化氛围，创设良好的育人环境；最后，强化组织纪律、集体团队观念和行为规范教育。另外，制订了空乘班《学生综合素质培养跟踪记录卡》制度。

3. 丰硕的教育成果彰显特色

在教育局领导的关心支持下，通过学校师生的共同努力，空乘班办学取得较好的成绩，招生规模不断扩大，高考取得了优良的成绩，特长教学初显成效，社会实践活动促进学生成长，培养了一支优秀的教师队伍，提高了学校的声誉。

苏州四中空乘班历经七年办学、五年高考，赢得学生、家长的赞誉和良好的社会声誉。普通高中的空乘特色建设促进了学生的成才、教师的成长、学校的成功，构建了我们共同生活的文化家园，奠定了师生共同生长的学习沃土，打造了四中人共享生命的精神职场。

实施个性化、特色化办学就是走一条错位竞争、差异发展之路，学校根据自己的基础办出特色，“人无我有、人有我优”，让一般的学校不一般、普通的学校不普通，学校适应了学生不同的能力倾向、满足了家长的不同需求，也赢得了社会的认可。而且，特色化、多样化的办学也带动评价标准的多样化，使人们不再将高考升学率作为唯一标准。

六、艺体类学校——湖南省株洲市第四中学

株洲市第四中学创办于 1957 年，系湖南省示范性普通高级中学。近年

来，学校秉承优良办学传统，注重育人为本，强调学生的全面发展，以“勤奋求实、敢为人先”为学校精神、“一切为了学生终身发展”为办学理念，朝着“打造全省一流的国家级特色高中”的目标前进，不断深化教育内部体制改革，积极提升学校核心竞争力，营造了校园高品质的教育生态环境，在管理、师资、教学质量等方面取得显著成绩。学校作为一所城乡结合部的普通高中，早在20世纪90年代就开始对艺术教育进行全面的实践探索和改革创新。2009年，在成为高中特色建设研究项目校后，学校提出“进一步夯实传统艺术教育特色，建设特色学校”的目标，进入创建特色学校新阶段。从最初的特色项目建设到今天的特色学校创建，学校一直将艺术教育作为实施素质教育的突破口，促进了学生的全面发展和个性发展。

（一）艺术教育特色的内涵及目标

学校艺术教育与“人”的发展密切相关，它不只是简单的音乐、美术、舞蹈等学科教学。艺术教育作为美育的核心，其根本目标是通过提高艺术修养、审美素养和人文情操，进而培养全面发展的人，这与素质教育的核心理念是一致的。按照多元智能理论，艺术活动本质上是一种认知活动，无论是创作、表现还是反思，都离不开认知活动。因此，艺术教育不仅能够开发学生的多元智能，促进学生各方面思维的发展，也能促进对其人格的培养，让他们能对真善美的事物和行为进行不断的追寻，在艺术体验中实现自我人格的升华。

1. 创建特色学校，让教育回归简单、回归人本

学校教育的终极目的是培养学生在现在和将来都能更好地生存与发展的能力，为学生快乐和幸福奠基。所以，教育在于使每一个学生都能找到适合自己的成长方式，每一个学生都能获得最佳的发展。特色学校建设就是要让所有教师、学生都能找到自己的位置，实现作为“人”的发展，回归“人本”；就是要逐渐舍弃对教育之外的繁复形式的追求，让教育成为教育，变得真实而“简单”。

2. 创建特色学校，让学校回归个性、回归自我

每一所学校都是潜在的特色学校、有个性的学校。特色学校的创建过

程，实际上是寻找学校个性和自我的过程。学校的艺术教育经历了长期的实践、探索和创新，从最初的组建学科兴趣小组，到打造艺术教育品牌，再到今天全方位、多元化的特色学校建设，学校的办学思路、办学风格逐渐清晰，个性日渐凸显，得到社会的广泛认同。

（二）艺术教育特色的实施路径及成效

学校教育尤其是艺术教育，要改变传统体制下课程设置、教育方法、教育对象的一元化状态，走多元发展之路，实现学校艺术教育品位的提升。

1. 课程设置多元，形成“学科课程＋校本课程＋活动课程”三级课程模式

在特色创建过程中，学校结合自身特点，将艺术教育融入课程之中，开展个性化的课程实施。一是对国家课程的实施过程进行了重新规划，制订了《株洲市四中学科课程三年教学实施方案》，对学科课程教学模块间的教学顺序和某些模块内容的教学进行了调整，促进教学效率提高；二是根据教师和学生的特点，有针对性地开设学科兴趣、艺术素养、德育教育等校本选修课程，如提升学生艺术素养的古汉语文化拾趣、化学与艺术、数学大观园、艺术风流人物、生命之美、地球之美等文化与艺术相结合的课程，提升学科兴趣的手工绘画艺术、民族舞蹈与文化、合唱艺术、剪纸艺术等课程；三是艺术活动课程化，建立了春之声合唱团、晓荷文学社、语言艺术团、舞蹈社、光影社、动漫社等十余个学生社团，并将社团活动课程化，让艺术实践活动成为课程。校本课程与活动课程丰富了艺术教育途径，强化了素质教育。

2. 教育方法多元，形成“一个理念两个创新三个结合四个品牌”的工作模式

在特色创建过程中，学校坚持一个艺术教育理念，即“让高雅艺术走近学生，让高雅艺术伴学生成长”。实现“两个创新”：一是以艺术课堂为中心，创新课堂教学，建立“四导一评”（导读、导练、导议、导疑、评价结合）课堂教学模式；二是创新课外艺术教育实践活动方式，拓宽了艺术教育渠道。坚持“三个结合”，即课内与课外相结合，学校、

家庭与社区相结合，普及艺术素养与培养专业特长相结合的实施策略。打造“四个品牌”，经过几年的坚持和积淀，打造了在学校和社会都有较高声誉的四大品牌艺术活动，即校园科技文化艺术节、春之声音乐节、金画笔美术节和春之声音乐会。“春之声”音乐会连续10年面向社会公演，受到各界好评。

3. 教育对象多元，形成“学教结合，教学相长，师生一道成才”的培养模式

学校不是校长个人的学校，而是全体教师的学校；学校不仅是全体教师的学校，更应该是学生的学校；学校不仅是师生的学校，还应该是社会的学校。因此，学校教育的对象不仅仅面向学生，还应面向教师甚至学生家长。学教结合，教学相长，师生一道成才，教师作为教育者，同时也是学习者，特色学校建设需着眼于师生的共同成长。学校重视教师素质的提高，定期开展读书活动、艺术专业培训、学科能力建设活动，成立摄影协会、书法协会等教师协会，举办教师艺术作品展等，提升了全体教师的艺术素养、人文情怀和科学精神，教师和学生的艺术素养得到了相互增进。创办家长学校，家长积极参与学校各类艺术活动、专题报告会，学校艺术教育成果延伸至家庭、社会，实现了教育对象的多元化。

本章“校长视点”部分，用校长的语言，原汁原味地展示校长对普通高中特色发展的理解和认识，以及各自学校创建特色的措施和经验。这些学校基本上是通过提炼学校特色文化、建设特色校园、开发特色课程、建设师资队伍、科研引领建设等路径和措施开展特色学校建设的。其共同的方法和经验就是师生主体、全员参与，科研引领、理论提升，持续探索、制度保障。

“学校案例”部分，课题组选取了六种特色类型中有代表性的学校，对他们建设特色学校的经验进行提炼和总结，以期对其他学校提供借鉴和帮助。学术类选择了华中师范大学第一附属中学，人文类选择了江苏省泰州中学，科技类选择了重庆市实验中学，外语类选择了江苏省南京市外国

语学校，普职融合类选择了苏州市第四中学，艺体类选择了湖南省株洲市第四中学。这些学校在创建特色的过程中做得不一定是最好的，但他们根据各自学校的地域环境、文化传统以及校舍、师生等条件，挖掘各自的特色优势，通过各种措施创建特色学校，取得了可喜的成果，积累了丰富的经验，相信对条件相似、特色类型相同的学校会有所帮助。

第五章

普通高中特色发展的国际经验

现阶段，人才日益成为国家之间竞争制胜的关键因素。人才素质、结构和规模直接反映出国家科技经济实力的大小强弱。普通高中由于其特殊的教育地位和兼顾升学与就业等多重培养目标，从而成为各国普遍重视的教育阶段。本章试图通过对相关国家有关普通高中多样化、特色化发展的政策文献的“调查”和分析，客观反映各个国家对“特色高中”的基本认识、基本做法和主要实践成效等情况。

第一节　国际普通高中特色发展现状与趋势

为使本国高中阶段教育能够培养并储备国家发展战略所需的创新型基础人才，世界主要国家均采取有效手段，促使高中教育多样化、特色化发展。目前，英国已经基本形成多样化、特色化的高中学校格局，美国的特色学校也因其丰富的选择性和较大的自主性得到越来越多民众的认可，日本的特色高中从教育制度、课程设置、管理方法、教学内容等多方面进行改革，设立了制度性和政策性多种革新后的高中学校，以促进每一个学生的个性化发展，等等。这些国家的经验和做法值得我国普通高中在多样化、特色化发展的探索中予以参考和借鉴。

一、关于普通高中的基本界定

不同国家的高中教育具有不同的结构和学校类型。但大致而言，世界各国的高中阶段教育体制主要呈现双轨制与统一学校制度并存的状态。双轨制即在高中阶段设置普通高中和职业高中两类学校，有的还同时设置了综合高中，如德国、日本等国。统一学校制度则在高中阶段教育中将普通教育和职业教育综合起来，设立综合中学，但其课程会分为学术、技术和普通科三种方向，如美国、英国以及澳大利亚等国。由于各国的教育体制、历史传统和文化背景不同，所以很难在同一层面上进行普通高中情况的比较。此外，国际上关于高中的数据很少具体到普通高中的层面，因此对其宏观发展情况尚不能做出较为精确的描述和统计。

鉴于上述情况，为便于各国间进行比较，同时有利于我国普通高中发展的参考和借鉴，本章所指的普通高中仅限定为双轨制国家中的普通高中或综合高中，以及统一学校制度中的偏学术类、普通类综合高中，暂不涉及职业高中的范畴。相关数据均在本国高中教育体系的范围内分析，暂不进行国别间的比较。

二、“生活、学习、就业”多样化教育目标

任何教育活动都是围绕教育目标展开的。普通高中的教育目标决定着学校的性质、活动的过程以及教育活动的结果，既指导着普通高中的办学形式和课程设置，又决定了普通高中教育结果的评价标准，具有良好的导向性、标准性和协调性。因此，通过分析既有的普通高中教育目标，能够判断各国普通高中的办学类型、课程设置、育人特点以及教育结果的标准等方面的基本情况（见表5－1）。

表 5－1　OECD 部分国家关于高中阶段教育目标的描述

国家	政策文件	目标任务
美国	1998—2002 年教育发展战略（联邦教育部）	中学教育的目标就是“让所有学生都达到富有一定挑战性的学业标准，为他们将来成为有责任感的公民、继续学习和为就业做好准备”。①
	2001 年《不让一个孩子掉队》法案（联邦教育部）	每一位学生到 12 年级末，即 18 岁时，都要为大学的学习、富有贡献的就业和今后有意义的生活做好准备。
英国	《2006 战略规划》（教育技能部）	为 14—19 岁的年轻人：满足其个人天赋与宏大抱负的需要。包括提升普通中等教育证书（GCSE）考试成绩水平；取得国家职业证书水平 2 级水平证书（NVQ Level 2）的 19 岁学生比例每年以 3% 的速度递增。②
日本	学校教育法（文部）	1. 进一步发展和扩大初级中学教育的成果，培养学生具有作为对国家和社会有作为的成员所必备的素质； 2. 使学生能够基于对必须履行的社会使命的认识，结合自己的个性选择未来的出路，提高一般教养，掌握专门的技能； 3. 培养学生具有对社会的广泛而深刻的理解和健全的批判能力，努力形成自己的个性。③
法国	为了 21 世纪的高中（教育部）	高中是多样化的阶段，追求升学和就业并重；高中要让学生能够对升学或就业进行选择，提高所有学生的教育水平，保证任何学生在走出校门的时候具备一种被证明的资格。④

① 胡庆芳．决不让一个高中生掉队——美国高中课程改革研究［J］．全球教育展望，2002（3）：32－37.

② 李克建．提升经济竞争力建设全纳社会——英国教育技能部《2006 战略规划》评述［J］．全球教育展望，2003（12）：57－61.

③ 文部省．高中学习指导要领解说（总则编）［M］．京都：东山书房株式会社，1999：286－287.

④ 王凌．法国普通高中的课程研究［J］．全球教育展望，2002（3）：22－26.

续表

国家	政策文件	目标任务
德国	巴登—符腾堡州完全中学高级阶段《教育纲要》	1. 给予学生在德语、数学和外语等核心学科方面广博而深入的普通教育； 2. 组织跨学科、自主的和研究性的学习； 3. 发展理解和应用现代信息技术的能力； 4. 使完全中学毕业生为进入大学或职业界获得扎实而适应未来发展的基础； 5. 使他们形成理解他人和与他人合作的意愿等。①

由上表可见，尽管各国的高中阶段教育体制、办学形式不一，但其教育目标都侧重于学生的全面发展，尤其强调“生活、学习、就业”的三维发展目标。尽管其侧重点各不相同，但也具有一定的普遍性。在生活方面，提出学生要具备从学校中的学生过渡到社会中的成人所需的基本素质，包括公民责任、生活技能、与人合作交往的能力等。在学习方面，要求学生能够掌握核心知识与能力，提高学术成绩，培养学习兴趣，具备继续深造的科学文化素质和终身学习的能力。在就业方面，要求学生能够培养基本的职业兴趣，具备初步的劳动技能和职业素养。上述三维发展目标，需要在普通高中阶段得到完全的体现和实施，而不应过度、单一地强调某一方面。这一多样化的培养目标，也成为指导各国特色高中建设和创新发展的基本思想。

三、普通高中特色发展的实施途径

世界主要发达国家普通高中特色发展的实践策略，主要通过以下两个途径予以实施：第一类是鼓励或资助普通高中设立特色学校（含校中班或校中校），第二类是在普通高中里设置特色课程。

多样化的办学类型。为鼓励普通高中的办学特色和办学活力，刺激普

① 李其龙，张德伟主编．普通高中教育发展国际比较研究［M］．北京：教育科学出版社，2008：123.

通高中之间的良性竞争，部分国家通过设立并资助特色学校专门项目、推进多样化办学类型的方式来促使普通高中教育教学质量的提升。比较典型的有美国的“特许学校”、“磁石学校”计划等。这些学校旨在为学生提供多样化的教育选择，往往在接受国家教育行政部门指导干预的同时享受较大的自由办学空间，同时接受相关部门的评估、监督和检查，以多样化的学生培养目标为特征。例如，有的学校偏重学术、有的学校偏重职业准备，也有的追求情操的陶冶，以培养高雅的时代文明人等。日本则在20世纪末的高中多样化改革中设立了制度性高中，主要包括六年制中学、学分制高中、综合学科高中等。例如，六年制中等教育学校则是以实施初中和高中一贯制教育为目标的新型学校，学生可以免予中考直接升入高中阶段学习。设立制度性特色高中的主要目的是满足多样化的社会教育需求。例如，全日制学分高中是为了满足学生对高中阶段教育课程多样化、学习形态多样化、高中教育弹性化以及学习成果认定形式灵活性的需求，旨在构建学习型社会，实现终身学习的目标。

丰富多彩的课程体系。更多国家的普通高中则通过设置并完善丰富的课程体系来实现多样化的培养目标。美国的普通公立高中除去特许学校、磁石学校等特色学校之外，也有为数众多的生物高中、科技高中等以某一学科课程见长的特色学校。日本从20世纪70年代以来进行了高中教育发展的多样化改革，其中的措施之一就是设置特色学科课程的高中，同时也在普通科高中里设置了特色课程。英国的“特色学校计划”通过评选、资助的方式鼓励普通高中特色学科的发展，目前已经形成艺术类、工程类、人文类、语言类、数学与计算机类等14个特色类别。这类特色学校在满足国家课程要求的同时，把重点放在所选择的特色科目，向所有学生提供丰富与和谐的教育。

四、普通高中特色发展的实践经验和基本趋势

（一）追求优质独特的教育，增加学生和家长的多样化选择

特色高中是在提供高质量教育服务基础上的多样化发展，这是特色高中存在的前提和条件。各国推进特色高中建设，无一不追求卓越、优质的

教育质量，并在此基础上促进学生全面、个性的充分发展。这种优质的、独特的教育，为家长和学生选择更加适合的教育提供了可能。正如美国特许学校的“合约”所规定的，只有学校实现提前签订的“绩效”目标，才能被继续在特许学校的框架下实现自主、自由发展，才能获得各种政府拨款和社会资助，否则就要面临倒闭的风险。而这种绩效目标往往关注学生各方面包括学业成绩的高标准，以及他们所取得的进展等方面。可见，高质量是特色高中的生命线，多样化、可选择是特色高中的价值追求，他们都以学生发展为中心，使其能够在高中毕业后适应“升学、就业和生活”的多重挑战。

（二）各级政府提供强有力的政策支持

各国特色高中的发展都离不开国家的政策支持与保障。各级政府通过建立新的制度政策、经费拨款、评估验收等多种途径来引导特色高中的发展方向。美国在2008年，已经有40个州、波多黎各以及哥伦比亚特区颁布了特许学校法案①，从学校的目标、特许合法申请人、类型和期限、权利和义务等各方面予以法律的规定和约束，对各州特许学校的发展起到了不同的促进作用。美国的“磁石学校”计划的宗旨之一也是追求更多的州立法支持。英国政府在特色学校发展过程中发挥了主体作用，从鼓励性政策的出台、项目实施、经费划拨、年度评估、跟踪反馈、招生考试等全程参与、全程监控。学校可以自己设定目标和行动计划，但学校在发展过程中必须不断向政府提交发展情况报告，并接受政府的管理、评估和监测。日本的政策性高中由于接受了国家以及地方的专项科研经费，因此在每一个阶段结束时也要接受相应的验收评估工作。这些来自政府的各种政策支持，有力地促进了特色高中的迅速、规模化和高质量发展。

（三）多部委联合行动重点扶持促进各级各类学校的特色发展

教育的发展离不开社会各部门的支持，同样也有利于推动其他社会事业的进步。学校的创新发展不仅需要国家战略层面的重视和教育部门切

① 金添．美国特许学校法解析［J］．比较教育研究，2008（3）．

实、可行、有力的政策，还需要其他各相关部门的多方支持。日本的特色高中建设就是文部科学省、科学学术局等多部委联合推动的产物。欧美主要通过多部委、联邦与州政府等层面的联合行动协同推进。

（四）学科特色是特色高中创建的主渠道

多样化的课程开发和实施是各国特色高中建设的重要抓手。通过提高特定学科的教学质量来带动其他学科甚至学校各个教育、教学和管理环节的水平。英国的特色学校按照学科和专业，以学科为核心，对3068所特色学校进行了类型或模式划分，使其向理科高中、艺术高中、人文高中等多样化、多类型的特色方向发展。日本的超级科学高中则以数学和理科教育为重点，旨在培养面向未来的国际型高科技人才，超级外语高中以英语教育为重点学科，进行以英语为主的课程开发、大学与高中顺利对接的有效途径的研究等推进项目。美国的磁石学校同样也借助课程开发和学科建设来得到特色发展，如建有科技高中、生物高中等。这种借助课程或学科特色发展的高中学校，能够较快捷、高效地实现学校及学生特色发展的目标，并同时提高学生的学业成绩标准，因此得到了大多数高中学校的青睐和选择。

（五）通过指导与评估提升示范校的影响力

特色高中应通过一定的界定方法和评定标准，更利于得到社会各界、家长和学生的认可。根据不同特色学校计划的特定目标，设置一系列量化的指标和评价标准，选取多样化的评价方法实施综合性评价，从而衡量其特定目标的实现程度。这种指导与评估并重的绩效评价方式，能够直观判断特色学校计划的实施效果，为有关部门的资金拨款、评估学校的进步和贡献等提供决策依据，同时有助于确定学校发展规划、教师职业发展的需要并有助于作出正确的判断和选择，其最终目的是提高学校教育的质量，满足家长和社会对高中教育多样化发展的需要。通过一定标准评选出的特色学校，具有明显的示范作用和推广价值，为薄弱学校的改进与发展提供了思路和经验。英国在特色学校发展过程中，注意发挥典型引领作用，三年一次评估，评选示范学校，建立结对合作或伙伴特色学校合作网络，引领、带动和辐射周边学校。在日本的提高学力示范高中计划中，各地方教育委员会将分析和总结示范高中的先进事例和有效措施，并负责向其他学校提供公开信息，以便能够在区域内得到推广。美国教育部高调表彰全国蓝带学校，其重要意图就是呼吁全国中小学学习和效仿这些优质学校的宝贵经验及做法。

（六）政府拨款和社会资金支撑特色学校的发展

通过资金资助的方式来促使学校实现特色发展，这是大部分实施特色学校计划的国家所采取的主要措施。一定数量的资金既能够支持学校开展特定的教育教学活动，又能成为相关机构和组织认可和奖励学校取得进步的重要手段，其价值和影响是多方面的。首先，资金来源多样化，可以是来自政府部门的公共拨款，也可以是来自基金会、企业公司、个人等渠道的私人资金，以便最大限度地吸收和利用社会资金支持教育发展。其次，资助方式便捷性，根据特色学校计划的不同要求，资金可以是计划前拨款，也可以在中期追加，同时还有根据评估结果的后期拨款，较大程度地满足了特色学校在不同阶段发展的具体要求。最后，资金用途专门化。用于鼓励学校特色发展的资金原则上可以用于学校教育教学活动的任何环节，但也有部分资金需要专款专用，例如美国“磁石学校”高中阶段，相关资金需要用于鼓励和支持校内某一特定学科的发展，这种方式能够在实现资金灵活使用的同时确保具体目标的实现。

（七）强化学校和家长、社区、企业单位、高校、研究机构等社会团体之间的联盟关系

学校处于社会之中，政府、家庭、社区、企业公司及其他组织个人都有责任支持教育发展，因此也成为特色高中潜在的合作对象。这种合作是建立在平等互惠的基础上，有共同的合作目标和发展愿景，在活动实施中不断交流磨合价值观念，各自承担一定的权利和义务，经过共同努力来最终实现各方利益最大化。此外，各类研究组织、高校、学校联盟等机构为特色学校的计划提供信息技术支持，是特色学校规划、实施和评估的积极参与者。特色学校的建设必须置身于社会联盟之中，才能得到充分的信息、资源、资金的支持，也才能为自己的独特发展赢得更为宽松自由的社会空间。

第二节　学科为基础的特色发展经验：英国

特色学校（Specialist School）与示范学校（Beacon School）是英国政府授予一些优质中学包括高中的特殊称号。政府为特色学校制订了完整的政策体系。特色学校是从普通公立高中中遴选出来的。要想成为获得"特色学校"或"示范学校"称号的高中，必须达到政府规定的标准，还要通过学校之间公开的竞争，获得政府的正式认定。

一、英国特色学校的政策背景

（一）特色学校

1994 年，英国教育与就业部（DfEE）制订了特色学校计划（Specialist School Programme，SSP）。当时只有一小部分学校参与，办学基本沿袭技术学院模式。1995 年之后，英格兰所有中学包括高中均被给予特色办学机遇。1997 年，政府资助扩大特色学校计划，将其作为中等教育改革的重心。截至 2004 年 1 月，54% 的中学成为特色学校。到 2006 年，这一比例超过了 75% 。

可以获得特色地位的科目包括：艺术、贸易与企业、工程、人文、语言、数学与计算、音乐、科学、运动、技术、特殊教育等。学校从中可选择一个或两个科目。特色学校的活动内容包括课程、教学、学生管理、学校管理、合作等。①

特色学校是政府计划提高中等教育标准的一个重要部分。自从 1994 年特色学校计划（SSP）启动以来，特色学校变得越来越普及和成功。2002 年 11 月，教育与技能部（DfES ）提高了对特色学校项目资金拨款的最高限度，用来支持这个项目的扩展。教育与技能部的文件《一个新的特色体系：改革

---

① Frances Castle Jennifer Evans Specialist Schools——What do we know?［R］. RISE，Feb. 2006.

中等教育》(A New Specialist System: Transforming Secondary Education)(2003 年 2 月)作出长远的打算，使所有的中等学校都成为特色学校。

特色学校计划是帮助中等学校与私营部门赞助者结成伙伴关系，学校以所获得的政府资助，通过选择一些特色的科目建立学校特色，从而达到提高教育标准的目的。特色学校可以得到政府资金和组织上的支持，同时还必须与私营部门赞助者结成伙伴关系，获得额外资助。特色学校在满足国家课程要求的同时，把重点放在所选择的特色科目，向所有学生提供丰富与和谐的教育。特色学校资格的获得能帮助学校改进，使学校不仅能够为特色学科，而且还能为其他学科提供有效的教学，带动学校管理水平的提高。①

以学科为基础，英国逐步建立起覆盖所有办学类型的特色学校体系。2009 年，英国教育部（当时为儿童、学校与家庭部）发布了 3068 所特色学校的类型与数量（见表 5－2）。主要类型为：艺术类、经济或创业类、工程类、人文类、语言类、数学与计算机类、音乐类、科学类，特殊教育—行为、情感与社会类、特殊教育—认知与学习类、特殊教育—交流与互动类、特殊教育—体能类，体育类、技术类等十五个类别。3068 所特色学校的主体是经教育标准局评定为优秀的学校，以高中为主要构成。对特色学校的特别资助政策一直持续到 2010—2011 学年度。

表 5－2　英国特色学校类型与数量②

类　型	社区学校	社区特殊学校	基金会资助学校	基金会特殊学校	非公立特殊学校	其他独立学校	民办学校	受监管津贴（民办）学校	总　数
1. 艺术类	277	21	115	1		1	66	10	491
2. 经济或创业类	138	9	59	1			39	10	256

① 参见王瑄．英国特色学校政策研究［D］．首都师范大学硕士学位论文，2004.

② 英国教育部．特色学校数量［EB/OL］．(2013－03－16)．http://webarchive.nationalarchives.gov.uk/20100612050234/standards.dcsf.gov.uk/specialistschools/.

续表

类　型	社区学校	社区特殊学校	基金会资助学校	基金会特殊学校	非公立特殊学校	其他独立学校	民办学校	受监管津贴（民办）学校	总　数
3. 综合类	93	2	30				19	6	150
4. 工程类	36		12				8	2	58
5. 人文类	63	3	21				47	4	138
6. 语言类	106		59				45	4	214
7. 数学与计算机类	156	5	65				63	5	294
8．音乐类	10	1	4				12	3	30
9. 科学类	158	5	84	1			82	8	338
10. 特殊教育—行为、情感与社会类		17		1	3				21
11. 特殊教育—认知与学习类		57		3					60
12. 特殊教育—交流与互动类		48		3	3				54
13. 特殊教育—体能类		19			11				30
14. 体育类	234	31	78		1		42	14	400
15. 技术类	299	9	136	2			71	17	534
总数	1570	227	663	12	18	1	494	83	3068

（二）示范学校

对于特色学校中表现优秀的学校，政府制订示范学校计划（The Beacon Schools Programme）予以激励。该计划制订于 1998 年，计划涵盖所有类型的中小学校，包括高中学校。2005 年 8 月，英格兰政府曾认定过一批示范学校，旨在鼓励通过学校间以及学校与社区之间的合作，提高教育质量的标准。之后再没有继续认定新的学校。①

对于中学或高中而言，政府曾于 2004 年制订《领导力合作项目》（Leading Edge Partnership Programme）专门支持学校群体（包括特殊学校）间合作解决共同面临的教育质量标准等问题。中学阶段的示范学校计划即《领导力合作项目》于 2005 年与特色学校计划合并。因此，下面主要以特色学校计划为主。

特色学校计划形式不断发生变化，但其基本面没有大的改动。比如，学校要向教育与技能部申请特色学校的地位，三年为一阶段。下一个三年需要重新获得认定，它们还必须从商业赞助者那里获得 10 万英镑（后减至 5 万英镑）的赞助资金，同时需要制订一个三年发展计划来显示它们如何实现计划的目标和它们自己设置的目标等。

二、特色高中的目标

特色高中有以下三大目标：提高特色科目和整个学校的质量标准；与私营部门赞助者、其他学校和地方社区结成伙伴关系共同工作；在全部中等学校和更广大的社区中扮演重要的角色、发挥更大的作用。具体来说，特色学校有以下目标。

1. 提高所有学生的成绩标准，既包括在特色学科方面，也包括整个课程。

2. 提高特色学科的教学质量，帮助整个学校提高标准。

3. 为学生提供特色科目扩展他们的学习，与私营部门赞助者、商业界、其他与特色科目相关的继续教育和高等教育机构建立联系，对学生的需求和兴趣作出回应。

4. 发展学校的特色，这些特色能够表明学校的特点并且能反映出学校的目标。鼓励学生参与特色科目的学习，增强他们的兴趣。

① 刘庆华．英国示范学校研究：政策分析之视角［D］．首都师范大学硕士学位论文，2003.

5. 与伙伴学校合作来增加学生在特色学科上的学习机会，分享专业设备和教育资源，发展和传播优秀实践。

6. 为地方团体提供特色科目的教学。①

三、特色高中的资金来源

每所获得特色学校地位的学校均能从英国教育与技能部（DfES）得到一次性拨款10万英镑和其他年度拨款。超过1000名学生的学校，每个学生每学年还可得到123英镑的拨款。此外，特色学校获得的资金还来源于以下三个方面。

（一）赞助资金

政府对赞助方的赞助资格有以下要求：

1. 赞助的目的是申请成为特色学校；

2. 赞助必须没有任何附加条件，比如给赞助方带来经济利益或其他好处，如购买赞助方的产品、设备或服务；

3. 赞助方必须来自私人。即从公司或其他个人，它们在学校没有直接或间接的商业利益。这里包括私人公司、个体、慈善基金、个人信用资金和其他私人机构，赞助方必须与申请成为特色学校的学校无商业关系，不会从申请特色学校中获得商业利益；

4. 赞助必须支持资金规划：它必须提供现金或相关物资，不包括学校已有的物资。

（二）合作资金

设立合作资金是为了帮助那些已经尽力，但仍无法筹集到足够的申请赞助的学校。根据国家教育与技能部规定，这笔资金由特色学校托管会独立管理。任何有资格申请特色学校项目的普通中学，不管申请的特色科目是什么，如果具备以下条件，都有资格申请合作基金。

1. 已经试图提高赞助至少一年时间；

---

① Specialist Schools Programme-Guidance (08/09) [EB/OL]. [2009-03-18]. http://www.specialistschools.org.uk/.

2. 已尽全力提高特色学校计划的水平；

3. 已经与地方上的商业团体建立联系，但还是没有人提供用于申请特色学校的经费赞助。

如果有一所学校符合以上标准，合作基金将承保学校申请所需资金的不足部分。学校必须提前三个月向基金管理者提出有足够证明的申请。

（三）周转资金

周转资金是政府奖励给一些学校的资金，以鼓励它们能够很好地执行和发展特色学校计划，这些资金必须用于特色科目领域，不能用于填补学校的预算赤字或作为学校资金的补充。政府只提供三年的周转资金，过了四年周期，政府将不再提供。但是发展很好的特色学校有机会申请下一个三年的周转资金。

四、支持特色高中发展的组织

（一）特色学校托管会

特色学校托管会（The Specialist Schools Trust，SST），前身为城市技术学校托管会。它是一个独立的慈善性质的托管会，由教育与技能部拨款资助。政府鼓励学校参加 SST，SST 有着宽松的入会系统。SST 通过一个网站为学校提供支持和建议，有超过 2100 所学校参与这个学校网站。一些赞助者为托管会提供资金，分配给那些既加入学校网，又申请特色学校的学校，托管会提供的建议对普遍的学校都有用，任何学校都可以通过托管会寻求可能的赞助。

（二）青年体育托管会

青年体育托管会（The Youth Sport Trust，YST ）。它在体育特色学校项目的发展上支持教育与技能部，教育与技能部为 YST 提供特别资金来支持体育特色学校。YST 支持所有被认定的体育特色学校，为它们的发展和增加资金提供建议，并帮助它们挖掘潜力。YST 的角色包括：在学校申请成为特色学校时给予全面支持；在学校寻求赞助方面提供建议和指导；增加体育特色学校的主动性；为体育特色学校和它们的伙伴学校提供专业发展计划。

（三）语言教学研究信息中心

语言教学研究信息中心（The Centre for Information on Language Teaching and Research，CILT）。CILT 是一所教育慈善机构，它为任何一所开设现代语言教学的学校提供服务。英国教育与技能部为 CILT 提供专门资金来支持语言特色学校。每所学校只有与其他学校合作，共同执行它们的发展计划时，才会得到 CILT 的支持，支持的方式可以是访问和咨询、在地方研讨会上集中提供等。CILT 与 SST 在对语言特色学校的支持上是相互独立的，也是互补的。例如，对于一所已经被认定为语言特色的学校，SST 注重它的管理事务，而 CILT 更注重课程。

五、特色学校的评估标准和评估办法

（一）评估标准

要申请成为特色学校的学校，必须达到教育与技能部设定的最低标准：

1. 预先筹集 5 万英镑的私人赞助；

2. 学校能够充分证明学生在特色科目上持续提高成绩；

3. 制订清晰的三年发展计划和行动方案。在实现目标中取得进步的特色学校有资格申请下一个三年的认定。这些学校必须设立一个新的三年发展计划和新的目标。每所学校的发展都由英国教育与技能部监督。

理性的政策进程分为独立的三个阶段：形成—执行—评估。英国政府也规定了对示范学校计划评估的方式。教育部授权国家教育研究基金会对示范学校计划进行每年一次的评估并出具评价报告。教育部每年将发给示范学校一份年度报告所需的问卷，示范学校必须如实填写。国家教育研究基金会将根据问卷和选出的示范学校案例进行分析，最后公布评价报告。报告中不但包括对示范学校政策实施的真实分析和评价，还要向有关决策部门提出建设性意见。

（二）评估方法

在英国现行的教育评价政策领域，学校、教师和家长像市场中的竞争者一样相互争斗。几乎没有多少领域供他们探索共同利益、采取集体的行动。特色学校计划的实施，是英国试图扭转这种评价局面而作出的努力。

在特色或示范学校计划框架之下，学校作为变革的单元，其工作战略对工作方法起到关键的作用。许多研究表明，市场经济改革给教育带来了很多负面的效应。市场机制中的学校只追求那些可被测量的教育目标，如学术成绩，忽视教育中极其重要的其他方面，如合作精神等。

一种较为“流行”的观点认为，衡量一所学校是否成功的标准是其在教育市场中的绩效。这种只重结果的评价方式，把教育这种本来十分复杂的社会现象简化为一种“投入—产出”的过程。强调竞争，拉大了重点学校与薄弱学校之间的差距。[①]

因此，传统的标准化水平或绩效测评（如针对学生学业成绩的 GCSE 测试），显然不适宜于对特色学校的评价。新的增值评价或发展性评价才是最佳的选择，评价需要综合考虑多种因素。例如，D. 詹森等人运用多变量模型，为特色学校的增值评价方法创立并实践了这一特殊的测评回归方程：[②]

$$Y = a + b_1X_1 + b_2X_2 + \text{其他变量} + e \qquad (5-1)$$

其中，假设 Y 为 GCSE 考试成就，则 a 代表纯粹的水平或绩效测验成绩，X_1 代表测评前水平，X_2 代表背景或性别等变量，e 为附加或缺失值。如果要衡量一所学校的增加值，那么需要对所有学生的附加值进行平均。如果这一平均值与 0 值呈显著差异，则该所学校特色评价方面表现良好（附加值为正相关）；反之，对该所学校的特色评价为无效或负相关。

---

① 杰夫·惠迪，萨莉·鲍尔，大卫·哈平著. 教育中的放权与择校：学校、政府和市场[M]. 马忠虎，译. 北京：教育科学出版社，2003；刘庆华. 英国示范学校研究：政策分析之视角[D]. 首都师范大学硕士学位论文，2003.

② Jesson，D. *Educational outcomes and value added by specialist schools*，London，Specialist Schools Trust［EB/OL］. www. specialistschoolstrust. org. uk，2003.

六、特色学校案例[①]

英国以学科为核心的特色学校类型或发展模式划分，不仅有明确的政策指导，而且还有具体的课程标准、教学指南及实践指导等规范，在实践中既受到学校的欢迎，也为学校改革带来不同的路径选择与成效。

（一）技术类特色学校

在技术类特色学校里，设计教学与技术教学非常注重以完成实际任务来发展学生的技能，扩大学生的知识面，培养学生的设计思想。大多数学校的学生在学习中有机会运用计算机辅助设计和制造（CAD/CAM）技术，在工业设计方面尤其如此。比如，“工程师邻居计划”（Neighbourhood Engineers Scheme）参与了普通中等证书（GCSE）考试工程，在电子技术方面担当了顾问角色。

在科学课上，让学生们参与到实际调查中，学生的各项行动（包括计划、开展、分析和评估）都需要做到相互协调。鼓励学生扩展有关科学领域的阅读，并使学生学会思考科学的社会效应和环境效应。教师特别注重培养学生良好的处理材料和使用仪器的技巧，并根据学生的能力设计实验和调查方案来检测科学思想水平。充分运用信息与交流技术（ICT）来获取数据和分析数据，根据示例和推理来提高理解力。学生用科学方法进行调查，联系变化做推测和想象；工作质量高，调查准确，记录清晰；有效利用信息与交流技术（ICT）资源来模拟、捕捉数据并分析。

在数学课上，优秀教学经常是与实际应用相联系的。优秀教学明确把重点放在培养学生对数字保持敏感和灵活运用的能力，定期锻炼和检验学生的智力。在许多优秀的课堂上，教师经常要关注学生解题策略的运用。此外，特别注重培养学生的表达能力和合理安排工作时间的能力。学生能够运用他们自己的方法来解决日益复杂的问题，并且能够灵活运用很多数学技巧；学生能够对简单的计算题进行准确的心算，因为每个关键阶段都

---

① 以下案例主要译自英国特色学校官方网站 http：//www. specialistschools. org. uk/，并部分参考了：王瑄．英国特色学校政策研究［D］．首都师范大学硕士学位论文，2004：31 –32.

要重视心算的教学；学生们能够将所学过的数学知识用在熟悉的或不熟悉的环境中，比如用在设计和技术以及科学课上。[①]

在设计和技术方面：学生对选择的科目区别对待，充分运用信息资源来辅助设计制作，熟知设计产品的用途；有效运用各种设计软件和相关资源；大力发展技术控制、电子、食品和纺织业方面的技术。

例如，利物浦的大教主高中（The Archbishop Blanch High School）支持多项文化教育活动并培训助教。学校为教师提供30周的计算机和ICT课程。同样，罗奇代尔（Rochdale）的米德尔顿（The Middleton School）技术特色学校提供免费的信息与交流技术（ICT）教学，主要目的是提高教师的技能和信心。学校尽量避免使用“课程”一词，他们没有固定的开始和结束的日期。有些成人为了得到国家的资格认证参加学习，学习者自由选择时间、自定学习速度，不必担心失败或者落下一周，教师扮演促进者的角色，目前每周有70多个成人参加。

（二）语言类特色学校

与普通中学相比，语言类特色学校突出的特征是：坚持运用有效的语言教学法；教师促进学生持积极的态度去学习语言和文化；全部课程均用所学语言来教授。学生以各种形式来学习，比如个人、结对、分组。把教师的输入和助教的支持有机结合起来，助教通常为母语使用者。语法作为提高口语交流能力和准确写作的工具，需要被认真地教授。此外，教学还需要重视语音和语调的准确性。

例如，蒙哥马利高中（The Montgomery High School）在其他的六个合作学校中发展语言教学计划。为六岁的学生提供法语、德语和日语课程。每周一次的“赛伯咖啡馆”（cyber cafe）为这个计划提供了帮助。另外，每周六上午，学校组织由本校语言和计算机教师加盟的学习支持中心，同时关注当地社区成人的语言学习。学校每周在六个合作学校中安排半天读写和计算课，加强教学过渡。在黑泽，中学的教与学是示范学校和其他合

---

① Specialist Schools: An Evaluation of Progress.（A Report from the Office of Her Majesty's Chief Inspector of Schools）[R]. 2001: 13.

作学校计划网内容展示的核心。

（三）艺术类特色学校

在艺术类特色学校中，经常请职业艺术家不定期地给学生授课。年长的学生与职业舞蹈家共同合作给其他学生施加正面影响，比如，他们要学会对学生今后学习的舞蹈课程和舞蹈生涯发表具体的见解。学校还经常与歌剧公司合作共同培养学生。此外，还要密切监督学生，帮助他们增强学习动机和提高出勤率，特别是对一部分男孩子尤其要这样。

在艺术和设计专业，学生们使用材料和开发材料来发展他们的思想和见解，并且用相关资料来研究艺术家的工作，探索新思想，挖掘评价视觉信息的标准。

在舞蹈专业，学生们发展了一种技巧，无论是独舞、双人舞还是群舞都以受过训练的姿态演绎得很好；在戏剧专业，学生积极拓展角色，表演自信，能够就戏剧如何发展为题发表自己见解；在音乐专业，学生们始终重视班级建设和作用，表现出较好的团队精神、集体精神和乐观精神。他们学习运用声音技巧、键盘和一系列打击乐器进行表演。在演出的时候，他们总是集体出现，表演出色。在多媒体学科，给学生们布置一些带有特定目的的工作任务，他们总能完成得很好。比如，他们热情地去复习普通中等教育证书的英语考试，带着热情与艺术家和表演者一起工作。

弥尔顿（Milton）地区的斯坦伯瑞（Stantonbury）学校，选定一个家庭艺术家来丰富合作伙伴学校的课程，并指导学习，教师每周在伙伴学校工作两天。为使当地学校能参加每年一次、为期两周的校园舞蹈演出，在校内建设剧场或美术馆，同时还为学校5—6岁的学生提供由大师授课的音乐高级讲习班。为伙伴学校提供培训，如关键阶段3的乐理课程，改善学校音响和照明设备等。

（四）体育类特色学校

体育类特色学校的教师和专业教练，特别善于找出学生在比赛中出现的毛病，并提供改正的意见。有效教学能使学生巩固和加深他们的实践技巧和分析技能。教学通常采用小组热身赛来安排战术，学生们要在同一小组训练几周，以此来保证他们体验不同的角色和责任。在体育课上，提供给学生最好的实践就是让他们有机会发展他们的理解能力。比如，投掷的原理。教学首先要提供给学生多种训练设备来锻炼他们的技能，当他们获得了一些自信后，教师再给每个人一项专门训练任务，比如掷铅球、标枪或铁饼。在体操方面，最有效的教学是注重培养学生对动作的控制力和强度，在让学生做出复杂的动作之前，让他们在不同器械上操练动作。

体育类特色学校很好地和广大社区的其他学校共同开展工作，并成为支持社区组织的重要力量。所有的体育类特色学校都和体育俱乐部、国家管理机构、成人社区小组和小学建立起了联系，这为提高质量作出了贡献。所有的体育类特色学校有效地实施了社区计划，帮助合作伙伴学校在体育教学和运动成绩上提高了标准。一些体育类特色学校支持当地小学的运动会。大多数体育类特色学校在与地方学校和社区合作时有良好的主动评价系统。2/3的特色学校对教师专业发展和教学质量有明确的监督指导。

在学校管理方面，特色学校需要制订学校发展规划与目标，有效地利用资金进行设备升级，为全体工作人员提供更好的专业发展机会，吸引人才，让师生参与部分校长职务，加强部门主要领导的管理，调整学校管理结构和系统。

七、英国学校特色发展的基本经验

（一）加强政府干预力度，出台具体发展政策

英国政府在特色学校发展过程中发挥了主体作用，从鼓励性政策的出台、项目实施、经费划拨、年度评估、跟踪反馈，到招生考试等，均全程参与、全程监控。学校可以自己设定目标和行动计划，但学校在发展过程中必须不断向政府提交发展情况报告，并接受政府的管理、评估和监测。

《教育规划纲要》出台后，我国普通高中特色发展获得利好的政策取向，但政策规定仍略显空泛，实施的具体细节亟待落实。部分相关省市也有试点策略，但收效不大。

（二）以学科为基础，促进学校特色模式多样化

英国按照学科和专业，对3068所特色学校进行了类型或模式划分。特

色定位清晰而明确，各校发展有抓手。学校通过特色发展项目获得政府的额外资助，通过选择一些特色的科目建立学校特色，从而达到既可以提高教育标准的目的，也可以促进学校和学生特色发展的目标。英国学校特色发展的模式或类型定位多样、全面和科学，以学科为核心，既有学校办学类型上的分类，又照顾到了特色育人模式，同时也兼顾了学生的全面发展。特色学校政策还特别促成了中等学校与私营部门赞助者之间结成伙伴关系，因为政府的特色类型的划分同样也涵盖了类型多样的私立学校。

（三）树立典型，以示范学校辐射带动其他学校

英国在特色学校发展过程中，注意发挥典型引领作用。三年一次评估，评选示范学校，引领、带动和辐射周边学校。在建设过程中，以示范学校为核心，建立结对合作或伙伴特色学校合作网络，有力地加强了学校之间的合作，促进了优势特色理念与做法的推广与传播。这种选择具有示范作用的学校使其与其他学校结成伙伴关系的做法，有助于示范学校在办学质量与办学效益方面起到示范作用，从而提高本校和伙伴学校的教育质量。“通过示范计划的不断扩展，示范学校以及伙伴学校数量不断增多，地区性学校网络也随之建立起来。正是通过这种学校之间的网络联系，学校的改革动力得以发挥，经验得以共享。”[①] 这种通过示范学校与其他学校的结对合作共建，不仅在英国，而且在我国的实践中已被证明对提高质量有显著作用。从英国的经验来看，特色学校中的很多将成长为在某一方面真正优质的学校。如何充分发挥优质学校的辐射引领作用？仅做到结对互助还不够，注重全面合作的英国特色学校伙伴或网络计划，值得我们进一步思考。

（四）关注薄弱学校和每一位学生，让利好政策得到有效转化

英国政府以发展特色学校为政策策略，主张不遗弃薄弱学校，关注薄弱学校和处于不利地位的学生，帮助他们摆脱困境，使差的学校变好，好的学校变得更好，更好的学校变得最好。英国政府追求的是要保证每个人

---

① 刘庆华．英国示范学校研究：政策分析之视角［D］．首都师范大学硕士学位论文，2003：45.

接受高质量的教育。而每个人之间存在个体差异，政府采取尊重个体、正视差异的策略，分别对天才学生、有特殊教育需要的学生、少数民族的学生，采取了有针对性、有差别的教育，尽可能让每个学生受到的教育以适合他们的方式和速度进行。“英国特色学校政策重视每一个学生；重视每一所学校；让每一个学生成功，无论学生的能力或背景如何，都使他们达到他们能做到的最好的程度。英国特色学校的发展也体现了这样一种教育思想：用来提高教学的所有计划应该支持所有的孩子。”①

第三节　项目引领特色发展经验：美国

自20世纪80年代以来，美国掀起了新一轮基础教育改革，更加重视教育质量的提高。为了提高高中教育水平和教育质量，美国试图通过权威性的教育评估，选取一批优秀高中作为示范学校，以便让其他高中学习和效仿，特色高中随之得到发展。同时，为了弥补公立中学办学质量的不足，以及实现和实践自己的教育理念，美国自20世纪六七十年代以来就出现了一些选择性的学校，这些学校往往具有鲜明的办学目标和独到的办学理念，开设一些传统公立学校没有的专门课程，以吸引学区内外的更多学生入学。影响较大的特色高中项目主要包括“蓝带学校计划”（National Blue Ribbon School Program）、“磁石学校计划”（Magnet School Program）以及“新型美国高中”（New American High Schools Initiative）、“特许学校”（Charter school）等。这些学校在美国高中领域占据独特位置，极大地丰富了美国高中学校体系，并对其高中教育质量的提高产生了重要作用。

一、美国特色学校的政策背景

对于美国人来说，危机意识一直强于其他国家的人民。作为制度和

① 王瑄．英国特色学校政策研究［D］．首都师范大学硕士学位论文，2004：58.

政策的设计者和供给者，联邦政府通过法律以及经济资助等政策的宏观调控来回应挑战。从 1958 年的《国防教育法》开始，联邦政府开始把教育和社会发展、国家安全紧密地结合在一起，在基础教育领域进行了一系列改革。学术性课程受到高度重视，并顺着科南特要素主义和布鲁纳结构主义两大教育理论的思路，强调要转向基础学科教育，增加教材难度，提高课程的学术性，实施天才教育，培养尖端科研人才。不过，由于课程难度偏高等一系列原因，在此期间的基础教育改革并没有取得很大进展。此外，为促进社会种族融合，推进教育公平，20 世纪 70 年代美国开始创办磁石学校，其初衷是打破学区限制，加速取消种族隔离的进程，开设地方公立学校所不具备的专门课程方案，由于其没有学区和入学条件的限制，因此可以吸引更多的学区以外的学生前来就学。磁石学校意为“有吸引力的学校”，也是“特色学校”的一种。目前，磁石学校已经从追求公平和加速融合转变为追求卓越优质的教育，并继续坚持吸引多样化的学生，不仅关注培养学生基本的读、写、算等学习技能，更注重培养学生掌握实用的、适合社会及市场需要的职业技能。磁石学校提供了广泛的、独特的教育计划，其形式是多种多样的，有的学校强调学科，例如数学、科学、技术或语言、视觉表演艺术、人文等；有的学校强调使用特定的教学方法，例如蒙台梭利方法或大学预科课程中探索发现的方法等。

20 世纪 80 年代是美国又一个教育改革时期。受 20 世纪 70 年代石油危机的影响，新自由主义的代表人物——英国的撒切尔夫人和美国的里根纷纷上台执政，新自由主义开始大行其道，成为主流意识形态。新自由主义提倡缩小政府规模，实行教育市场化，重视教育质量、效率和绩效，这些都成了美国政府教育改革的关注重点。此外，为适应科学技术的迅猛发展和国际上新的竞争形势，美国中学的教育目标日益注重高标准的教育质量。“全美优质教育委员会”（National Commission on Excellence in Education）1983 年的报告《国家在危机中——教育改革势在必行》则成为美国历史上最大规模教育改革的催化剂。该报告指出，美国的教育制度在培养学生适应一个经济和社会快速变化的世界方面是失败的，美国的教育存在很大问题。该报告出版后，联邦、州政府以及社会各界都极为关注基础教育，积极鼓励教育创新和教育改革。该报告还引发了“高质量教育”运动，明确关注“基础教育”的质量，开发“新基础课程”，提高中学毕业的学术标准。从此，美国开始了一场轰轰烈烈的“重建学校”运动。值得一提的是，作为对《国家在危机中》报告的一种积极主动的回应，里根时期的教育部部长贝内特在1982 年发起了“蓝带学校计划”。蓝带学校是指在领导、课程、教学、学生成就和家长参与方面具有杰出表现的学校。该计划分为“中学认可计划”（Secondary School Recognition Program）和“小学认可计划”（Elementary School Recognition Program），目的十分明确：公开确认那些在“学校改革运动”中表现突出的公立或私立学校，特别是那些取得重大改进的学校或者特别优质的学校，以便让全体美国人都来关注这些学校，并从他们的经验与成功中汲取可资借鉴的实践成果。

1991 年，老布什总统签发《美国2000 年教育战略》，该法案规定了5 个核心学科（英语、数学、科学、历史和地理）的国家标准，而且提出，不仅要办好现有的公立学校，还要建立1000 所新型学校。克林顿总统通过的《美国2000 年教育目标法》也大力推行特许学校计划，同时继续延续“新型美国高中”项目。无论是新型美国高中项目还是特许学校计划，其目的都是改善公立教育办学质量，扩大家长的学校选择权。2002 年小布什总统制定了联邦政府关于美国教育改革的新政策，颁布《不让一个孩子掉队》法案（No Child Left Behind Act），要求每一阶段的教育都要确保不让任何一个孩子掉队，每一位学生在12 年级毕业时，都要为大学学习、就业和今后有意义的生活做好准备。可见，美国的特色高中随历次教育改革产生，其目的是提升高中教育质量，为学生发展提供多样化空间和选择，提高学生适应社会的能力。可以说，美国的特色高中应该是高质量的学校。

根据全国教育统计中心的最新数据显示，从2000 年至2010 年间，美国特色中学的增长幅度大于普通中学的增长幅度。2009—2010 年，全美7 年级以上的公立普通中学为24651 所，特许学校1329 所，占比

5.39%，磁石学校582所，占比2.36%；而在2000—2001学年中，特许学校和磁石学校的占比仅为2.53%和1.78%（见表5-3）。此外，新生入学数量也较2000年有大幅提升。2009—2010学年，特许学校新生入学数量占普通中学新生总数的2.12%，磁石学校的新生入学数量占比为4.31%，而这一占比在2000—2001学年，仅为0.55%和3.33%。为激励和表彰美国高中各类学校的改革和成就，美国教育部在2012年继续认可并表彰了全美22个州的59所公立和私立高中，并授予"全国蓝带高中"的荣誉奖章。可见，有越来越多的美国高中学校接受了多样化、特色化发展的价值追求，也有越来越多的高中学生得到了个人潜能的激发并接收到适合自己的教育。

表5-3 美国公立中学（7年级以上）学校数量及招生变动情况

	2000—2001年		2009—2010年	
	学校数量（所）	学生数量（人）	学校数量（所）	新生数量（人）
普通中学	18456	14567969	24651	15503211
职业中学	997	193981	1343	126827
特许学校	467	79588	1329	328336
磁石学校	328	484684	582	668832

【数据来源】U. S. Department of Education，Institute of Education Sciences，National Center for Education Statistics. Table 101. Number and enrollment of public elementary and secondary schools，by school type，level，and charter and magnet status：Selected years，1990—1991 through 2009—2010［EB/OL］. http：//nces. ed. gov/programs/digest/d11/tables/dt11_ 101. asp.

二、特色高中的目标

由于美国的特色高中项目种类较多，每个项目的出发点尽管相对类似，但其导向描述各不相同，参与特色计划的学校所设定的具体目标也因校而异，因此，仅对美国主要的特色学校计划的目标进行汇总和分类，以便于相互之间的比较和分析（见表5-4）。

表 5－4　美国特色高中计划的目标

项目名称	目标描述
磁石学校 （Magnet School）	宗旨在于提供高品质创新的教学方案，促进教育选择，推进教育公平，丰富教育多样性，以及所有学生的成绩优秀。 其具体目标包括①： 1. 促进学校系统改革，为所有学生提供挑战性的学习机会，并帮助学生改进学业成绩； 2. 支持创新教育方法的设计和开发，促进多样性公众教育计划，增加家长和学生的选择； 3. 提升学校发展能力，通过专业发展和其他活动，使学校在资助结束时能够帮助所有学生达到更具挑战性的学业标准； 4. 支持学校实施能够促进学生学术科目知识的拓展，或掌握实用的、市场所需的职业技能的课程。
蓝带学校 （Blue Ribbon School）	目的在于认可美国的优秀学校。主要包括两类学校：学生学业成绩很好的高中；或成绩改善很好的高中。 获得蓝丝带学校标志，说明该校得到成千上万社区中的父母和决策者的认可，也成为学校卓越的标志。②
新型美国高中 （New American High Schools）	新型美国高中学校在很多方面有别于传统的学校：③ 1. 为所有学生提出较高的学术标准和期望； 2. 创建小规模、安全的学习环境，让学生感觉到学校的支持和关怀； 3. 教师一起工作，共同实施教育教学计划； 4. 强有力的、高效的校长领导，促进教师专业发展； 5. 聚焦学生学习。为学生提供实习和社区服务的机会，为学生提供额外辅导，以实现他们潜能的最大发展，而不仅仅是为了积累学分；

① U. S. Department of Education. MAGNET SCHOOLS ASSISTANCE [EB/OL]. [2010－03－01]. http://www2. ed. gov/programs/magnet/index. html.

② U. S. Department of Education. NATIONAL BLUE RIBBON SCHOOLS PROGRAM [EB/OL]. [2010－03－01]. http://www2. ed. gov/programs/nclbbrs/index. html.

③ U. S. Department of Education. Promising Initiatives To Improve Education In Your Community, Feb. 2000 [EB/OL]. [2010－03－01]. http://www2. ed. gov/pubs/promisinginitiatives/index. html.

续表

项目名称	目标描述
新型美国高中（New American High Schools）	6. 发展提高成绩的技巧。能够利用各种技术技巧来获取最大信息，改进教学，灵活组织安排一天的日程，分析学生的进步； 7. 以结果为导向，用大量的学生评估和数据评价来确保学生能够掌握其学科学习； 8. 建立强有力的伙伴关系。加强包括学生、教育者、雇主、家长、社区以及高等教育机构的联盟建设。
特许学校（Charter School）（注：根据各州特许学校相关法案的不同，对其目的的界定也各不相同。）	马萨诸塞州《特许学校法》（1999）中规定，允许建立特许学校的目的在于：① 1. 促进公立学校的革新与发展； 2. 提供革新学习和评价方式的机会； 3. 给予家长和学生更多的选择学校的机会； 4. 提供教师在新学校中进行教学、学校组织和管理的改革； 5. 鼓励以成效为基础的教育改革计划； 6. 要求学校成员为学生的教育成果负责； 7. 作为其他公立学校效仿的楷模。 阿肯色州《特许学校法》（1999）中列举的目标包括②： 1. 改善学生的学习成绩； 2. 增加学生特别是低学习成就学生学习的机会； 3. 鼓励使用不同且创新的教学方法； 4. 为教师创造新的专业发展机会，并承担起改进学生学习成绩的责任； 5. 为学生和家长提供更多可选择的教育类型； 6. 要求学校达到合约所规定的学生成绩标准。

从上述描述可以基本看出，美国历次教育改革推行特色学校的主要原因是对公立学校的办学绩效感到不满，并希望能借特色学校项目的机会，

①② 陈仕宗. 美国特许学校的发展状况及其对“我国”教育改革的启示［J］. 花莲师院学报，民89，10期：127－144.

加强学校间的竞争，产生正向激励，让家长和学生扩大高中选择的范围，让学生改进学习绩效，同时让学校能够按照独特的办学理念和思路，培养出适合社会发展、符合社会需要的学生。正如特许学校所追求的，它不是为了改革和完善现有的公立学校，而是为了超越传统的教育系统，旨在创立新的学校。可以说，美国的各类特色学校为社会、家长和社区带来了新鲜的思维方式，使得高中教育能够处于革新的前沿得到不断发展和提高。

三、特色高中的资金来源

美国出现的蓝带学校、磁石学校、特许学校等新类型，在激励公立学校增强竞争力、促进教育教学质量的提高，满足公众多元化的教育需求等方面发挥了良好的作用，因此得到了联邦和当地政府的法律、政策和资金等多方面的支持。总的来看，美国公立中学的教育经费完全由政府承担，主要由联邦、州和地方（学区）三级政府拨款，其中以州和地方提供经费为主。私立中学的教育经费主要来自学费、教育捐赠和基金会资助。因此，美国各类特色高中的资金来源具有一定的共性，本节仅对特许学校的资金筹措情况进行分析。

美国的特许学校根据其创办团体和机构的不同，可以大致分为六种，分别为：市区、种族中心和草根型的特许学校；在家自行教育/独立研读的方案；有魅力的教育领袖创立的特许学校；教师主导的特许学校；家长主导的特许学校；企业界创办的特许学校。[①] 由于其类型的多样化，所以也带来了特许学校的资金来源的多样化。总的来说，主要包括政府拨款和社会捐赠。各个渠道经费来源的比例大致为：联邦政府8%，州政府69%，当地学区18%，社会捐赠4%。[②]

（一）政府拨款

——教育券。政府的拨款主要以教育券的形式发放。特许学校源于弗

① 陈仕宗. 美国特许学校的发展状况及其对“我国”教育改革的启示［J］. 花莲师院学报，民89，10期：127－144.

② 刘永生. 美国特许学校经费来源研究［J］. 科技信息，2009（31）：126.

里德曼的《政府在教育中的作用》（The Role of Government Education）一文提出的给家长教育券（Educational Vouchers）的方案，主要是指政府按学生人数拨款给由非政府机构或个人管理的公立学校。学生自愿选择特许学校，并以政府的教育券来支付学费。因此，特许学校的政府拨款与学生规模密切相关。这无疑刺激了特许学校间的竞争，有助于学校教育质量的提升。此外，政府拨款还会同时考虑学生的成绩、家长等相关人员的评价等方面，由此来确定资金援助的力度。这笔资金的使用范围受到较小的限制，可以用于购买课程材料和教学设备、教学设施的租赁、维修和更新等。但是，部分经营不善的特许学校会因缺乏教育券而资金短缺，或未能实现"合约"中绩效目标而倒闭。

——额外援助资金。额外援助资金可以通过直接拨款或通过银行贷款等多种途径实施。个别州为特许学校提供启动资金，但差别较大。俄克拉荷马州为特许学校筹建者提供5万美元的启动和创新费用，加利福尼亚州是以无息周转性贷款的方式为新建特许学校提供启动资金援助的，单个学校能得到的数额最多为25万美元，但要求特许学校五年内还清。此外，提升特许学校信用计划可以促使一些合格实体通过发行债券、建立贷款基金等方式来实现融资，帮助特许学校使用社会私人资金从事建造、修复和租赁教学设施的目的。例如，2001年，非营利的美籍西班牙人特许学校拥护组织——偌萨发展基金组织（Raza Development Fund）申请到了该项目，它帮助30所西班牙裔特许学校得到了设施贷款。①

——特定支持项目。例如由联邦政府支持的贫困儿童教育项目是为学校里极度贫穷的孩子提供帮助，提高他们的受教育水平。项目资金主要用于发放从事该项工作教师薪水。调查数据显示，美国特许学校招生总数中55%是非洲裔或西班牙裔学生，超过1/3的学生是有资格享用免费或优惠

① United States General Accounting Office. New Charter Schools across the Country and in the District of Columbia Face Similar Start - up Challenges [EB/OL]. http://www.gao.gov/new.items/d03899.pdf. 2003 -9/2009 -08 -08.

午餐的贫困学生①。也会有少量的集中资金由联邦教育部直接分配给那些贫困儿童超过6500名，或者超过学龄儿童总数15%的学区。这些资金使部分以接收贫困学生为主的特许学校直接受益。

（二）各种教育捐助或资助

特许学校与其他公立中小学一样，还同时接受来自慈善机构、基金会、企业、个人的教育捐助获资助。特许学校根据立法规定，特别允许教师、家长、教育专业团体或其他非营利机构等私人经营，由政府负担教育经费，但在大多数州，这些特许学校很少或根本没有公款来建教室、图书馆和其他设施。因此，一些健全和成功的特许学校，从一些慈善基金会和私人捐助者那里获得巨额的支持。特别是新建特许学校，由于其规模往往较小，学生数量较少，学校经费往往捉襟见肘，因此社会捐赠对其十分重要。2002—2003财年，亚利桑那州特许学校教育经费中，大约6%来源于此。② 此外，学校还通过主动募捐的方式获得社会援助。例如，纽约市特许学校学术优异中心（NYC Center for Charter School Excellence）专门编写了一份《特许学校募款指南》，内容包括学校董事会在募捐中的责任、设立募捐目标、明确募捐对象、募捐策略以及募捐申请书的书写等，详细讲解了特许学校如何才能够成功地募集到款项。③

除了资金筹措的来源多样化外，资金划拨的方式也是多样化的。例如，美国联邦政府在奖励磁石学校时，不仅一次性奖励优质学校，而且还保持对他们的持续资助。根据2007年度美国教育部对磁石学校的经费资助情况可以看出，全年联邦政府拨款总额为106693290美元，其中当年度预计新增受到拨款的学校为40所，每校平均250万美元；延续上一年度继续接受拨款资助的学校为2所，平均每校283.5万美元。④

---

① 金添，王文．美国政府大力推动：特许学校再受追捧［N］．中国教育报，2011-11-01．第11版．

②③ 刘永生．美国特许学校经费来源研究［J］．科技信息．2009（31）：119．

④ U. S. Department of Education. Magnet Schools Assistance：Funding Status［EB/OL］．［2011-06-15］．http：//www2. ed. gov/programs/magnet/funding. html．

四、特色学校的评估标准和评估办法

《不让一个孩子掉队》法案在重视学生学业成绩的同时，也要求各州进行教育绩效评估以提高教育质量。各类特色学校计划在设定教育目标的同时，也设计了完整系统的评估标准和办法，以便能够很好地促进本计划顺利实施。

在美国，联邦政府对特色高中或者说优质高中的评选较少。到目前为止，“蓝带学校计划”是联邦政府关于优质高中评选政策中较典型的项目。美国的一些报纸也会采用自己的评估标准对美国高中进行排名和评比，最有代表性的是《新闻周刊》（Newsweek）和《美国新闻与世界报道》（US News and World Report）中的美国最好高中（Best High School）评选。此外，特许学校计划由于其提前签署“合约”的特殊性，也会在后期进行一系列的评估，来判断其目标的达成度。本节以“蓝带学校计划”的评选为例，来描述美国特色优质高中的评价标准。

美国的蓝带学校评选存在官方和民间两种标准和评选活动。这源于部分学者认为官方于2002年公布的新的“蓝带学校评价”标准脱离了以前的内容，因此从2003年起，美国学者巴特·提尔创办了非营利性民间组织“蓝带优质学校协会”，坚持推行以过去20多年美国“蓝带学校计划”为基础的优质学校评价标准。

（一）联邦政府的新“蓝带学校计划”

2003年9月17日，美国教育部部长罗德·佩奇（Rod Paige）宣布了首批214所获得“蓝带学校”奖的学校名单，10月2日，又补充了19所学校名单。这标志着依据新的评估标准评出的“蓝带学校”亮相了。2008年9月9日，联邦教育部公布了2008年的蓝带学校名单，320所公立和私立学校获此殊荣，每所学校的校长和一名教师代表将有资格参加10月20日至21日在华盛顿举行的庆典。新“蓝带学校计划”的评价标准规定，学校必须符合下列标准之一才能获得提名。一是该校学生40%以上来自弱势群体，并且在过去3年的数学和阅读测验中成绩获得显著提高；二是不考虑生源背景，该校参加所在州统一测验，数学和阅读成绩达到前10%。

以上可以看出，新标准第一条主要是给拥有弱势学生的学校提供平等参评的机会；而第二条标准则是针对一些比较优秀的学校。

此外，新蓝带学校的评估标准每年可能略加调整，但是通常以下列八大范畴为主：①学生核心和支持；②学校组织和文化；③挑战性的标准和课程；④主动的教学和学习；⑤专业社群；⑥领导和教育活力；⑦学校、家庭与小区伙伴关系；⑧成功指标。

新“蓝带学校计划”规定：凡是属于美国五十州、哥伦比亚特区、波多黎各、维京群岛、印第安事务局和国防部所属的 K－12 学校，均可提出申请并参与评选。首先由各州教育委员会拟订其评选计划和办理评选，评选后将学校名单送至联邦教育部。接着联邦教育部成立全国审查小组（National Review Panel）负责审查各州推荐名单，为了确保蓝带学校水平及资料的可信度，多数学校都需接受调查和访问。最后，审查小组经过慎重讨论之后，将名单推荐给教育部，并由教育部宣布获选学校。

美国教育部部长佩奇说：“为了与《不让一个孩子掉队》法案中的各项改革原则相适应，我们将主要根据学生的学习成绩而不是教育过程，来评价学校业绩，被评为‘国家蓝带优秀学校’者，应当是符合我们确保每一个孩子都取得进步的原则，确保不让一个孩子掉队。蓝带学校应该成为所有学校的楷模。”从这段话可以看出，美国的“蓝带学校”突出的业绩，主要是在学生的学习成绩提高和促进教育机会的平等方面。

（二）蓝带优质学校协会的“蓝带学校计划”

该协会认定的“蓝带学校”评选标准涉及九大方面，包括对学生的关注和支持、学校组织和文化、课程、教学、教育技术使用、教师专业发展、领导力、家校互动、学生评价。每个大项中又有若干细化的标准，总共一百多条。评价标准主要涵盖以下几个方面。

第一，把学生放在首位。要求学校有以学生需要为中心的发展计划，开设并鼓励学生参加课外活动，如俱乐部和体育锻炼。值得一提的是，标准强调为转学、插班、升入新年级的学生提供特殊服务，使其适应新环境，充分体现了以学生为本的理念。

第二，在学校组织和文化方面。一所好学校的标准是形成支持学习和保护学生的文化氛围；教师与学生形成良好的关系；学生同辈群体文化积极健康；校园环境安全、有序。

第三，在课程和教学方面。优质学校应该注重学生个性的形成，发展学生的人际交往、运用技术和其他方面的技能；帮助学生为将来面对复杂和多样的社会做好准备；不断更新课程，有独特的课程设计和一致的课程目标；超越最低标准，激发学生潜能；教学应支持学生自主学习，为个体和小组合作学习提供帮助；除教材外，还有其他教学资源。

第四，优质学校的教师应有合作促进学生学业成绩的能力；教师、行政人员和其他员工组成专业社区，交流分享不同的职业经验。教师还应该学会将学生测验、教师评价和学校评估结果运用于自身专业水平提升方面。

第五，优质学校的领导者，应关注学校发展目标的实现；邀请学校内外的利益相关者参与领导和决策，其中包括邀请家长参与孩子的教育过程，利用学校和社区教育资源为学生、教师和家长提供学习机会。

第六，不过分强调成绩并不等于忽视学生评价。“蓝带学校”的评价标准不仅强调要有全校统一的学生评价策略，而且教师之间应该交流各项评价数据，根据评价结果改进教学和学校发展，同时要为学生提供可选择的多元评价方式。

在众多标准中，协会主席巴特·提尔认为最重要的是学校的文化和领导力。他指出：“学校应从一种低期待的文化转变为高期待的文化，而领导力则是实现这一转变的动力。”在高期待的校园文化中，教师、学生、家长都会感到自信，学生学习积极性也会提高。

五、特色学校案例：史蒂文森高中

史蒂文森高中（Stuyvesant High School）是位于纽约曼哈顿下城的一所公立学校，有 9—12 年级四个年级的学生。在《美国新闻与世界报道》2008 年的“优秀高中排行榜”中，史蒂文森高中排行第 26 位。作为美国享有盛名的高中之一，进入史蒂文森高中就被认为是得到了进入重点大学的通行证，而史蒂文森高中也在很多方面形成了自己的学校特色。

（一）培养目标

史蒂文森高中提出，要培养善于观察、富有想象、思维敏捷的人，不断进取、敢为人先、勇于创新的人，能说能做、乐于实践、身心健康的人，实现自我、愿意协作、贡献社会的人。可见，该校在努力为造就未来科技和社会的拔尖人才奠定基础。

（二）课程设置

史蒂文森高中在设计课程时，确定以学生为本的原则、及时反映科技新发展的原则、适应周围社会环境的原则和多元文化原则，采取必修课与选修课相结合的办法。学生要从史蒂文森高中毕业，必须学完52门课程。必修课要求学生掌握必要的基础知识和合理的学科结构。

必修课程主要有英语（语言基础写作、文学、诗歌、戏剧、修辞逻辑、新闻等）、数学（代数、几何、三角、微积分、统计、计算机等）、自然科学（物理、化学、生物、天文、地球科学等）、社会科学（美国历史、世界历史、经济、时事、地理、心理学、社会学等）、艺术（绘画、音乐、舞蹈表演等）、卫生安全（卫生、医药、营养、安全等）、体育（运动、健身、游泳）等门类。这些科目有的贯穿高中四年，有的则只在低年级或高年级开设。

选修课涉及面广，并不断推陈出新，供学生在教师指导下选择，以满足学生兴趣爱好，发展个性特长。选修课涉及工、农、林、商各业，经济、法律、文秘、家政、环境、通信、驾驶、制造、建筑、财会、时装、食品、维修各科以及非裔美国人历程、美国对外政策、灾害研究、人类基因、海洋生态、文学与妇女等许多领域。选修课程依据深度分为基础、一般、高级三档，供不同年级、不同程度的学生选择。基础水平课程是进一步选修的台阶；一般水平课程为基本要求，修满规定学分即可达到毕业水平；高水平课程与大学衔接，学分为大学承认。

（三）师资配备

史蒂文森高中不专设班主任。每位教师兼做数十名学生的咨询员或导师，学生遇到的学习、生活、心理、生理等方面的问题，均可找导师求得解决。学校特别尊重学生的人格，让他们充满自信，发展自己。学校对教师的素质要求较高，160 名教师中有 20 位具有博士学位，其余几乎都有硕士学位，而且还要利用业余时间进修提高。该校还重视学生良好心理素质的养成，设心理咨询室，配三名专职咨询员，还有同伴聊天室，由三名教师兼职负责。在这样的重点高中，学生的心理压力较大，教师应注意观察学生的心理变化，成为学生的朋友。

（四）课外活动

史蒂文森高中有英语、社会学、外国语、数学、生物及地理科学、化学、物理、技术、音乐及美术、体育 10 个系。学校还为学生组织了各种课后学习兴趣小组，并联系各大学的名教授指导相关小组中特别有天赋的学生。各系都有不定期刊物，刊登兴趣小组学生的研究成果，各系教师任主编、学生任编委的各编辑委员会负责各刊物。

史蒂文森高中重视开设技术类课程，并鼓励学生开展丰富多彩的课外、校外活动，反对死读书。学生刊物、演讲队、辩论队、兴趣小组、俱乐部非常活跃。这些课外活动，一般于每天下午 3 点正课结束后，由学生自行举办，教师有时参加并提出指导意见。史蒂文森高中有 100 个俱乐部、30 种刊物、26 个体育运动队，校学生会动员成百上千的学生积极参加各种活动。

学校倡导学生接触社会，要求学生参加社会活动的时间每年不得少于 50 小时。史蒂文森高中重视发展学生的创新思维，鼓励发表不同意见，让学生敢于提出问题、解决问题，因而学生具备较强的科研意识、创新精神和创新能力。学校鼓励和指导一些学生参加体现创新精神的英特尔竞赛（Intel Science Talent Search），每年都获得奖杯。

（五）信息技术教育

史蒂文森高中所有学生都要学习计算机软件和硬件的基础知识，接触计算机语言，一部分学生在教师的指导下较深入地学习编程。学校每个教室都有联网插孔，广泛利用计算机和网络辅助教学。学校图书馆的计算机供学生随时使用，所有学生都有自己的电子邮箱地址，60% 的学生设计了自己的主页。史蒂文森高中除继续使用原有计算机房开展信息技术教育外，还新购置了三部“移动计算机车”，即将32台便携式计算机，置于一个专门设计的多层推车上，哪个班需要，就推至哪个班的教室使用。学生可以将事先充了电的便携式计算机置于各自的书桌上，借助安装于各教室或教学楼某部位的解调器，可以方便接入互联网。计算机与解调器之间采取无线连接。“移动计算机车”比建立专门计算机房节约，教学环境又比较自然，受到师生欢迎。

六、特色学校发展的基本经验

（一）各级政府立法保障并推动特色学校发展

美国十分重视教育立法。为保证特色学校的发展空间，激发学校的竞争活力，确保学生和家长的选择权，促使学生潜能和兴趣最大限度的发展，各州政府从法律保障和政策支持的角度，为上述目标的实现设置牢固基础。自1991年第一部特许学校法通过以来，至2001年1月，全美已经有35个州通过了特许学校法。磁石学校计划的目标之一就是争取更多州的立法保障。可见，通过法律支持来获得发展空间和地位，是美国特色学校得以多样化、创新性成长的重要前提条件。

（二）社会资金支持特色学校正常运转

在美国，教育捐赠占据慈善捐助总额的比例逐年提升。2000年，美国教育捐赠总额为296.5亿美元，占当年慈善捐赠总额的12.9%，而到了2008年，这一总额就达到了409.4亿美元，占比升至13.3%。[①] 教育捐赠对美国教育包括特色学校的建设具有至关重要的意义。如前所述，一些规模较小的新建特许学校，由于其政府拨款较少而无法运营，迫切需要社会资金的支持和援助。美国政府采取多种策略吸引社会资金支持教育，如免税、移民等优惠政策。如在美国经济不景气的困难时期，一些特许学校缺乏政府资金，美国的移民政策开始青睐能够投资特许学校的、希望得到美国绿卡的外国投资移民，吸引了来自国外富裕人士的数百万美元资金来建

① 李申申，吕旭峰．宗教信仰：美国教育捐赠的基本动因［J］．比较教育研究，2010（7）：78－82．

立美国特许学校的教室、图书馆、篮球场和科学实验室。

（三）发展性评价引导特色学校的发展方向

美国的各类特色学校均有自己独特、严密和细致的评估或评选标准，其目的不仅仅是判断学校现阶段的成绩和进步，更多的是为了发现学校的优点和长处以及问题和不足，为学校进一步的改进提供有充足数据支持的建议。对学生的评价是最重要的内容，特别是对学生的成绩、取得的进步极为关注，同时也考虑到学生的长远发展。此外，这些评价标准往往是多维的、可操作、可量化的，这不仅有利于特许学校自身按这些标准完善自己的教学，也能确保授权机构和学校资助者等外部组织对特许学校作出公正评价。

第四节　政策主导特色发展经验：日本

日本于20世纪80年代末期基本普及了高中教育，近年来的高中入学率一直维持在97%以上，为应对21世纪全球化以及知识经济背景下的激烈竞争，培养高中生广泛的能力和适应性、多样化发展的兴趣和志向，日本文部科学省于2000年出台了超级科学高中、超级英语高中等一系列特色高中（特色职高）鼓励计划，在全国范围内多元化推进高中教育的创新发展，以创办特色高中为契机，从体制机制、政策措施、课程管理等方面综合推进高中教育的深层改革，促进教育功能转变，使高中教育的社会作用从筛选、选拔人才，逐步转变为培养学生的成人基本能力、全面提高学生的生存能力。

一、日本特色学校的社会政策背景

进入21世纪以来，少子化（低出生率）已成为日本极其严重的社会问题，对学校教育产生了很大的影响，而最先受到冲击的是小学出现了“废校”现象，而高中教育的普及与高等教育的大众化发展在基本满足了人们升学需求的同时，如何弱化其筛选和选拔功能，满足社会多样性的教育需求成为高中阶段教育要面临的主要问题。

2008 年日本最新一次修订的“高级中学学习指导要领”总则部分明确指出：“各学校要根据法令和本章之规定，以培养学生的协调发展为目标，充分考虑社区与学校的情况，课程与学科的特色，学生身心发展特征，编制切实可行的教育课程。学校在推进和开展各项教育活动时，要以培养学生的生存能力为目标，通过开展有创意、有特色的教育活动，让学生养成自主学习、独立思考能力的同时，牢固掌握基础知识和基本内容，促进个性化教育的不断发展。”任何学校都要根据自身的情况和条件办出特色，努力使每一个学生享受到符合自身条件的个性化培养教育。

为实现这一目标，日本文部科学省从 2000 年开始实施“高中教育改革推进计划”，从教育制度、课程设置、管理方法、教学内容等多方面进行改革，以建立各种特色高中为抓手，促进每一个学生的个性化发展，满足社会发展对各类不同类型人才的需要。在发展制度性特色高中的同时，日本文部科学省还出台了一系列促进办学特色高中发展的政策，设立了“超级科学高中”、“超级英语高中”等多项特色高中发展计划，面向全国各国、公、私立高中征集实验学校，经审核批准立项后由文部科学省资助研究开发经费，每期 1—3 年（完成后可继续申请）。地方教育委员会也纷纷设立支持带有浓郁地方特色的高中教育项目并由地方财政拨款专项资助。而迄今为止日本并没有界定特色高中的标准和相关评价指标，如果为特色高中设立统一的标准或统一的评价指标，势必造成特色高中的规范化、标准化、共性化发展，这本身就违背了建立特色高中的初衷，而某种标准化和共性化、非特性化的发展模式，就会使特色高中不再具有其特色了。

二、特色高中的目标

特色高中建设已成为日本高中阶段学校教育改革的主要目标。通过各学校的创意和努力，开发特色课程、开展特色活动、营造特色学校文化，进行个性化指导，尊重个性化发展培养社会需要的各类技能型人才的培养目标已列入日本学校教育法的义务教育目标。

以办学类型改革为方向设立制度性特色高中的主要目的是满足多样化的社会教育需求。突出学校特色，发挥资源优势，培养个性特长是日本中小学校以及高中提高办学质量的主要途径。由日本文部科学省组织实施的改革高中建设以满足学生、家长、社区以及社会多样化教育需求、提高教育质量的实践性研究推进项目。由文部科学省委托各地方教育委员会具体实施并推选各类示范高中，主要内容有：（1）根据学生的多样性需要充实与改善高中教育（义务教育阶段教育内容的巩固、高中毕业阶段目标实现体系、综合选择制等课程形态的研究、特色学科的设立）；（2）充实与改善高中教育，以满足社区与社会的需求（满足社区需求的对应性措施、满足社会需求的对应性措施）；（3）教育活动、学校管理评价以及质量保障的政策措施（根据学生的课程评价改进指导方法、学生、家长、企业等的外部评价、开发适合学科特色的学校评价手段）；（4）改善和加强6年制完全高中，加强与大学的联系与协作，探索中大衔接的有效途径。

政策性特色高中也具有较强的引领和示范性作用，近年来日本文部科学省为了应对社会发展对高中教育多样性的需求，制订了高中教育改革的系列政策，各级各类示范性特色学校（高中）和教育改革推进项目，对于教育改革政策措施的制订和实施起到了不可替代的引领和促进作用（见表5－5）。

表5－5　日本示范性特色学校（高中）的教育目标

类　型	目　标	备　注
综合学科高中	克服学生对职业课程选择的简单随意性，提高学生和家长对综合学科以及学生职业规划的理解和认识，处理好课程和学科多样化与减轻教师负担的关系，充实综合学科教育活动，完善综合高中机制体制，保证设备设施，创建适合综高中发展的教育环境。	制度性特色
六年制中等教育学校	以实施初中和高中一贯制教育为目标的新型学校，以满足学生和家长多样性教育选择和需求为目标。为完成学校教育法规定的教学目的、目标、学习年限，实施初中高中一贯制的特色教育课程，使就读的学生免予中考直接升入高中阶段学习。	制度性特色

续表

类　型	目　标	备　注
全日制学分高中	为实现终身学习目标，营造在学习型社会环境下满足学生对高中阶段教育课程多样化、学习形态多样化、高中教育弹性化以及学习成果认定形式灵活性的需求，以提供和保证高中教育机会。	制度性特色
超级职业高中	培养学生丰富的内心世界，培养自信自立具有挑战精神的专业技能型人才，紧密联合地区、社会共同培养专业技术人才，开拓充满生机的职业高中发展的路径。	政策性特色

三、特色高中的基本类型

目前，日本文部科学省资助和支持的特色高中建设项目分为制度性特色高中和政策性示范高中两大类别。制度性特色高中享有学制、学科设置、学分认定、管理体制等制度上的特别许可和优惠，按学校性质享有同级同类学校相同标准的经费预算外，一般不带有政策性特别经费补助。政策性特色高中是指为推进教育改革设立各种示范高中，对于高中教育的发展具有试点、引领和示范作用，一般以文部科学省特别推进事业重点项目形式向全国公开招募项目学校。经审核批准的项目学校在研究周期内可享受政策性研究经费和特别补助经费，研究期满后经文部科学省同意验收。此类特色高对日本基础教育改革具有重要示范意义。

（一）普职并举的综合学科高中（截至 2012 年年底共设立 352 所）

综合学科高中是具有学科设立特色的制度性特色高中，是与普通高中、职业高中并行的新型高中。日本从 1995 年开始就已经对综合学科高中作出了制度化规定。作为综合学科的特色，学生可以从广泛的选择科目中自主选择学习科目，注重学生的个性培养和自主学习能力的提高，结合个人生涯规划，奠定知识和技能基础。综合学科高中作为日本高中教育改革的主要措施被寄予很大期望。日本文部科学省希望在每一个学区内至少设立一所综合学科高中。高中的学科设立是指高中成立当初就已经确定的普通学科和职业学科两种学科制。而现在的两种学科制度难以应对高中生能力、兴趣、适应性、关心度以及未来发展的需要。同时，为了改变普通学科只能应对高考升学，职业学科只能着眼就业的传统思维方式，避免学校和教师对学生进行生涯规划和发展指导时出现只关注偏差值和学校排名的误导，设立综合学科高中能够给学生最大的选择权和自由发展空间。截至2012年，日本全国共有综合学科高中352所，比2011年增加了1所，基本覆盖了各都道府县和计划单列市。①

（二）满足不同需求的全日制学分高中（截至2012年年底共设立960所）

学分制高中是通过学分学时认定而享有相对宽松课时计划的制度性特色高中。全日制学分高中按照不同学年设立和区分教育课程，只要修满每学年的规定学分即可升入上一学年，修满高中阶段全部学分就承认其毕业资格的特色高中。1989年开始在定时制、函授制高中实行，1994年开始可以在全日制高中施行学分认定。在定时制和函授制高中实行学分制是基于终身学习的理念，实现无论是谁、无论什么时候，都可以根据需要接受高中教育的目的，而在全日中高中实行学分制主要是为了推进适合学生个性的教育，给学生提供更大的选择空间。2012年日本共有960所高中开设了全日制学分课程，比2011年（952所）新增了8所学校。另据日本文部科学省高中教育现状统计，2008年日本全日制高中入学率已达到94.1%，如果包括学分制等其他形式在内，其高中入学率已达到98.1%。此外，日本从战后就开始设立高中的定时制与函授课程，近年来，在原来的半工半读勤劳少年的基础上，新增加了从全日制高中转入的插班生、以前没上过高中等多样性入学动机的人。根据文部科学省高中教育现状调查统计②，2010年定时制高中的在校人数为116236人，函授高中在学人数为187538

① 数据来源参见文部科学省网站. http://www.mext.go.jp/b_menu/houdou/24/11/1328552.htm.

② 数据参见文部科学省．高级中学教育现状［EB/OL］.（2011－09－27）. http://www.mext.go.jp/component/a_menu/education/detail/__icsFiles/afieldfile/2011/09/27/1299178_01.pdf.

人，形成了灵活多样的定时制、通信制高中教育特色。

（三）缓解应试竞争的六年制中等教育学校（2013 年年底将开办 460 所）

六年一贯制中等教育学校是具有学制特色的完全中学。为了促进中等教育的多样化发展，减少初中升高中的升学压力，为学生和家长提供更多的中等教育选择空间，在原有的中学、高中分段制的基础上，日本文部科学省接受了中央教育审议会的提案，于 1999 年 10 月部分修改了“学校教育法”的相关章节，2000 年开始设立了初中高中一体化的六年制中等教育学校（六年制完全中学），设立形式为三种形态：（1）初高中一贯制学校——在同一所学校连贯实施的中等教育（六年制中等教育学校）；（2）初、高中并设学校——由同一办学主体创办了初中和高中阶段的两所学校，当学生初中毕业后可不经过高中入学考试（中考），直接升入由同一办学主体开办的高中学习；（3）初、高中协作对接学校——现有的市、町、村公立初中与都道府县公立高中点对点衔接。通过加强教育课程编排、教师以及学生之间的交流合作，加强校际合作关系，协作校之间定点接收、免试入学的初高中一贯制教育形式。截至 2012 年，日本全国范围内 6 年一贯制中学数量已达到 441 所，比 2011 年（420 所）新增 21 所。根据文部科学省调查显示，2013 年将新增 6 年制中学 19 所，其中一贯制中学 2 所，初、高中并设学校 16 所，初、高中协作对接型学校 1 所。此种形式对于弱化应试教育，减轻学生负担具有积极的引导意义，因而社会需求量越来越大，今后一段时间都将保持继续扩大的态势。

（四）课程改革研发试点高中（2011 年，199 所）

日本的课程改革研发试点学校制度开始于 1976 年，根据日本学校教育法实施规则第 55 条 2 款的规定，文部科学大臣可指定教育课程改革研发试点学校，允许和承认指定学校在现行的国家课程标准之外编制和实施新课程、设立新学科、指定新课程指导方法等方面的研究开发和实验，以改进和完善教育课程标准、充实课程内容，深化教育体制改革。课程改革研发试点高中立足教育实践，以应对和解决教学与学校管理实际问题为前提，研究和开发个性化、多样化、富于创新性的教育课程和课程指导方法。研发试点高中可根据各学校具体情况自行向文部科学省直接申请，经审核立项后便可开始研发试点活动。其遴选标准包括：在富有特色的教育课程中充分反映学习指导要领规定的课程内容，达到让所有学生能够充分和牢固掌握国家规定课程内容；保证国家规定的总课时数；根据学生不同发展阶段，科学、系统地编制和实施教育课程内容；不给学生家庭增加额外经济负担并充分照顾（义务教育阶段）教育机会平等因素；要保证学生转入、转出后教育课程和学习内容的连惯性等。截至 2011 年 4 月，日本全国共指定课程改革试点课题 67 项，指定试点高中 199 所，研发周期原则上为每期 4 年，每年由文部科学省向试点校下拨专项研究经费 200 万日元。当地教育主管部门可对试点学校从专业角度给予指导，试点研究成果由文部科学省直接检查验收。

（五）提高学力示范高中（2014 年，337 所）

为了配合 21 世纪的教育改革，日本文部科学省自 2002 年起开始在全国实施新时代教育改革示范高中，即提高学力示范高中计划。该计划是为了提高学生的思考力、表现力和学习情趣，提高学习能力，由文部科学省组织实施的以提高学生的学习兴趣、学习热情和学习能力为主要目标的特色高中推进计划。为了提高教师的指导能力，由文部科学省在指定区域设立提高学力示范高中并给予研究资助，根据学校和社区的实际情况，综合提高学生的学习热情、学习能力，并将取得的成果向区域内的其他学校推广。研究课题包括：（1）学习愿望、学习能力的情况掌握与学习指导的目标设定；（2）基于学生知识掌握程度的个别指导、教材开发、目标设定以及指导方法和内容的改进；（3）与高中前（初中）后（大学）教育阶段紧密配合，积极开展规定学科和校本学科的发展性、补充性学习；（4）开展各学科融会贯通的综合学习；（5）设定具体学习目标唤起学习欲望；（6）进行适当的学科选择指导和将来发展方向的职业观教育；（7）通过实习、体验以及社会活动等各种形式加强和充实职业教育；（8）高中教育评价方法与评价标准的开发研究。各地方教育委员会将分析和总结示范高中的先进事例和有效措施，并负责向其他学校提供公开信息。该项目实施周期为 3 年，将最终设立 337 所示范学校遍布全日本 47 个都道府县，2011 年新增北海道函馆稜北高级中学等 8 所示范高中。

（六）超级科学高中（Super Science High School，SSH，2014 年，200 所）

文部科学省为了培养面向未来的国际型高科技人才，从 2002 年开始实施以数学和理科教育为重点的研究开发型超级科学高中推进计划。每年由学校自行向文部科学省申报，经过立项审批后的超级科学高中实验学校可在计划实施期间得到文部科学省的超级科学高中专项研究经费以完成课题研究和成果推广。2013 年度有文部科学省选定的新一轮超级科学高中 43 所，其中课程研发型超级科学高中 27 所，所涉及的研究内容包括“培养具有科学素养和国际活动能力的领袖人才课程研发”、“培养科学意识的高大衔接课程研究开发”、“从人与地球环境共生到宇宙开发——故乡秋田的启示”等各学校自主研发课题；实践型超级科学高中 16 所，研究内容包括“提高科学素养培养国际视野的有效指导实践研究”等以学科学习指导创新为主的实践性课题。2012 年，日本全国共有 178 所高中参加了此项计划，2013 年，日本全国的超级科学高中数量将达到 200 所，高中先后参加了为期 1—3 年的专项研究计划，成为文部科学省指订的超级科学高中基地学校。2012 年新增预算 27.57 亿日元，2013 年度将斥资 29.52 亿日元专项资助超级科学高中计划①，打造提高中学生科技创新能力的示范高中，预计 2014 年年底超级科学示范高中将增加到 200 所。

（七）超级英语高中（Super English Language High school，SELHi，2011 年，169 所）

为了推广英语教育的先进经验，文部科学省从 2002 年开始实施以英语教育为重点学科的高中为基地，进行以英语为主的课程开发、大学与高中顺利对接的有效途径等课题的实践性研究“超级英语高中”推进项目，研究期限 2—3 年。超级英语高中计划主要选定了包括开发和改善提高英文书写能力的指导方法，开发和改善英语教学评价方法，促进中小学和高中与大学等外部机构的密切联系等目标，通过全面提高高中生英语水平，促进

① 数据来源参照日本文部科学省官方主页“超级科学高中计划”，http://www.mext.go.jp/b_menu/houdou/25/03/__icsFiles/afieldfile/2013/03/12/1331269_6.pdf[EB/OL].[2013-05-16].

国际交流以及与人交往能力的提高，加强学校与校外机构的联系，实现全方位培养国际型人才的战略目标。超级英语高中项目计划实施 9 年 6 期，截至 2009 年 4 月的最后一次申请（2011 年完成），日本全国共有 169 所学校成功申请了 166 个项目的超级英语高中的推进计划，经过文部科学省的评估，成为以培养学生英语书写和交流能力为突出特色的超级英语高中。2006 年设立当初年度预算 5.258 亿日元，2013 年文部科学省为此项内容新增预算 1.76 亿日元，用于提高学生公共英语交流能力和教师指导能力。

四、特色学校高中验收标准

日本的制度性特色高中一般在设立或改制之初，就明确限定了其制度性质和机制特色，所以，只要符合相关的制度特色就可作为相应类别的制度性特色学校享受制度优惠，比如，只要是六年制中等教育学校，其初中部毕业生就可以享受直接升入本校高中部，或对口高中学习的制度优惠；而综合学科高中的毕业生即可参加高中等，在机制体制确定之后不再接受其他验收和检查。

而政策性特色高中和特色学校一般要承担教育改革试点和实践探索的研究推广任务，在特色项目实施之前要经过文部科学省立项审查、阶段检查、中期报告、结题验收和经验推广等反复检查和验收。

由于各类特色学校的入选资格和立项研究价值具有个性化特色，因此文部科学省在对各类政策性特色学校的验收过程中，不设定统一的、标准化的评价指标，而是根据各个学校的研究特色，以校本特色发展目标为依据，实行目标评价。

以“超级英语高中”为例，从 2002 年至 2011 年的十年实施期内，共有 169 所高中先后入选各年度“超级英语高中”特色高中，而每所学校的研究重点和实施项目各不相同，为此，文部科学省针对每一所超级英语高中的不同特色，以“超级英语高中实施目标实现度”为依据，进行评价和验收，即遵照目标、尊重特色、促进学习、提高质量。

超级英语高中最终验收标准是学校的实施计划和实施结果是否实现了

超级英语高中设立宗旨：推广英语教育先进事例试点，开发提高英语教育的教育课程，促进高中与大学英语教育的有效衔接。

另外，在研究内容的考核和验收过程中，根据各学校申请的课题和不同特色分为“英语阅读能力提高与指导方法改善”，“英语表达能力开发与指导方法改善”，“英语学习评价方法的研发、预定期考试的改革”，“英语教育中各学段有效衔接以及与外部社会联系”等不同方面，按照各学校自行申请并设定的超级英语高中发展目标以自我评价为主，向文部科学省提交检查验收报告。如超级英语高中在实施期满后仍有个别项目未达到预期目标可延长实施期限，不追加专项资助。

其他各类特色高中的评价标准（以目标为导向）和验收审查程序（以自我评价为依据）基本相同。以目标评价为基本原则，以学校的创造性努力为主要评价指标，保障特色高中的特色发展。

五、特色学校案例

（一）超级科学高中——兵库县立龙野高中

作为文部科学省指定的超级科学高中，兵库县立龙野高中努力实施先进的理科及数学教育，培养学生进行科学思考、判断及表现的能力以及科学技能，为将来成为能在国际上发挥作用的科技人才奠定基础。该校通过扎根于西播磨地区的地域性研究，让学生学习多样化的科学研究方法及表现方法，并将学习研究成果回馈于当地社会。该校将田野研究扩展到海外，同海外交流学校协作开展科学实验和成果发表，使学生通过地域化和国际化的学习与研究掌握科学探究方法和交流表达能力。该校致力于培养学生在科学方面的综合能力，包括发现问题和解决问题的能力、逻辑思考和批判质疑的能力、自我表达和交流协作的能力、统合知识和创造活用的能力。为此，该校从三个方面推进课程改革和实践活动。

一是研究开发培养科学精神和表现能力的课程。在学校设定教科当中开设“超级科学”课程，这是将物理、化学、生物、地学各科内容进行横向汇集的综合性科目，旨在培养有关自然科学的综合见解和思维方式，在提高对自然现象的兴趣和关注度的同时，养成基本的实验操作和考察事物现象的能力；开设“科学Ⅰ、Ⅱ”课程，这一课程旨在开发理科与公民（现代社会）相互融合的新型文理交叉科目，培养科学认知能力以及作为科学工作者的使命感和伦理观，奠定具有科学精神的优秀人才基础；“理科数学”课程加深数学学习的内容，使学生能够进行理数物理、理数化学、理数生物、地球科学当中的数学化处理，在理科数学当中使用信息化设备，加深对图形和函数的理解，并通过数据分析等手段简单明了、富有效率地传达信息；组织访问大学、研究所以及企业的活动，让学生了解基础研究的意义和重要性，学习如何设置研究目标和研究体制，并培养能够自立于社会的科技人才的勤劳观和职业观以及奉献于人类福祉的使命感。

二是与大学及研究所联手，为开展地区交流打造“知识基地校”。例如，与当地的大学以及兵库县立西播磨天文台、兵库县立人与自然博物馆、东丸酱油等机构和企业合作开展“酱油和发酵”、“古代的揖保川”、“新舞子海滩的保护”、“山崎断层与防灾”、“千种川流域的蹈鞴吹制铁”、“天体”等项目的研究，学生们从中学习假说研究以及合作的重要性和解说方法；将生物、天文、计算机等小组活动整合为自然科学俱乐部活动，积极参与各种竞赛及课题研究，面向当地中小学开设教授算术和理科知识的科学教室，邀请高中生参加课题研讨会，以此传播研究成果，扩大喜欢科学的学生范围；将学校的英语演讲比赛扩展到面向当地社区予以举办，以提高学校的影响力从而吸引更多的学生前来报考，同时将学校开发的新型实验项目扩展到地方，举办面向当地小学教师的科技指导者培训讲座，发挥地方“知识基地校”的作用，培养引领文化创新的地方领军人才。

三是培养面向国际主动发布信息的丰富的语言能力、交流能力和表达能力。通过国际交流和海外研修，增进对不同文化的理解，提高表达、合作、发表意见等方面的交流能力，参与课题成果会、科学论坛以及各种学会并进行发表，与美国华盛顿州的高中及中国台湾地区的武陵高中开展科学研究交流，就“湿地、海滩”等地域性研究项目的成果及研究方法与东南亚国家的学校进行交流，等等；参加关西大学举办的“关西女子高中生科学塾”，努力培养在理科系中占36%的女性学生的科学研究能力，扩展女生在生物、医学之外的职业见识，特别是发挥她们在海外交流中的出色英语能力，培养将来活跃于国际社会的人才；鼓励学生积极参加数学奥林匹克竞赛、化学大奖赛以及兵库县教育委员会主办的“数学・理科甲子园”等数学、理科类的竞赛活动，并为此举办演练讲座进行辅导，同时鼓励学生通过参加托福考试、国际交流英语考试等提高英语水平，培养国际交流意识。

（二）超级英语高中——北海道旭川北高中

北海道旭川北高中是一所公立全日制普通高中，2005 年成为国立教育政策研究所“教育课程研究指定学校（外语）”，2007 年被文部科学省指定为超级英语高中，以英语教学为特色开展相关研究和实践。该校在英语教学中改变以往以英译日的读译训练为中心的授课方式，在所有年级实行基本使用英语授课的方式，以提高学生的英语理解和应用能力。

旭川北高中在被指定为国立教育政策研究所课程研究学校时确立的目标是：用英语来表达自己的思想，培养能够理解信息和对方观点的实践交流能力；在被指定为文部科学省超级英语高中后，其英语教学研究目标有所调整，即通过外语学习加深对语言文化的理解，形成积极交流的态度，准确理解信息和意见，培养适当传达思想观点的能力。具体的研究内容包括：必修科目“英语Ⅰ、Ⅱ”开展旨在基本使用英语授课以培养学生交流能力的指导方法研究；选修科目“英语阅读”进行培养学生不凭借日语进行转换的读解能力、积极表达意见的态度和能力的指导方法研究；开展有助于提高学生学习愿望的评价方法研究。

在基本使用英语授课的课堂上，对课文内容的理解主要依靠对文章脉络进行推测、通过关联提问引出答案等方法。对于构成复杂、较难理解的文章内容，由教师用简单的英语变换说法或举例说明，从而避免使用日语进行说明。词汇及语法的掌握主要是通过两人小组的短剧、角色扮演、写作文、学生与教师以及学生与学生之间的互动等方式来进行，表达能力的培养则是通过短剧、演讲、写作文、即席发言等活动来开展。此外，还根据课文的题目进行简单的课堂讨论，设计多种场景让学生进行英语交流训练。为减少课堂上的语法说明，课前发给学生补充预习材料，让他们熟悉相关的用语和语法。语法辅导不采用系统讲授的方式，而由教师从若干语法当中挑选主要内容进行讲授，例如高一最初教授的语法是关系代名词的主格和宾格，因为这是教师课堂英语中经常使用的。教师讲授语法的使用规则之后，就为学生设计能使用该语法的实际交流场景，引导学生通过演练找到容易出错的地方，逐步建立掌握语法的自信。教材内容不让学生事先预习，因为预习意味着学生往往会把英语翻译成日语，而这正是该校英语学习所要避免的做法，课文的日语译文无论在课前还是课后都是不会发给学生的。为不使教师们在教学内容和指导方法上产生较大差异，该校还专门编写教师指导手册，使教师经过周密的准备而开始教学。

对学生英语学习的评价，是从兴趣态度、表达能力、理解能力以及知识掌握等几个方面来进行评估的。兴趣态度一是看学生是否积极主动地传递信息、表达意见、理解对方的想法，而并不看重英语使用的对错以及应用能力的大小。二是看学生在遇到不懂问题的时候，是否通过确认、要求重复等手段努力使交流持续下去，对这种促成交流持续的态度作出评价。表达能力一看能否掌握英语的节奏、语调和语法来正确传达信息内容。二看能否根据不同的场合与情况选择合适的表达方式，包括声音的大小和语速的快慢以及适量的写作，要求不引起误解。理解能力也是一看能否正确理解。二看能否根据不同场合进行适当的理解。知识掌握一看是否掌握语言知识。二看是否掌握文化背景知识。

为有效帮助学生提高英语能力，教师在英语课堂上会尽量让学生基本使用英语，而不是教师基本使用英语。同时，教师通过微笑的表情、鼓励的话语、适当的帮助、师生间的信赖、学生凝聚力、有明确目标的学习来提高英语教学的效果。教师会努力营造使学生乐于表达、允许失败的轻松愉快的课堂气氛，让学生体验学习语言的快乐和成就感。这些都是北海道旭川北高中作为超级英语高中而对英语教学作出的探索实践。

六、特色学校发展的基本经验

日本的制度性特色学校和政策性特色学校，根据其性质不同基本功能经验也各有所异。首先，设立多样化的制度性特色学校（高中），以灵活和宽松的制度性优惠，改善现有教育制度和体制机制的局限性，满足不同群体的学习需求，为全体社会成员创造随时、随地、多次、可反复的学习环境，构建终身学习社会。办学机制体制上的突破是此类高中发展的基本经验。

政策性特色试点学校（高中）主要以承担教育课程改革、教育质量提高等教育改革的试点和推广任务为主。

大胆鼓励和重点扶持试点学校开发具有创新性、前瞻性教育课程和教育活动，不断充实和完善国家课程标准和教育内容。以超级科学高中为例，重点鼓励高中研究开发重视数学、科学的教育课程和教材，促进高中与大学教育的有效衔接，共同培养国际型、创新型人才。

多部门联合行动重点扶持促进各级各类学校的特色发展。以超级科学高中项目为例，不仅作为文部科学省初等、中等教育局重点扶持项目，同时也作为科学学术局“爱好科学技术行动计划——培养未来科学技术人才”重点项目另外追加特别体制改革预算 7.1 亿日元。与此同时，生涯学习政策局作为“先进科学技术与理科数字教材开发研究经费”共同资助超级科学高中项目。

注重教育的联系性，有效把握幼小衔接、小初衔接、初高衔接、高大衔接各个环节，系统培养具有创新意识、价值创造能力的各类人才。特色学校建设是日本教育改革的一大亮点，通过各级各类特色学校探索和总结的教育改革经验，为深化教育体制改革提供了政策参考，为提高日本学校教育质量提供了成功的实践案例。而日本从中央到地方政府对各级各类特色试点学校强大的财政支持力度和宽松的政策环境以及自主灵活的评价标准，是特色学校特色性发展的有力保障。

综合各国有关“特色高中”政策实践情况的文献调查来看，世界上主要发达国家“特色高中”创建与发展的探索，主要始于 20 世纪后半期。特别是在世纪之交，为迎接 21 世纪的挑战，很多普通高中参与其中，开始了以学科特色、教学特色或办学特色等多种形式的实践。无论是何种表现形式的“特色高中”，最初设计和创建的目的都是为了提高普通高中的教育质量，为家长和学生提供更多的选择，满足社会发展对多样化人才的迫切需要。此外，伴随“特色高中”的创建和发展，对其教育教学以及管理工作的标准评估得到进一步加强，这在一定程度上促使了部分国家分散的普通高中教育体系回归主体，实现了与义务教育阶段和高等教育阶段之间较好的衔接。

我国普通高中特色发展在21世纪初期才开始草根式的实践探索和尝试，缺乏有力的政策支持和制度环境，同时受到传统教育观念的影响，发展举步维艰，总是难以取得实质性的突破。国外有关“特色高中”建设和评估的经验和做法，为我国促进普通高中特色化多样化发展，提供了前瞻性的政策“蓝本”或雏形。许多理念与做法，实际上与调查中很多学校在实践领域中的探索“不谋而合”，具有较高的借鉴作用和参考价值。

第六章

普通高中特色发展调研结论

本次调研以306所普通高中特色发展研究项目校为基础，从中抽取东中西部30多所学校100多个班级为样本展开全面调查。调查工具信效度较高，调查基本完成了对预设前提或假设的调查验证工作。调研以306所全国普通高中特色发展专项课题研究实验及其成果为基础，系统梳理了我国普通高中特色发展的基本现状与发展类型，总结了我国推进普通高中学校特色发展的最新进展和经验，考察了高中特色发展的内容、模式、路径、成效及典型案例，并对比了国际经验。调查达到了预期的效果，对高中特色发展得出了一个基本的判断：普通高中特色发展交互着探索实验阶段与健康发展阶段两方面的特征。本次调查也因此具有特殊而重要的价值。依据调查结果，本章将对照调查前的各类假设，深入探讨普通高中特色发展过程中出现的新问题和基本动向，总结经验并试图提出相应建议。

第一节　普通高中特色发展的基本进展

一、特色发展总体处在从初级步入中级的阶段

（一）调查显示五成多学校特色形态形成总体处在中高级阶段

关于学校特色发展目前所处的阶段，课题组提炼了5个阶段供校长选

择。这5个阶段由低到高依次为：特色规划、特色项目、特色总结与提炼、形成特色学校模式、形成品牌并得到师生和家长及社会认同。调查结果显示，约五成以上的校长认为本校的特色发展已处在高级阶段，形成了较为鲜明的特色。这一结果超出了课题组的预期，也与实地考察和实地座谈有一定的出入。课题组的结论是，这一结果在序数定位上有斟酌的余地，但在序次逻辑上是合理可信的。

（二）课题组认为特色发展总体处在从初级步入中级的阶段

为什么我们要将发展阶段的序数定位总体下调一个阶段呢？原因主要有三点：第一，对学校特色发展，校长与教师和学生在不少方面尚未达成共识。这在本章“普通高中特色发展需要破解的突出问题”及“尚待进一步凝聚相关方共识”中有具体分析。第二，特色选修（校本）课程作为特色发展的重要路径和主要内容，总体上不够健全。这在本章“普通高中特色发展需要破解的突出问题”及“特色课程建设亟待进一步加强”中有具体分析。第三，教师队伍作为特色发展的关键因素，结构性问题和质量问题尚待进一步加强。这在本章“普通高中特色发展需要破解的突出问题”及“必须加快加强教师队伍建设”中有具体分析。由于序次逻辑合理可信，总体下调不同学校特色发展阶段比例的序数定位，就不会进退失据、乱了阵脚。

这一方面，也有旁证。同类调查中也出现了相似现象。杨玉宝等在《关于普通高中“办学特色”的问卷调查报告》中指出：“调查表明，绝大多数（92.6%）的学校都制定和实施了‘中长期发展规划’，同时，有88.9%的校长认为，‘办出特色’对学校的发展来说‘很重要’。这说明，校长们有较好的‘发展路径规划意识’。不仅如此，大部分（71%）的校长认为自己学校已经形成了‘办学特色’，这让我们产生了‘同质化是个假问题’的判断。然而，接下来的问卷资料表明，这个判断并不可靠。在声明自己学校‘办学有特色’的96位校长中，只有63位校长回答了‘你的学校在哪些方面有自己的特色’这个开放式问题。换言之，很多校长并没有说明自己学校具有哪些特色。同时，在归纳63位校长对‘特色’的回答时，我们发现，单纯强调‘封闭管理’、‘管理立校’、‘精细管理’

等‘管理特色’（实际上这些‘把手段当目的’的现象不是我们所说的‘特色’）的有25位，接近回答此问题的校长总数的40%。”[①]

这是一个十分有趣的现象。我们的分析是，出现这一情况，主要是校长们将愿景部分移为现实，将规划部分移为落实。虽然调查可能存在部分结果不准确的现象，但也从某种角度反映了校长们对高中特色发展的愿望和信心。校长们对高中特点发展寄以“愿”望，未尝不是一种积极的现象。但是，我们认为并不能直接引出“这个判断并不可靠”的结论。同类调查中相似结果本身就说明具有某种程度的“可靠性”。“北京市普通高中校长发展现状调研”课题组《学校特色建设：北京高中校长怎么看？——来自北京市450余名高中校长的调研》也显示：“61.8%的北京高中校长认为自己学校‘很有特色’、‘特色较明显’，有34.9%的校长认为自己学校特色不明显，3.3%的校长认为自己学校没特色。”[②] 这两种调查结果趋近，应该不是偶然的现象。具体到本次调查，其序次逻辑的合理可信，部分说明调查结果的“事实性”；总体从初级步入中级的研判，与课题组的实地考察和实地座谈的印象也是贴合的。基于调查和考察，我们也相信少数学校已经初步进入了特色发展的较高阶段。306所学校总体上是区域内发展水平比较高的学校，而且至少从2009年项目申报、启动就进入了有目的、有计划、有行动的全国普通高中特色发展研究项目实验推进中。我们通过对27所抽样校的问卷调研考察得出的对特色发展阶段的基本研判，同时也是基于对306所项目校实地考察基础上的总体判断。

二、特色发展的形成路径较为明晰

校长的思想力和领导力在学校办学特色形成中发挥着核心作用。尽管校长自己在学校特色发展缘由的选择中，只有18%选择“校长个人智慧的结晶”，位列5个选项的中间，但是教师在对所在学校特色办学模式如何

① 杨玉宝，梁建，吴德文，郑世忠，关于普通高中“办学特色”的问卷调查报告［J］. 吉林省教育学院学报，2011（10）.

② “北京市普通高中校长发展现状调研”课题组. 学校特色建设：北京高中校长怎么看？——来自北京市450余名高中校长的调研［J］. 中小学管理，2012（3）.

确定的选择中，有三成选择了“校长个人智慧的结晶”，位列选项第一。从对校长的访谈中，课题组可以给出这样的判断：普通高中特色发展的理念构建基本成型。所以用“成型”而不用“成形”一词，就在于校长（学校）特色发展理念的目的论、价值论基本上具备了系统性、稳定性的特征，初步形成了有特色、有追求的教育哲学。

校长们在访谈中，对什么是特色发展、为什么要特色发展、如何特色发展，给予了简要而系统的回应。杭州长河高级中学提出，“多样化的人才就需要有多样化的学校来培养”，学校的特色建设“要把影响学生发展、促进学生成长作为最基本的诉求。它的一切目的是在最大程度上促进学生的个性化发展。如果只是部分学生参加竞赛拿名次，这就把特色学校定位于对个别学生的培养，违背了素质教育全面、全体的发展宗旨”，这样的“促进学生的个性化发展”，不是“对个别学生的培养”的全体发展、全面发展、个性发展的“特色学校定位”，而应该说是学校特色发展在某种程度上的教育哲学层面的宣示。华中师范大学第一附属中学，认为特色发展“应该是形成全校师生共同追求和行为取向的一种学校的特色文化。特色学校就是指学校的特色的文化”；湖南省株洲市第四中学，认为“学校文化的构建是特色学校建设的灵魂、关键和基础，也是特色学校建设成功的标志”，将特色发展定义为学校文化建设，赋予了特色发展整体性与稳定性、内生性与生命性等一系列深刻的特征。

三、特色发展的管理规划逐渐趋于规范

调查显示，大多数项目校都拥有特色发展的阶段性或中长期规划，拥有一套独特的特色发展管理机制。校长、教师与学生对于特色学校的规划与管理的认知度也较高，满意度趋向正面。这说明，特色管理活动已经贯穿于特色项目学校建设的始终。项目学校的典型经验也表明，实施特色管理，建立能切实提高质量、发展特色的管理机制，对保障特色学校建设和可持续发展具有至关重要的作用。

教育家办学是特色发展组织、管理及规划的核心。校长是特色办学的倡导者，有一位好校长才能有一所特色学校。特色学校应建立以校长为核

心的组织机构，校长以专业化的视野、先进的办学理念和明确的办学思路，立足于高中人才培养的根本任务，结合学校实际合理定位学校特色。组织机构成员则在校长的直接领导下，执行贯彻特色办学的宗旨。例如，中国人民大学附属中学之所以能够在与同类学校同样面临巨大升学压力的情况下，独树一帜，推进学术型人才培养模式的特色发展，与其实施贯彻中小学校长负责制，同时发挥学校党组织的政治核心作用，保证并监督校长正确贯彻党和国家的教育方针、政策、法规密不可分。

以生为本是特色管理理念的应有之义。教育的着力点是促进人的生命发展和人生幸福，特色学校的管理应“以人为本”，体现师生个体生命价值，在尊重差异中实施个性化管理，充分激发师生的主动性和创造性。如四川成都华阳中学，为扭转“眼中有知识，心中有分数”的教育片面发展观，从“人”字入手，确立起“以人为本，以学生发展为本，开发师生潜能，培养创新型人才”的办学理念，形成“人本关爱”的教育思想并不断丰富“以人为本”办学理念内涵，以“育心”为主线，在特色学校管理中发挥了重要作用。

完善管理制度。管理制度作为动力系统，对学校特色的形成具有强大的支持力和推动力。特色学校在管理制度建设中应明确特色思想、特色内容和特色操作程序，并形成书面文件保证特色发展的连续性。浙江传媒学院实验中学探索建立了多方位的复合型特色发展体制，科学整合传统的科技特色与新兴的传媒特色，在学校教育教学、教师科研、师资培训、班级管理及教师考核评价激励机制等方面进行改革和调整，使管理机制与学校的复合型特色目标和办学思路相匹配，为实现特色学校建设打下坚实基础。

四、特色发展的课程载体初步体系化

特色课程是实现学校教育特色发展的主要内容与基本途径。新课程改革后，基础教育实行国家、地方和学校三级课程管理体制，打破了原来单一的课程体系，给予学校更大的自主权。校本课程或国家、地方课程的校本化成为特色学校建设的重要载体，校本课程的体系开发成为彰显学校特

色、提升学校内涵的重要载体。

挖掘学科优势，校本课程开放体系化。学校的特色发展要充分发挥不同阶段人才培养的优势，并以此为依据，开发特色校本课程体系。南京师范大学附属中学 20 世纪 20 年代起就有“三三制”、道尔顿制、学分制实验。改革开放后，学校开设劳动技术课程、社会实践课程化、建立课外活动体系。进入 21 世纪以后，学校依据已有的学科传统与优势，并根据时代发展对人才的需求及内外部环境的变化，致力于以培养“拔尖创新人才”为目标的基础教育校本课程实践，为特色学校的可持续发展提供了有力保障。

发挥师资特长，校本课程开发创新化。积极发掘教师的能力和特长，在教学理念、教学方法、教学技巧等方面进行创新，从而依据课程特色，形成学校的教学特色。内蒙古赤峰市乌丹一中，围绕“五个环节问题解决型”有效课堂教学模式开展研究，不仅能够在课堂上充分体现双主体，促使学生形成学习技能和发展能力，而且能够培养学生主动参与、团结协作的精神，增进师生、同伴之间的情感交流，变被动学习为主动学习，提高学习的兴趣。

突出学生为本，校本课程开发主体化。以学生发展为本是开发校本课程的核心环节。中国人民大学附属中学在校本课程的开发上，根据学生的兴趣，突出整体性、选择性、科学性和实效性原则。尊重学生在学习中的主体地位，强调学生对学习过程的体验，让学生用活泼多样、易于理解、乐于接受、主动学习的方式方法去学习，提高学生的学习能力，注重学生动手能力和创新精神的培养，尊重学生的成长规律，关注学生的个性发展，使学生的扎实基础和鲜明个性得以彰显。

五、特色发展的构建类型较为清晰

调查发现，学校对本校特色发展的归类比较理性和清晰。基于对国内外普通高中特色发展的基本类型分析，此次调研，课题组提出了供校长选择的 6 种类型选项，即学术类（含拔尖创新人才培养）、人文类（含德育、文化类）、科技类（含理工类）、外语类、艺体类（含声乐、美术、传媒等艺术类、体育类）、普职融合类（含综合类、职业课程、项目类）。调查显示七成多校长对本校特色发展归类比较清晰、六成多校长对复合型特色（即包含两种以上的特色）倾向性较高。多选中首选的前两类是“人文类、学术类”，第二选择的前两类是“科技类、人文类”，第三选择最多的是“艺体类”。从调查统计结果可以看出，学校对本校特色发展的归类是理性的和清晰的。另外，从访谈、考察和案例分析看，学校特色发展已经有了特征明显的运行机制，有些已经形成了较为稳定的模式。

学术类型学校中，辽宁省东北育才学校，积极在原有拔尖创新人才培养模式的基础上，在东北三省率先进行“创新实验班”人才培养模式实验。通过自主申报→初审→测试→面试的选拔方式，把数理基础扎实、创新意识强、创新思维品质优异的学生选拔出来；通过“基础课程 + 必修课程 + 专修课程 + 特选课程”的课程设置，真正解放学生的心灵和头脑，丰富学生的动手实验和创新实践，使其创新精神和实践能力得到突出发展，成为未来的科技拔尖创新人才。完善以创新思维培养为核心的开放多元课程体系，构建常态课程体系、特长课程体系、超常课程体系、创新课程体系、国际课程体系五大课程体系。并积极探索出学术人才培养的普适性经验，最终面向全体学生推广。

人文类型学校中，江苏省泰州中学，自 2009 年成为全国教育科学规划“特色高中”项目校以来，以“发掘‘三名文化’，推进‘责任教育’的实践研究”这一立项课题为依托，积极开展“特色高中”建设，进一步丰富了“责任教育”的办学理念的内涵，形成了以对自己负责为起始点，对他人负责为支撑点，对集体负责为基本点，对国家、民族、人类负责为制高点的责任教育体系。构建了发掘“名人文化”，开发“责任课程”；开发“校园名景”，营造“责任文化”；打造“精品活动”，贯穿“责任理念”；深化“三名”研究，提升“责任品位”的特色发展的实践路径。

科技类型学校中，浙江省台州市第一中学，在多年办学历史中坚持“崇尚科技、弘扬体艺、倡导环保”三大特色，初步形成了科技教育生活化的学校特色。科技教育生活化是以学生生活中的科学、技术、环境问题为切入点，以课程为依托，从校园到社会，从课堂到生活，培养学生服务社会、服务人类的科学情怀。在特色发展中坚持学、做、研一体化，坚持常态推进、全员参与，形成了自己的特色发展路径。

外语类型学校中，南京外国语学校，坚持以人为本的个性化和全员教育的理念，以培养“有中国灵魂、世界胸怀的现代人”为目标，构建了较为完备的符合学生个性发展与潜能发掘需要的特色现代课程体系，形成了特色鲜明、科学有效的课堂教学模式，培养了一大批“有外语特长、文理兼通、综合能力强的国际化复合型人才”。在实施路径上，深入研究世界顶级名校和国内知名高校的生源要求和培养规格，分析、归纳、综合出7种能力和12种素养作为人才培养目标的基本模块；加强教师与学生的人文素养、科学素养和外语素养的特色建设，建立了科学有效的特色评价制度；特别注重对学生的人性关怀，通过营造丰富多样的教育生态满足学生的不同需求，促进学生的全面发展、个性发展、主动发展和终身发展；深入研究多所世界顶级名校和国内知名高校的生源要求和培养规格，分析、归纳、综合出7种能力和12种素养作为人才培养目标的基本模块；不断探索、不断拓展，走出了一条国内外具有较高知名度和美誉度的多元化国际办学的成功路子。

艺体类型学校中，湖南省株洲市第四中学，将特色学校的创建过程视同为寻找学校个性和自我的过程。学校的艺术教育经历了长期的实践、探索和创新，从最初的组建学科兴趣小组，到打造艺术教育品牌，再到今天的全方位、多元化的特色学校建设，学校的办学思路、办学风格逐渐清晰，个性日渐凸显，得到社会的广泛认同。艺术教育特色的实施路径是：课程设置多元，形成“学科课程＋校本课程＋活动课程”三级课程模式；教育方法多元，形成“一个理念两个创新三个结合四个品牌”的工作模式；教育对象多元，形成“学教结合，教学相长，师生一道成才”的培养模式。

普职融合类型学校中，苏州市第四中学，将课程建设作为学校特色发展的核心。学校以“品格教育”为办学思想，构建了文化课程、选修课程和实践课程三大板块的课程体系。在选修课程和实践课程开发上主要围绕“空乘”特色展开，形成了独树一帜、广有影响的普职融合的办学特色。

学校将“空乘”特色教育建设作为学校谋求持续发展、形成自身特色、强化办学优势的一项战略任务。特色发展路径是：精心研构“切实适用、特色鲜明”的特色教育课程和教学体系；努力造就“结构优化、一专多能、专兼结合”的特色教育教师队伍；建立健全“人事相适、同频共振”的特色教育管理机制，走出了一条品牌影响力广、资源聚集力强、社会满意度高的特色发展之路。

第二节　普通高中特色发展的基本经验

普通高中特色发展不可能一蹴而就。从高中特色到“特色高中”，是实践领域对普通高中特色形成一般过程的概括。调研表明，在特色学校研究和建设之前，各项目学校客观上已经存在某项优势项目，在管理、德育、教学、教研等方面具有某种特色。这些优势项目经过重点发展之后，在有些高中逐渐变成了学校的项目特色，而这些项目特色经过再发展之后成为鲜明的学校特色。

一、融于整体：特色发展推动普通高中多样化发展

从普通高中特色发展具体实际以及人们在实践中形成的一般共识看，“特色项目—学校特色—特色学校”是普通高中“单一”特色发展模式形成的一般路径。在普通高中特色发展走出初级步入中级甚至较高阶段的总体格局下，“单一”特色发展类型，无论是教育实践还是教育理念上，已经不再是“一枝独秀”，而是融于整体多样特色发展之中。结合学校内涵发展要素与要求的综合特色发展，成为不少比例学校的选择。无论路径如何，学校的特色发展是专业力量、社会和政府等的系统支持的结果，是推进区域教育整体变革和特色多样发展的现实要求。

在访谈中，四川省仁寿第一中学认为，“高中的特色建设是一个系统工程”；杭州长河高级中学，认为“学校特色的形成，一定是一个长久的过程；不是今天搞一个项目、明天搞一个创新就成了某一种特色”；华中

师范大学第一附属中学认为，“过去我们提出高中特色建设的时候，往往停留在表层、单一的方面，各个学校搞体育、文艺、管理的特色，但这个特色是外延的东西、点上的东西。特色发展还要有内涵的东西，应该是形成全校师生共同追求和行为取向的一种学校的特色文化”；四川省华阳中学认为，“特色是学校文化的整体表现”；南京外国语学校认为，必须“坚持以人为本的个性化和全员教育的理念”……充分说明现阶段普通高中特色发展的价值取向是系统工程，而非孤立事项，是为了个性发展，而非为了个别学生，是全面发展，而非片面发展。

普通高中特色发展的实践状况和方向也体现了融于整体的基本特征。各校特色发展融于整体的路径、方式和形式各不相同。根据实地考察，在特色发展的一般路径过程即“特色项目—学校特色—特色学校”中，原有的特色项目、特色课程、特色领域等，对学校其他领域的课程、教学以及学校方方面面的工作不断发挥着带动、整合和渗透功能。辽宁省东北育才学校正是在探索新的创新人才培养模式的过程中，逐渐摸索出学术人才培养的普适性经验，并最终面向全体学生推广；浙江省台州市第一中学从面向部分教师和优秀学生的精英科技教育转向面向全体师生的普及科技教育，并把科技教育生活化渗透在学校教学和其他常态工作中的，就体现了这一方向的努力。在这一方面，江苏省南京外国语学校堪称较为成熟的典型。该校外语课程和教学的特色优势对学校全面的课程和教学改革发挥了提挈、推进和催生作用，形成了教师与学生的人文素养、科学素养和外语素养的特色建设高位均衡发展的良好态势，为培养“有外语特长、文理兼通、综合能力强的国际化复合型人才”构筑了坚实的基础。

占相当比例的学校特色发展的结果并非单一路径与特色，而是多样特色的综合与结合的过程。调查中校长及师生对学校特色发展类型归类的多选现象与共识，某种程度能够反映出复合型特色发展学校的数量规模。由于学生身心发展需要，以及教师自身专业发展和教育教学需要，多种特色学校发展模式远超过单一的特色发展领域。调查显示，七成左右的教师和学生赞同本校增加另外一种或多种特色发展领域。这是一条多头并举、齐头并进，多点立面，形成整体的特色发展路径。虽然其基本面比较宽，但我们并不认为这是特色融于整体的主要类型，多选可能是因为校长们对特色发展类型的认定尚欠清晰，或者说学校特色发展还不够成熟和稳定。但这样一种一好带动百好、一经通带动百经通的路径，或许将是特色融于整体的主要类型。

此外，还有一些学校会从文化建设、学校管理、课程资源建设、教育信息化建设、课堂教学改革、育人模式构建等某一影响因素切入，以学校内涵式发展的某一方面入手，推进学校整体发展。这一类型本身就具有全息性、整体性。它的融于整体似乎不是由一到多而致整体释放的路径，更像是由淡到浓而致整体焕然的路径。这一类型为全国教育科学规划高中特色发展研究专项课题立项时所关注，但没有反映在本次调查的特色发展归类中，只是一定程度地反映在路径的问卷设计中。306 所全国普通高中特色建设项目实验推进校中，华东师范大学第二附属中学《“卓越教育”推进特色学校建设的实践探索》，广东省汕头华侨中学《高中教育教学资源整合运用实效研究》，北京陈经纶中学《以内涵式发展推进学校构建素质教育平台的办学特色实践研究》，北京师范大学附属中学《持续改进教学管理模式创建的实践研究》，北京育才中学《基于十二年建制的整体办学模式研究》，大连市红旗高级中学《“后发型”高中高效教学策略研究》，山东省荣成市第二中学《高中学生综合素质评价管理及培养策略的研究》等，都可以大致归入这一类。上述划分也只是大致而为。

从实地考察以及对项目校的调查看，“特色项目—学校特色—特色学校”的单一特色仍然是大多数学校特色发展的主要路径。但学校特色发展必然会进入到一个较高、较成熟的多样化阶段，必然会呈现出整体性。

二、学科创新：特色发展促进普通高中课程改革

无论国内调查还是国际比较研究，或无论是调查数据或是相关验证结果均表明，课程有特色，学校即有（类）“型”；学科有特色，学校即有特色。推进学校为本的学科或课程创新，继续深度推进普通高中课程改革，是推动普通高中特色发展、形成多样形态的关键问题与“牛鼻子”。

（一）特色课程建设是高中课程改革和学校特色发展的重要载体

《教育规划纲要》提出“推动普通高中多样化发展”、“鼓励普通高中办出特色”，指出：“全面提高普通高中学生综合素质……创造条件开设丰富多彩的选修课，为学生提供更多选择，促进学生全面而有个性的发展。”《教育部关于深化基础教育课程改革　进一步推进素质教育的意见》（教基二［2010］3 号）要求：“指导学校结合实际制定普通高中选修课程建设规划，开设丰富多彩、高质量的选修课，保障学生有更多选择课程的机会。加强对学生选课的指导，引导学生选择适合个人兴趣爱好和未来发展需要的课程……有条件的地区和学校可逐步提高地方课程和学校课程的设置比例。”可见，选修课程、校本课程等学校特色发展的重要性。在访谈和实地座谈中，抽样校对此有着非常一致的共识。上海市育才中学认为：“‘特色高中’学校建设最好的办法是以课程改革来推进，将特色融入学校课程中，以特色影响课程，以课程彰显特色。”杭州长河高级中学认为：“高中人才培养多样化的关键是校本课程。课程的开设要根据学生的需要，要让不同个性和能力各异的学生都能得到适合的教育。学科特色是普通高中特色形成的重要导向和基础。”甘肃省靖远县第四中学认为：“学校只有形成有特色的校本课程体系，才能凸显学校的办学理念和优势，才能全面提升学校的办学质量和水平，才能满足学生个性发展的需求。”几乎可以说，没有特色课程就不会有普通高中的特色发展。构建可供学生充分选择的高质量、优结构、多形态的丰富的课程体系，是学校特色发展的重要任务。

（二）特色课程的选择性和丰富性得到普遍重视

特色课程的选择性和丰富性是衡量特色课程体系完备性的核心要素。国家政策要求“开设丰富多彩、高质量的选修课，保障学生有更多选择课程的机会”。可以说，没有选择性和丰富性，就无所谓特色课程，学校特色发展也就成了无本之木、无源之水。调查显示，校长、教师和学生对此具有一致性较高的共识。

校长、教师和学生对课程选择的丰富性的高度认知和重视，是进一步推进学校特色发展的重要的内驱力，是学校特色发展十分可贵的内部资源。这一现象，显然与近三年绝大部分学校围绕特色建设开展了课程体系和教学内容的改革密切相关。调查显示，在关于教师是否开展了课程体系和教学内容改革的问题上，99.8%的教师都给予了肯定回答。

三、科研引领：特色发展提升普通高中建设水平

调研表明，科研引领在普通高中特色建设中发挥着核心作用。如果没有科研的引领，特色学校的创建就会缺乏深度和内涵。以科研引领整体推动学校特色的科学发展，使学校全体员工都带着问题、以研究的方式科学地推动高中特色发展。很多项目校在全国规划课题下设立多个子课题，成立特色课程、特色教学模式、特色活动项目、特色学校管理、师资队伍、文化建设等研究与建设“双组织”机构，使人人都有研究成果，人人都为各子课题的阶段性成果充实内容，使科研引领下的普通高中特色建设具有针对性和实效性。

以特色科研带动特色教学，以特色教学促进特色科研。重视教学模式、教学策略、教学方法的研究，提倡教师将教学过程中遇到的共性问题立项为研究课题，有利于提高教师对学校特色的认识和把握，提升科研能力、业务水平。黑龙江省牡丹江市第一高级中学始终坚持“科研兴师、科研兴校”策略，“十一五”期间，以“分领域优化配置课程资源”特色学校建设国家重点课题为龙头课题，其他省市级课题19项，校级微型课题38项的四级课题体系，有效实现了以科研带动教学、以教学促进科研的战略目标。四川省华阳中学认为，“在当今教育改革与发展过程中，教育科研被视为推动教师专业发展、增强学校核心竞争力的根本动力和重要途径，其显性追求是绩效，是教师的专业成长、学生的自主学习和学校的特色创建；其终极追求是完善学校组织的心智，实现学校的生命价值”，并指出教育科研在学校特色发展中“有助于揭示普通高中特色发展的本质”，“有助于积蓄学校可持续发展的竞争力”，“有助于改变学校发展的心智模式”，“有助于形成普通高中特色良性发展的管理机制”，“有助于有效整合学校现有教育资源”的作用。这样的科研引领特色发展的理念，系统、先

进、深刻，洵为真知灼见，同时也给我们提供了一条高格调、有追求的特色发展之路。

四、区域协作：特色发展推动普通高中发展合力形成

普通高中特色发展需要整合多种资源，特别是整合区域各方力量以形成发展合力。这些资源来自政府力量、学术力量、市场力量等多个方面，需要统筹兼顾，有机整合。

依据调查，课题组认为普通高中特色发展应该形成政府主导、社会参与的有效机制。各级政府应当主动出台各种高中特色发展的政策规划、质量标准、评价方案，积极推动和吸引各种社会及科研力量参与到高中特色发展的各项研究与实践行动中来，以促进普通高中特色化多样化的大发展。

提升教育行政部门协调管理能力。协调沟通是解决问题的最有效途径之一，教育行政管理部门不仅应努力把普通高中特色发展的政策、信息、资料等有效传达给最基层的高中学校，更要把基层高中特色化建设中面临的问题、困境等上传给各级领导，切实推动普通高中特色学校建设。

加强高中学校校际合作、区域协作。普通高中校际之间要确立“合作、竞争、共赢”理念，以此在合作交流中突出自身特色，丰富办学内涵，实现合理有序竞争，推进普通高中特色学校引领一方的区域协作局面。

营造能力至上、特色发展的社会氛围。项目研究和实验证明，普通高中特色发展和建设要努力营造能力至上、特色发展的社会氛围，不唯分数，注重能力，鼓励特色，只有形成注重普通高中特色化发展的社会氛围，才能有效推进普通高中特色形成与建设。

五、质量为本：特色发展提高普通高中办学层次

（一）特色发展促进新的教育质量观的形成

特色发展必须有利于提高学校教育教学质量，也必然有利于提高学校的办学层次和水平。也就是说，特色应该是基于质量的特色；同时，特色

发展也是普通高中办学质量提升的必由之路。《上海市中长期教育改革和发展规划纲要》提出，要推动高中多样化和特色化发展，增强普通高中的开放性和选择性，最终形成“高质量、多样化、有特色、可选择”的发展格局。只有每个具体高中“有特色”，才有区域内高中的“多样化”发展，只有“有特色”、“多样化”，才有学生的“可选择”，才方能达成“高质量”。“高质量”既是对特色发展的要求，也是特色发展的目的。在访谈、实地考察、实地座谈会中，所有的抽样校均表现出学校实施特色发展以来，办学与教学质量、学生与教师素质都有了显著提高，学校文化建设、师生精神风貌都发生了积极变化，家长和社会对学校发展的认可度有了较大提升，学校特色发展的绩效显著。概览306所特色校，也是如此。

学校特色发展所基于的质量，是素质教育的质量；学校特色发展也推进和催生了新的质量观的形成和发展。访谈中，华中师范大学第一附属中学校长张真指出：“从学校来讲，主要是针对普通高中培养的同质化、千校一面的办学模式，各个学校培养目标的单一化，无论是城市还是农村，基础好还是基础差的学校，哪怕学校只有一个学生要升学，也要和重点高中比拼。同质化就是指片面追求升学率，一切围绕考试的目标，而牺牲大多数学生。特色发展，针对学校就是推动学校发掘各自的优势，推动高中学校百花齐放的教育繁荣。”普通高中同质化的“质”，就是高考升学率。这是应试教育的质量观。以人为本，全面实施素质教育，是新的质量观的本质内涵。新的教育质量观的主张是：促进学生德、智、体、美、劳全面发展，促进全面发展与个性发展的有机结合，促进教育规律内在要求与社会发展外在需求的有机结合，促进学校教育与终身发展能力教育的有机结合。新的质量观，以学生发展为核心内容，包括学校制度建设、组织建设、文化建设、课程建设、教师队伍建设的方方面面。从调查来看，随着学校特色发展，新的素质教育的质量观基本形成并得到广泛认同。

（二）“综合素质评价”得到广泛重视

“综合素质（评价）”，首先是一个政策术语，直接与新世纪基础教育课程改革紧密关联。2002年，教育部颁布了《关于积极推进中小学评价与考试制度改革的通知》（教基［2002］26号），第一次提出“基础性发展目标”的概念，并分“道德品质”、“公民素养”、“学习能力”、“交流与合作能力”、“运动与健康”、“审美与表现”6个方面作了具体表述。《国家基础教育课程改革实验区2004年年初中毕业考试与普通高中招生制度改革的指导意见》（教基厅［2004］2号），要求加强“初中毕业生综合素质评价”，指出：“综合素质评价的内容应以《通知》中提出的道德品质、公民素养、学习能力、交流与合作、运动与健康、审美与表现六个方面的基础性发展目标为基本依据。”由此看来，“综合素质”与“基础性发展目标”差不多就是一回事了。这是国家文件第一次提出“综合素质评价”的概念。《关于做好2007年普通高等学校招生工作的通知》（教学［2007］1号）专就新课程实验省份提出“要逐步建立并完善高中学业水平考试和综合素质评价制度”。《关于2007年高等学校自主选拔录取改革试点工作的通知》（教学厅［2006］11号）在要求考生提供相关材料时均括号特别注明：“高中新课程改革实验省区应提供高中学生综合素质评价材料。”《关于普通高中新课程省份深化高校招生考试改革的指导意见》（教学［2008］4号）要求：“建立和完善对普通高中学生的综合评价制度，并逐步纳入高校招生选拔评价体系。”在文件涉及新课程实验地区之前，一般用“综合性的评价”、“综合评价”等概念，甚至像“教学［2007］1号”文件中，对非新课程实验地区提出的是“综合素质的考查”，而对新课程实验地区则提出“综合素质评价”，可见对“综合素质评价”这一概念的慎用或者说惜用。这说明政策对这一概念有着基于新课程改革语境的内涵和价值的诉求和期待。调查中提出的“综合素质”，乃是基于新课程改革的“综合素质评价”这一概念的“综合素质”。

调查发现，关于本校在学校特色课程建设和教学改革中更加注重的各个方面，五成以上的校长选择的是综合素质，将近三成的校长选择的是创新能力，其次是学习方法、动手能力，而“学习成绩”的选项则没有校长选择。可见，在特色建设中的课程改革方面，校长们更重视的是综合素质和各种能力培养。在关于特色课程学习过程的注重点上，提升综合素质排在了第一位，三成多学生希望在特色课程学习过程中注重综合素质的培养和提升，而平时最重视的学习成绩在特色课程学习过程中被学生排在了末位，可见，在对待特色选修课程与必修课程的态度上，学生还是能够各有取舍、区别对待的。在关于教师在特色课程教学过程中的注重点问题上，强调综合素质这一点与学生达成了共识，几乎以同等比例（37.6%）排在了教师关注点的首位，但学习方法在教师的心目中也非常重要，以32.2%的高比例排在了注重点的第二位。同样，教师也把学习成绩排在了末位。综合“素质教育”、“创新能力”、“动手能力”、“学习方法”等这些素质教育质量要素的认同度调查来看，无论是校长还是教师与学生，均已形成了一致度极高的共识。这应该说是普通高中特色发展进程中值得重视和珍视的了不起的成绩。

（三）个人兴趣成为学生选修特色课程的第一缘由

兴趣是指人们对事物喜好或关切的情绪，表现为人们对某件事物、某项活动的选择性态度和积极的情绪反应。兴趣在人的实践活动中具有重要的意义。孔夫子说：“知之者不如好之者，好之者不如乐之者。”爱因斯坦说：“兴趣是最好的老师，它可激发人的创造热情、好奇心和求知欲。”顾明远先生也说：“没有爱就没有教育，没有兴趣就没有学习。”可见，兴趣对学习的重要性。《基础教育课程改革纲要（试行）》（教基［2001］17号）要求：“改变课程内容‘难、繁、偏、旧’和过于注重书本知识的现状，加强课程内容与学生生活以及现代社会和科技发展的联系，关注学生的学习兴趣和经验，精选终身学习必备的基础知识和技能。”《教育部关于深化基础教育课程改革　进一步推进素质教育的意见》（教基二［2010］3号）要求：“指导学校结合实际制订普通高中选修课程建设规划，开设丰富多彩、高质量的选修课，保障学生有更多选择课程的机会。加强对学生选课的指导，引导学生选择适合个人兴趣爱好和未来发展需要的课程。”关注个人兴趣，成为课程改革的重要关切点。

调查显示，个人兴趣成为学生选择特色课程原因的第一选项。在关于学生最喜欢的特色选修课程的理由的问题上，近半比例学生是出于个人兴趣；反之在最不喜欢的特色选修课程的理由中，“对课程内容不感兴趣”同样位列第一。应该说，这很好地印证了“兴趣是最好的老师”这一教育真理，符合学校开设特色选修课程的目的和宗旨。可见，学生有无兴趣是校本课程的生命线，校本课程的开设必需从学生的兴趣出发，尽量满足学生的发展需求。

普通高中学校的特色形成是一个持续的长期过程，是一所学校整体优化的系统工程，其外在表现是一所学校的全局优化及整体效能提升，其内在表现则是人才培养模式与文化的创新发展。普通高中特色创建的核心是培养什么人的问题，具体表现在办学目的、宗旨、培养目标要落实教育方针要求，在教育、教学、管理以及教育资源的利用和开发上形成符合素质教育要求的特色。创办特色学校是一个不断积累、完善的工作过程，只有遵循教育规律，创办特色学校才会事半功倍。正如访谈中重庆市田家炳中学校长詹万华所说："'特色高中'通常应有鲜明的特色，应直接对人才的培养产生重要影响，主要表现在以下方面：一是课程或学科特色。二是方式特色，主要表现在学校的育人模式、育人手段、育人风格等方面。三是质量特色，特殊人才的培养同样也是质量特色。包括学校文化建设特色、创新人才培养特色、综合实践育人特色。四是文化特色。学校文化涵盖学校的各个方面，是一种综合性的特色。五是体制特色。包括办学机制特色、学校管理特色、队伍建设特色等。"

第三节　普通高中特色发展需要破解的突出问题

一、尚待进一步凝聚相关方共识

调查发现，在许多重要方面，校长、教师、学生和家长等相关利益方对学校特色的认知和认可存在较大分歧和差异。比如，在学校特色类型的归类问题上，校长与教师的看法就存在一定的分歧。这是一个值得重视、需要研究的现象。下面举一二要者以见大端。

（一）在学校特色发展的阶段选项上，教师与校长的认识悬殊

对学校特色发展所处阶段的认识，是对特色发展现实状态的基本面的认识。但是，在这样的基本面判断方面，校长与教师的认识存在显著差异。在5个由低到高的特色发展阶段（1. 特色规划；2. 特色项目；3. 特色总结

与提炼；4. 形成特色学校模式；5. 形成品牌并得到师生和家长及社会认同）中，校长的选择按括号中所标序号由多到少依次为：4－3－5－2－1。有将近30%的校长认为本校处在特色总结和提炼阶段，40%以上的校长认为本校处在形成学校特色模式的学校特色发展的高级阶段，14%的校长认为本校已处在形成品牌的最高阶段，说明有50%以上的校长都认为本校的特色发展已处在高级阶段，形成了较为鲜明的特色。这一对特色发展现状的认识与教师的认识差异很大。

针对教师的调查发现，在对特色发展的五个阶段的认识中，认为学校处于特色项目启动阶段即第二阶段的教师比例最高，为29.60%；认为学校处于形成特色模式阶段即第四阶段的教师比例其次，为25.90%；以下按教师比例从高到低依次为特色总结与提炼阶段占比16.40%、特色规划阶段占比15.40%、特色项目阶段和成效得到学生、教师、家长及社会认同阶段占比12.70%。两相比对：

校长的选择按由多到少依次为：4－3－5－2－1

教师的选择按由多到少依次为：2－4－3－1－5

这个结果，一方面说明了校长与教师认识悬殊；另一方面也说明教师对学校特色发展阶段的认识比较模糊。教师对学校特色发展阶段认识模糊以及校长、教师认识的悬殊，说明学校特色发展脉络本身存在紊乱模糊的地方。这从校长、教师对特色发展归类的认识的悬殊方面也可以得到进一步印证。在校长的特色发展类型归类选择中，综合单选和多选，从高到低的排列顺序依次是：人文类、艺体类、科技类、学术类、外语类、普职类。但是，仅就首选比例看，从高到低的排列顺序依次则是：人文类、学术类、艺体类、普职融合类（科技类、外语类没有校长选择）。本调查请教师对其所在学校的特色类型进行判断，结果显示与校长的选择存在较大差异。教师选择，从高到低的排列顺序依次是：艺体类（艺术与体育两类合并）、科技类（与理工类合并）、人文类、学术类、外语类；比例分别是：68%、31.4%、29.4%、11.6%、10.1%。校长与教师对特色发展阶段及类型归类选择的认识差异，也印证了课题组将校长选择的发展阶段的序数定位总体下调一个阶段，修改为特色发展总体处在从初级步入中级的阶段的合理性。发展阶段与类型归类选择的悬殊，一方面说明学校特色发展脉络和实践本身存在紊乱模糊的地方；另一方面，也说明教师对特色发展的参与度尚有不足，校长与教师之间存在明显的信息不对称现象。这从下面要讨论的教师对学校的特色办学目标及规划认知度也可以证实。

（二）教师对本校的特色办学目标及规划认知度不高

调查结果显示，教师对本校的特色办学目标及规划认知度不太高。在针对教师关于特色规划认识的调查中，对学术类（即拔尖创新人才培养类）学校教师的统计结果与全部教师样本的总体结果差异不大，但发展程度较高一级的学校的教师选择“了解”的为 76.7%，另一级学校仅为 34%。这说明调查有一定的信效度，同时也说明学校特色发展与教师的参与度存在协同关系，这显然是一个积极的现象。当然，外语类与艺体类学校教师选择“了解”的比例高达 70% 以上，而人文类学校教师选择“了解”的比例则只有 41.4%，原因在于前两者较人文类的特色更加单一和鲜明。这提示我们，如何在特色发展不断推进而趋于整体的过程中葆有特色，并提高和保持教师的参与度和认知度，也是值得研究的议题。

在校长问卷的开放题中，校长们也认为，全校师生在办学理念及特色办学定位上达成共识过程漫长。教师和学生观念的转变直接影响到师生参与特色办学的积极性，但由于应试高考指挥棒的存在，教师虽知道学生综合素质比考分更重要，但对高考科目的重视程度远大于校本课程。校长们的分析有一定的道理，但可能不太完全。不能达成共识，显然不是单方面的原因。

教师在从教职员人数上是大多数群体，而且教师是学校任务完成与“主业”功能执行的主体，学校特色发展离不开教师的全面、深度的理解和参与。特色课程体系的建构和实施，是学校特色发展的主要路径，而特色课程开发实施的主体无疑是广大教师。对于高中特色发展而言，学校形成与制定特色办学目标和特色发展规划时，要积极动员教师参与，并采取多种形式使教师们形成共同的发展愿景。显然，了解自己所在学校特色办学目标及规划的教师仅占一半，这是一个值得重视的现象。这说明，一部分被试学校目前的特色办学目标及特色发展规划或者不太明确，或者仅停留于束之高阁的计划文本而不被教师们理解和认同，抑或仅存在于校长的头脑之中。未来学校制订与实施特色发展目标及规划，需要调动全体教师的积极性，并在形成共同愿景方面下功夫。对于教师对本校的特色办学目标及规划认知度问题，从分类统计结果看，同样存在不同的表现。

二、特色课程建设亟待进一步加强

特色选修课程和校本课程的建设，是学校特色发展的主要的载体，也是特色发展的主体内容。课题组从特色课程设置与选修状况、特色选修课程校本教材使用情况、特色选修课程教与学情况、特色选修课程考试与评价以及特色课程与教学的认知与满意度等方面问卷调查，就其各类结果看，固然有积极的一面，但反映出来的问题也不少。从总体来看，选修课程和校本课程的特色课程建设状况不那么令人满意，需要聚集力量，深化改革，加大特色课程的开发力度，构建较为完备的特色课程体系，推进学校特色发展。

（一）校内选修课程开发实施的力度有待提高

调查发现，在关于教师参与设计并任教了几门校内选修课程的问题上，虽然有 67.3% 的教师自称参与过选修课程的设计与任教，但其中，39.9% 的教师只参与过 1 门选修课程的设计与任教，参与过 2 门以上的教师只有 27.3%，可见，深度参与者甚少；更有 32.7% 的教师从未参与过任何选修课程的设计与任教，说明广大教师参与校本选修课程设计与任教的积极性、主动性以及深度参与性还有待于提高。

调查发现，关于学生选修了几门特色课程的问题，虽然有 72.5% 的学生回答选修过校本课程，但仍有 27.5% 的同学从未选修过校本课程。其中，有 51% 的学生只选修过 1—2 门校本课程，这说明学生的参与度不高，或者说积极性没有调动起来，更有可能是可供选择的校本课程门类太少所致，这在一定程度上也印证了教师参与校本选修课程设计与任教的积极性、主动性以及深度参与性还有待于提高的结论。

同时，调查反映了特色课程开发和实施的实际状况。在调查中，关于学校各级各类课程体系建设存在的主要问题，共给校长提供了 7 个选项，校长第一选择最多的就是“特色课程建设薄弱”。这一情形也反映在校本教材的开发、编写和使用上。调查显示：高达 50.1% 的教师没有参与开发和编写校本教材，24.1% 的教师只参与开发和编写过 1 本校本教材；高达 60.3% 的学生没有使用过本校教师参与开发和编写的校本教材，11.1% 的学生只使用过 1 本本校教师参与开发和编写的校本教材。显然，特色课程开发和任教与校本教材开发和编写，以及选修特色课程与使用校本教材的情况的调查，非关主观的态度与情感选择，是比较客观的，也是能够简便概算的。调查统计所显示的结果，应该是不那么令人满意的，必须引起高度重视。

（二）特色课程的评价方式亟待改变

调查发现，在关于学校特色选修课采取的主要考试形式的问题上，师生的回答既有一致的地方，也有截然不同的看法和观点。比如，学生把笔试排在了第一位，教师则把成果放在了第一位；而关于操作、口试等考试形式，师生的看法则基本一致。按理说，考试与评价的实施行为是客观的、可知的，而且因为考试与评价不可避免的利害性，其实施行为也是为教师和学生特别是学生所关注的。师生对“笔试”与“成果”的选择相差近 10 个百分点，其可能性或许是：如果教师选择接近事实，那学生的选择可能是因为受到对纸笔测试方式厌倦的影响，放大了对纸笔测试的印象；如果学生的选择接近事实，那教师的选择可能是顺应特色课程应该采用新的评价方式的价值指示，缩小了对纸笔测试的印象。当然，师生对“笔试”与“成果”的选择的较大差异，更极有可能反映了特色课程考试和评价制度与实施行为本身的不健全、不稳定。不管怎么说，这都是耐人寻味的现象。但是，无论从学生选择看还是从教师选择看，纸笔测试所占的份额明显偏高。还要注意到，有些门类的选修课程和校本课程本身在实际操作中就不便于采用纸笔测试的形式，那么这就可能意味着另一些门类的选修课程和校本课程的评价中采用纸笔测试的比率会更高。课程评价方式取向，必须符合课程理念、课程价值和课程功能。选修课程和校本课程作为特色课程，集中体现了“以校为本”、“以生为本”的理念。它充分考虑到学生个性发展的需要和学校的差异性，强调课程的开放性、民主性、参与性。作为特色课程，选修课程与校本课程的评价很难用某种统一的模式或方法加以规约，有着自己的规律，具有发展性、个性化、过程性、对话性、多元化、离散性等特征。① 评价更关注真实情境的评价，更关注学生的真实能力，更关注学生的个性和特长，更关心学习和实践的非预期反应，更关心学生学习和实践的动机和效能感……也只有这样，课程才真正是选择的、基于学校的、为了学生的，也才真正是特色的，从而推进特色课程建设，提高特色课程质量，满足每个学生的个性化发展，促进学校特色发展和多样化发展。

三、必须加快特色教师队伍建设

教师是特色课程开发的主要承担者和实际操作者，是学校特色发展的核心力量。访谈显示，许多学校都在通过教师队伍的建设推进学校的特色发展。四川省仁寿第一中学以“教师文化自觉”为核心，构建了具有鲜明特色的教师文化体系：“一个核心”即自育育人，“两个发展”即学生发展、教师发展，“三种育人观念”即育人的教育观、育人的学生观、育人的教师观，“四种自育文化”即学习文化、反思文化、合作文化、教研文化。甘肃省靖远县第四中学认为，以教师队伍建设为基础，为创建“特色高中”提供人才资源保障，促进教师的特色发展，是推进普通高中特色发展工程的重要内容和关键环节。该校为加强特色教师队伍建设，制订了一系列教师选拔制度，进一步完善特色教师培养、培训体系，建立特色教师成长激励保障机制，通过提高师资队伍水平，有力推进了学校特色发展。但调查显示，总体上，教师发展状况尚不能满足学校特色发展的要求。

（一）师资队伍建设是特色发展的瓶颈

关于特色课程或国家课程校本化教学过程中最突出的矛盾和问题，排在前三位的选择都是教师因素，其中最突出的问题是教师数量不足和教师对教学不够重视。

校长的意见与教师自己的意见高度一致。调查发现，关于特色课程或

① 宫黎明，试论校本课程评价的原则［J］. 现代教育科学，2004（6）.

国家课程校本化教学过程中最突出的矛盾和问题，有76.70%的教师认为，排在第一位的是教师对教学不够重视的问题，23.3%的教师认为排在第二位的是教师数量不够的问题。这就提示我们，在特色课程开发建设中必须要加大师资队伍建设的力度。

教师数量不足的问题，不是一个单纯的数量的问题，而是结构性的问题。调查显示，各学校的师生比的基本面尚可。也就是说，数量不足，是结构性的，不是总量的。教师任教集中在语言与文学、人文与社会、数学及科学四个领域。

与此对应，调研中，被试学校教师任教集中的领域实际上主要包括语文、数学、外语、思想政治、历史、地理、物理、化学及生物九门学科，也就是我们常常在高考（中考）中戏称的“九门提督”。这一结构性的不足，反映出许多重要的问题。就国家课程看，首先开齐开足就成了一个问题。其次开活开好就更成了问题。国家课程既要开齐开足，这是课程改革和素质教育的基础性保障。最后还要开活开好，这是深化课程改革、全面实施素质教育的要求。开活开好的制度性、机制性保障就是要对国家课程进行校本化实施。可以说没有校本化实施，国家课程的执行就难免于单一的讲授甚至灌输，也就很难真正落到实处。再就特色选修课程和校本课程的开发实施看，在教师数量如此的结构性不足的情况下，又有多少教师有时间有心思致力于此呢？在什么是影响教师参加特色领域培训主要因素的调查中，排在第一位的选项就是“教学或行政事务繁多，时间精力有限”。至于说教师对特色课程教学重视不够，原因也可以从教师数量的结构性不足中找到。因为教师数量的结构性不足，实际上是应试教育的体制机制的反映。在应试教育的绩效观、价值观的统治之下，要求教师对特色课程能够心向之、力为之，多少有些勉为其难。

（二）教师参与特色培训与科研的状况总体欠佳

《教育规划纲要》颁布以来，国家专门针对教师队伍建设出台多项具体文件。这些文件主要包括《教育部、财政部关于实施“中小学教师国家级培训计划”的通知》（教师［2010］4号）、《关于大力加强中小学教师培训工作的意见》（教师［2011］1号）、《关于做好2013年“国培计划”

实施工作的通知》（教师厅［2013］2 号）等。但本次调查发现，教师参与培训的状况总体欠佳，这些政策文本的落实亟待加强。从调查结果来看，参与培训状况不佳主要表现在以下几个方面：一是在培训内容方面教育心理学培训不充分；二是培训时间无法保证，总体上接近七成（69.1%）的教师每学期只有 1 次培训机会；三是培训形式较为单一，以讲座和研讨会为主，缺乏互动性、实践性、参与式等创新性、针对性较强的培训。总之，重视教师科研，教师、学校与科研规划和管理部门都必须加以重视。

相关研究及调查均证明，善于结合教育教学重点和难点问题，基于学校、基于课堂的教育科研能促进学校教育教学改革，提高教师教育教学水平，促进学校特色高质量、可持续发展，形成新型的教师文化、课程文化，进而提升学校文化的品格和品位。20 世纪 60 年代，英国学校委员会和拉菲尔德基金会为培养青年学生对人文课程的兴趣和爱好，联合发起了“人文课程研究”运动。斯腾豪斯（L. Stenhouse）作为这个中心的负责人，在这次运动中首次提出了“教师即研究者”概念，要求把教师的教学和研究结合起来，力图改变教师在课程、教学和学习中的原有定位。后来他的学生埃利奥特（J. Elliot）和凯米斯（S. Kemmis）推广了他的这种思想，分别提出“教师即行动研究者”和“教师即解放的行动研究者”的命题。基础教育课程改革既向教师教学观、知识观的改变提出了要求，也给教师的专业发展和职业发展提供了广阔的舞台。教师不再单单是课程的执行者，而且还是课程的开发者、研究者。“课程意识”和“课程能力”成为教师的核心素养。因此，教育科研尤其是校本教研成为教师专业发展的必由之路。在关于所在学校特色办学模式如何确定的问题中，教师们认为，主要依赖于“校长个人智慧的结晶”（30.9%）和“特色发展科研项目”（28.8%）。“特色发展科研项目”位列 7 个选项中的第二，这是一个积极的现象。当然，促进教师投入“特色发展科研项目”还需要在制度、资源、经费等方面予以切实的支持，还需要聚集学校、政府、教研部门、社会等方方面面的力量，全面、深入推进教师科研工作，为学校特色发展提供强劲的内生力。

四、内部环境与外部环境需要进一步优化

普通高中特色发展是融于整体、基于学科创新、区域协作、科研引领及质量为本的特色发展，是学校、教师、学生共同发展的特色发展，也是区域教育整体提升、协调发展的系统工程。调查显示，学校特色发展，其内部存在许多结构性的问题，许多结构性要素需要补缺增强；其外部支持学校特色发展的政策环境、社会环境尚不健全。

（一）内部环境存在许多结构性问题

从课程建设来看，许多结构性要素需要补缺增强。关于学校各级各类课程体系建设存在的主要问题，校长认为最重要的问题是特色课程建设较为薄弱，其次是考试评价体系与教师队伍结构的不合理等问题，这些问题属于学校发展的内部结构问题。另外，对关于学校还需加强的课外或特色实践活动制度的调查中，学生和教师反映最为集中的是校外实践活动组织、学生社团活动等方面。而这些方面的问题则属于学校特色发展的外部结构问题。

调查表明，学校在特色发展过程中除了加强内部结构调整与基于校本的特色课程建设改革外，还需要加大与外界的联络，同时也需要社会各界给予学校各种支持，比如向学校无偿开放教育活动基地等。这与实地考察得出的结论比较一致。从实地考察情况看，“校外实践活动组织”很少，有些甚至没有，这与调查中校长们认为的“学生实践体验活动范围存在局限性”的认识也是契合的。原因可能是多方面的：一是高考带来的时间与精力方面的压力；二是这几年来校园安全给学校带来持续的压力，有学校明确就是因为这一点对“校外实践活动组织”抱着“不求有功但求无过”式的不作为态度；三是特色发展的外部环境尚不健全，制约着学校的特色发展。

在校长问卷的开放题中，校长在回答“贵校在推进特色发展模式进程中遇到的校内外最大问题或障碍是什么”中，主要反映了 9 大问题。其中校内的问题包括“特色发展与高考升学的矛盾、师生特色办学理念达成共识难、特色课程与国家课程的统筹协调问题、办学经费不足、教师专业素

质不高及队伍结构不合理、生源水平的制约”6个方面。除了“生源水平的制约”，其他5个方面校长们基本都有认同。比如说，校长们普遍认为特色课程和国家课程统筹协调的问题突出。高中课程内容繁多，难度增大，学校的特色课程和活动难以有充足的时间开展。特色课程体系建设的科学性、丰富性、时代性亟待提升，特色课程与国家课程的兼容以及在现有时空内统筹协调的问题难以解决。当然，这6项中，除了“师生特色办学理念达成共识难”之外，均可转换为外部环境加以审视，比如说“办学经费不足”就主要是外部的政策环境问题。

（二）特色发展的外部环境尚待进一步优化

没有外部环境的支持，就没有开放办学，而开放办学是学校特色发展的重要机制和路径，也是学校特色发展质量与品质的体现。比如说普遍缺失而又普遍认为需要加强的“校外实践活动组织”就离不开开放办学，离不开必要的外部环境支持。调查在开放办学和扩大学校影响问题上校长最希望改进的方面，设计了7个选项供校长选择，即加强校际间校长和教师流动；加强结对学校或校际间科研合作；引进更多数量外籍教师、增加国际课程数量与比例；加大校际间、国内外信息资源共享建设力度；派遣教师、学生出国考察和学习；提高科研项目层次，聘请更多专家指导及其他。

除了“聘请专家指导”、“科研合作”学校基本上可以“自己做主”之外，其他无不与外部环境紧密相关。比如说，“校长和教师流动”就是政策层面的事情；“信息资源共享”需要政府推动、学校参与和社会支持；“国际课程”学校似乎可以“自己做主”，但是如果需要外教，外教的聘请问题就需要行政许可程序，如果想扩展为国际办学，那就更需要一级一级复杂的行政批复了。从这几个方面看，外部环境亟待优化。

在校长问卷的开放题中，关于“贵校在推进特色发展模式进程中遇到的校内外最大问题或障碍是什么”的问题，校外的选项包括“社会各方面对学校的评价标准存在问题、教育体制机制需要改变、教育行政部门政策和资金支持不够”3个方面。这几个方面，校长们共识度很高，普遍认为这几方面问题不小、障碍很大，严重制约了学校特色发展。上级部门对学校办学的评价更多以高考升学率为主要（甚至是唯一）指标，学校很容易产生急功近利的思想，在特色发展中导致教育行为的变形；同时，受舆论和考评的影响，学校教师也在发展特色教育的尝试中缩手缩脚。学校自主办学权普遍不足，比如说人事权，严格来讲学校并没有太多的人事权，人事权甚至都不在教育行政部门而是在地方政府人事部门，乃至绩效考核的权力大部分都不在学校，以至于学校普遍反映“绩效工资实施对教师积极性产生消极影响”。美国在数学与科学技术高中的特色发展过程中，校长甚至有权雇用一个全新的团队来适应设定的课程①。虽然这样的做法很难直接适用于我们，但是与此相比，我们真是相去甚远。“资金支持不够”也是普遍存在的问题。特色发展中的主体工程是特色课程的开发，而特色课程的开发需要经济成本，校本课程开发过程中，课程资源的建设与利用、课程实施、课程组织、课程推广、课程编制人员的薪酬等多方面都是需要资金支持的。国际教育比较显示，很多国家的政府和社会机构都通过资金支持的方式鼓励学校特色领域的发展。但在这方面，作为政府行为，我们的想法不多、做法更少。体系性的、规模性的、高质量的特色课程开发，单靠学校既有事业经费的内部调配是远远不够的；而事实上学校对既有事业经费的调配权也是非常有限的。在外部环境建设中，社会资源也是特色发展的薄弱环节，比如发展“校外社会活动组织”和“资源信息共享”都离不开社会资源的支持；如何动员和鼓励社区、社会机构、厂矿企业、团体、个人在资源和资金上支持学校特色发展，也是需要破解的重要问题。这方面欧美学校特色发展有不少值得借鉴的例子。当然，我国基本上还是“大政府小社会”的社会运行模式，公共领域不发达，社会成熟度不高。一方面，说明学校特色发展的外部环境主要还是要依靠政府；另一方面，学校特色发展本身就是教育民主化的进程，随着经济发展和社会进步，我们也要不断释放社会效力，动员和鼓励社会力量支持学校特色发展。

① 郝丽君，桂勤. 美国数学与科学技术高中的课程及其特色［J］. 基础教育，2010（5）.

五、调查中发现的两点“意外”现象

（一）家长对特色发展普遍持积极态度

一般认为，由于对孩子学习成绩和高考升学的关切，家长对学校特色发展的态度会很复杂，甚至表现为消极倾向。“特色普通高中内涵、模式、机制及推进策略研究”课题组调查显示：“对普通高中特色发展所遇到阻力的调查显示，12%的学校认为是教师不配合；9.4%的学校认为是学生不认可；51.3%的学校认为是家长不认可；13.7%的学校认为是主管部门不支持。”有学者据此认为：“从数据中可以看出，家长不认可成为影响普通高中特色建设的最大阻力，而不认可的主要原因则是担心冲击学生正常的学习活动，不利于将来顺利升学。”[①] 但是，这是基于旁观者的视角，也就是“学校认为”。我们相信，这一“认为”有一定的合理性，也具备一定的“事实性”，然而，从我们的调查看，至少不完全、不周全，不能直接得出家长不支持学校特色发展的结论。

调查中仅有5.55%家长认可将“学习成绩”作为希望学校加强的方面，这说明家长方面反馈的信息是非常积极的。当然，不是说家长不重视升学率。在就家长对学校未来发展的期待的调查中，30.71%的家长希望学校未来的升学率能够不断提高，位列5个选项中的第一。一方面，基于65.65%的家长认为学校的各类选修课、兴趣小组或课外实践活动并不会导致孩子的考试成绩下滑，对学校提高升学率的期待与孩子提高综合素质的期待不能说是矛盾的选择。另一方面，也可能说明升学率是家长不得不面对的压力，而对孩子综合素质等方面的提高，家长则是“心向往之”的，也就是说，如果有效降低升学率压力，推进学校特色发展，将会得到家长的普遍支持。

（二）高二学生对特色发展的态度与高一、高三学生存在明显差异

在对普通高中特色发展中学生认知度和满意度调研中发现，高二年级学生与高一、高三年级学生普遍存在明显差异。调查显示，高二学生在对

① 李颖. 特色普通高中建设的现状、问题与对策［J］. 现代教育管理，2012（1）.

学校特色创建工作的满意度、课程资源满足学生需求度、利用相关资源为学生提供特色发展服务、对特色教师及校园文化认可度方面的选择，均与其他年级学生差异悬殊。

为什么高二学生与高一、高三学生对学校特色发展的各项的认可度会有如此大的差异，我们虽然不能遽尔得出研判，但这无疑是值得重视的现象。缘此现象，研究分析到位，一定有着重要的教育学价值和课程价值，能够成为学校开发、开设特色课程的重要资源。在9项调查中，只有学生对校本教材是否适合自己的一项中，“意外”出现年级越低满意度越高的现象。我们的分析是，教材相对较实，学生随着年级升高对教材的要求越来越高，倒是很正常的现象，说明校本教材的质量有待大幅提高。其他8项的评价对象，相对拿在手头的教材来说相对较虚，可能说明学生在高二这个年级，表现出情感、意志等方面的心理性特殊性。

第四节　普通高中特色发展的政策建议

推进普通高中实现特色发展，是一项长期而艰巨的工作。展望前路，挑战与希望并存。当前，最紧要的工作是明确方向、明晰要求，形成氛围、聚成合力。为进一步加快普通高中特色建设的步伐与力度，以学校特色发展的实践经验为基础，以寻找问题解决为动力，课题组提出如下若干建议。

一、千校千面，需进一步明确我国普通高中发展定位

推进普通高中多样化、特色化发展，必须进一步明确我国普通高中的发展定位。目前，我国对普通高中的发展定位不够清晰，长期的应试教育带来的“千校一面”的现状较为普遍。《教育规划纲要》就高中阶段发展指出：“高中阶段教育是学生个性形成、自主发展的关键时期，对提高国民素质和培养创新人才具有特殊意义。”“深入推进课程改革，全面落实课程方案，保证学生全面完成国家规定的文理等各门课程的学习。创造条件

开设丰富多彩的选修课，提高课程的选择性，促进学生全面而有个性的发展。”这还主要是重要性强调和工作性要求。我们只能从相关文件中归纳得出国家对普通高中发展的定位，作为推进普通高中多样化、特色化发展的“法规”依据。2000 年《全日制普通高级中学课程计划（试验修订稿)》指出：“普通高中教育是与九年义务教育相衔接的高一层次基础教育。普通高中教育要进一步提高学生的思想道德、文化科学、劳动技能、审美情趣和身体心理素质，培养学生创新精神、实践能力、终身学习的能力和适应社会生活的能力，促进学生个性的健康发展，为高等学校和社会各行各业输送素质良好的普通高中毕业生。”在这里，普通高中属于基础教育，具有（大学）预备教育、（社会）大众教育的功能。2003 年《普通高中课程方案（实验)》在给出普通高中定位中指出：“普通高中教育是在九年义务教育基础上进一步提高国民素质、面向大众的基础教育。普通高中教育为学生的终身发展奠定基础。”在这里，普通高中属于基础教育，具有大众教育、终身教育的功能，省缺了预备教育。但在高中课程改革的目标中《普通高中课程方案（实验)》指出：“适应社会需求的多样化和学生全面而有个性的发展，构建重基础、多样化、有层次、综合性的课程结构。”如果不分轻重主次，我们可以概括为：一是普通高中属于基础教育；二是普通高中的功能是大学预备教育、社会大众教育、终身教育；三是在课程内容上既强调基础性又重视选择性。但是，如分主次轻重，恐怕就难以把握了。

在《教育发展研究》杂志编辑部就普通高中未来发展议题组织的部分高中校长座谈会上，有校长指出：“首先，从相关立法上来说，有《义务教育法》，有《高等教育法》，但是对于高中教育目前尚没有出台相应的法律法规；从相关文件的界定看，对普通高中的定位也没有非常明确的提法。其次，从学者的已有观点看，对高中的定位仍然存在争议。”① 必须承认，高中是世界公认的最难的学段，高中教育具有其他学段所没有的复杂

① 本刊编辑部. 明确定位　多元办学　彰显特色：普通高中未来发展之路——部分高中校长座谈会综述［J］. 教育发展研究，2009（6）.

性。就目前世界范围看，各国以及联合国教科文组织等主要国际组织，对高中定位都存在许多不一致的地方，甚至高中教育算不算基础教育都存在不同的看法。现在我国的高中发展，总体上处在“且行且思”的状况下。如果从《教育规划纲要》对普通高中发展的要求看，原有文件的表述需要有结构化的调整。总之，普通高中多样化、特色化发展，需要政策层面给予普通高中明确的定位。

二、以人为本，进一步完善支持普通高中特色发展的政策措施

《教育规划纲要》颁布实施以来，许多省市和地级市都出台了相应地支持普通高中多样化、特色化发展的文件。但是，总体看，或过于具体，代言了应该是学校作为主体去做的工作；或者过于原则，工作推进难以到位。在推进机制上，压得多，主要靠考查评比；推得少，要求多但支持少。比如，校际合作、社区资源开发等只提要求，较少政府规划、推动的措施。再如，很少提到经费支持问题，提及的也只是原则性的，标准与程序、投量与投向均语焉不详。完善支持普通高中特色发展的政策措施，要围绕着这样一个问题：哪些事是学校特色发展必须做的，这些事情中哪些是学校在目前条件和现行体制下做不到或难以做好的。而这些事情的条例与方案解决，应该是完善政策措施的着力点。

在完善支持普通高中特色发展的政策措施中，有两点需要特别重视：第一是如何支持普职融合类特色学校的建设。调查发现，普职融合类特色学校最少。一方面，调查及国际比较显示，普职融合类特色学校建设是国际普通高中特色发展的普遍选择；另一方面，为社会各行各业输送素质良好的普通高中毕业生的大众教育，是我们国家普通高中发展的基本定位之一，《普通高中课程方案（实验）》指出的“初步具有独立生活的能力、职业意识、创业精神和人生规划能力”的培养目标也需要我们通过普职融合类特色发展的路径予以达成。第二是如何做好区域统筹规划、协调发展。调查显示，校长们在学校特色定位的缘由的 6 项选择中，“地方政府主导”一项选择比例仅占 4%，位列于末。这与吉林的一项同类调查中显示的在对“办学特色”做归因分析时，只有少数校长认同“行政规划的作

用”的结果比较一致。[①] 有学者指出：“从‘多样化’的视角出发，学校特色发展离不开政府的主导，在总体布局上应该保证有足够多的‘样’——类型，才能从根本上满足学生多样化的学习需要，为学生的多样选择提供可能。”[②] 地方政府主导，不是越俎代庖，而需要体现“宏观政策意愿与基层实践的良好互动”。[③] 这就需要地方政府坚持“以人为本”、“以校为本”的原则，民主决策、科学规划、整体设计、统筹协调，推进区域普通高中特色建设科学发展。

三、面向全面发展，探索制订和出台普通高中特色发展标准及整体建设实施意见

学校特色发展亟须建立围绕学生全面发展的特色办学基本标准与质量评估、保障的国家标准。这也是调研访谈中受调查者最为关心的内容。《教育规划纲要》提出了建立教育质量国家标准的目标。作为基准性的参照物，特色学校系列标准的出台，需要国家主管部门或第三方教育中介组织组建专家团队，展开调研，科学分析，起草和出台《我国普通高中特色发展学校基本标准（草案）》，涉及从入口、过程、内容到结果的高中的一系列改革，并且通过边实验边修订，不断完善各级各类特色学校的评价指标体系。目前，我国不少地方的普通高中特色发展评估标准，主要包括办学思想和特色规划、组织管理与实施、建设过程与方法、建设成效四个方面。这些标准起到了引导和推动特色学校建设作用。从调查情况来看，当前我们已经有了国家课程标准，但缺乏相应的素质教育导向的评价标准；很多区域性的“特色标准”仍然是“管理”导向为主的，以学生为中心的意识仍然较为欠缺。不过，这些努力为下一步设立以学生为中心的特色学校系列的“国家标准”打下了良好的基础。

普通高中特色发展的“国家标准”，需要国家教育行政主管机构或相

---

① 杨玉宝，梁建，吴德文，郑世忠. 关于普通高中“办学特色”的问卷调查报告［J］. 吉林省教育学院学报，2011（10）.

② 殷桂金. 普通高中学校特色的定位与类型［J］. 教育科学研究，2011（11）.

③ 冯明，潘国青. 上海市普通高中办学特色调研报告［J］. 上海教育科研，2012（1）.

应部门，组织研究制订和出台专项实施意见，推进特色学校建设稳步、有序和整体推进。特色学校建设因地、因校、因时、因校长而异，其过程存在一定的变数，政府力量的强势介入，将有力地引领和保障特色学校的科学建设与发展。实施意见需要基于学生的全面发展，为特色学校的办学思想、校长队伍、教师队伍、管理机制、文化融合、资源整合等提出原则性和方向性的指导建议，使特色学校能够在规范化发展的道路上尽可能多地满足学生的全面发展需求，满足国家及区域社会经济发展对创新人才的迫切需求。

四、面向全体学校，设立特色建设的重大改革项目并持续扩大试点实验范围

以贯彻落实《教育规划纲要》为契机，设立普通高中特色发展的重大改革实验项目与各级各类专项研究课题，分层分步骤地引领高中学校特色发展的科学建设与发展。普通高中特色发展及建设是一种本土化的学校教育改革，为区域教育创新和特色教育研究提供了动力和样本。306 所高中的发展表明，在重大项目实验与专项课题研究中，专家团队与特色学校共同成长，可以形成“理论与实践双向反哺”的良性格局；课题研究有利于特色学校抓住主要矛盾和关键节点，为加速特色建设提供智力支持；科研引领还为政府、学校、科研组织搭建了相互交流的平台，促进了各方的沟通和对话，有利于解决特色学校建设过程中的重点、难点问题。

国家应该继续鼓励扩大《教育规划纲要》试点地区及其范围。有基础和有条件的地区应继续深化普通高中试点的力度，持续开展各种类型的特色建设实验，继续加大政策和经费上的支持，充分尊重学校校长的办学自主权。普通高中特色建设试点实验，可以带动区域整体发展，点面结合，逐步积累实践经验。特色模式的试点实验及形成，需要多所甚至一大批普通高中的共同参与，经过不同层面的变革和长期不懈的努力，才能为全国其他地区和学校梳理出特色模式建构的经验要素和一般规律来。办好特色学校就是办好每一所学校。办好每一所学校是特色学校实验的终极目标，是培养多元化创新人才和高中多样化发展的需要，也是促进素质教育发展、实现更高水平的均衡与公平理想目标的重要途径。

五、面向个性发展，深化和创新高考及高校招生录取制度改革

高考及高校招生录取制度改革是高中多样化、特色化发展的“牛鼻子”。我们这里引入“生态位”的概念。生态位（ecological niche），又称小生境或生态龛位，是指一个种群在生态系统中可持续生存的最小环境。基于普通高中特色发展的“生态位”的结构性要素，我们认为，高考及高校招生录取制度在学校特色发展的小生境的相关要素中处于矛盾主要方面，起着控制和引导作用。

以普通高中特色发展的关键性影响因素为指标参照系，各级教育行政部门需要创新思路，引入多元综合评价体系，逐步构建一套适合我国普通高中内涵式发展的教育质量评价制度与办法，高中特色建设必将改变传统的普通高中评价制度和评估方法，这种标准的取向不是以升学率和分数作为唯一的衡量质量，而是更为关注学生的学习过程、学习态度和学习情感，关注学生接受教育的环境，侧重于学生的学习能力和学习意志以及学习思维的训练，真正体现出综合考核和评价学生素质，最终将终结性评价与发展性评价相结合，为普通高中特色办学铺平道路。

对学校特色发展来说，高考及高校招生录取制度应在两方面有系统性突破：一是综合素质评价，二是高校招生自主权。在“应试教育”语境中，综合素质评价要形成整体性、系统性的突破，几乎是不可能的。而综合素质评价如果在高考中（包括中考）仍然是“假挂钩”、“软挂钩”，普通高中特色发展难以持久、深入。令人欣慰的是，《教育规划纲要》专章对考试招生制度改革制定了规划。《国家教育事业发展第十二个五年规划》在第十一条“改革考试招生制度”中更加具体指出：“推进高等学校考试招生制度改革……将高中学业水平考试和综合素质评价有机纳入高等学校招生选拔工作。”《教育部2012年工作要点》已将“研究高考改革重大问题，制定发布改革方案”列为重要任务。我们认为，改革的方向应该是加大普通高校自主招生的力度。现在自主招生试点高校本就有限，且自主招生名额也只放到5%。现在的问题是，如此小份额的高校自主招生，已经

逐渐成为“小高考”，却并没有能够成为这次调查中校长们所期待的创新型人才和特殊人才进一步发展的“通道”和“平台”。统一招生制度，必然依赖基于常模的大规模标准化考试，综合素质评价只能处理最基本的“入闱”条件，而当差不多人人可以“入闱”时，综合素质评价的价值和作用也就差不多给消解殆尽了。政策要求自主招生高校要“结合办学目标和专业特色”① 积极探索多元化评价方法，“着力完善高校自身的综合评价体系”。② 只有招生的需求个性化、标准多样化，综合素质评价才有可能发挥自己独特的优势，也才能切实、深入、持久地推进普通高中特色发展。

普通高中教育作为国民教育体系中承上启下的一个关键环节，影响着我国整个教育体系的改革与质量提升。与高中教育地位形成反比的是，普通高中教育研究甚至调查研究，在我国仍然是比较薄弱的一个环节。③ 毫无疑问，普通高中教育改革是各级各类教育改革中的热点、难点，高中学校的多样化、特色化发展更是高中改革的核心“瓶颈”。由于理论界、实践界对普通高中特色发展或“特色高中”尚无定论，在共识达成之前，必要的相关调查或国际比较研究就显得尤为重要。欣喜的是，在《教育规划纲要》颁布之后，普通高中的政策研究已经获得了各方的必要关注，尽管问题仍很多，但努力的成效依然非常显著。限于抽样范围与层次，本次调查所得出的一些结果或结论，或许还无法达到有效或理想状态，但希望通过调查发现一些问题及其来源，为最终的改革政策制定提供前期的预备性数据及资料准备。

---

① 关于做好2008年普通高等学校招生工作的通知（教学［2008］3号）.

② 关于做好2012年高等学校自主选拔录取试点工作的通知（教学厅［2011］10号）.

③ 霍益萍．普通高中现状调研与问题讨论［M］．上海：华东师范大学出版社，2010，259.

附　录

合作参与调研学校名单

1. 北京市十一学校
2. 北京市陈经纶中学
3. 北京航空航天大学附属中学
4. 上海市桐柏高级中学
5. 上海市民星中学
6. 上海市育才中学
7. 辽宁省大连市第八中学
8. 江苏省南京市外国语学校
9. 江苏省南京市玄武高级中学（梅园校区）
10. 江苏省苏州市第十中学
11. 江苏省苏州市第四中学
12. 江苏省吴江市盛泽中学
13. 江苏省丰县第一中学
14. 浙江省杭州市长河市高级中学
15. 浙江省德清县第一中学
16. 浙江省台州市第一中学
17. 黑龙江省大庆市实验中学
18. 黑龙江省牡丹江市第一高级中学
19. 吉林省通榆县实验高级中学

20. 华中师范大学第一附属中学
21. 湖北省武汉市睿升中学
22. 湖南省株洲市第四中学
23. 河南省郑州市外国语学校
24. 河南省郑州市第九中学
25. 甘肃省靖远县第四中学
26. 四川省德阳市第五中学
27. 四川省双流县华阳中学
28. 四川省仁寿县第一中学
29. 广西壮族自治区灵山县第二中学
30. 重庆市实验中学（原巴县中学）
31. 重庆市田家炳中学
32. 重庆市铁路中学

后 记

本报告为中国教育科学研究院2012年度基本科研业务费专项基金课题“国视系列”项目《普通高中特色发展调查报告》（课题批准号：GY2012019）的最终成果。

该课题是集体智慧的结晶，由科研管理处与课程教学研究中心合作完成。课题主持人：王小飞、杨九诠；课题组成员：杨润勇、方铭琳、赵小红、黄海鹰、刘晓楠、王晓霞、高慧斌、吴景松等。王小飞、杨九诠、杨润勇负责课题研究的设计策划、论证研讨及报告的撰写、修改和统稿，参与调研和写作的相关同志均对书稿设计作出了重要贡献。方铭琳负责调研组织、沟通协调、案例收集等具体工作，赵小红参与了后期图表制作与修改工作。各章节具体分工为：前言、后记由王小飞执笔；第一章由杨润勇、王小飞、方铭琳执笔；第二章由赵小红、方铭琳、王晓霞、高慧斌、刘晓楠执笔；第三章由方铭琳、王晓霞、赵小红、吴景松、刘晓楠、高慧斌执笔；第四章由黄海鹰执笔；第五章由刘晓楠、王小飞、田辉（国际比较教育研究中心）、李协京（国际比较教育研究中心）、孔令帅（上海师大）执笔；第六章由杨九诠、王小飞执笔。

本报告得到教育部相关司局，中国教育科学研究院领导、专家，中国教科院“特色高中”项目秘书处，各地项目校及有关学校（合作学校详见附录）的关注、支持和帮助，课题组主要成员及付文瑞等院内其他同事参与了相关省市实地调研并完成录音整理、数据录入、数据处理等大量工作。在此，谨向以上各个方面及支持本报告出版的教育科学出版社责任编辑夏辉映先生的支持一并表示衷心感谢！

由于调查时间紧、任务重，加之编者水平有限，报告难免有疏漏和不足之处，还请读者给予批评指正。

出 版 人　所广一
责任编辑　夏辉映
版式设计　贾艳凤
责任校对　贾静芳
责任印制　曲凤玲

图书在版编目（CIP）数据

普通高中特色发展调研报告／王小飞等著. —北京：教育科学出版社，2013.10
（国视教育研究书系）
ISBN 978－7－5041－7989－0

Ⅰ. ①普… Ⅱ. ①王… Ⅲ. ①高中—教学研究—研究报告 Ⅳ. ①G632.0

中国版本图书馆 CIP 数据核字（2013）第 235799 号

普通高中特色发展调研报告
PUTONG GAOZHONG TESE FAZHAN DIAOYAN BAOGAO

出版发行	教育科学出版社		
社　址	北京·朝阳区安慧北里安园甲9号	市场部电话	010－64989009
邮　编	100101	编辑部电话	010－64989363
传　真	010－64891796	网　址	http://www.esph.com.cn
经　销	各地新华书店		
制　作	北京金奥都图文制作中心		
印　刷	保定市中画美凯印刷有限公司		
开　本	169毫米×239毫米　16开	版　次	2013年10月第1版
印　张	26	印　次	2013年10月第1次印刷
字　数	376千	定　价	78.00元